Georg Simmel: Philosophie des Geldes

Klassiker Auslegen

Herausgegeben von
Otfried Höffe

Band 71

Georg Simmel: Philosophie des Geldes

—

Herausgegeben von
Gerald Hartung und Tim-Florian Steinbach

DE GRUYTER

ISBN 978-3-11-065194-2
e-ISBN (PDF) 978-3-11-065342-7
e-ISBN (EPUB) 978-3-11-065210-9
ISSN 2192-4554

Library of Congress Control Number: 2020936663

Bibliografische Information der Deutschen Nationalbibliothek
Die Deutsche Nationalbibliothek verzeichnet diese Publikation in der Deutschen
Nationalbibliografie; detaillierte bibliografische Daten sind im Internet über
http://dnb.dnb.de abrufbar.

© 2020 Walter de Gruyter GmbH, Berlin/Boston
Satz: Integra Software Services Pvt. Ltd.
Druck und Bindung: CPI books GmbH, Leck

www.degruyter.com

Vorwort

Georg Simmels *Philosophie des Geldes* (1900) findet Aufnahme in die renommierte Buchreihe *Klassiker Auslegen*, die seit mehr als zwei Jahrzehnten erscheint und auf mehr als siebzig Bände angewachsen ist! Für die Forschung zum Werk Simmels und für die Bemühungen, *Simmel als Philosophen* bekannt zu machen, ist das ein Ereignis von kaum zu überschätzender Bedeutung.

Wenn wir einen Blick auf die Rezeption des Werkes werfen, dann scheint Simmel eher ein Klassiker der Soziologie zu sein – und so wird er vielerorts wahrgenommen. Auch die Vollendung der Gesamtausgabe ist vorrangig ein Produkt des soziologischen Interesses an Simmels Analysen der modernen Gesellschaft und Kultur gewesen. Die seit 2015 vollständig im Suhrkamp Verlag (Berlin) vorliegende Gesamtausgabe, die der Bielefelder Soziologe Otthein Rammstedt (1938–2020) verantwortet hat, ist für uns und für folgende Generationen die Grundlage weiterer Forschung.

Simmel ist heute unter den *klassischen* Vertretern der deutschen Geistesgeschichte – denn die Gesamtausgabe ist gemeinhin der Nachweis der Klassizität – der eher *unklassische* Denker, der keiner Fachdisziplin eindeutig zugerechnet werden kann. Wahrscheinlich würde Simmel selbst, dem es in seiner Analyse der Philosophiegeschichte um eine Analyse des Stroms des Denkens geht, in dem bspw. die Namen Platon und Kant nur Wellen markieren, sich über diese Unzurechenbarkeit durchaus amüsiert haben. Doch scheint die Sache ins Extrem verrutscht zu sein, denn bisweilen gewinnt man den Eindruck, dass heutzutage jeder *seinen* Simmel entdecken und in seinem Sinne zum Vorläufer und Gewährsmann ganz unterschiedlicher Forschungszweige und Bildungen von Wissensdisziplinen – von der Großstadtforschung über die Architektursoziologie bis zur Erforschung einer Kultur der Artefakte – machen kann – aber eben nicht der Philosophie.

Der von uns vorgelegte Band beabsichtigt, Simmels Werk in die Philosophie zurückzuholen und neue Akzente für die Forschung zu setzen. Wir haben zu einem Großteil Beiträgerinnen und Beiträger zur Kommentierung der *Philosophie des Geldes* eingeladen, die bisher kaum oder überhaupt nicht in der Forschung zu Simmels Werk hervorgetreten sind. Wir haben uns einen unverbrauchten Blick auf das Werk versprochen und diesen auch erhalten. Im Einzelnen und in der Summe bieten die Beiträge einen genuin philosophischen Zugang zum Werk, sowohl in der systematischen Tiefe als auch in der historischen Breite, der bisher ein Forschungsdesiderat darstellte. Die Gliederung der Beiträge folgt der Reihenfolge der Kapitel des Werkes, aber nicht im strikten Sinne. Simmel ist kein analytischer Denker und seine *Philosophie des Geldes* ist kein philosophisches Werk aus einem Guss, in dem aus einigen Grundthesen ein kohärentes Gesamtbild entwickelt wird.

Die Schriften Simmels werden im Folgenden nach der Gesamtausgabe (GSG) unter Angabe des jeweiligen Bandes und der entsprechenden Seite angegeben. Alle Schriften Simmels, auf die in den vorliegenden Beiträgen verwiesen wird, finden sich im Anschluss an das Vorwort in einer Bibliographie zusammengeführt.

Wir danken der Beiträgerin sowie den Beiträgern des vorliegenden Bandes dafür, dass sie mit uns das Experiment gewagt haben, Simmels *Philosophie des Geldes* als eine philosophische Abhandlung zu lesen und dementsprechend seine Gedanken, Einfälle und Thesen auf systematische Kohärenz zu prüfen. Wir danken dem Herausgeber der Reihe *Klassiker Auslegen*, dem Kollegen Otfried Höffe, für den bewiesenen Vertrauensvorschuss. Den Kolleginnen und Kollegen, dem Rektorat und den Studierenden an der *Bergischen Universität Wuppertal*, wie auch unserem Team im Arbeitsbereich Kulturphilosophie/Ästhetik danken wir für die geleistete Unterstützung und so manches Gespräch im Rahmen unserer *Simmeleien* in den zurückliegenden drei Jahren.

Wuppertal/ Berlin im Februar 2020
Gerald Hartung, Tim-Florian Steinbach

Inhaltsverzeichnis

Vorwort —— V

Hinweis zur Bibliographie der Schriften Simmels und zu den Literaturangaben —— IX

Gerald Hartung
Kapitel 1
Simmels Philosophie des Geldes im Kontext [Kontext, Vorwort] —— 1

Guido Kreis
Kapitel 2
Die Ordnung der Dinge: Wirklichkeit und Wert [Kap. 1.I] —— 19

Christian Papilloud
Kapitel 3
Die Gesellschaft: Tausch und Objektivation der Werte [Kap. 1.II] —— 41

Martin Kusch
Kapitel 4
Die Verteidigung des Relativismus [Kap. 1.III] —— 57

Ralf Becker
Kapitel 5
Die neue Logik (1): von der Substanz zur Funktion [Kap. 2.I und 2.III] —— 81

Arno Schubbach
Kapitel 6
Die neue Logik (2): Geld als Zeichen und Symbol [Kap. 2.II und 2.III] —— 99

Annika Schlitte
Kapitel 7
Die neue Kategorienlehre: Mittel und Zweck [Kap. 3.I und 3.II] —— 125

Tilo Wesche
Kapitel 8
Eigentum an Geld. Die eigentumstheoretische Analyse der Geldwirtschaft [Kap. 4.I und 4.II] —— 145

Christian Thies
Kapitel 9
Die materielle Wertlehre: Personale Werte und individuelle Freiheit [Kap. 5.I, 5.II und 5.III] —— 159

Oliver Müller
Kapitel 10
Subjektive und objektive Kultur: der Stil des Lebens [Kap. 6.I und 6.II] —— 175

Tim-Florian Steinbach
Kapitel 11
Die Theorie der modernen Kultur [Kap. 6.III] —— 191

Gérard Raulet
Kapitel 12
Systematischer und wirkungsgeschichtlicher Ausblick —— 209

Auswahlbibliographie —— 229

Hinweise zu den Autoren —— 233

Personenregister —— 235

Sachregister —— 237

Hinweis zur Bibliographie der Schriften Simmels und zu den Literaturangaben

Alle Schriften Simmels sowie weitere in der Gesamtausgabe enthaltene Materialien, aus denen in den vorliegenden Beiträgen zitiert und auf die vergleichend verwiesen wird, sind im Folgenden in der Reihenfolge der Bände, innerhalb dieser chronologisch, entsprechend der Georg Simmel *Gesamtausgabe*. Hrsg. v. Otthein Rammstedt. Frankfurt a. M. 1989–2015 angegeben. Angesichts der gehäuften Zitationen aus der *Philosophie des Geldes* haben wir uns dazu entschieden, in Klammern nach dem entsprechenden Zitat lediglich die Seitenzahlen wiederzugeben und auf den Zusatz GSG 6 zu verzichten. Die *Philosophie des Geldes* sowie die entsprechende Selbstanzeige werden ebenfalls, wie in der folgenden Bibliographie angegeben, nach der Gesamtausgabe zitiert.

Im Anhang befindet sich eine Auswahlbibliographie der Forschungsliteratur zum Werk Georg Simmels. Das Literaturverzeichnis im Anhang der einzelnen Beiträge vermerkt nur die Titel, die nicht in der Auswahlbibliographie enthalten sind.

GSG 2   Zur Psychologie des Geldes [1889], 49–65.
        Über sociale Differenzierung. Sociologische und psychologische Untersuchungen [1890], 109–295.
GSG 3   Einleitung in die Moralwissenschaft. Eine Kritik der ethischen Grundbegriffe, Bd. 1 [1892], 7–443.
GSG 4   Einleitung in die Moralwissenschaft. Eine Kritik der ethischen Grundbegriffe, Bd. 2 [1893], 7–389.
GSG 5   Ueber eine Beziehung der Selectionstheorie zur Erkenntnistheorie [1895], 62–74.
        Zur Psychologie der Mode. Sociologische Studie [1895], 105–114.
        Friedrich Nietzsche. Eine moralphilosophische Silhouette [1896], 115–129.
        Das Geld in der modernen Cultur [1896], 178–196.
        Die Bedeutung des Geldes für das Tempo des Lebens [1897], 215–234.
        Zur Philosophie der Arbeit [1899], 420–444.
        Fragment aus einer „Philosophie des Geldes" [1899], 479–528.
        Ueber Geiz, Verschwendung und Armut [1899], 529–542.
        Persönliche und sachliche Kultur [1900], 560–582.
GSG 6   Philosophie des Geldes [1900], 7–716.
        Philosophie des Geldes. Von Professor Dr. Georg Simmel (Berlin) [1901], 719–723 [Selbstanzeige].

GSG 7	Die beiden Formen des Individualismus [1901], 49–56.
	Die Großstädte und das Geistesleben [1903], 116–131.
GSG 8	Vom Wesen der Kultur [1908], 363–373.
GSG 9	Die Probleme der Geschichtsphilosophie. Eine erkenntnistheoretische Studie [²1905/³1907], 227–419.
GSG 10	Philosophie der Mode [1905], 7–37.
	Schopenhauer und Nietzsche. Ein Vortragszyklus [1907], 167–408.
GSG 11	Soziologie. Untersuchungen über die Formen der Vergesellschaftung [1908], 7–875.
GSG 12	Zur Metaphysik des Todes [1910], 81–96.
	Der Begriff und die Tragödie der Kultur [1911], 194–223.
	Das individuelle Gesetz. Ein Versuch über das Prinzip der Ethik [1913], 417–470.
GSG 13	Individualismus [1917], 299–306.
GSG 14	Hauptprobleme der Philosophie [1910], 7–157.
	Rodin (mit einer Vorbemerkung über *Meunier*) [1909/1911], 330–348.
GSG 16	Grundfragen der Soziologie (Individuum und Gesellschaft) [1917], 59–149.
	Lebensanschauung. Vier metaphysische Kapitel [1918], 209–425.
GSG 20	Aus dem nachgelassenen Tagebuche [1923], 261–296.
	Schulpädagogik. Vorlesungen, gehalten an der Universität Strassburg [1922], 311–472.
GSG 22	Brief an Heinrich Rickert, 28. Oktober 1892, 77–79.
	Brief an Célestin Bouglé, 22. Juni 1895, 149–153.
	Postkarte an Heinrich Rickert, 24. Juni 1896, 214f.
	Brief an Georg Jellinek, 7. Juni 1897, 244f.
	Brief an Heinrich Rickert, 10. Mai 1898, 291–293.
	Postkarte an Henrich Rickert, 31. Dezember 1898, 319f.
	Brief an Célestin Bouglé, 13. Dezember 1899, 342–344.
	Brief an Gustav Schmoller, 20. Mai 1901, 379–382.
GSG 23	Postkarte an Margarete von Bendemann, 28. Januar 1914, 287–289.
	Brief an Heinrich Rickert, 15. April 1916, 636–641.
	Postkarte an Margarete von Bendemann, 5. Mai 1918, 945–947.
GSG 24	„1916. Wenn ich Bilanz ziehe . . ." [2015], 71.

Gerald Hartung
Kapitel 1
Simmels Philosophie des Geldes im Kontext [Kontext, Vorwort]

Georg Simmel hat als Autor der *Philosophie des Geldes* (1900) eine zweifelhafte Berühmtheit erlangt. Zum einen ist es so, dass Simmel aus der Ferne als Ökonom und Soziologe wahrgenommen wird, zum anderen reiht sich sein Buch in die Reihe ungelesener Bücher ein, deren Titel wie ein Markenname wirkt, obwohl sich kaum ein Leser auf die lange Lektürestrecke begibt. Werk und Autor stehen im Schatten einer großen Bekanntheit zu Lebzeiten, aber einer weitgehend ausgebliebenen Rezeption. In der Person Georg Simmel und in seinem Denken treffen einige Widersprüche aufeinander, wie schon Max Weber auf nachdenkliche Weise festgehalten hat (vgl. Weber 1991, 9). Obwohl Simmel die letzten Jahre seines Lebens in Straßburg als Universitätsprofessor für Philosophie lehrt, ist seine Rolle doch eher die eines erfolgreichen philosophischen Schriftstellers und außerplanmäßigen Dozenten, ohne festes Gehalt, aber vor großem Publikum an der Berliner Universität. Als Lehrer hat Simmel eine junge Generation, von Georg Lukács über Siegfried Krakauer und Ernst Bloch bis zu Margarete Susman und Bernhard Groethuysen, beeinflusst, doch ohne Schüler zu formen. Während er von Verlagsseite zu Lebzeiten wie ein Klassiker der Philosophie behandelt wird, schafft es bis heute keines seiner Werke in den Kanon philosophischer Texte. Gleichwohl er immer betont, dass sein ganzes Werk der Philosophie verpflichtet ist, wird er doch eher als Soziologe rezipiert.

Vor diesem Hintergrund verlangt die Behauptung, dass die *Philosophie des Geldes* eine philosophische Abhandlung ist, obwohl dies eigentlich schon der Titel nahelegt, eine eigene Begründung. Diese soll hier nachgereicht werden, indem das Werk durch Einbettung in Kontexte, durch den Hinweis auf seine Verstrickung in Debatten der Zeit um 1900 und einen Aufriss des Gesamtentwurfes als ein genuin philosophisches Werk profiliert wird (vgl. Müller, 2018, 74–77).

1 Das Werk im Kontext des Lebens

Georg Simmel wird am 1. März 1858 in Berlin in eine Kaufmannsfamilie geboren. Als Heranwachsender erlebt er den Aufstieg Berlins zur Hauptstadt des Deutschen Reiches. Nach dem Besuch des Gymnasiums studiert er ab 1876 an der Berliner

Universität, Geschichte bei Mommsen, Droysen, Grimm, Sybel und Treitschke, Völkerpsychologie bei Lazarus und Bastian, Philosophie bei Zeller und Harms. Seine Nebenfächer sind Kunstgeschichte und Altitalienisch. Im Studium der Philosophie widmet er sich der Philosophie Kants und wird, wie eine ganze Generation von Philosophen, die in die zweite Hälfte des 19. Jahrhunderts hineingeboren werden, im Zeichen des dominierenden Neukantianismus ausgebildet. Nach Promotion – Zeller und Helmholtz sind Gutachter – und Habilitation nimmt Simmel im Jahr 1885 seine Lehrtätigkeit mit einer Vorlesung über Kant auf. Trotz großen Lehrerfolgs stellt die Fakultät erst 1898 den Antrag, Simmel ein Extraordinariat mit Gehalt zu verleihen, das im zweiten Anlauf zum Erfolg führt. Von Beginn an sind Simmels Lehrveranstaltungen außerordentlich gut besucht. Ein Hörer seiner Vorlesungen berichtet, dass bei Simmel nicht „nur Gedankliches gelehrt wurde, man lernte denken, man erfuhr nicht nur von Geistigem, man erlebte unmittelbar Geist, erlebte das Wirken eines Geistes" (Gassen et al. 1958, 302).

Legendär sind die gescheiterten Berufungsverfahren an verschiedenen Universitäten. Besonders die Fälle Heidelberg (1908) und Greifswald (1910) sind gut dokumentiert. Hier spielen sowohl disziplinäre Grenzkonflikte und fachliche Pseudoargumente als auch antisemitische Stereotypen eine Rolle. Ob es nun heißt, dass Simmel eher der Soziologie zuzurechnen sei, oder ob behauptet wird, sein Denken sei eher analytisch-zersetzend, denn organisch-gestaltend, ob seine familiäre Herkunft mit seinem Denken, Handeln, angeblichen Charakterzügen oder Verhaltensweisen verbunden oder ob seine akademische Außenseiterstellung als Ausdruck einer Pariaexistenz oder selbstgewählter Exklusivität gewertet wird, im Ergebnis lässt sich diese Mixtur aus Behauptungen und Gerüchten wahllos oder strategisch kombinieren (vgl. Köhnke 1996, 9–153).

Im Jahr 1914 wird Simmel auf eine Universitätsprofessur für Philosophie an die Reichsuniversität Straßburg berufen. Einerseits kommt er hier an seinem Ziel an, das er über viele Jahre angestrebt hat. Andererseits hat Simmel den Übergang von Berlin nach Straßburg als Abschied von der Stätte seiner Wirksamkeit als akademischer Lehrer aufgefasst. In einem Brief an Margarete Susman vom 28. Januar 1914 schreibt er, dass ihm der Abschied von Berlin, also von seinen Freunden und „meinem Auditorium" (GSG 23, 287) sehr schwer fallen wird. Und paradoxerweise beschreibt er in einem weiteren Brief vom 05. Mai 1918 den Umzug von Berlin nach Straßburg rückblickend als Verlust von Entfaltungsmöglichkeiten (vgl. GSG 23, 946). Die Tatsache, dass seine langjährige Tätigkeit als Hochschullehrer keine sichtbaren Folgen hat in Form einer Schulgründung oder von bekennenden „Simmelianern", hat Simmel in seinem nachgelassenen Tagebuch in die paradoxe Formulierung gegossen, dass er einerseits ohne geistige Erben sterben wird, dass aber andererseits seine Hinterlassenschaft, vergleichbar mit barem Geld, an viele Erben verteilt wirksam sein wird, ohne ihre Provenienz offenzulegen (vgl. GSG 20, 261 sowie hierzu Hein 1990).

2 Die *Philosophie des Geldes* als Etappe eines Denkweges

Die *Philosophie des Geldes* (1900) ist die Etappe eines verschlungenen, quer zu den disziplinären Verortungen verlaufenden Denkweges, den Simmel seit der Zeit um 1890 einschlägt. Es ist verkürzt gedacht, die Schrift als Simmels zweites soziologisches Hauptwerk (neben der *Soziologie* von 1908) zu deklarieren (vgl. Müller, 2018, 74). Der Startschuss fällt mit einem Vortrag zur *Psychologie des Geldes*, den Simmel am 20. Mai 1889 im staatswissenschaftlichen Seminar des Nationalökonomen Gustav Schmoller (1838–1917) hält. Während er in den Folgejahren an seiner *Einleitung in die Moralwissenschaft* arbeitet und diese 1892 publiziert, eine Fülle von kleineren Arbeiten zur Philosophie Kants, zu soziologischen Themen und zur Psychologie des Pessimismus als einer prominenten Debatte ebendieser Jahre (vgl. Beiser 2016) vorlegt, bereitet er im Hintergrund seinen großen Coup vor: Die entstehende *Philosophie des Geldes* ist mit dem Anspruch verbunden, eine Philosophie des ganzen geschichtlichen und sozialen Lebens zu liefern, wie Simmel in einem Brief an Célestin Bouglé (1870–1940) vom 13. Dezember 1899 bekennt (GSG 22, 342; vgl. Schlitte 2012, 193 u. 197). Simmel investiert auch einige Anstrengungen, um sein Werk als genuin philosophische Arbeit und eben weder als soziologische noch nationalökonomische Studie zu bewerben. In einer Antwort auf ein Schreiben des Nationalökonomen Schmoller, in dem dieser anmerkt, ihm seien bei der Lektüre einige wichtige Gesichtspunkte aufgefallen, die für die Nationalökonomie bemerkenswert sein könnten, antwortet Simmel am 20. Mai 1901 in einer für ihn geradezu typischen paradoxen Weise: „Mit Ihrem Urtheil, daß auch die Staatswissenschaften eine Förderung aus meinem Buche ziehen können, haben Sie mir ein ganz unerwartetes Geschenk gemacht: denn meine Absicht ging ausschließlich auf Philosophie" (GSG 22, 379).

Einen besonderen Hinweis zur Einordnung der „Absicht" Simmels, die in der *Philosophie des Geldes* möglicherweise transportiert wird, geben zwei späte Zeugnisse. Das ist zum einen das *Fragment einer Einleitung*, das wahrscheinlich auf die Zeit um 1910 zu datieren ist; und das ist zum anderen die Notiz *Wenn ich Bilanz ziehe*, die auf das letzte Lebensjahr Simmels datiert wird. Der frühere Text legt einen Übergang von den soziologischen Arbeiten zu einer metaphysischen Problemstellung nahe. Von der Analyse der Wechselwirkungen zwischen Individuen sowie zwischen diesen und sozialen Institutionen ist Simmel zu der

Frage übergegangen, was Wechselwirkung als Prinzip bedeutet. Auf eindrucksvolle Weise beschreibt er seinen Weg zur *Philosophie des Geldes* als Überwindung einer radikal-skeptischen Grundhaltung. „Die Zentralbegriffe der Wahrheit des Wertes, der Objektivität etc. ergaben sich mir als Wechselwirksamkeiten, als Inhalte eines Relativismus, der jetzt nicht mehr die skeptische Lockerung aller Festigkeiten, sondern die Sicherung gegen dieses vermittels eines neuen Festigkeitsbegriffes bedeutete (‚Philosophie des Geldes')." (GSG 20, 304 f.)

Auch wenn diese Textpassage einigermaßen rätselhaft bleibt, lässt sich doch eine These präparieren: Simmel hat in der Phase der Vorbereitung und Durchführung des Programms seiner *Philosophie des Geldes* erkannt, dass der Vorgang der Wechselwirkung zwar alle soziokulturellen und wissenschaftlichen Substantialitäten und Selbstverständlichkeiten (Prinzipien, Werte usw.) in einen relativistischen Strudel zieht, weil jeder Standpunkt abhängig von intra-subjektiven und über-individuellen Prozessen ist. Aber der Vorgang selbst ist in seiner Funktionalität stabil und seine Resultate – wie bspw. Werte und wissenschaftliche Objektivität – erhalten eine relative Festigkeit. Die Herausarbeitung der Entstehung von Werten, Überzeugungen, wissenschaftlichen Modellen führt zur Klärung – und nicht Auflösung – der mit ihnen verbundenen Geltungsansprüche.

Anders gewichtet das zweite, allerdings nicht autorisierte, Fragment *Wenn ich Bilanz ziehe*. Hier wird der Soziologie ein „aus dem Leben entwickelte[r] Wahrheitsbegriff" und der „Geldphilosophie der Versuch, an der Entwicklung eines einzelnen Kulturelementes die ganze äussere und innere Kulturentwicklung abzurollen, die einzelne Linie als Symbol des Gesamtbildes zu begreifen" (GSG 24, 71) attestiert. Der erste Punkt bezieht sich direkt auf die vorausgehende Analyse, nur dass das Konzept „Vorgang der Wechselwirkung" durch den Begriff „Leben" ersetzt wird. Diese Ersetzung ist keineswegs zu vernachlässigen, da sie eine Veränderung der philosophischen Problemstellung Simmels signalisiert. Fortan geht es Simmel um die Frage, wie die Momente der Genese und Geltung von Werten, der Überzeugungen, wissenschaftlichen Objektivitäten usw. miteinander verwoben sind. Die Rede vom „Leben" steht für die Behauptung, dass es einen Einheitspunkt gibt, der sich anhand einer einzelnen Linie – im individuellen Tätigsein und in sozialen Interaktionen – zeigen und in ein Gesamtbild der Kultur überführen lässt. Und zwar in symbolischer Form, wie beispielhaft die *Philosophie des Geldes* vorführt.

Die hier nur andeutungsweise erfassten Linienführungen, die auch der Quellenlage und Simmels mangelndem Interesse an eindeutigen methodologischen und gegenstandsbezogenen Festlegungen geschuldet sind, stehen quer zu den Bemühungen, Simmels Denkweg in Perioden und Phasen einzuteilen. Aus den vielen Beschreibungen, die einen soziologisch-wissenschaftlichen von einem späteren metaphysisch-unwissenschaftlichen Denker abgrenzen – die soziologische

Forschungsliteratur zum Werk Simmels hat verständlicher- und auch berechtigterweise kaum ein Interesse an den Arbeiten, die in den Jahren 1908 bis 1918 entstanden und die den *Hauptproblemen der Philosophie* (1910), *Goethe* (1912), *Rembrandt* (1916) und der *Lebensanschauung* (1918) gewidmet sind – ragt weiterhin Michael Landmanns (1913–1984) Analyse heraus (vgl. Landmann 1976). Landmann unterscheidet drei Phasen des Simmelschen Denkweges. In der ersten Phase geht der junge Simmel vom Pragmatismus, Sozialdarwinismus und Spencerismus und einem naturphilosophisch-ästhetischen Differenzierungsprinzip (Fechner) aus. Bereits in seiner Dissertation stößt er auf das Problem des Individuellen, kommt in Kontakt mit Moritz Lazarus (1824–1903) und Heymann Steinthal (1823–1899), entdeckt das Problem des Überindividuellen (objektiver Geist) und entwirft Denkformen wie bspw. die Wechselwirkung. In der zweiten Phase tritt Simmel nach Landmanns Auffassung in Kontakt zum südwestdeutschen Neukantianismus (Windelband, Rickert) und wendet sich dem Themenkomplex Wert und Kultur zu. In dem Zusammenhang seiner soziologischen und geschichtsphilosophischen Arbeiten stellt er sich dem Problem des Relativismus. Verschiedene Welten gehen auf verschiedene Organisationsprinzipien unseres Geistes zurück, jede dieser Welten hat eine eigene Logik, ist nicht auf eine andere zurückführbar, steht mit jeder anderen auf der gleichen Stufe und hat ihre eigene Wahrheit. Der Mensch wird von den jeweiligen Wahrheitsansprüchen dieser Welten durchkreuzt und gerät in existentielle Konflikte. Für die Philosophie entsteht eine neue Aufgabe: Philosophieren heißt für Simmel, so deutet Landmann die Schriften der Jahre 1900 bis ungefähr 1910, sich in Konflikten zu bewegen, deren Aufhebung weder möglich noch erstrebenswert ist (Landmann 1976, 4). Die dritte Etappe des Simmelschen Denkweges sieht Landmann mit dem Jahr 1908 und dem sich abzeichnenden Einfluss von Henri Bergsons Werk erreicht. Simmel wird zum Lebensphilosophen. Der Grundgedanke dieser Wendung zum Leben ist, dass die Begrenzung des Lebens und Erfüllung in seinen selbstgeschaffenen Formen thematisiert wird. Auf diese Weise ist Lebensphilosophie immer auch Kulturphilosophie, insofern die Unterordnung des Lebens als einem Bewegungs- und Schöpfungsprinzip unter seine selbstgeschaffenen, objektiven Formen analysiert wird. Jetzt rücken die Spannungen zwischen dem Lebensfluss und seinen Objektivitäten ins Zentrum des Werkes. Dieser Verschiebung oder Erweiterung des Perspektive hat auch eine existenzphilosophische Note *avant la lettre*, denn Simmel behandelt die Frontstellung des Einzelnen gegenüber einer übermächtigen objektiven Kultur und die Unmöglichkeit der restlosen Integration von individuellen Bedürfnislagen und objektivierten Kulturformen, von subjektiver und objektiver Kultur. Das paradoxale Moment des Lebens, seine antinomische, gleichsam tragische Grundstruktur rückt für Simmel ins Zentrum seiner philosophischen Reflexionen (vgl. Landmann 1987).

Auch wenn das Drei-Phasen-Modell Landmanns nicht restlos überzeugen kann, so bietet es doch für einen Zugang zum Werk Simmels einen hilfreichen heuristischen Ansatz. Seine Schwächen sind allerdings markant, denn weitestgehend unklar bleibt, ob die einzelnen Phasen distinkte Grenzen haben, ob es sich um Perspektivenerweiterungen oder -wendungen handelt. Zudem impliziert das Modell einen Übergang von einer erkenntnistheoretischen und soziologischen Orientierung zu einer lebens- und kulturphilosophischen Programmatik. Nimmt man die Phasen als Stufen linearer Zeitfolgen, dann würde die *Philosophie des Geldes* wiederum in die eher soziologische, also vor-(lebens)philosophische Etappe des Denkweges fallen. Diese Zweifelsfragen sind hinreichend gewichtig, um das Drei-Phasen-Modell trotz seiner unbestreitbaren Verdienste als ein erster Orientierungsrahmen beiseite zu schieben und einen neuen Ansatz der Simmel-Forschung in der Philosophie zu wagen. Auf diesem neuen Weg soll auf die Frage nach der Klassizität des Simmelschen Werkes, insbesondere der *Philosophie des Geldes*, eine Antwort gefunden werden.

3 Die *Philosophie des Geldes* – in Debatten verstrickt

Die *Philosophie des Geldes* nimmt auf eine ganze Reihe innerphilosophischer Debatten Bezug, deren Ergebnisse zum Teil integriert, zum Teil analysiert und verworfen werden. Prominent ist dabei sehr früh schon der Versuch Simmels, die neukantianische Konzeption apriorischen Erkenntnis mit einem psychologisch-historischen Ansatz zu verbinden (vgl. Köhnke 1996, 213–243; Schlitte 2012, 181–211). Die Pointe dieser Synthese liegt bereits für den jungen Simmel darin, dass er den Grundgedanken Kants von der Apriorität unserer Verstandeskategorien – die Bedingungen der Möglichkeit von Erfahrung, bspw. die Kategorie der Kausalität, werden nicht durch Erfahrung gewonnen, sondern sind in diese strukturell eingeschrieben – mit einer psychologischen Analyse verknüpft. Damit verbindet er das logische Moment im Bewusstsein, also den Geltungsanspruch von Anschauungsformen (Raum und Zeit) und Kategorien (bspw. der Modalität) mit den eher kontingenten Bedingungen ihrer Realisierung im Individual- und Kollektivbewusstsein. Zwar wird der Geltungsanspruch der Logik nicht von psychischen und sozialen Interaktionen abhängig gemacht, aber es lässt sich doch die unterschiedliche, historisch variable Evidenz von logischen Einsichten erfassen. Mit einem Rückgriff auf einige Grundgedanken von Herbert Spencers (1820–1903) Sozialevolutionismus erweitert Simmel seinen psychologischen Ansatz um eine evolutionistische Komponente: individuelle und kollektive Erfahrungen generieren Denkresultate, die ab dem Zeitpunkt ihrer Aufdeckung den Status apriorischer Erkenntnis erhalten (dagegen: Nátalia Cantó i Milà 2016, 191–214; Schlitte 2012, 192).

Schon für den jungen Simmel steht einem Verfahren der radikalen Psychologisierung der Denkformen und -gesetze die profunde Auseinandersetzung mit Hauptwerken der Logik des 19. Jahrhunderts (Sigwart, Erdmann, Wundt) und seine Kenntnis der neueren Psychologie (Herbart, Waitz, Lazarus) entgegen. Die Trennung von deskriptiver Beschreibung und normativer Begründung wird von ihm bereits 1892 in der *Einleitung in die Moralwissenschaft* durchgeführt (vgl. Köhnke 1996, 222). Hier analysiert er die Verdichtung und Verselbständigung objektiver Gebilde, die sich vom subjektiven Erleben abkoppeln und eine abstrakte Sphäre des Sollens (Normen und Werte) bilden. Unter Verdichtung versteht Simmel einen psychologisch-evolutionistisch zu beschreibenden Vorgang. Verselbständigung bedeutet, dass die Geltungsproblematik unabhängig vom Entstehungsprozess der jeweiligen Regeln verhandelt werden kann. Auf diese Weise kreist Simmel schon in den frühen 1890er Jahren um ein Problem, ohne sich auf eine Position und eine explizite Methode festzulegen. Er handelt sich um das Problem des Überindividuellen, das in seiner Entstehung zwar auf intra- und interindividuellen Vorgänge zurückgeführt werden kann, dessen Geltung – ob es sich um mathematische Regeln, moralische Gewissheiten, technische Errungenschaften oder ästhetische Standards handelt, spielt keine Rolle – sich jedoch von seinem Entstehungskontext abkoppelt (vgl. Hartung 2020, 13–34). Simmel spricht vom Problem des objektiven Geistes, für das er sich in der *Philosophie des Geldes* eines Rückgriffs auf die Hegelsche Tradition bedient (im Hinblick auf das Werk Cassirers beschrieben in Kreis 2009).

Die Hegelsche Tradition ist in der zweiten Hälfte allerdings unterbrochen, wenn nicht gar abgebrochen. Simmel greift daher nicht direkt auf Hegels Geistphilosophie zurück, sondern bedient sich einer systematischen Verschiebung innerhalb der Konzeption, die im Umkreis der *Zeitschrift für Völkerpsychologie und Sprachwissenschaft* verhandelt wird (vgl. Köhnke 1996, 337; Berek 2018; Hartung 2019). Er übernimmt von Moritz Lazarus als Zentralproblem „die Frage nach dem Verhältnis des Einzelnen zur Gesamtheit, dessen Begriff vom ‚objektiven Geist' und Konzept von ‚Kultur'" (Köhnke 1996, 337). Der Einfluss von Lazarus prägt Simmels Verständnis von Philosophie entscheidend, auch wenn er dessen sprachphilosophische Orientierung zugunsten einer weiteren kulturphilosophischen Perspektive, die ein breites Spektrum von Kulturphänomenen berücksichtigt, hinter sich lässt (vgl. Hartung 2012, 61–86, 121–138).

Schon in der Abhandlung *Zur Psychologie des Geldes* (1889) werden diese Zusammenhänge deutlich. Simmel spricht hier von einem Kulturfortschritt, der durch eine Vertiefung des Kausalbewusstseins und des Zweckbewusstseins ermöglicht wird. Durch soziale Praktiken und den Zusammenschluss von Einzelnen und Gruppen zu neuen sozialen Gebilden, entsteht öffentlicher Geist, d. h. es bilden sich Institutionen heraus. Sprache und Tauschmittel, wie bspw. das Geld, sind die Katalysatoren dieser Entwicklung (vgl. GSG 2, 64). Ein Gedanke ist hier für Simmel zentral: Durch das Zusammenwirken der Individuen entstehen Gebilde, die in ihrer Komplexion nicht verständlich sind, wenn sie als Summenverhältnisse individueller Tätigkeiten verstanden werden. Als Erbe der Völkerpsychologie begreift er die soziale Gegenwart als Resultat eines phylogenetischen Prozesses. Ein markantes Beispiel hierfür ist bei Simmel die Tauschgesellschaft, weil hier Wertvorstellungen das Handeln der beteiligten Individuen regulieren, die erst durch Wechselbeziehungen entstehen. So können bestimmte Werte – und das Geld als Mittel der Wertrealisierung sowie funktionale Form sachlicher und persönlicher Werte – verschiedene Grade psychologischer Selbständigkeit erreichen. Diese überindividuelle Form wird für Simmel in den 1890er Jahren zum bevorzugten Forschungsgegenstand (vgl. GSG 2, 53f.).

In der frühen Studie ist Simmel dem Programm der Völkerpsychologie deutlich verpflichtet. So spricht er davon, dass im Kulturprozess jeder Denkinhalt einer fortwährenden Umgestaltung und Korrektur preisgegeben gibt. Das betrifft nicht nur die Wissenschaften und die Philosophie, sondern auch die Gesellschaft; „so sind dies alles Symptome der gleichen völkerpsychologischen Wandlung, der auch das Geld [...] dient" (GSG 2, 64). Direkt aus Steinthals Konzeption übernommen ist der Gedanke, dass sich im Prozess fortwährender Umgestaltung und im Wandel der Erscheinungen ein Gesetz bestimmen lässt. Das Gesetz lautet: In allem Wandel der Faktoren bleibt doch die Relation der Faktoren unter- und zueinander konstant. Der Begriff für diese Relation lautet: Wechselwirkung (vgl. Hartung 2019).

Da haben wir also schon im Jahr 1889 *in nuce* die Programmatik der *Philosophie des Geldes* und ein Hauptthema der Philosophie Simmels vor unseren Augen. Gemeint ist die Einsicht, dass der Vorgang der Wechselwirkung zwar alle Substantialität und Selbstverständlichkeiten der Kulturwelt mitsamt den Wissenschaften (Werte, objektive Wahrheiten usw.) in einen relativistischen Strudel zieht, aber die Analyse des Gesamtvorganges zeigt, dass zumindest der Prozess selbst eine formale und funktionale Stabilität aufweist und seinen Resultaten trotz phylogenetischer Entwicklung und Einbettung in (sozial)psychische Vorgänge eine relative Festigkeit verleiht. Die völkerpsychologische Forschung geht daher sowohl auf die Entstehung des Überindividuellen durch soziale Interaktion als auch die Geltungsfrage, nämlich die Aneignung des Überindividuellen durch das Individuum. Deshalb interessiert sich Simmel nicht mehr für die großen Themen wie bspw. „Gott", „Staat", „Rechtsordnung" usw., sondern für die „Mikroprozesse des sozialen Lebens" (Köhnke 1996, 344).

Ein weiterer Grundgedanke muss bedacht werden. Nach Simmels Ansicht sind die Einzelphänomene, wie bspw. das Geld, die Mode, die Landschaft oder der Bildrahmen, in einen Gesamtzusammenhang eingebettet. Sowohl die Völkerpsychologie von Lazarus und Steinthal als auch die Kulturphilosophie Simmels räumt der Allgemeinheit, dem objektiven Geist, einen systematischen Vorrang vor dem Einzelphänomen ein. Jedes Einzelphänomen steht in einem allgemeinen Zusammenhang, wie sich an der Sprache, den Denkformen, der Sitte oder Erwerbsart zeigen lässt (vgl. Hartung 2012, 20–24). Erinnern wir uns daran, dass Simmel mit der „Geldphilosophie" die Aufgabe verbunden hat, „an der Entwicklung eines einzelnen Kulturelementes die ganze äussere und innere Kulturentwicklung abzurollen, die einzelne Linie als Symbol des Gesamtbildes zu begreifen" (GSG 24, 71), dann erkennen wir jetzt, dass bereits in den frühen Abhandlungen zur *Einleitung in die Moralwissenschaft* und zur *Psychologie des Geldes* (ganz zu schweigen von anderen „psychologischen" und „soziologischen" Arbeiten der 1890er Jahre) ein philosophisches Hauptthema entwickelt wird: die Konturierung einer erkenntnisskeptischen Position mitsamt einer Verschärfung eines logisch-wissenschaftlichen und historisch-kulturellen Relativismus – und der Versuch seiner Überwindung (vgl. die unzureichende Deutung bei Schmid 2018; ausführlicher dazu die Beiträge in Kusch et al. 2019).

Der Versuch, Simmels philosophisches Werk im Kontext zu verstehen, macht mindestens zwei Seitenblicke erforderlich. Der eine Seitenblick muss sich auf die Arbeiten Wilhelm Windelbands zum Problem des Relativismus, der andere auf die – größtenteils unveröffentlichten – Untersuchungen zum Aufbau der geschichtlichen Welt von Wilhelm Dilthey richten. Beide Denker haben, wie auch Simmel, ihre frühen Arbeiten in der *Zeitschrift für Völkerpsychologie und Sprachwissenschaft* veröffentlicht. In ihren Schriften wird das Thema eines logisch-wissenschaftlichen und historisch-kulturellen Relativismus ebenfalls verhandelt – nur mit einer deutlich unterschiedenen Akzentuierung.

Wilhelm Windelband (1848–1915) hat 1875 eine Abhandlung zum Thema *Die Erkenntnislehre unter dem völkerpsychologischen Gesichtspunkte* publiziert (Windelband 1875; vgl. hierzu Hartung 2018a). Unter dem Eindruck des Entwicklungsgedankens, der das 19. Jahrhundert seit seiner Mitte beherrscht, spricht Windelband einen Verdacht aus: Nehmen wir einmal an, dass uns die Gesetze der Logik erst unter bestimmten historischen Bedingungen bewusst geworden und erst damit Teil einer „psychologischen Entwicklung der historischen Menschheit" (Windelband 1875, 167) geworden sind. Ob es eine Übereinstimmung zwischen den Resultaten des logischen Prozesses und der Ordnung des Seins gibt, das ist seiner Meinung nach eine metaphysische Frage, die nicht zu beantworten ist. Vielmehr macht sich bei ihm eine radikale Erkenntnisskepsis breit: „Je mehr man sich in den psychologischen Charakter des Denkens vertieft, desto mehr muss man einsehen, dass eine ganze Reihe der Vorstellungsgebilde, bei denen wir den Anspruch, dass sie richtiges Denken erhalten, mit vollem Rechte erheben, weit entfernt davon sind, einem Sein zu entsprechen" (Windelband 1875, 177).

Anhand der Diskussion einiger Beispiele (u. a. des Satzes vom Widerspruch) zeigt Windelband, dass eine Entstehung der Logik im praktischen Leben anzunehmen ist. Eine phylogenetische und völkerpsychologische Perspektive lässt auch logische Denkformen als eine Einübung in richtiges Denken erscheinen. In einem natürlichen Entwicklungsgang haben sich allmählich Normen des richtigen Denkens entwickelt. Windelband greift die Hypothese des Logikers Christoph Sigwart (1830–1904) von der „constanten Bedingtheit" der logischen Gesetze auf und erweitert sie in entwicklungsgeschichtlicher Perspektive: Es verändern sich mit der Zeit nicht nur die Interessen einzelner Menschen und Völker durch Anpassung an den jeweils gegebenen „Erkenntnisstoff", sondern auch die „Anwendung der Formen" (Windelband 1875, 177), die erst allmählich Notwendigkeit und Allgemeingültigkeit erlangen. In letzter Konsequenz heißt das: Logische Grundsätze, wie der Satz vom Widerspruch und die Aristotelischen Kategorien, sind „Verdichtungen im Denken", allmählich errungene Resultate eines soziokulturellen Prozesses, in dem wir Menschen uns immer effektiver unseren Umwelten anpassen. Die Geltung von logischen Denkgesetzen ist somit relativ zu ihrer jeweiligen Entstehungsgeschichte.

Windelband vertritt in den 1870er Jahren tatsächlich einen radikalen Historismus der Kategorienableitung (vgl. Köhnke 1993, 419). Umso erstaunlicher ist seine später erfolgende Kehrtwende. Windelband greift auf die Philosophie Kants zurück und erklärt zur Aufgabe seiner Philosophie, an die Wissenschaften die Geltungsfrage des Wissens zu stellen und die empirische Wirklichkeit einer logischen, ethischen und ästhetischen Prüfung auf Allgemeingültigkeit zu unterziehen (vgl. Windelband 1921 [1884], 42). Dem Relativismus als der Überzeugung von einem naturgemäßen Entwicklungsgang der Menschheit stellt er den Idealismus als einen Glauben an eine höhere Notwendigkeit gegenüber. „Ich sage: wir alle glauben daran. Vergesse ich jene Theoretiker des Relativismus, welche in allen diesen Bestimmungen und Überzeugungen nichts weiter als naturnotwendige Produkte der menschlichen Gesellschaft sehen? Aber sie wollen doch ihre Theorie [. . .] beweisen. [. . .] Wer den Relativismus beweist, vernichtet ihn. Der Relativismus ist eine Theorie, an welche noch nie jemand ernsthaft geglaubt hat, an welche eben niemand ernsthaft glauben kann, er ist eine fable convenue" (Windelband 1921 [1884], 44).

Mit Windelbands Einlassungen zum Thema ist die Frontstellung präzise beschrieben. Einem Relativismus als Krankheitssymptom der Gegenwart steht ein heilsamer Idealismus entgegen. Seine Argumente, die sich auf einen Glauben an eine höhere Notwendigkeit und ein „Normalbewusstsein" (vgl. Windelband

1921 [1884], 45–49) stützen, reißen einen Graben zwischen einem normalen und pathologischen Gebrauch der Vernunft, zu dem eine skeptisch-relativistische Geisteshaltung gerechnet wird. Der Preis für die Erledigung des Relativismus-Problems ist bei Windelband letztendlich hoch. Entgegen seinen früheren Einsichten im Umkreis der *Zeitschrift für Völkerpsychologie und Sprachwissenschaft* wird die geschichtliche Welt entwertet (vgl. Hartung 2018a; Hartung 2018b). Damit ist der Gegensatz zu Simmels Konzeption prägnant gefasst. Es geht um die Frage, ob das Problem des Relativismus der Denk- und Lebensformen bewältigt wird, indem es erledigt (Windelband) oder konsequent zu Ende gedacht (Simmel) wird.

Wilhelm Dilthey (1833–1911) hingegen stellt sich dem Problem des Relativismus wiederholt und mit großer Konsequenz. Seine immer wieder neu ansetzenden Versuche, eine Theorie des Aufbaus der geschichtlichen Welt zu schreiben, die jeweils abgebrochen werden und zu Lebzeiten unpubliziert bleiben, sind auch ein Ausdruck eines hohen Problembewusstseins. Nach Diltheys Auffassung hat die Philosophie die Aufgabe, aus dem Trümmerfeld historischer Daten ein überzeitliches Gesamtbild herauszuarbeiten. Sein Blick schweift über die menschliche Kulturgeschichte als ein „unermeßliches Trümmerfeld religiöser Traditionen, metaphysischer Behauptungen, demonstrierter Systeme" (Dilthey 1968, 76). Dilthey praktiziert ein redliches Bemühen um die Arbeit an den Bruchstücken und die Hoffnung, dass wir das Gemeinsame im Einzelnen historischer Daten schon erkennen werden, wenn wir ihnen nur mit analytischer Sorgfalt und genügend Ausdauer begegnen. Vermieden werden soll nicht nur eine immanente Geschichtsteleologie des Positivismus (Comte), sondern auch ein Fiktionalismus (Nietzsche, später: Vaihinger). Diltheys Theorie vom Aufbau der geschichtlichen Welt markiert den ambitionierten Versuch, das Problem des Relativismus der Denk- und Lebensformen einerseits anzuerkennen, andererseits aber auch dadurch zu überwinden, dass er in einem hermeneutischen Zugriff alle scheinbar singulären, distinkten und heterogenen Daten in einen allgemeinen Zusammenhang – die Welt des objektiven Geistes – eingliedert. Die Grundvoraussetzung seiner Theoriebildung ist eine synthetische Funktion im Auffassen der Wirklichkeit, im Verstehen seiner selbst und anderer sowie in der Logik seelischer und geistiger Einheiten. Dilthey ist davon überzeugt, dass uns in allem Tätigsein, vom flüchtigen Ausdrucksverhalten bis zum kanonischen Werk, eine „äußere Wirklichkeit des Geistes" umgibt, in deren Rahmen „jede einzelne Lebensäußerung [...] im Reich des objektiven Geistes ein Gemeinsames" (Dilthey 1981 [1910], 178) repräsentiert. Nur vor dem Hintergrund einer solchen Gemeinsamkeit ist seiner Auffassung nach eine Verbindung zwischen der Äußerung des einen und dem Verstehen des anderen denkmöglich. „Wir sind in dieser geschichtlichen und verstandenen Welt überall zu Hause, wir verstehen Sinn und Bedeutung von dem allen, wir selbst sind verwebt in diese Gemeinsamkeiten" (Dilthey 1981 [1910], 178; vgl. Schnädelbach 1983, 139–160; Rodi 2003).

Der Gedanke, dass die Welt des objektiven Geistes jede einzelne Lebensäußerung und jede soziale Interaktion einbettet, dass also das Ganze des Geistes vor dem Einzelfall seiner Artikulation steht, haben wir als Erbschaft der Völkerpsychologie um Lazarus und Steinthal auch bei Simmel erkannt. Hinter dieser offensichtlichen Gemeinsamkeit treten auf den zweiten Blick jedoch gravierende Differenzen zutage. Die institutionelle Nähe beider Denker an der Berliner Universität und die unterschiedene Rangstellung – Simmel ist in Berlin über die Stellung eines Extraordinarius nicht hinausgekommen, während Dilthey in der Universität und Akademie eine machtvolle Stellung einnimmt – ist wahrscheinlich ein Grund dafür, dass die Auseinandersetzung zumeist implizit bleibt. Dem einen steht es nicht zu, die Thesen des anderen öffentlich zu kritisieren, der andere hat es nicht nötig, den Namen des Kollegen überhaupt zu erwähnen. Ein Bonmot Simmels über Dilthey ist allerdings überliefert. Simmel soll über Eduard Zeller gesagt haben, dass dieser überhaupt nicht wisse, was Philosophie sei. Und über Dilthey sagte er, dass dieser es niemandem verrate (vgl. Gassen et al. 1958, 141).

Ein Vergleich der Grundgedanken Simmels und Diltheys zur Theorie des objektiven Geistes ist deshalb von Bedeutung, weil er uns hilft, die Position Simmels deutlicher zu konturieren (vgl. Köhnke 1996, 380–397). Während es für Simmel weder Individualität noch Gesellschaft außerhalb von Wechselbeziehungen gibt, ja diese Wechselbeziehung konstitutiv für das ist, was sich in der Relation zum anderen als Einzelnes und Allgemeines zeigt, vertritt Dilthey ein spätromantisches Konzept von Individualität und lehnt eine begriffliche Fassung von Gesellschaft sowie eine entsprechende Disziplin der Soziologie als gegenstandslos ab. Nach Diltheys Auffassung ist das Individuum die vorauszusetzende psychisch-physische Einheit in einer Theorie des objektiven Geistes; alle Wechselwirkung von Individuen wird von ihm unter dem Aspekt des Verstehens verhandelt. Simmel hingegen interessiert sich für das Problem des Verstehens nicht, weil er deren Voraussetzung – das Individuum als psychisch-physische Einheit – nicht akzeptiert. Daher kann er auch Dilthey nicht entgegenkommen und die Frage nach den Strukturen von Gesellschaft zu einem hermeneutischen Problem machen. Im Kern der zu rekonstruierenden, weil immer implizit gebliebenen, Auseinandersetzung zwischen Dilthey und Simmel geht es um die systematische Funktion von Wechselwirkung in einer Philosophie des objektiven Geistes. Für Dilthey ist das Individuum die elementare Einheit von Realität und der Aufbau der geistigen Welt findet durch Wechselwirkung zwischen Individuen statt. Für Simmel hingegen gibt es weder ein Individuum noch eine Gesellschaft, sondern nur einen Prozess, der seine Momente erzeugt. Wechselwirkung ist hier die

Realität, die ihre Relationspunkte, nämlich Individualität und Sozialität, erst konstituiert. Weil Simmel die objektiven Gebilde – die Kulturphänomene wie sprachliche und ästhetische Formen, rechtliche und sittliche Institutionen usw. – nicht *aus* den Individuen in ihrer Wechselwirkung, sondern *zwischen* ihnen entstehen lässt, kann er in einem nächsten Schritt auch ihre relative Unabhängigkeit im Hinblick auf die teilhabenden Individuen behaupten.

An dieser Stelle wird ersichtlich, dass die Differenz zwischen den Konzeptionen von Dilthey und Simmel einen Unterschied ums Ganze macht. Für das Relativismus-Problems sucht Dilthey nach einer hermeneutischen Lösung. Im Modus des Verstehens meiner selbst und des anderen integriere ich immer schon meine Absichten und Überzeugungen in einen allgemeinen Horizont. Simmel nimmt diesen Ausweg nicht, sondern treibt das Problem über die Grenzen der Hermeneutik hinaus in lebensphilosophische, gar existentielle Aporien. Seiner Ansicht nach ist der Vorgang wechselseitiger Integration von individuellem Tätigsein und überindividuellen Wert- und Sinnstrukturen nicht notwendigerweise an den Akt des Verstehens gekoppelt. Neben den Chancen des Gelingens der Wechselwirkung bestehen auch erhebliche Risiken des Scheiterns, für die in Diltheys Hermeneutik kein Ort ist. Von Windelband wird das Scheitern durch die normative Setzung eines Normalbewusstseins sogar pathologisiert. Für Simmel gehört der Widerspruch von individuellem Tätigsein (Denken und Handeln) und den allgemeinen Strukturen einer objektiven Welt zum Lebensvollzug dazu. Scheitern an der Formgebung des Lebens ist immer eine Option des individuellen Lebens selbst.

4 Kontext und Text der *Philosophie des Geldes*

Dieser Grundgedanke von einem Individuell-Allgemeinen, das in Vorgänge der Wechselwirkung eingebettet ist und aus diesen hervorgeht mit allen Optionen des Gelingens oder Scheiterns, wird von Simmel im Vor- und Umfeld der *Philosophie des Geldes* prominent in zwei Publikationen aus den Jahren 1896 und 1900 thematisiert. In seinem Vortrag *Das Geld in der modernen Cultur*, den er im Jahr 1896 vor der *Gesellschaft österreichischer Volkswirthe* in Wien gehalten hat, nimmt Simmel eine weitere Weichenstellung vor: Er wendet sich explizit einer Theorie des objektiven Geistes im Sinne einer Analyse der modernen Kultur zu. Unter der Voraussetzung, dass in der modernen Gesellschaft soziale Beziehungen in einem bemerkenswerten Maß über das Mittel Geld reguliert werden, streicht er eine Reihe sozialer und kultureller Phänomene heraus. Neben der zunehmenden *Selbständigkeit* und Unabhängigkeit der Person, der Auflösung der sozialen Zusammengehörigkeit und der dinglichen Beziehungen, des Entstehens einer Grenze zwischen dem objektiven und dem subjektiven Ganzen (Gesellschaft und Persönlichkeit) tritt die Möglichkeit auf, dass Vergesellschaftung einhergeht mit einer absoluten Reserve alles Persönlichen, dass neue Proportionen zwischen Freiheit und Bindung entstehen, dass die Person durch den Einsatz von Mitteln der Objektivierung (Sprache, Recht, Geld usw.) entlastet wird und soziale Nivellierung mit einer Attitude von Individualismus (sein Beispiel ist die Mode) möglich wird (vgl. GSG 5, 179–182).

In diesen Tendenzen zur Versachlichung der Kultur mitsamt ihren unabweisbaren Vorteilen sieht Simmel einerseits die Gefahr einer „Inhaltslosigkeit des Lebens und Lockerung seiner Substanz" (GSG 5, 185), aber vor allem einer Überwucherung der Zwecke durch die Mittel oder das Vergessen der Endzwecke (vgl. GSG 5, 189f.). Simmel kann die radikale Diagnose seiner gegenwärtigen Kultur nur deshalb aufstellen, weil er weder wie Windelband eine überzeitliche Konstanz objektiver Werte, noch wie Dilthey eine teleologische Tendenz in allem individuellen Auffassen und Verstehen im Aufbau einer geistigen Welt annimmt. Nur deshalb kann er ein krisenhaftes Szenario von enormer Wucht entwerfen: Die gegenwärtige Kultur befindet sich im Übergang von einem Zustand der Stabilität in einen der Labilität, wobei die Schwierigkeit, unter diesen Bedingungen noch eine persönliche Kultur ausprägen zu können, durch das erhöhte Tempo der Veränderung verschärft wird.

In einem zweiten, hier zu ergänzenden, Text wird dieser Sachverhalt noch deutlicher. Zeitgleich mit der *Philosophie des Geldes* erscheint in der *Neuen Deutschen Rundschau* (*Freie Bühne*, Heft 7/ 1900) eine sehr erhellende Abhandlung mit dem Titel *Persönliche und sachliche Kultur* (vgl. hierzu Rehberg 2018). Auch hier geht Simmel einen argumentativen Schritt weiter. Da seiner Auffassung nach die objektiven Gebilde nicht aus den Individuen in Wechselbeziehung erzeugt werden, können diese sich wirksam von ihrem Entstehungszusammenhang abkoppeln. Dazu gehört auch die Möglichkeit einer Entkoppelung und Desynchronisierung einerseits der sich entwickelnden objektiven Gebilde und andererseits der sich konstituierenden Individuen. Simmel diagnostiziert seiner Gegenwart, dass die objektiv-sachliche Kultur der Dinge sich nicht in gleichem Maße und mit gleichem Tempo wie die subjektiv-persönliche Kultur der Individuen entwickelt. Es kann also vorkommen, dass Individuen in ihrem Grad an Kultiviertheit hinter dem der Dinge zurückbleiben. Infolge dieser Einsicht wird deutlich, dass die „Formung unserer Persönlichkeit" (GSG 5, 565) – in der *Philosophie des Geldes* ist vom Stil des Lebens die Rede – davon abhängt, ob überhaupt und inwiefern wir in der Lage sind, uns in der Beziehung zu den Objekten zu halten, den Vorgang der Wechselwirkung zu gestalten und somit die Dinge unserem Rhythmus zu unterwerfen.

Simmel bringt mit diesen Überlegungen eine neue Perspektive in die Theorie des objektiven Geistes: Wenn alles, was ist, voraussetzungslos als Produkt von Wechselwirkung gedacht werden muss, dann müssen wir auch annehmen, dass die auf uns wirkenden objektiven Gebilde (materiale oder immaterielle Artefakte) unsere Persönlichkeitsbildung bestimmen. Es wird für Simmel denkbar, dass wir uns den von uns geschaffenen objektiven Gebilden anpassen. Auch dies ist eine Form der Wechselwirkung, nur dass die individuellen Gestaltungskräfte erlahmen. Dann könnte es sein, dass die Schreibgeräte, die Kommunikationsmedien, die Transportmittel, die Sprachformen und das Geld uns zur Anpassung nötigen. Simmel bleibt mit diesen Überlegungen ein konsequenter Theoretiker der Wechselwirkung, nur vertritt er immer deutlicher die Position einer radikalen Skepsis (vgl. Martuccelli 2016).

In einer ironischen Redewendung, als deren Adressat wir uns durchaus Dilthey denken können, spricht Simmel in diesem Zusammenhang von einer vorauszusetzenden „Biegsamkeit der Seele" (GSG 5, 577). So variabel wie die Dinge in einer beschleunigten Produktions- und Konsumtionsgesellschaft sind, so variabel werden auch wir: die Außenverhältnisse bestimmen die Binnenstruktur unseres Ichs. Den materiellen und geistigen Kulturgütern, den institutionellen Formen und den technischen Apparaten, den versammelten Mitteln unseres alltäglichen Komforts – kurzum, wie Simmel das nennt: den Gebilden des objektiven Geistes – fehlt eine Seele (vgl. GSG 5, 580). In der modernen Kultur geht dem objektiven Geist aufgrund der Weise seines Zustandekommens – in arbeitsteiligen und versachlichten Prozessen – die Seelenhaftigkeit verloren, wobei Seele bei Simmel nichts substantiell Gegebenes, sondern die Form persönlicher Einheit des Lebensvollzugs meint. Die Pointe wird deutlich: Das Problem des Relativismus der Denk- und Lebensformen ist dem Individuum als Bewohner einer modernen Kultur nicht äußerlich, sondern durchdringt und artikuliert sich in jeder seiner Lebensäußerungen. Die Geldwirtschaft macht diesen Sachverhalt in ausgezeichneter Weise sichtbar (vgl. Geßner 2002).

Wir haben gesehen, warum eine Phaseneinteilung des Simmelschen Denkweges nur bedingt hilfreich für das Verständnis des philosophischen Werkes ist. Simmel verfolgt vielmehr konsequent die Entfaltung seiner Grundgedanken und entwirft die *Philosophie des Geldes* als Zusammenführung der unterschiedenen Aspekte. Vor allem die *Selbstanzeige* des Werkes unterstreicht diese Lesart (719–723). Vor dem dargestellten Hintergrund, der Entfaltung des Denkweges und der Aufhellung der Kontexte, wird die Stellung einer *Philosophie des Geldes* im philosophischen Diskurs um 1900 begreifbar. Sie steht diesseits und jenseits der ökonomischen Wissenschaft vom Geld, insofern sie eine Analyse der seelischen Verfassung, der sozialen Beziehungen und der logischen Struktur der Wirklichkeit und der in ihr implizierten Wertungen liefert. Die Zusammenhänge (psychologisch, ethisch, logisch), die hier zu erforschen sind, sind sachlicher und prinzipieller Natur. Das heißt, die herauszuarbeitende Bedeutung des Geldes liegt jenseits der Frage nach der historischen Entwicklung der Geldwirtschaft, also an der unteren Grenze der historischen Ökonomie (vgl. Schlitte 2012, 191 f.). Das ist das Thema des analytischen Teils der Philosophie des Geldes, in dem Simmel unter anderem eine fulminante Kritik des historischen Materialismus darbietet. Im zweiten, synthetischen Teil wird die obere Grenze der Ökonomie, Gesellschaftslehre und Geschichtswissenschaft behandelt. Die Frage lautet, in welcher Weise die geschichtliche Entwicklung der Geldwirtschaft, die Praxis der Arbeitsteilung, der Rationalisierung der Produktionsverhältnisse und des Warenkonsums, die innere Welt des handelnden Individuums, sein Lebensgefühl, und die überindividuellen Strukturen des sozialen Lebens, die allgemeine Kultur, prägt (vgl. Deutschmann 2018). Hier kommt die Philosophie, wie Simmel betont, zu Deutungen hypothetischer Natur, zu einem unvermeidbaren, weil für die Orientierung notwendigen, allgemeinen Überschlag.

Die *Philosophie des Geldes* gibt in ihrem synthetischen Teil den Stand des geschichtlichen Wissens vom Zustand der gegenwärtigen Kultur wieder (vgl. 10 f.). Der analytische und synthetische Teil des Werkes bedingen sich wechselseitig und liefern einen komplementären Blick auf die Konstitutionsbedingungen des „allgemeinen Lebens" (11; vgl. Schlitte 2012, 204 f.). In einem weiteren Sinne hat die *Philosophie des Geldes* für Simmels Projekt der Philosophie exemplarischen Charakter. Denn das Geld ist in dem „Problemkreis" einer zureichenden Deskription der menschlichen Lebensform lediglich Mittel, Material und Beispiel für die Darstellung von Beziehungen, die zwischen äußeren, realistischen, zufälligen Erscheinungen und den ideellen Potenzen des Daseins, den tiefen Strömungen des Einzellebens und des Kollektivlebens besteht (vgl. Ganßmann 2018). Das heißt, es geht Simmel um den Nachweis, dass die menschliche Lebensform im Grunde eine immer vollzogene, aber gleichwohl prekär bleibende Synthese von nicht aufeinander reduzierbaren Faktoren – außen/innen, zufällig/notwendig, real/ideal, individuell/allgemein – ist. Und zwar wird diese Syntheseleistung sowohl auf der Ebene des Individuallebens als auch auf der des Kollektivlebens vollzogen. Beide Ebenen verdienen durchweg unsere volle analytische Aufmerksamkeit. Simmel signalisiert, „daß sich das Philosophische von der begründungs- in eine eher anwendungsbezogene Dimension, der Begriff von Philosophie von den Inhalten zu den Verfahren verschiebt" (Köhnke 1996, 353 f.; vgl. Goodstein 2017).

Simmel positioniert sich mit der *Philosophie des Geldes* jenseits eines Realismus und Idealismus mit Systemanspruch, er steht quer zur neukantianisch, neuhegelianisch oder von der naturwissenschaftlich orientierten Psychologie dominierten philosophisch-akademischen Landschaft seiner Zeit. Statt Systemdenken fordert er ein systematisches Analyseverfahren, das jeweils an der Oberfläche der Phänomene unseres allgemeinen Lebens ansetzt, „um eine Richtlinie in die letzten Werte und Bedeutsamkeiten alles Menschlichen zu ziehen" (12; vgl. Schlitte 2012, 192–195). Angesichts dieses ungewöhnlichen Verfahrens, das ein neues Verständnis von Philosophie impliziert und als Soziologie oftmals missverstanden wird (vgl. Goodstein 2017; Thouard et al. 2017), braucht es kaum einer weiteren Erklärung für den, eine lange Zeit ausbleibenden, Erfolg der *Philosophie des Geldes* und seiner angemessenen Rezeption als philosophisches Werk (vgl. Müller 2018, 74f.).

Literatur

Beiser, Frederick (2016): Weltschmerz. Pessimism in German Philosophy 1860–1900. Oxford.
Berek, Mathias (2018): Völkerpsychologie. In: Hans-Peter Müller/ Tilman Reitz (Hrsg.): Simmel-Handbuch. Begriffe, Hauptwerke, Aktualität. Frankfurt a. M., 580–584.
Cantó i Milà, Nátalia (2016): Von der ‚Psychologie' zur ‚Philosophie' des Geldes. In: Ottheim Rammstedt (Hrsg.): Philosophie des Geldes. Aufsätze und Materialien. 2. Auflage. Frankfurt a. M., 191–214.
Deutschmann, Christoph (2018): Geld und ‚individuelle Freiheit'. In: Rüdiger Lautmann/ Hanns Wienold (Hrsg.): Georg Simmel und das Leben in der Gegenwart. Wiesbaden, 29–45.
Dilthey, Wilhelm (1968): Die Typen der Weltanschauung und ihre Ausbildung in den metaphysischen Systemen. In: ders.: Gesammelte Schriften, Bd. 8. Hrsg. v. Bernhard Groethuysen. Stuttgart, Göttingen, 75–118.
Dilthey, Wilhelm (1981): Der Aufbau der geschichtlichen Welt in den Geisteswissenschaften [1910]. Hrsg. v. Manfred Riedel. Frankfurt a. M.
Ganßmann, Heiner (2018): Philosophie des Geldes. In: Hans-Peter Müller/ Tilman Reitz (Hrsg.): Simmel-Handbuch. Begriffe, Hauptwerke, Aktualität. Frankfurt a. M., 645–656.
Geßner, Willfried (2002): Das Geld als Paradigma der modernen Kulturphilosophie. In: ders./ Rüdiger Kramme (Hrsg.): Aspekte der Geldkultur. Neue Beiträge zu Georg Simmels ‚Philosophie des Geldes'. Berlin, 11–28.
Hartung, Gerald (2012): Sprach-Kritik. Sprach- und kulturtheoretische Reflexionen im deutsch-jüdischen Kontext. Weilerswist.
Hartung, Gerald (2018a): Ein Philosoph korrigiert sich selbst – Wilhelm Windelbands Abkehr vom Relativismus. In: Peter König/ Oliver Schlaudt (Hrsg.): Wilhelm Windelband (1848–1915). Würzburg, 45–60.
Hartung, Gerald (2018b): Kulturphilosophie als Bildungsphilosophie – Wilhelm Windelband als Philosoph der modernen Kultur. In: Hans-Ulrich Lessing/ Markus Tiedemann/ Joachim Siebert (Hrsg.): Kultur der philosophischen Bildung. Volker Steenblock zum 60. Geburtstag. Hannover, 10–26.
Hartung, Gerald (2019): Völkerpsychologie und Sprachwissenschaft – eine Kontroverse um die Grundlagen der Culturwissenschaft. In: Thomas Kessel (Hrsg.): Philosophische Psychologie um 1900. Stuttgart, 85–102.
Köhnke, Klaus Christian (1993): Entstehung und Aufstieg des Neukantianismus. Die deutsche Universitätsphilosophie zwischen Idealismus und Positivismus. Frankfurt a. M.

Kreis, Guido (2009): Cassirer und die Formen des Geistes. Frankfurt a. M.
Martuccelli, Danilo (2016): Georg Simmel et la Modernité. In: Christian Godin/ Isabel Weiss (Hrsg.): Simmel philosophe. Paris, 59–82.
Müller, Hans-Peter (2018): Der enigmatische Simmel und sein ambivalenter Nachruhm. In: ders./ Tilman Reitz (Hrsg.): Simmel-Handbuch. Begriffe, Hauptwerke, Aktualität. Frankfurt a. M., 11–90.
Rehberg, Karl-Siegbert (2018): Kultur, subjektive und objektive. In: Hans-Peter Müller/ Tilman Reitz (Hrsg.): Simmel-Handbuch. Begriffe, Hauptwerke, Aktualität. Frankfurt a. M., 328–334.
Rodi, Fritjof: (2003) Das strukturierte Ganze. Studien zum Werk von Wilhelm Dilthey. Weilerswist.
Schmid, Michael (2018): Relativismus. In: Hans-Peter Müller/ Tilman Reitz (Hrsg.): Simmel-Handbuch. Begriffe, Hauptwerke, Aktualität. Frankfurt a. M., 449–453.
Schnädelbach, Herbert (1983): Philosophie in Deutschland 1831–1933. Frankfurt a. M.
Windelband, Wilhelm (1875): Die Erkenntnislehre unter dem völkerpsychologischen Gesichtspunkte. In: Zeitschrift für Völkerpsychologie und Sprachwissenschaft 1. Berlin, 166–178.
Windelband, Wilhelm (1921): Was ist Philosophie? [1884] In: ders.: Präludien. Aufsätze und Reden zur Philosophie und ihrer Geschichte, Bd. 1. 7./8. Auflage. Tübingen, 1–54.

Guido Kreis
Kapitel 2
Die Ordnung der Dinge: Wirklichkeit und Wert [Kap. 1.I]

1 Simmels allgemeine Werttheorie

Im ersten Kapitel, Abschnitt I. seiner *Philosophie des Geldes* entwickelt Simmel seine allgemeine Werttheorie. Er sagt hier im Allgemeinen, was ein Wert ist und wie Wertaussagen zu verstehen sind, noch ohne verschiedene Gebiete und Arten von Werten zu unterscheiden. Der Abschnitt soll zeigen, wie nach Simmel Werte ins allgemeine Weltbild passen. Im wörtlichen Sinne sagen Wertaussagen aus, dass bestimmte Gegenstände einen bestimmten Wert haben. Werte sind aber nach Simmel grundsätzlich keine Eigenschaften von Gegenständen. Deshalb drücken Wertaussagen auch keine Tatsachen aus, die von Gegenständen bestehen. Simmel bietet demgegenüber zwei alternative Interpretationen von Wertaussagen an.

Zum einen können sie so verstanden werden, dass sie psychologische Tatsachen von Individuen ausdrücken. Dass ein Gegenstand wertvoll ist, bedeutet in dieser Lesart, dass ein bestimmter Mensch einen bestimmten Gegenstand begehrt und in diesem Sinne als wertvoll ansieht. Simmel behauptet, dass generell jeder Wert das Bestehen wenigstens einer derartigen psychologischen Tatsache voraussetzt: Ohne subjektives Begehren sind Werte nicht möglich. Psychologische Tatsachen sind für Simmel Naturtatsachen. In der Erläuterung der Motivation von Werten verbindet er voluntaristische mit emotionsbezogenen Aspekten: Die psychologische Grundlage einer Wertung ist immer ein Begehren, das zum Handlungsvermögen des Willens gehört, und das sich zugleich als Gefühl des Begehrens äußert. Das legt die Deutung nahe, dass Wertaussagen etwas Subjektives ausdrücken, nämlich jeweils eine psychologische Tatsache, und dass Werte deshalb etwas Subjektives sind, also etwas, das auf die Perspektive des Wollens und Fühlens eines individuellen Menschen beschränkt ist. Das lehnt Simmel aber entschieden ab. Er weist darauf hin, dass diese Deutung von Wertaussagen Werte ausschließlich ihrer natürlichen Seite nach thematisiert, nämlich hinsichtlich psychologischer Tatsachen. Diese bestehen aber immer nur von der motivationalen Grundlage von Werten, nie jedoch von Werten als solchen. Werte sind nach Simmel keine natürlichen Gegenstände.

Um die Eigenart von Werten angemessener erfassen zu können, muss die erste Lesart von Wertaussagen durch eine zweite ersetzt werden. In Bezug auf Werte kommt die Alternative, ob sie existieren oder nicht existieren, nach Simmel gar nicht erst infrage. Werte haben stattdessen die normative Eigenschaft der Geltung: Sie üben auf die Individuen, die sie anerkennen, einen normativen Zwang zur Realisierung aus. Der Bereich dieser Geltung ist nicht auf ein einzelnes Individuum beschränkt, sondern überindividuell. Werte sind in diesem Sinne objektiv gültig. Wertaussagen drücken diesen überindividuellen normativen Zwang aus. In einem bestimmten Sinne gibt Simmel damit eine realistische Interpretation von Wertaussagen: Sie beziehen sich auf normative Tatsachen, die dem natürlichen Gefüge der Wirklichkeit nicht angehören, obwohl sie ihre Aktualität im Wertgefühl der Individuen haben, in denen die objektive Geltung der Werte anerkannt wird. Im Sinne der geltungstheoretischen Objektivität vertritt Simmel damit eine objektive Werttheorie.

Simmel stellt seine allgemeine Werttheorie im ersten Abschnitt der *Philosophie des Geldes* vor. Allerdings nimmt er dort einen erheblichen Umweg. Der Abschnitt baut auf der Unterscheidung zwischen der Wertordnung und der Ordnung der natürlichen Wirklichkeit auf. Simmels Überlegungen greifen weit auf seine erkenntnistheoretischen Auffassungen aus. Sie sind aber für das Verständnis der Wertphilosophie unentbehrlich. Dieser Umweg zur Werttheorie ist nicht weniger erläuterungs- und kommentarbedürftig als die Werttheorie selbst. Ich werde daher zunächst auf Simmels Überlegungen zu Naturordnung und Wirklichkeit eingehen (2) und dann auf die idealistischen Züge seiner Erkenntnistheorie, in deren Zentrum die Lehre von einem Reich idealer begrifflicher Gehalte als gemeinsamer Grundlage von Erkennen und Handeln steht (3). Anschließend werde ich Simmels allgemeine Werttheorie erläutern, und zwar zunächst die Theorie des Wertgefühls (4), und dann die Überlegungen zur Geltung der Werte (5). Ein Abschnitt über offene Probleme wird den Beitrag abschließen (6).

2 Naturordnung und Wirklichkeit

Simmel geht von der Existenz zweier grundverschiedener Ordnungen der Dinge aus: der Ordnung der natürlichen Wirklichkeit und der Ordnung der Werte. Wirklichkeit und Wert konzipiert Simmel exakt analog, aber komplementär. Der Bezugspunkt dieser Konstruktion ist ein ideelles System reiner begrifflicher Gehalte, in dem alle überhaupt nur möglichen Gegenstände gedacht und bestimmt werden können. Als Inhalte unserer Vorstellungen finden diese Gehalte Eingang in unseren je individuellen Geist. Dort können sie in genau zwei verschiedenen Weisen realisiert werden: als Wirklichkeitsordnung und als Wertordnung. Diese Realisierung tritt jeweils in Gestalt einer emotionalen Einstellung auf: das erfahrungsbezogene Gefühl des Erfülltseins unserer begrifflichen Gehalte stellt sie in die Ordnung der Wirklichkeit ein, das willensbezogene Gefühl des Begehrtseins unserer begrifflichen Gehalte stellt sie in die Ordnung der Werte ein. Die Wirklichkeitsordnung deckt die dem Menschen mögliche Theorie ab, die Wertordnung die ihm mögliche Praxis. Wirklichkeit und Wert organisieren so das komplette theoretische wie praktische Verhalten des Menschen.

Um zu verstehen, wie nach Simmel die Wertordnung funktioniert und was Werte sind, ist es wegen der skizzierten Analogie-Konstruktion notwendig, zuerst zu verstehen, wie die Wirklichkeitsordnung funktioniert und was Wirklichkeit ist. Die „Wirklichkeitsreihe" (24) ist für Simmel zunächst ganz unmittelbar die Naturreihe – die Reihe, in die sich die Dinge „als natürliche Wirklichkeit einstellen" (23). Das tun sie, indem sie den Naturgesetzen unterstehen. Simmels Auffassung der Natur entspricht dem naturwissenschaftlichen Bild der Dinge, denn die Natur ist diejenige Wirklichkeit, die von den Naturwissenschaften beschrieben wird. Seine Auffassung ist dabei mechanistisch und deterministisch: Er spricht vom „Naturmechanismus" (23) und von „mechanischer Kausalität" (24), und er charakterisiert das Eintreten natürlicher Ereignisse als „Notwendigkeit" (23). Simmel geht von den Grundsätzen der Erhaltung der Materie und der Erhaltung der Energie in der Natur aus, denn er betont „die beharrenden Summen der Stoffe und der Energien" (23).

Wirklichkeit ist für Simmel allerdings kein naiv realistischer Begriff. Um ihn zu verstehen, ist es nicht hinreichend, einfach nur auf die Dinge der Natur zu schauen, denn Wirklichkeit ist für Simmel keine Eigenschaft der Dinge. Simmel erläutert dies mit Bezug auf Kant: „Kant hat hervorgehoben, das Sein sei keine Eigenschaft der Dinge; denn wenn ich von einem Objekte, das bisher nur in meinen Gedanken bestand, sage: es existiere, so gewinnt es dadurch keine neue Eigenschaft; denn sonst würde ja nicht eben dasselbe Ding, das ich vorhin dachte, sondern ein anderes existieren" (25). Simmel bezieht sich hier auf Kants These, dass *Sein* oder *Existenz* kein reales Prädikat ist, und auf das von Kant angeführte Beispiel, nach dem hundert wirkliche Taler nicht mehr an Bestimmung enthalten als hundert mögliche (vgl. Kant 1911 [1781/^{2}1787], A 598 f./B 626 f.). Unter einem realen Prädikat versteht Kant eine „Bestimmung eines Dinges", das heißt „ein Prädikat, welches über den Begriff des Subjekts hinzukommt und ihn vergrößert" (Kant 1911 [1781/^{2}1787], A 598 f./B 626 f.). Damit ist ein sachhaltiges und informatives Prädikat gemeint, das den Inhalt des Begriffs, auf den es angewendet wird, so anreichert, dass die Menge aller Gegenstände, auf die dieser Begriff zutrifft, weiter unterteilt wird: in die Menge aller Gegenstände, auf die das zusätzliche Prädikat zutrifft, und den Rest. Das Prädikat *blauäugig* zum Beispiel ist eine Bestimmung von Junggesellen, weil es im Begriff *Junggeselle* noch nicht enthalten ist und daher alle Junggesellen in solche einteilt, die blauäugig sind, und solche, die es nicht sind. Dagegen ist das Prädikat *unverheiratet* bereits im Begriff *Junggeselle* enthalten und im Falle von Junggesellen daher kein reales Prädikat. Das Prädikat *Sein* (oder *Existenz*) ist nach Kant ebenfalls kein reales Prädikat, also keine Bestimmung der Dinge, weil alle Dinge existieren. Mit Hilfe dieses trivialen Prädikats lässt sich weder der Begriff des Gegenstandes informativ anreichern noch die Menge aller Gegenstände weiter unterteilen (dazu Bromand 2011, 200–208).

Simmel übersetzt Kants These, dass *Existenz* keine Bestimmung der Dinge ist, in die radikalere These, „das Sein sei keine Eigenschaft der Dinge" (25). Das ist strenggenommen nicht das, was Kant an der zitierten Stelle sagt, denn nach Kant ist *Existenz* (oder *Sein*) durchaus ein Prädikat, wenn auch ein bloß logisches Prädikat, und damit tatsächlich auch eine Eigenschaft, die alle Dinge trivialerweise haben. Dennoch folgt Simmel mit seiner kurzen Bemerkung einer populären Lesart von Kants These zur Existenz. Danach stehen die (von Simmel durchweg synonym verwendeten) Ausdrücke „Existenz", „Sein" oder „Wirklichkeit" nicht für eine Eigenschaft der Dinge, sondern für eine Eigenschaft von Begriffen oder Vorstellungen. Dieses semantische Verständnis von *Existenz* hat paradigmatisch Frege in seinen *Grundlagen der Arithmetik* formuliert: Existenz ist die Eigenschaft eines Begriffs, nicht leer, das heißt durch mindestens einen Gegenstand instanziiert zu sein (vgl. Frege 1884, §§ 46, 53; Frege 1892, 199). Simmel formuliert in der *Philosophie des Geldes* eine Variante dieser These. Wirklichkeit ist für Simmel die Eigenschaft einer Vorstellung und ihres begrifflichen Inhalts, erfüllt zu sein. Dass zum Beispiel ein Stuhl „wirklich" ist („existiert"), bedeutet nach dieser Auffassung, dass die Vorstellung eines Stuhles und der Begriff *Stuhl*, den wir zuvor in bestimmter Weise definiert haben, nicht leer, sondern erfüllt sind, dass es also mindestens einen Gegenstand gibt, der unter diesen Begriff fällt und auf den sich die Vorstellung bezieht.

Dass Simmel tatsächlich diese Auffassung von „Wirklichkeit" unterstellt, wird aus der folgenden Passage ersichtlich: „Wir sind fähig, die Inhalte des Weltbildes zu denken, unter völligem Absehen von ihrer realen Existenz oder Nichtexistenz. Die Komplexe von Eigenschaften, die wir Dinge nennen, samt allen Gesetzen ihres Zusammenhanges und ihrer Entwicklung, können wir in ihrer rein sachlichen, logischen Bedeutung vorstellen, und, ganz unabhängig davon, fragen: ob, wo, wie oft alle diese Begriffe oder inneren Anschauungen verwirklicht sind. [...] Wenn es aber [...] zu einer Theorie [...] für uns kommen soll, [so gilt:] [...] Von jedem vielmehr muß ein unzweideutiges Sein oder Nichtsein aussagbar sein" (25 f.). Nehmen wir an, im Rahmen einer physikalischen Theorie werde der Begriff einer bestimmten Art von Elementarteilchen gebildet, mitsamt der Eigenschaften, die sie in Relation zu allen anderen in dieser Theorie beschriebenen Entitäten haben. Eine Theorie wird die Existenz derartiger Entitäten dann postulieren, wenn unter dieser Voraussetzung Phänomene erklärbar werden, die es andernfalls nicht wären. Simmel behauptet nun, dass selbst dann, wenn wir eine vollständige Beschreibung dieser Elementarteilchen geben können, auf diese Weise die Frage nach ihrer Existenz noch nicht entschieden wäre. Eine physikalische Theorie aber, die Theorie der Wirklichkeit sein will statt bloßer Begriffskonstruktion, muss diese Frage eindeutig entscheiden können. Wir könnten zwar vorläufig antworten, dass wir „eine bestimmte Wirklichkeit annehmen: weil wir nämlich eine andere bereits angenommen haben, deren Bestimmtheiten mit jener inhaltlich verbunden sind" (26). Aber diese Antwort verschiebt lediglich die Frage im Netz der Begriffe. „Dieser Regreß aber", so kommentiert Simmel, „muß ein letztes Glied haben, dessen Sein nur durch das unmittelbare Gefühl einer Überzeugung, Bejahung, Anerkennung, oder richtiger: *als* ein solches Gefühl gegeben ist" (26f.).

Dieses unmittelbare Gefühl ist das mit einem Wahrnehmungs- oder Anschauungserlebnis verbundene Gefühl des Erfülltseins unserer Vorstellungen und Gedanken. Obwohl auch das Wahrnehmen eine Aktivität des individuellen menschlichen Geistes ist (und im Falle der Beobachtung im wissenschaftlichen Experiment auch aktiv inszeniert wird), ist das Eintreffen oder Ausbleiben einer Wahrnehmung in einem entscheidenden Sinne unabhängig von der Aktivität des Geistes. Eine Wahrnehmung ist immer (auch) gegeben. Simmel bewegt sich auch hier ganz im Kantischen Theorierahmen: „die Wahrnehmung aber, die den Stoff zum Begriff hergibt, ist der einzige Charakter der Wirklichkeit" (Kant 1911 [1781/²1787], A 225/B 273).

3 Das ideale Reich der begrifflichen Inhalte

Simmels Auffassung der Wirklichkeit ist, wie erwähnt, nicht metaphysisch realistisch. Das wird deutlich an seiner Auffassung des Gegenstands. Das, was „wir Dinge nennen", sind nach Simmel „Komplexe von Eigenschaften", die „wir in ihrer rein sachlichen, logischen Bedeutung vorstellen" (25), was durch Begriffe geschieht. Diese Auffassung markiert eine erkenntnistheoretische Einfärbung von Simmels Ontologie und damit eine bestimmte Variante von Idealismus. In einer etwas unbedacht formulierten Passage sagt Simmel sogar, dass „die Welt des Seins meine Vorstellung ist" (38f.), was einen radikalen subjektiven Idealismus nahelegt, nach dem die Gegenstände der Erkenntnis mentale Entitäten wären. Aber das ist nicht Simmels Position, denn er lässt an den meisten anderen Stellen keinen Zweifel daran, dass die Gegenstände nicht etwa Vorstellungen sind, sondern vielmehr dasjenige, worauf diese sich beziehen. Simmels moderater Idealismus ist durch die Thesen gekennzeichnet, dass uns Gegenstände nur durch Begriffe und Vorstellungen zugänglich sind, und dass im Rahmen der Philosophie die Wirklichkeit und ihre Gegenstände nur durch Rekurs auf Denken, Erkennen und den menschlichen Geist thematisierbar sind. Diese Thesen sind Implikationen von Kants kopernikanischer Wende (vgl. Kant 1911 [1781/²1787], B XV–XVIII) und führen zu einem transzendentalen oder erkenntnistheoretischen Idealismus, der mit einem empirischen Realismus vereinbar ist. Während der empirische Realismus besagt, dass die Gegenstände der Erkenntnis extramentale Gegenstände in Raum und Zeit sind, die ihrer Existenz nach vom menschlichen Vorstellen und Erkennen unabhängig sind (vgl. Kant 1911 [1781/²1787], A 370–377, A 491–494/B520–522), besagt der transzendentale Idealismus, dass alle Gegenstände der Erkenntnis Bezugsgegenstände empirischen Anschauens und Aussagens sind, und dass die Begriffe *Raum* und *Zeit* und die Kategorien Formen des empirischen Anschauens und Aussagens sind (vgl. ebd., A 26–30/B 42–45, A 369–372, A 490–491/B 518–519). Dass die Philosophie die Gegenstände der Wirklichkeit nur durch Rekurs auf Denken, Erkennen und Vorstellen thematisieren darf, ist eine Überzeugung, die Simmel mit allen kantianischen Theorien teilt. Der Bezug auf Vorstellungen und Begriffe ist daher die methodische Grundlage für Simmels Theorie der Wirklichkeit und der Werte. Vorstellungen und Begriffe sind aber nicht dasselbe.

(a) *Vorstellungen* sind für Simmel, wie auch für Kant, mentale Vorkommnisse. Wenn Simmel den „Akt des Vorstellens" als „dynamisch" (32) kennzeichnet, betont er das Lebendige des individuellen Geistes, das im Strömen wechselnder Vorstellungen besteht. Als Urzustand dieser seelischen Grundschicht nimmt Simmel einen „Indifferenzzustand" an, einen Zustand des „einfachen, primitiven Erfülltsein[s] mit einem Vorstellungsinhalt" (30), den er exemplarisch Kleinkindern zuschreibt. Dagegen setzt die Einführung des Kontrastes von Subjekt und Objekt des Vorstellens eine Reflexionsleistung voraus, die das indifferente Erleben bereits hinter sich lässt.

Es ist wichtig zu sehen, dass Simmel keinen ontologischen Dualismus zwischen Natur und individuellem Geist behauptet. Vielmehr ist Letzterer nach Simmel selbst ein integraler Teil der natürlichen Wirklichkeit. Das wird deutlich, wenn er in Bezug auf die Psychologie der Werte betont: „Es muß aber das Mißverständnis ferngehalten werden, als sollte damit die Bildung der Wertvorstellung, als psychologische Tatsache, dem naturgesetzlichen Werden entrückt sein"; sie „gehört" vielmehr „ohne weiteres in die Natur hinein [. . .]. Die Wertung, als ein wirklicher psychologischer Vorgang, ist ein Stück der natürlichen Welt" (24). Wir werden die Psychologie der Werte im folgenden Abschnitt genauer diskutieren. Hier ist wichtig, dass Simmel sagt, dass alle psychologischen Vorgänge Elemente der natürlichen Welt sind. Alle psychologischen Tatsachen sind für Simmel Naturtatsachen. Das impliziert eine Reihe von Annahmen, die Simmel hier nicht ausführt und begründet. Die Psychologie muss für Simmel eine Naturwissenschaft sein. Alle mentalen Vorgänge und Zustände gehören für Simmel „dem naturgesetzlichen Werden" an und müssen daher auch den „Naturgesetzen" (24) unterliegen. Da Simmels Auffassung von der Natur, wie eingangs gesehen, mechanistisch und deterministisch ist, ist er damit auch zu einer mechanistischen und deterministischen Auffassung des menschlichen Vorstellens und Seelenlebens verpflichtet – jedenfalls unter den hier exponierten Voraussetzungen.

(b) Simmel führt nun einen Unterschied zwischen dem *Vorstellen* einerseits und dem *Vorgestellten* andererseits ein: „der Inhalt eines Vorstellens fällt mit dem Vorstellen des Inhalts nicht zusammen" (32). Das Vorstellen ist ein raumzeitlicher Vorgang, der in die Natur gehört, und es ist ein individueller subjektiver Vorgang. In ihm wird allerdings etwas vorgestellt, das von diesem Vorstellen kategorial verschieden ist. Simmel führt es als „Inhalt" ein: „Unser Geist hat die merkwürdige Fähigkeit, Inhalte als von ihrem Gedachtwerden unabhängig zu denken – eine primäre, keiner weiteren Reduktion fähige Eigenschaft seiner; solche Inhalte haben ihre begrifflichen oder sachlichen Bestimmtheiten und Zusammenhänge, die zwar vorgestellt werden können, aber darin nicht aufgehen, sondern gelten" (32).

Wenn ich zum Beispiel denke, dass jetzt auf meinem Tisch ein Buch mit blauem Umschlag liegt, dann hat mein Gedanke einen individuellen subjektiven Aspekt, denn *ich* denke diesen Gedanken gerade. Dennoch ist sein Inhalt nicht auf mein individuelles seelisches Leben beschränkt. Jeder kann diesen Gedanken denken, der die Begriffe *Tisch, Buch, blau, Umschlag* und das Personalpronomen der ersten Person kompetent anwenden kann. Auch ist seine epistemische Relevanz nicht auf mich beschränkt, denn der Gedanke ist in jeder Situation, in der er von jemandem gedacht wird, entweder wahr oder falsch. Der Gedanke besitzt überindividuelle Geltung, denn er gilt für alle menschlichen Subjekte, und die Wahrheit oder Falschheit eines Gedankens ist darüber hinaus auch unabhängig vom Akt seines Gedachtwerdens und meiner individuellen Einstellung. So betont Simmel, dass „wir gewisse Sätze als wahr vorstellen, mit dem begleitenden Bewußtsein, daß diese Wahrheit von diesem Vorgestelltwerden unabhängig ist" (35). Analog sagt er in *Hauptprobleme der Philosophie* von 1910: „Der Inhalt des Denkens ist wahr, gleichviel ob er gedacht wird oder nicht, gerade wie er gegebenenfalls falsch ist, mag er gedacht werden oder nicht" (GSG 14, 103 f.).

Dass ein Inhalt für alle Subjekte *Geltung* besitzt, unterscheidet ihn von den natürlichen Dingen der Wirklichkeit, die nicht gelten, sondern existieren; und dass ein Inhalt für *alle* Subjekte gilt und *unabhängig* von seinem Gedachtwerden wahr oder falsch ist, unterscheidet ihn von den psychologischen Entitäten im menschlichen Geist. Deshalb sagt Simmel, dass Inhalte etwas „Ideelles" (36) sind – „das, was Plato schließlich mit den ‚Ideen' gemeint hat, das Bezeichenbare, Qualitative, in Begriffe zu Fassende an der Wirklichkeit und in unseren Wertungen" (28). Die Inhalte bilden in ihrer Gesamtheit ein „ideelle[s] Reich" (37), ein platonisches Reich der Ideen. Allerdings ist dieses Reich nach Simmel weder durch Existenz (wie bei den Dingen der Wirklichkeit) noch durch Erlebnis (wie bei den geistigen Vorkommnissen) gekennzeichnet, sondern ausschließlich durch Geltung: Es ist „eine Welt [. . .], deren Bedeutung man glücklich als die des ‚Geltens' formuliert hat" (GSG 9, 340). Simmels Platonismus folgt einer sehr speziellen, geltungstheoretischen und dezidiert nicht-ontologischen Deutung der platonischen Ideen. Er spielt hier auf die einflussreiche Interpretation der „Ideenwelt" von Hermann Lotze an (vgl. Lotze 1874, 493–511).

Simmel markiert den Status des Reichs der Begriffe durch eine besondere Terminologie, die von anderen Autoren übernommen worden ist. Für Simmel ist ein ideeller Gehalt ein gegenüber Subjekt und Objekt „Drittes" (36). In der zweiten Auflage der *Probleme der Geschichtsphilosophie* von 1905 sagt Simmel, dass die Idealitäten ein gegenüber natürlichen Dingen und psychologischen Entitäten „drittes Reich jenseits dieser beiden" (GSG 9, 340) bilden; so auch in *Hauptprobleme der Philosophie* von 1910 (vgl. GSG 14, 94, 99, 103). Frege hat in seiner Schrift *Der Gedanke* von 1918 aus der These, dass ein Gedanke weder ein Ding der Außenwelt noch eine Vorstellung ist, gefolgert: „Ein drittes Reich muß anerkannt werden" (Frege 1918, 69; Künne sieht hier einen direkten Einfluss durch Simmel, vgl. Künne 2010, 504). Sollte Frege das allerdings so verstanden haben, dass die Gedanken in einem idealen Reich existieren, dann läge hier freilich ein Bruch mit der geltungsbezogenen Auffassung von Simmel vor. Simmels „drittes Reich" lässt auch zwei verschiedene Platzierungen zu, und zwar schon in der *Philosophie des Geldes*. Zum einen sind die idealen Inhalte ein Drittes gegenüber Subjekt und Objekt und gegenüber geistiger Vorstellung und natürlichem Gegenstand (vgl. 35 f.); das ist auch der Kontrast, der für Frege leitend ist. Zum anderen sagt Simmel aber, dass das Reich der idealen Inhalte „[o]berhalb von Wert und Wirklichkeit liegt" (27) und insofern ein Drittes ist, das „gleichmäßig in die eine wie in die andere Ordnung" – in die Naturordnung wie in die Wertordnung – „eintreten kann" (28). In dieser Weise übernimmt Rickert die Formulierung, wenn er ein „drittes Reich" des Sinns gegenüber Wert und Wirklichkeit postuliert (vgl. Rickert 1910/1911, 19–34).

Die idealen Inhalte können nach Simmel sowohl in die Ordnung der natürlichen Wirklichkeit wie in die Ordnung der Werte „eintreten" (28). Der Eintritt der Inhalte in die Wirklichkeitsordnung geschieht in Erfahrung und Erkenntnis. Zu Letzteren sind die begrifflichen Gehalte zwar notwendig, aber nicht hinreichend, weil das mit Wahrnehmung verbundene Bestätigungsgefühl des Erfülltseins unserer Begriffe hinzukommen muss. Simmel geht durchgängig davon aus, dass die Inhalte unserer Vorstellungen Begriffe sind; ob es auch nicht-begriffliche ideale Inhalte gibt, diskutiert er leider nicht. Dass die begrifflichen Inhalte die normative Eigenschaft der Geltung haben, legt es zudem nahe, dass sie selbst Normen sind oder enthalten; dazu passt, dass Simmel in der zweiten Auflage der *Probleme der Geschichtsphilosophie* von 1905 auch den Naturgesetzen „schlechthin ideellen Charakter" (GSG 9, 339) zuschreibt und sie damit in den Bereich der idealen Inhalte einordnet.

Eine Implikation dieses Modells von Erkenntnis ist, dass die Subjektivität der Erkenntnis ihrer Objektivität nicht im Wege steht. Jede Erkenntnis ist subjektiv in dem Sinne, dass sie jeweils von irgendeiner Person in deren individuellen subjektiven Geist durchgeführt und unterhalten werden muss. Das heißt aber nicht, dass Erkenntnis nach Simmel nie objektiv sein kann. Jeder Fall von erfolgreicher Erkenntnis ist objektiv in einem zweifachen Sinn: zum einen bezieht sich der betreffende Gedanke tatsächlich auf einen Gegenstand, der in der Wirklichkeit existiert; zum anderen hat der betreffende Gedanke eine überindividuelle Geltung für alle menschlichen Subjekte. Im ersten Sinne bedeutet „objektiv" so viel wie „gegenstandsbezogen", im zweiten Sinne so viel wie „für alle Subjekte gültig". Erkenntnisse sind weder im gegenstands- noch im geltungsbezogenen Sinne subjektiv, obwohl jeder Fall von Erkenntnis in einem individuellen Geist und in diesem Sinne subjektiv realisiert werden muss.

Bemerkenswert an Simmels Skizze seiner Erkenntnistheorie ist insbesondere, dass sie reichen Gebrauch vom Wertvokabular macht. Das Reich der Begriffe wird als Inbegriff von Geltung charakterisiert. In einer Randbemerkung sagt Simmel auch, dass „selbst das objektive Erkennen nur aus einer *Wertung* seiner hervorgehen kann" (25). Er geht darauf nicht näher ein. Dass objektives Erkennen Wertung notwendig voraussetzt – etwa die Anerkennung des Werts der Wahrheit –, könnte zur Folge haben, dass auch der Bereich der Natur, der Extensionsbereich des objektiven Erkennens, nicht so wertfrei ist, wie Simmel mit seiner strengen Dichotomie von Natur und Wert behauptet. Das könnte ihn möglicherweise zu einer Revision des Begriffs der Natur und dessen Verhältnis zur Kultur zwingen (vgl. die Überlegungen zu Simmels Theorie des „objektiven Geistes" in Abschnitt 6 dieses Beitrags).

4 Wert und Wertgefühl

(a) Wie passen Werte in die Wirklichkeit? Wirklichkeits- und Wertaussagen weisen auf den ersten Blick die Gemeinsamkeit auf, dass sich beide auf Gegenstände beziehen. Insofern scheint zwischen Wert und Wirklichkeit kein kategorialer Unterschied zu bestehen. In unseren Wertaussagen bezeichnen wir, wörtlich verstanden, Gegenstände als wertvoll. Simmel wendet sich aber gegen diese Oberflächengrammatik unserer Wertaussagen und behauptet, dass Werte weder Eigenschaften von natürlichen noch von nicht-natürlichen, abstrakten oder metaphysischen Gegenständen sind: „In welchem empirischen oder transzendentalen Sinne man auch von ‚Dingen' im Unterschied vom Subjekte sprechen möge – eine ‚Eigenschaft' ihrer ist der Wert in keinem Fall, sondern ein im Subjekt verbleibendes Urteil über sie" (29).

Damit folgt Simmel der von Windelband und Rickert begründeten Tradition der Werttheorie. Es ist ein Grundprinzip von Windelband, dass „die Werthaltigkeit [. . .] niemals dem Gegenstande für sich allein als Eigenschaft zukommt, sondern immer nur in der Beziehung auf ein wertendes Bewußtsein, das im Wollen seine Bedürfnisse befriedigt oder im Gefühl auf die Einwirkungen der Umwelt reagiert" (Windelband 1914, 254). Diese Formulierung läßt allerdings noch die Möglichkeit offen, dass Werte zwar subjektabhängig sind, aber zugleich doch Eigenschaften des Gegenstandes sein könnten. Es könnte sein, dass Werteigenschaften sekundäre Qualitäten sind. Ein klassisches Beispiel dafür sind Farben. Obwohl eine Farbeigenschaft immer nur mit Bezug auf ein Subjekt definiert werden kann (*rot* zum Beispiel ist die Eigenschaft, Subjekten mit einer bestimmten kognitiven Ausstattung rot zu erscheinen), sind Farben Eigenschaften der Gegenstände und nicht der kognitiven Zustände der Subjekte. McDowell hat eine Theorie der Werteigenschaften nach dem Modell der sekundären Qualitäten vorgeschlagen, die ihm eine realistische Deutung von Werten ermöglicht: Werteigenschaften sind real, insofern sie außerhalb des individuellen menschlichen Geistes existierende Gegenstandseigenschaften sind, und zugleich subjektabhängig, insofern sie sich nur durch den Bezug auf den individuellen menschlichen Geist definieren lassen (vgl. McDowell 2002, 192–203, 204–230).

Simmel lehnt aber auch diese Deutung von Werten ab. Er behauptet stattdessen, „daß der Wert nicht in demselben Sinne an den Objekten selbst haftet, wie die Farbe oder die Temperatur; denn diese, obgleich von unseren Sinnesbeschaffenheiten bestimmt, werden doch von einem Gefühle unmittelbarer Abhängigkeit von dem Objekt begleitet" (29). Werte sind nach Simmel überhaupt keine Eigenschaften von Gegenständen. In einer vollständigen Beschreibung aller Eigenschaften eines Dinges kommt daher nach Simmel nie ein Wert vor. Das folgt aus seiner Parallelisierung von Wert und Existenz. Wir hatten gesehen, dass *Wirklichkeit* für Simmel keine Eigenschaft von Gegenständen, sondern von Begriffen ist. Der Wert eines Gegenstandes wird von Simmel exakt parallel konstruiert: „So wächst einem Dinge auch dadurch, daß ich es wertvoll nenne, durchaus keine neue Eigenschaft zu; denn wegen der Eigenschaften, die es besitzt, wird es ja gerade erst gewertet: genau sein schon allseitig bestimmtes Sein wird in die Sphäre des Wertes erhoben." (25) Dass ein Gegenstand einen Wert hat, kann nicht aus Begriffen abgeleitet werden, sondern nur unmittelbar gefühlsmäßig registriert werden. Die Unableitbarkeit sowohl der Existenz als auch des Wertes verleihen beiden den Charakter der „Fundamentalität" (26); insbesondere der Wert wird als „Urphänomen" (27) eingeführt. Der Wert kann nach Simmel nie aus der Existenz, und umgekehrt die Existenz nie aus dem Wert abgeleitet werden. Und dafür, dass ein Gegenstand wertvoll ist, ist es nach Simmel weder eine notwendige noch eine hinreichende Bedingung, dass er existiert. Simmels Analogiekonstruktion zwischen Wirklichkeit und Wert manövriert ihn in die extreme Lage, dass bei Werten grundsätzlich die Alternative von Existenz oder Nicht-Existenz nicht infrage kommt; man kann von Werten daher gar nicht mit Recht sagen, dass es sie gibt. Simmel steht hier in enger sachlicher Nähe zu Rickert, der den Ausdruck „Wert" folgendermaßen charakterisiert: „Wir brauchen dies Wort, das einen Begriff bezeichnet, der sich ebensowenig wie der des Seins definieren läßt, für Gebilde, die nicht existieren und trotzdem ‚Etwas' sind, und wir drücken dies am besten dadurch aus, daß wir sagen, sie *gelten*" (Rickert 1915, 265).

Weil Werte nach Simmel keine Gegenstandseigenschaften sind, drücken Wertaussagen auch keine Tatsachen aus, die von natürlichen Gegenständen bestehen. Allerdings sagt Simmel auch, dass Werte insofern subjektabhängig sind, als sie sich nur durch den Bezug auf den individuellen menschlichen Geist definieren lassen. Ohne subjektives Begehren sind Werte nicht möglich. Das könnte eine alternative Erklärung von Wertaussagen ermöglichen. Sie könnten auch so verstanden werden, dass sie psychologische Tatsachen von individuellen Menschen ausdrücken. Dass ein Gegenstand wertvoll ist, bedeutete dann in dieser Lesart, dass ein bestimmter Mensch einen bestimmten Gegenstand begehrt und in diesem Sinne als wertvoll ansieht. Das macht einen Blick auf Simmels Psychologie des Wertens erforderlich.

(b) Deren Ausgangspunkt ist die Unterscheidung zwischen Genießen und Begehren: „Insofern der Mensch irgendeinen Gegenstand nur genießt, liegt ein in sich völlig einheitlicher Aktus vor" (32), der nach Simmel noch nicht zwischen einem Subjekt und einem Objekt des Genießens unterscheidet. Simmel sieht eine paradigmatische Form des Genießens in der ästhetischen Erfahrung (vgl. 33). Erst mit der Trennung des Gegenstandes vom Akt des Genießens durch Entzug oder Abwesenheit tritt die Differenz zwischen Subjekt und Objekt ein, die für das Begehren charakteristisch ist. Die psychologische Tatsache, dass bestimmte (abwesende) Gegenstände begehrt werden, kennzeichnet diese Gegenstände als wertvoll.

Manchmal spricht Simmel davon, dass etwas für uns genau deshalb wertvoll ist, weil wir durch das Begehren einen Wert an den entsprechenden Gegenstand

„geheftet" (27) haben. Das legt das Bild nahe, dass wir in unserer Erfahrungswelt *zuerst* auf einen beliebigen Gegenstand treffen und ihm *anschließend* einen Wert anheften. Das ist aber nicht das, worauf Simmel hinauswill. Zwar konzediert er, dass im „ausgebildeten empirischen Leben [...] der fertige Gegenstand vor uns [steht] und [...] daraufhin erst begehrt" (33) wird. Aber Simmel macht einen scharfen Unterschied zwischen einer empirischen Theorie des Wertes und der transzendentallogischen Werttheorie, die er hier verfolgt: „allein innerhalb der praktischen Welt für sich allein, auf ihre innere Ordnung und ihre Begreiflichkeit hin angesehen, sind die Entstehung des Objekts als solchen und sein Begehrtwerden durch das Subjekt Korrelatbegriffe" (33). Das bedeutet, dass das Begehrtwerden die Bedingung der Möglichkeit des begehrten Gegenstandes ist. Simmel parallelisiert diesen Gedanken mit Kants Theorie der Konstitution des Erfahrungsgegenstandes: „Wie Kant einmal sagt: die Möglichkeit der Erfahrung ist die Möglichkeit der Gegenstände der Erfahrung – weil Erfahrungen machen, heißt: daß unser Bewußtsein die Sinnesempfindungen zu Gegenständen *bildet* – so ist die Möglichkeit des Begehrens die Möglichkeit der Gegenstände des Begehrens" (34). So wie das Anschauen und Beurteilen den Erfahrungsgegenstand konstituieren, so konstituiert das Begehren den Gegenstand des Begehrens. Der praktische Gegenstand kommt uns also nicht fertig entgegen, wir *machen* ihn vielmehr – lassen ihn „zustande [k]omme[n]" (34) – *als* einen praktischen Gegenstand. Ein Komplex von Begriffen, der in unserem Vorstellen von einem Wertgefühl, also einem Gefühl des Begehrens, begleitet wird, ist ein begehrter Gegenstand – ein wertvoller Gegenstand. So wie Existenz die Eigenschaft des Erfülltseins von Begriffen ist, so ist der Wert die Eigenschaft des Begehrtseins von Begriffen: diejenige Eigenschaft von Begriffen, die darin besteht, dass ihr Erfülltsein begehrt wird.

Das Wertgefühl muss allerdings von grundsätzlich anderer Art als das Existenzgefühl sein. Letzteres ist ein „theoretisches" Gefühl. Demgegenüber wird das Wertgefühl von Simmel im Kontext der „willensmäßigen Praxis" (32) eingeführt, und zwar als „bloße Tatsache des Begehrens": „indem wir *begehren*, was wir noch *nicht* haben und genießen, tritt dessen Inhalt uns *gegenüber*" (33). Damit wird das Begehren von Simmel als intentionales Gefühl charakterisiert: Es richtet sich auf etwas Abwesendes, dessen Anwesenheit begehrt wird. Das wiederum geschieht dadurch, dass uns „dessen Inhalt" gegenübertritt, also derjenige Komplex von Begriffen, der den fraglichen Gegenstand in seinen Eigenschaften bestimmt. Dasjenige, was wir begehren, ist das Erfülltsein dieser Begriffe, also die Existenz des Gegenstandes.

Das Wertgefühl weist eine bestimmte Form auf, die es von einem bloß „theoretischen" Gefühl unterscheidet und als genuin praktisches Gefühl charakterisiert. Von der Kategorie des Wertes sagt Simmel: „Entsprechend dem praktischen

Charakter ihres Gebietes, hat sie eine besondere Beziehungsform zum Subjekt zur Verfügung [...]. Diese Form ist als Forderung oder Anspruch zu bezeichnen. Der Wert [...] *verlangt* es, anerkannt zu werden. Dieses Verlangen ist natürlich als Ereignis nur in uns, den Subjekten, anzutreffen [...]." (36 f.) Das Wertgefühl enthält eine Komponente des normativen Zwangs: Wir registrieren in diesem Gefühl, dass wir die Erfüllung bestimmter begrifflicher Inhalte realisieren *sollen*. Das Wertgefühl ist nie ein theoretisches Gefühl der „Reserviertheit" (37), sondern ein praktisches Gefühl, dass mich unmittelbar zum handelnden Eingreifen motiviert. Durch diese normative Komponente, mit dem bestimmte begriffliche Gehalte in unserem Seelenleben vorgestellt werden, enthalten die Gegenstände, die durch diese Begriffe bestimmt werden, etwas, das sie in der natürlichen Ordnung der Wirklichkeit nicht aufweisen: eine praktische Bedeutsamkeit. Die Gegenstände werden signifikant als Objekte eines praktischen Interesses. Im Lichte unserer Wertgefühle verlangen die Gegenstände, die wir uns begrifflich vorstellen, ihre Realisierung.

Allerdings sollen sie das nach Simmel in unterschiedlichen Graden tun. Während vor den Naturgesetzen alle Gegenstände gleich sind, vollziehen unsere Wertgefühle eine „Rangierung nach *Werten*" (23) gemäß einer „Skala unserer Wertungen" (24); „jeder [Denkinhalt] muß für uns auf der Stufenleiter der Werte – von dem höchsten durch die Gleichgültigkeit hindurch zu den negativen Werten – eine ganz bestimmte Stelle haben" (26). Für die Analyse des Wertgefühls bedeutet dies, dass Letzteres die Komponente des normativen Zwangs in unterschiedlichen Intensitätsgraden enthält. Dadurch werden unterschiedliche praktische Gegenstände des Begehrens konstituiert, die in unterschiedlich hohem oder niedrigen Maße positiv oder negativ wertvoll sind.

Das Wertgefühl lässt sich nach Simmel also durch vier Aspekte charakterisieren: (*i*) Es begleitet die Vorstellung eines Komplexes von *Begriffen*; (*ii*) es richtet sich *intentional* auf das Erfülltsein dieser Begriffe, also auf die Existenz des Gegenstandes; (*iii*) es enthält einen *normativen Zwang*, das Erfülltsein der fraglichen Begriffe zu verwirklichen (und motiviert damit zum Handeln); und (*iv*) dieser Zwang tritt bei unterschiedlichen Gegenstände in unterschiedlichen *Intensitätsgraden* auf. Diese Erläuterung der motivationalen Grundlage von Werten enthält sowohl voluntaristische als auch emotionsbezogene Aspekte. Die individuelle psychologische Grundlage eines Wertes ist nach Simmel ein Begehren, das zum Handlungsvermögens des Willens gehört, das sich aber zugleich als Gefühl äußert.

(c) Ich war von der Frage ausgegangen, ob Wertaussagen nach Simmel so verstanden werden können, dass sie psychologische Tatsachen von individuellen Menschen ausdrücken. Dass ein Gegenstand wertvoll ist, bedeutete dann *nichts anderes*, als dass ein bestimmter Mensch einen bestimmten Gegenstand begehrt.

Falls Simmel dieser Deutung zustimmte, verträte er eine subjektive Werttheorie. Aber diese Deutung ist im Falle des ersten Abschnitts der *Philosophie des Geldes* eindeutig falsch. Simmel vertritt dort keine subjektive Werttheorie. Er gesteht zwar zu, dass man die negative Charakterisierung, dass Werte keine Gegenstandseigenschaften sind, „als seine Subjektivität zu bezeichnen [pflegt]" (28). Aber diese Ausdrucksweise ist nach Simmel weder theoretisch fruchtbar noch sachlich angemessen: „weder der tiefere Sinn und Inhalt des Wertbegriffs, noch seine Bedeutung innerhalb des individuellen Seelenlebens, noch die praktisch-sozialen, an ihn geknüpften Ereignisse und Gestaltungen sind mit seiner Zuweisung an das ‚Subjekt' irgend zulänglich begriffen" (29). Zudem lässt diese Ausdrucksweise den spezifischen Anspruch, der mit Werten verbunden ist, als lediglich subjektiv erscheinen: „Von der natürlichen Sachlichkeit aus gesehen, mag solcher Anspruch als subjektiv erscheinen, von dem Subjekte aus als etwas Objektives; in Wirklichkeit ist es eine dritte, aus jenen nicht zusammensetzbare Kategorie" (37). Mit dieser Kategorie meint Simmel den Begriff der überindividuellen Geltung. Eine subjektive Werttheorie vermag dem Geltungscharakter der Werte nicht gerecht zu werden. Zugleich sagt Simmel hier, dass Werte subjektiv „von der natürlichen Sachlichkeit aus gesehen" (37) sind. Die subjektivistische Deutung, nach der Wertaussagen psychologische Tatsachen von individuellen Menschen ausdrücken, gehört also einerseits in den Rahmen einer theoretischen, letztlich naturwissenschaftlichen Auffassung, die Werten gegenüber sachlich nicht angemessen ist, weil Werte eben nicht Teil der Natur sind. Dieser Deutung entgeht andererseits aber auch die spezifische Eigenart der Werte, ihre Geltung, die als bloß subjektive Geltung nicht angemessen erfasst wird. Alle Werte setzen zwar nach Simmel psychologische Tatsachen voraus, und die Tatsache, dass ein bestimmtes Subjekt einen bestimmten Gegenstand begehrt, ist die natürliche Seite eines Wertes. Werte können aber umgekehrt nicht auf diese natürliche Seite, und damit auf die bloße Subjektivität, reduziert werden.

5 Wert und Geltung

(a) Die Eigenart von Werten besteht nach Simmel in ihrer Geltung. Er führt sie ein als „besondere Beziehungsform" der Werte „zum Subjekt": „Diese Form ist als Forderung oder Anspruch zu bezeichnen. Der Wert, der an irgendeinem Dinge, einer Person, einem Verhältnis, einem Geschehen haftet, *verlangt* es, anerkannt zu werden" (37). *Geltung* ist ein normativer Begriff, der den Zwang charakterisiert, den ein Wert jeweils auf das praktische Bewusstsein eines Subjekts ausübt. Der Geltungsfokus eines Wertes ist nach Simmel grundsätzlich nie auf ein einzelnes Individuum beschränkt: „indem wir [dem Verlangen] nachkommen, empfinden wir, daß wir damit nicht einfach einer von uns selbst an uns selbst gestellten Forderung genügen" (37). Simmel sagt sogar, dass wir bestimmten Gegenständen gegenüber „empfinden [. . .], daß sie nicht nur von uns als wertvoll empfunden werden, sondern wertvoll wären, auch wenn niemand sie schätzte" (35).

Der Fokus der Geltung von Werten ist nach Simmel grundsätzlich objektiv. „Objektiv" bedeutet hier nicht „gegenständlich", sondern „überindividuell gültig". Die sparsamste Interpretation dieses Ausdrucks ist dabei: „für mehr als nur ein Individuum gültig". Die Negation bloß privater Nötigung ist die Minimalbedeutung der normativen „Objektivität". Ihre Maximalbedeutung ist dagegen diejenige von „für alle menschlichen Individuen (ohne jede Einschränkung) gültig". Zwischen beiden liegt die mittlere Bedeutung von „für alle menschlichen Individuen einer bestimmten sozialen Gruppe gültig", etwa einer bestimmten Kultur, historischen Tradition oder Epoche. Entsprechend dieser verschiedenen Bedeutungen gibt es auch verschiedene Möglichkeiten, die Objektivität von Werten zu begründen. Windelband zum Beispiel hatte sich auf die theoretische Konstruktion eines „normalen Bewußtseins" gestützt (vgl. Windelband 1884, 43 f.), eine Variante des Kantischen idealen Bewusstseins überhaupt, um Geltung für uneingeschränkt alle Subjekte zu begründen.

Man sollte vermuten, dass Simmels Interesse für Kultur und Stil im sechsten Kapitel der *Philosophie des Geldes* die Objektivität von Werten in mittlerer Bedeutung voraussetzt; so sagt er, „daß kein Gegenstand es zu durchgängiger Allgemeinheit des Wertmaßes bringen kann" (50). Zudem sollte man annehmen, dass auch für die Sphäre der ökonomischen Werte, die Simmel in den Hauptkapiteln des Buches behandelt, nur die mittlere Bedeutung einschlägig sein dürfte. Zweifelhaft ist, ob der Wertrelativismus, den Simmel in Kapitel 1, Abschnitt III. entwickelt, mit der Objektivität von Werten in maximaler Bedeutung und damit mit einer „absolutistischen Theorie", wie Simmel sie Rickert zuschreibt, kompatibel ist, obwohl Simmel zugleich zugesteht, dass es „absolute" Werte gibt, die „tatsächlich" „Anspruch auf Anerkennung" (GSG 22, 292) erheben. Auf diese Unterscheidungen und Probleme geht Simmel im ersten Abschnitt der *Philosophie des Geldes* nicht ein.

(b) Woher erhalten Werte ihre überindividuelle, objektive Gültigkeit? Simmel gibt darauf zwei verschiedene Antworten. Die erste ist, wie er sagt, „metaphysisch" (38), die zweite „historisch" (626). Nach der ersten Antwort ergibt sich die Objektivität des Wertes aus dem ideellen Reich der Begriffe. Der Geltungsanspruch der Werte ist, wie Simmel sagt, eine „Forderung, die [. . .] ihrem Inhalt nach [. . .] aus einem ideellen Reiche stammt [. . .]; es besteht [. . .] in der *Bedeutung*, die [die Objekte der Wertschätzung] durch ihre Stellung in den Ordnungen jenes ideellen Reiches für uns als Subjekte besitzen" (37f.). Das „platonische" System der reinen Begriffe selbst verleiht den Begriffen Geltung und Wert: „Dieser Wert [. . .] ist eine metaphysische Kategorie; als solche steht er [. . .] jenseits des Dualismus von Subjekt und Objekt" (38). Simmel weist an dieser Stelle auch auf Fichtes absolutes Ich hin. Eine Begründung für diese Lösung gibt Simmel nicht. Er deutet an, dass uns die metaphysische Objektivität nur für die „absoluten" (GSG 22, 292) Werte vorgegeben ist, für die er als Beispiel die „sittlich[e] Gesinnung des Menschen" (35) nennt. Für die ökonomischen Werte, die in der *Philosophie des Geldes* zentral sind, spielen sie aber keine Rolle: „Für die Wertempfindungen, in denen die tägliche Lebenspraxis verläuft, kommt diese metaphysische Sublimierung des Begriffes nicht in Betracht" (38).

Simmels zweite Antwort ist eine historische, genauer gesagt eine phylogenetische Rekonstruktion einer Entwicklung, die er „Objektivationsprozess" (47) nennt. Simmel argumentiert hier auf empirischer Datenbasis, „nach bekannten psychologischen Erfahrungen" (40), ohne dies freilich näher zu spezifizieren. Er unterscheidet zunächst zwischen einem Erregungszustand, der auf die rohe Befriedigung eines Bedürfnisses aus ist, und ausdifferenzierten und verfeinerten Begehrungszuständen, die sich auf spezifisch ausgestattete Gegenstände richten (vgl. 39). Simmels Beispiel ist der rohe Mann, der zur Befriedigung seines Geschlechtstriebes „jede[s] beliebig[e] Wei[b]" begehrt, im Kontrast zum kultivierten Mann, der durch eine „individuelle Auswahl" (39) von Geschlechtspartnerinnen geleitet wird (ich lasse das Beispiel unkommentiert). Der Punkt ist hier, dass dort, wo „Befriedigung durch einen bestimmten Gegenstand gewünscht wird, [. . .] die prinzipielle Wendung vom Subjekt weg auf das Objekt angebahnt" (39) ist, weil sich das Begehren hier von spezifischen Eigenschaften des Gegenstandes abhängig macht und dieser deshalb mit „selbständiger Bedeutsamkeit" (40) empfunden wird. Darin besteht für Simmel eine „Wendung [. . .] zum Objekt" (41). Derselbe Effekt kann auch als Resultat von Entwicklungen auf der Seite des begehrten Objektes auftreten. Jede Form der Hemmung der Bedürfnisbefriedigung etwa durch Ressourcenknappheit, erzwungenen Verzicht oder aufwendige Produktionsbedingungen (vgl. 43) schafft nach Simmel eine konstitutive „Distanz" (41), die den Gegenstand als selbständig erscheinen lässt. War zunächst der Gegenstand vom Begehren abhängig, so ist nun das Begehren vom Gegenstand abhängig.

Simmel veranschaulicht diese Konstruktion am Beispiel der ästhetischen Erfahrung (vgl. 44–48). Er leitet das ästhetische Wohlgefallen aus einem Zustand ab, in dem „ein Objekt irgendwelcher Art uns große Freude oder Förderung bereitet" (45), mit dem Effekt, dass sich bei jeder späteren Begegnung eine „echoartig anklingende Freude" (45) an seiner Nützlichkeit einstellt. Anschließend führt Simmel die „Geschichte der Gattung", also eine phylogenetische Perspektive, ein: „So wäre schön für uns zunächst einmal dasjenige, was sich als der Gattung nützlich erwiesen hat und dessen Wahrnehmung uns deshalb Lust bereitet, ohne das wir als Individuen ein konkretes Interesse an diesem Objekt hätten" (46). Im Laufe der Gattungsentwicklung löst sich nach Simmel das Wohlgefallen an einem Gegenstand von der ursprünglichen Nützlichkeitsbindung durch eine Art kollektives Vergessen; zugleich bleibt die positive emotionale Einstellung zum Gegenstand in der Gattung „durch einen vererbbaren oder sonst irgendwie tradierten Mechanismus" (47) bestehen; nähere Einzelheiten nennt Simmel hier nicht. Die positive emotionale Einstellung realisiert sich schließlich als ästhetisches Wohlgefallen an diesem Gegenstand. Simmel bewegt sich hier im Rahmen der experimentellen und empirischen Ästhetik, auch wenn er leider nicht so konsequent ist, seine Spekulation empirisch zu belegen. Simmel geht soweit, seine Konstruktion als empirische Bestätigung von Kants Theorem des interesselosen ästhetischen Wohlgefallens (vgl. Kant 1913b [1790], 204–211) zu deuten (vgl. 47). Das ist aus der Perspektive von Kants Analyse reiner ästhetischer Geschmacksurteile gewiss abwegig; das interesselose Wohlgefallen ist für Kant gerade ein Wohlgefallen, das sich nur in einem kategorial anderem Begriffsrahmen als dem von Nützlichkeit und Interesse analysieren lässt.

Im Kern von Simmels Theorie des Objektivationsprozesses steht die Überzeugung, dass die Kultivierung und Ausdifferenzierung je individueller Triebgefühle und Begehrungen schrittweise und über längere Perioden hinweg zu einem Repertoire begehrter und daher wertvoller Gegenstände führt. Dabei scheint es die Erweiterung vom Individuum zur Gattung zu sein, die schließlich dazu führt, dass die betreffenden Gegenstände nicht nur privat, sondern überindividuell begehrt werden. In diesem Moment haben sie einen objektiven Wert: „Die subjektiven Vorgänge des Triebes und Genießens objektivieren sich im Werte" (50). Im sechsten Kapitel der *Philosophie des Geldes* ordnet Simmel diesen Objektivationsprozess ganz konsequent in den größeren Kontext der Kultur ein und rekonstruiert ihn als Kultivierungs- und Selbstkultivierungsprozess.

(c) Es ist bemerkenswert, dass Simmel im ersten Abschnitt der *Philosophie des Geldes* drei verschiedene Theorietypen zur Erläuterung seiner allgemeinen Werttheorie verwendet. Er hatte mit der transzendentalphilosophisch orientierten Theorie der Konstitution der Werte im Rahmen einer normativen Sphäre reiner Geltung begonnen. Die zuletzt diskutierten Antworten auf die Objektivitätsfrage führen darüber hinaus eine Metaphysik absoluter Werte und eine empirisch orientierte Phylogenese objektiver Geltung ein. Man könnte fragen, ob diese drei Theorietypen überhaupt miteinander kompatibel sind. Das dürfte nicht der Fall sein. Möglicherweise will Simmel im Kern aber auch einfach nur das *Faktum* überindividuell geltender Werte festhalten. Es ist, wie er in dem bereits zitierten Brief an Rickert sagt, „tatsächlich" so, dass „objektive Werte Anspruch auf Anerkennung" (GSG 22, 292) machen. Möglicherweise ist das Ziel dieses ersten Abschnitts gar kein anderes, als diese Tatsache aufzuzeigen und ihre Möglichkeit zu plausibilisieren.

Was ergibt sich daraus für die Deutung von Wertaussagen? Simmel hatte die subjektivistische Deutung, nach der Wertaussagen psychologische Tatsachen von individuellen Menschen ausdrücken, abgelehnt. Und wir hatten gesehen, dass Werte nach Simmel überhaupt nicht in den Bereich der Gegenstände und Tatsachen gehören, weil die Ausdrücke „Gegenstand" und „Tatsache" nur in Bezug auf die natürliche Wirklichkeit angewendet werden dürfen. Werte sind nicht, sie gelten. Ihre Geltung ist dasjenige, was Werte spezifisch auszeichnet. Vom normativen Fokus dieser Geltung sagt Simmel, dass sie grundsätzlich überindividuell und in diesem Sinne objektiv sei. Und dennoch sagt Simmel auch, es sei „tatsächlich" so, dass „objektive Werte Anspruch auf Anerkennung" (GSG 22, 292) machen. Wenn man gegen Simmels erklärte Überzeugung den Ausdruck „Tatsache" auf Werte und ihre Geltung anwendete, dann könnte man sagen, dass Wertaussagen nicht-natürliche *normative Tatsachen* ausdrücken: das *faktische* Bestehen überindividueller Geltung. Simmels Deutung von Wertaussagen wäre in dieser Interpretation sogar eine realistische Deutung, denn seiner Ansicht nach ist es tatsächlich und unabhängig von je individuellem menschlichen Bewusstsein so, dass überindividuelle Geltung besteht.

6 Offene Probleme

Wir wissen aus Briefzeugnissen, dass die allgemeine Werttheorie Simmel erhebliche Probleme bei der Abfassung der *Philosophie des Geldes* bereitet hat (vgl. etwa den Brief an Rickert vom 10. Mai 1898, GSG 22, 291–293). Die zentralen Passagen über Subjektivität und Objektivität der Werte in Kapitel 1, Abschnitt I. der ersten Auflage (vgl. 735–745) hat Simmel für die hier kommentierte zweite Auflage stark umgearbeitet (vgl. 37–44); die Unterschiede dieser beiden Fassungen kann ich hier nicht auswerten.

Simmels allgemeine Werttheorie und ihre systematischen Grundlagen stehen in großer sachlicher Nähe zu Windelband und vor allem Rickert. Zu den Rickertschen Elementen gehören die strenge Trennung von Wirklichkeitssphäre und Wertsphäre, die These, dass die Psychologie eine Naturwissenschaft ist, und die These, dass Existenz nicht begrifflich abgeleitet werden kann, sondern der Bekräftigung durch ein Wahrnehmungsgefühl bedarf und der Naturwissenschaft von dieser Seite her eine Grenze gesetzt ist. Inwieweit der erste Abschnitt der *Philosophie des Geldes* eine originelle Leistung darstellt, ließe sich erst nach genauerer Analyse des wechselseitigen Einflusses von Rickert und Simmel feststellen. Wie wir aus Simmels Briefen an Rickert wissen (vgl. GSG 22, 77–79, 214 f., 319 f.), hatte er eingehende Kenntnis der jeweils ersten Auflagen von Rickerts *Gegenstand der Erkenntnis* (1892), den *Grenzen der naturwissenschaftlichen Begriffsbildung* (erste Hälfte, 1896) und von *Kulturwissenschaft und Naturwissenschaft* (1899). Umgekehrt finden sich in den späteren Auflagen von Rickerts Schriften Präzisierungen seiner eigenen Auffassungen, die sich im Wortlaut zum Teil deutlich an Simmel anlehnen. Klar ist zudem, dass Simmel in seinem Relativismus der Werte (Kapitel 1; Abschnitt III. der *Philosophie des Geldes*) eine klare Abgrenzung zu Rickert gesehen hat, die sich schon in Simmels kritischen Bemerkungen zu Rickerts *Gegenstand der Erkenntnis* angekündigt hatte (vgl. GSG 22, 78, zu Rickert 1892, 74), worauf Rickert dann seinerseits in der zweiten Auflage des *Gegenstands der Erkenntnis* repliziert (vgl. Rickert 1904, 134 f.). Schließlich geht Simmel mit der phylogenetischen Rekonstruktion des Objektivationsprozesses des Wertes über Rickert hinaus, wobei allerdings schwer zu sehen ist, wie die genetische Rekonstruktion mit der transzendentalphilosophischen Analyse zusammenpassen kann.

Die starke Konvergenz mit Windelband und Rickert trägt Simmel die systematischen Probleme ein, die spätere Autoren an der neukantianischen Werttheorie moniert haben. Im Mittelpunkt stehen hier vor allem die These, dass Werteigenschaften in keinem Falle Gegenstandseigenschaften sind, und die These, nach der eine strenge Trennung zwischen der Wirklichkeitssphäre und der Wertsphäre und zwischen Natur und Kultur besteht. Dewey hat 1925 gegen die neukantianische Wertphilosophie eingewandt, dass sie die offensichtliche Tatsache, dass bestimmte Gegenstände bestimmte Werteigenschaften haben, geleugnet und zugunsten eines Reiches der Werte verdrängt habe, in dem die Werte aufgrund der künstlichen Isolation keine natürliche Existenz mehr haben, und zwar so, dass als Folgeproblem dieser Konstruktion die Frage nach dem Zusammenhang und der Vereinbarkeit von Wirklichkeit und Wertsphäre unabweislich werde (vgl. Dewey 1995, 369). Dewey hält diese Frage für unlösbar, und sieht darin eine Art immanenter Selbstwiderlegung der Theorie. Das Problem der Vereinbarkeit von Wirklichkeit und Wertsphäre ist nicht von der Hand zu weisen. Simmel sagt, dass die Ordnung der Natur von der Ordnung der Werte „aufs weiteste" (23) abweiche und das Verhältnis zwischen beiden das der „absolute[n] Zufälligkeit" sei, das sich durch „Prinziplosigkeit" (24) auszeichne. Simmel sieht das Problem der Vereinbarkeit, ohne ihm zufriedenstellend begegnen zu können: „Vielleicht gibt es einen Weltgrund, von dem aus gesehen die Fremdheiten und

Divergenzen, die wir zwischen der Wirklichkeit und dem Wert empfinden, nicht mehr bestehen, wo beide Reihen sich als eine einzige enthüllen" (28). Diese Spekulation erinnert an Kants Anspielung auf die Idee einer prästabilierten Harmonie, einer „genaue[n] Zusammenstimmung des Reichs der Natur mit dem Reiche der Sitten" (Kant 1913a [1788], 145) als Versuch einer Antwort auf die Antinomie von Natur und Freiheit.

Der Brennpunkt derartiger Nachfragen ist Simmels Theorie der Kultur, die von ihm als Philosophie des „objektiven Geistes" eingeführt wird (vgl. 622–628). Der Terminus lässt eine Nähe zu Hegel erwarten, aber das ist möglicherweise irreführend. Simmel verwendet den Ausdruck „objektiver Geist", wiederum in großer Nähe zu Rickert, als Bezeichnung für die Sphäre der objektiv gültigen Werte. „Objektiv" bedeutet hier also „für alle menschlichen Individuen gültig" oder „für alle menschlichen Individuen einer bestimmten Kultur oder Epoche gültig". Dieser Verwendungsweise des Ausdrucks „objektiver Geist" fehlt eine Komponente, die für Hegel wesentlich ist, in der „objektiv" so viel wie „gegenständlich" bedeutet. Das Muster ist hier Hegels Analyse des Produkts der Arbeit aus dem Kapitel über Herrschaft und Knechtschaft in der *Phänomenologie des Geistes*: In der Form und Gestalt des Arbeitsprodukts vergegenständlicht sich die geistige Leistung und Idee des Arbeiters (vgl. Hegel 1980 [1807], 114–116). Generell gilt für Hegel, dass das Geistige wirklich und das Wirkliche geistig ist. Diese Auffassung hat nicht nur Konsequenzen für den Geistbegriff, sondern auch für den Naturbegriff. Die Natur ist die objektiv geistige Natur des kulturell produzierenden und rechtlich vergesellschafteten Menschen. Die physische Natur, die die Naturwissenschaft beschreibt, ist als Teilbereich in die objektiv geistige Natur integriert.

Folgt man dagegen Simmel, der selbst in den Passagen über den objektiven Geist die „prinzipielle Sicherheit der Abgrenzung zwischen Natur und Kultur" (620) hervorhebt, dann verhalten sich objektiver Geist und Natur wie Feuer und Wasser. Der „Kulturprozeß" ist in Bezug auf die Natur ausdrücklich „die transnaturale Entfaltung ihrer Energien" (619). Von wechselseitiger Integration kann hier keine Rede sein. Zwar spricht Simmel von den Formen der Kultur als „gegenständlich gewordene[m] Geist", und er sagt auch, dass im Falle von „Geräten, Kunstwerken, Büchern" „der Geist an Materien gebunden ist" (626). Die Frage ist allerdings, wie das unter den in Kapitel 1, Abschnitt I. exponierten Voraussetzungen möglich sein soll. Wie soll ein geistiger Gehalt, der einfach nur objektiv gültig ist, ohne im natürlichen Sinne objektiv zu sein, an Materien gebunden sein können, ohne sein Reich der reinen Geltung zu verlassen? Warum sollte es sich bei der konkreten Gestalt eines Gebrauchsgegenstandes nicht um eine genuine geistige *Eigenschaft* handeln, so dass sich kulturelle Sinngehalte tatsächlich als Eigenschaften an raumzeitlichen Gegenständen aufweisen lassen?

Ein Gegenbeispiel zur Abgrenzung kann hier hilfreich sein. Unter den Autoren der kantianischen Tradition ist es Ernst Cassirer gewesen, der in seiner *Philosophie der symbolischen Formen* eine Theorie des objektiven Geistes entwickelt hat, die nicht nur dem Aspekt der objektiven Geltung, sondern auch dem Aspekt der Vergegenständlichung und Ausdrucksgebundenheit überzeugend gerecht werden kann. Cassirer deutet zum einen die Gegenstände der Kultur als Ausdrucksgestalten, die sowohl physische als geistige Eigenschaften haben, wobei es grundsätzlich nichts Geistiges geben kann, das nicht an seinen Ausdruck in materialen raumzeitlichen Gestalten gebunden wäre: „Es gibt kein rein ‚Ideelles', das diese Stütze entbehren könnte" (Cassirer 2007 [1942], 399; vgl. die Kritik an Windelband und Rickert ebd., 393 f. und Cassirers Analyse der Ausdrucksgestalten ebd., 398–400; der Band enthält auch eine Kritik an Simmels Theorem von der Tragödie der Kultur von 1911, die ich hier übergehe, vgl. ebd., 462–486). Zum anderen hat Cassirer den Begriff der Natur zum Begriff der genuin menschlichen, sozialen und geistigen Natur erweitert, in den die physische Natur integriert ist, ohne dass Erstere auf Letztere reduziert werden kann. Diese grundlegende systematische Differenz erschwert es, Simmels Theorie der Kultur in der Nähe zu Cassirers Philosophie der symbolischen Formen zu sehen (wie etwa Geßner 1996 und Schlitte 2012, 180 vorschlagen).

Möglicherweise erreicht Simmel in seinen Überlegungen zu Kultur und Stil im sechsten Kapitel der *Philosophie des Geldes* Konsequenzen, die sich von der strengen Dichotomie zwischen Natur und Kultur aus dem Anfangsabschnitt des Buches emanzipiert haben. Die entscheidende Nachfrage an den Text besteht darin, ob Simmel diese Thesen im Verlauf der *Philosophie des Geldes* konsistent durchhalten kann, oder ob er sie stillschweigend modifiziert. Im letzteren Fall wäre das Buch dann als eine sich dynamisch entwickelnde Theorie zu lesen.

Literatur

Bromand, Joachim (2011): Kant und Frege über Existenz. In: Joachim Bromand/ Guido Kreis (Hrsg.): Gottesbeweise. Von Anselm bis Gödel. Berlin, 195–209.

Cassirer, Ernst (2007): Zur Logik der Kulturwissenschaften [1942]. In: ders.: Gesammelte Werke, Bd. 24 (Hamburger Ausgabe). Hrsg. v. Birgit Recki. Hamburg, 355–486.

Dewey, John (1995): Erfahrung und Natur, Frankfurt a. M.

Frege, Gottlob (1884): Die Grundlagen der Arithmetik. Breslau.

Frege, Gottlob (1892): Über Begriff und Gegenstand. In: Vierteljahresschrift für wissenschaftliche Philosophie 16, 192–205.

Frege, Gottlob (1918): Der Gedanke. Eine logische Untersuchung. In: Beiträge zur Philosophie des Deutschen Idealismus I:2, 58–77.

Geßner, Willfried (1996): Geld als symbolische Form, in: Simmel Newsletter 6:1, 1–29.

Hegel, Georg Wilhelm Friedrich (1980): Phänomenologie des Geistes [1807], in: ders.: Gesammelte Werke, Bd. 9 (Akademieausgabe). Hrsg. v. Wolfgang Bonsiepen und Reinhard Heede. Hamburg.
Kant, Immanuel (1911): Kritik der reinen Vernunft [1781/^{2}1787], in: ders.: Gesammelte Schriften. Bd. 3–4 (Akademieausgabe). Hrsg. v. der Königlich Preußischen Akademie der Wissenschaften. Berlin.
Kant, Immanuel (1913a): Kritik der praktischen Vernunft [1788], in: ders.: Gesammelte Schriften, Bd. 5 (Akademieausgabe). Hrsg. v. der Königlich Preußischen Akademie der Wissenschaften. Berlin.
Kant, Immanuel (1913b): Kritik der Urteilskraft [1790], in: ders.: Gesammelte Schriften, Bd. 5 (Akademieausgabe). Hrsg. v. der Königlich Preußischen Akademie der Wissenschaften. Berlin.
Künne, Wolfgang (2010): Die philosophische Logik Gottlob Freges. Frankfurt a. M.
Lotze, Hermann (1874): System der Philosophie. Erster Teil: Drei Bücher der Logik. Leipzig.
McDowell, John (2002): Wert und Wirklichkeit. Frankfurt a. M.
Rickert, Heinrich (1892): Der Gegenstand der Erkenntnis. Ein Beitrag zum Problem der philosophischen Transcendenz. Freiburg.
Rickert, Heinrich (1902): Der Gegenstand der Erkenntnis. Ein Beitrag zum Problem der philosophischen Transcendenz. 2. Auflage. Tübingen.
Rickert, Heinrich (1910/1911): Vom Begriff der Philosophie, in: Logos 1, 1–34.
Rickert, Heinrich (1915): Der Gegenstand der Erkenntnis. Ein Beitrag zum Problem der philosophischen Transcendenz. 3. Auflage. Tübingen.
Windelband, Wilhelm (1884): Präludien 1. Freiburg, Tübingen.
Windelband, Wilhelm (1914): Einleitung in die Philosophie. Tübingen.

Christian Papilloud
Kapitel 3
Die Gesellschaft: Tausch und Objektivation der Werte [Kap. 1.II]

In der zweiten Sektion des ersten Kapitels seines berühmten Buches *Philosophie des Geldes* geht es Simmel um die Frage der Begründung des wirtschaftlichen Wertes. Diese Frage setzt voraus, die Grundlage und die Legitimation des Wertbegriffs auszuarbeiten. Dem editorischen Bericht zur *Philosophie des Geldes* entnehmen wir, dass ihm eben jene Grundlegung beim Verfassen seines Buches die größten Schwierigkeiten bereitet hat. Vor diesem Hintergrund berichtet Simmel beispielsweise seinem Freund Heinrich Rickert in einem Brief vom 10. Mai 1898:

> „Der Werthbegriff scheint mir nicht nur denselben regressus in infinitum, wie die Kausalität, sondern auch noch einen circulus vitiosus zu enthalten, weil man, wenn man die Verknüpfungen weit genug verfolgt, immer findet, daß der Werth von A auf den von B, oder der von B nur auf den von A gegründet ist. Damit würde ich mich schon zufrieden geben und es für eine Grundform des Vorstellens erklären, die mit der Logik eben nicht auszuschöpfen ist – wenn nicht, ebenso thatsächlich, absolute und objektive Werthe Anspruch auf Anerkennung machten. Die Lösung dieser Schwierigkeit, die ich für manche Fälle gefunden habe versagt bei andern und ich sehe auch kein Ende der Schwierigkeiten ab".
>
> (Simmel 727)

In diesem Abschnitt des ersten Kapitels aus der *Philosophie des Geldes* schlägt Simmel eine andere Lösung dieses Problems mit dem Begriff des Tausches vor. Zusammengefasst ist seine These die Folgende: Der Wert im allgemeinen und im besonderen Sinn des wirtschaftlichen Wertes findet im Tausch seine Grundlage und seine Legitimation zugleich.

Der Tauschbegriff hat etwas Spezielles im Werk Simmels. Einerseits taucht dieser Begriff fast nur in der *Philosophie des Geldes* auf, was vermuten lässt, dass Simmel, wenn er vom Tausch spricht, eigentlich den wirtschaftlichen Tausch meint. Eine solche Vermutung kann jedoch revidiert werden. Vielmehr zeigt die Sektion des ersten Kapitels zweifelsfrei, dass für Simmel die Wirtschaft nur „ein Spezialfall der allgemeinen Lebensform des Tausches" (67) darstellt. Diese Annahme Simmels ist auch der Grund für die Verbindung, die er zwischen dem Tausch und dem Grundlagenbegriff seiner soziologischen Perspektive – der Wechselwirkung – in dieser Sektion herstellt. Auf diese Verbindung kommen wir später zurück. Im Moment reicht diese Feststellung aus, um zu sagen, dass nach Simmel das Problem des Wertes nicht allein im Bereich der Wirtschaft gelöst werden kann, sondern, dem Relativismus Simmels folgend, eine breitere und damit relationale Grundlage benötigt. Was diese relationale Grundlage bedeutet, macht Simmel auf den ersten Seiten dieser Sektion deutlich und wir können es so zusammenfassen: Der Tausch allein ist nicht die Grundlage des Wertes. Seine Grundlage ist vielmehr das Gegenseitigkeitsverhältnis des Tausches, das stets eine Aufopferung voraussetzt, aus der heraus der Tausch entwickelt werden kann und wodurch Akteure und Aktanten für eine variable Dauer in einen Tausch einbezogen werden.

Diese Einsicht bildet den Ausgangspunkt des vorliegenden Abschnitts und führt Simmel zugleich zum zweiten Gedankenschritt seiner Argumentation: Denn wenn der Tausch die Aufopferung voraussetzt, dann setzt der Wert ebenfalls die Aufopferung als Grundlage voraus, was zeigt, dass der Wert auf der breiteren Basis des Tausches entsteht, was ebenso für den speziellen wirtschaftlichen Wert gilt. Entsprechend müssen nicht nur die Verbindungen zwischen dem Opfer und dem Tausch, sondern auch diejenige zwischen dem Opfer und dem Wert untersucht werden, um das Problem des wirtschaftlichen Wertes adäquat formulieren und die sich daraus ergebenden Folgen im letzten Schritt offenlegen zu können. Hieran anknüpfend leitet Simmel drei Folgerungen aus seiner Betrachtung des wirtschaftlichen Wertes ab: Die erste Folge betrifft den Wert und sie kulminiert in der von Simmel angebotenen Werttheorie. Die zweite Folge betrifft den Tausch als konkrete Form des relationalen Merkmals (relationalen Gesamtzusammenhangs) des wirtschaftlichen und des gesellschaftlichen Lebens. Und die dritte Folge, die Simmel formuliert, betrifft die Wirkung des Tausches auf das wirtschaftliche und das gesellschaftliche Leben. Diese vier Gedankenschritte – Tausch und Opfer, Opfer und Wert, wirtschaftlicher Wert, Folgerungen – strukturieren die zweite Sektion des ersten Kapitels der *Philosophie des Geldes*. Sie bilden ebenfalls die Struktur des vorliegenden Kapitels, das wir chronologisch bzw. entlang der Argumentationslinien Simmels vorstellen. In diesem Sinne beginnt die folgende Darstellung mit Simmels erstem Gedankenschritt und der Frage der Verbindungen zwischen dem Tausch und dem Opfer an.

1 Tausch und Opfer

Wir haben bereits erwähnt, dass Simmel die Wirtschaft als einen Spezialfall des Tausches versteht. Dies ist mit seiner Absicht verbunden, seine *Philosophie des Geldes* nicht im Sinne einer „ökonomischen Wissenschaft vom Gelde" (10) bzw. eines wirtschaftswissenschaftlichen Beitrags zum Geld zu schreiben, sondern über die Rolle des Geldes und die Bedeutung des ökonomischen Lebens in der Gesellschaft. Simmel schlägt also nicht nur eine Verschiebung der Perspektive im Vergleich zu anderen Schriften vor, die davon ausgehen, dass die Wirtschaft ein konstituiertes Feld mit festen Mechanismen in der Gesellschaft existiert – wie etwa in der liberalen Tradition eines Adam Smith, eines Jean-Baptiste Say, oder noch in der marxistischen Tradition. Simmel möchte ebenfalls eine ganz andere Art und Weise entwickeln, der Frage des Geldes und – für die Sektion, die uns betrifft – der Wirtschaft in der Gesellschaft nachzugehen. In den ersten Zeilen dieser Sektion sagt er ähnlich wie Karl Marx, dass die Wirtschaft „selbst sozusagen in einer realen Abstraktion aus der umfassenden Wirklichkeit der Wertungsvorgänge besteht" (57). Aber anders als Marx denkt Simmel, dass die wirtschaftlichen Prozesse nicht hinter dem Rücken der Akteure entwickelt werden, sondern durch den Tausch und so vor den Akteuren konkret werden. Insofern ist die Wirtschaft keine feste bzw. organisierte Instanz des sozialen Lebens, sondern grundsätzlich als eine Form des Tuns zu verstehen (vgl. 57), die – hier erinnern wir an die relativistische Perspektive Simmels – wie ein relationales Spiel beschrieben werden kann. Nur wenn man weiß, wie dieses Spiel gespielt wird, versteht man auch, wie die Wirtschaft als relationales Spiel funktioniert und welche Bedeutung ihr für das Leben der Akteure als Teil ihres Tuns zukommt, obschon den Akteuren all die Feinheiten des wirtschaftlichen Lebens nicht bewusst sind. Deshalb ist die Wirtschaft „Wechselwirkung, und zwar in dem spezifischen Sinne des aufopfernden Tausches" (60).

Diese Verbindung, die Simmel zwischen Tausch und Wechselwirkung herstellt, verdeutlicht einerseits noch einmal, dass die Wirtschaft im Kontext der *Philosophie des Geldes* relational untersucht wird. Andererseits zeigt sie auch, dass Simmel den Tausch nicht nur als wirtschaftlichen Prozess versteht, sondern grundsätzlich als eine Erweiterung des Wechselwirkungsbegriffs. Deshalb bezeichnet der Tausch nicht nur das relationale Spiel der Wirtschaft, sondern ist das Relationale in der Wirtschaft, der eine bestimmte Form nur deswegen bekommt, weil die Akteure in der Wirtschaft die relationalen Ereignisse – ihre Interaktionen und Handlungen – spezifisch verstehen und praktizieren. Dieses „Spezifische" ist die Aufopferung. Bevor wir darauf näher eingehen, muss das Folgende bemerkt werden: Mit der Verbindung zwischen Wechselwirkung und Tausch beschreibt Simmel eigentlich eine doppelte Verbindung zwischen einerseits dem Abstrakten und dem Konkreten, und andererseits dem Speziellen und dem Allgemeinen. Die Wechselwirkung bezeichnet ein relationales Spiel im Sinne einer Welt von möglichen relationalen Ereignissen, die die Form von Handlungen, Interaktionen, sozialen Verhältnissen usw. annehmen. Der Tausch ist dagegen die konkrete Relation in Form dieser Möglichkeiten oder dieser Wechselwirkungen, die als reale Verhältnisse in der Vergangenheit verwirklicht werden. In dieser Hinsicht bildet der wirtschaftliche Tausch das konkrete Muster des wirtschaftlichen Lebens, woran sich die Akteure in ihrem Alltag orientieren. Deswegen schreibt Simmel: „Freilich ist Wechselwirkung der weitere, Tausch der engere Begriff" (60). Nichtsdestotrotz bleibt der Tausch allgemein in dem Sinne, als dass er mehr als nur diese singulären Interaktionen oder diese besonderen Handlungen spezifischer Akteure und Aktanten bezeichnet. Der Tausch bezieht viele Akteure, Gegenstände und Ereignisse ein, zu denen er ausgedehnt werden kann. Die Wechselwirkung ist dagegen speziell, weil sie nur die Relation als eine Welt von Möglichkeiten bezeichnet, die konkretisiert werden können. Darum sagt Simmel: „Man muß sich hier klar machen, daß die Mehrzahl der Beziehungen von Menschen untereinander als Tausch gelten kann; er ist die zugleich reinste und gesteigertste Wechselwirkung, die ihrerseits das menschliche Leben ausmacht, sobald es einen Stoff und Inhalt gewinnen will" (59).

Die Bedeutung der Aufopferung ist in diesem Abschnitt sehr wichtig für das Verständnis des Wertes. So bestimmt Simmel die Aufopferung respektive das Opfer als die Logik des Tausches in der Wirtschaft, da der Opferlogik des Tausches ein wertbildender Charakter zukommt, sie also „wertbildend" (62) ist, und den Akteuren „Wertgefühle" (63) gibt. Im Sinne der Opferlogik ist dann der Tausch „die kausal verknüpfte Zweimaligkeit der Tatsache, daß ein Subjekt jetzt etwas hat, was es vorher nicht hatte, und dafür etwas nicht hat, was es vorher hatte" (62). Diese etwas abstrakte Definition des Tausches auf der Grundlage der Opferlogik enthält wichtige Elemente für das Verständnis der Werttheorie Simmels. Zuerst sagt Simmel, dass ein solcher Tausch ein Vorher und ein Nachher voraussetzt, und dass beide Zeiten kausal verbunden sind. Das Vorher bedingt notwendigerweise das Nachher bzw. weil es vorher so war, wird es nachher so sein. Dies charakterisiert die Zeitdimension des wirtschaftlichen Tausches. Simmel vereinfacht dann seine Erklärung am Beispiel eines Tausches zwischen zwei Akteuren. In der Zeit vor dem Tausch besitzt der Akteur A etwas, was er in der Zeit nach dem Tausch nicht mehr hat. Der Akteur B, der in der Zeit vor dem Tausch nichts hat, bekommt etwas vom Akteur A, so dass B nach dem Tausch etwas hat, das er vorher nicht hatte. Diese Opferlogik setzt also voraus, dass der Akteur A dem Akteur B etwas gibt.

Aber wenn wir jetzt die Wirtschaft betrachten, fehlt diesem Bild der Opferlogik noch eine Dimension: der Gewinn. Ein wirtschaftlicher Tausch funktioniert als reales und relationales Muster der Wirtschaft nur dann, wenn die Akteure erwarten können, dass sie aus dieser Art von Tausch einen Gewinn ziehen können, also wenn „gewisse Opfer zur Erzielung gewisser Früchte" (62) führen. Deshalb bildet die Reihung Opfer-Gewinn auf der Zeitdimension des Vorher-Nachher die Erwartungsstruktur jedes Akteurs des ökonomischen Tausches (vgl. 63). So führt der wirtschaftliche Tausch zur Verwirklichung von wirtschaftlichen Werten, die wie andere Werte immer „als Ergebnis eines Opferprozesses" (64) verstanden werden müssen. Allgemein betrachtet, gewährleistet dieser Prozess die „Einheit des praktischen Lebens", weil der aufopfernde Tausch zur Bildung von Werten führt, die, wenn sie verwirklicht wurden, immer auf den Tausch zurückgeführt werden können (vgl. 63 f.). Dies ist von großer Bedeutung für die Werttheorie Simmels: Die Werte bleiben immer mit dem Tausch in Verbindung, der sie verwirklicht hat, und sie symbolisieren immer die Art und Weise, wie die Reihung Opfer-Gewinn im Tausch erfolgt ist, also wie das Gegenseitigkeitsverhältnis des Tausches vollzogen wurde. Werte sind dann immer Formen der Reziprozität eines Tausches. An diesem Punkt unterscheidet Simmel zwei Möglichkeiten, wie der Tausch in seiner Reziprozitätsform vollzogen werden kann, was ihn dazu führt, die Verbindung zwischen der Opferlogik und dem Wert zu vertiefen.

2 Opfer und Wert

Wenn Simmel sagt, dass sich der Tausch in zwei Formen vollzieht (vgl. 65), meint er die zwei komplementären Seiten des Opfers, die zusammengefasst als Verwirklichung und Wertung im Sinne der Opferlogik verstanden werden können. Durch das, was im Akt des Opfers verloren geht, wird etwas verwirklicht, das bewertet und verwertet werden kann. Um diese Idee zu illustrieren, erwähnt Simmel einerseits das Beispiel der Arbeit, das zudem seine Distanz zu Marx' Werttheorie unterstreicht, und andererseits ein Beispiel aus dem Bereich der Geometrie – eine übliche Strategie von Simmel, die er in seinem Werk oft benutzt, um seine Überlegungen zu illustrieren. Fangen wir zuerst mit dem Beispiel zur Arbeit an.

Arbeiten bedeutet nach Simmel, dass wir Kräfte in eine Tätigkeit investieren und sie deshalb aufopfern, was die Tätigkeit als „Arbeit" konkret ausmacht. Simmels Überlegung geht hier in die gleiche Richtung, wie die Überlegung von Marx, die er in seiner eigenen Werttheorie entwickelt: Arbeit als abstrakter Begriff entspricht für Marx wie für Simmel realen sozialen Verhältnissen und Arbeit wird im Tausch als Investition von Kräften in eine Tätigkeit selbst real (vgl. Marx 1962 [1867], 52). Hieran anknüpfend schlägt Simmel jedoch eine andere Denkrichtung als Marx ein. Denn weil diese Kräfte in eine Tätigkeit investiert werden, können sie nicht in andere Tätigkeiten investiert werden (vgl. 65). Damit zieht Simmel eine Grenze zwischen der Tätigkeit als „Arbeit" und anderen Tätigkeiten. Durch diese Grenzziehung kann die Tätigkeit, die jetzt als „Arbeit" gilt, mit keiner anderen Tätigkeit verwechselt werden. Anders gesagt, bildet die Opferlogik die Grundlage der Spezialisierung in der Wirtschaft sowie die Grundlage der Arbeitsteilung, ohne dass deswegen die Identität der Arbeit als „Werk" verschwindet. Damit sieht Simmel, im Gegensatz zu Marx, kein Ende der qualifizierten Arbeit in der Wirtschaft, die durch die industrielle Organisation der Arbeit verschwinden würde. Eine Arbeit bleibt immer eine spezielle bzw. spezialisierte Tätigkeit, die als solche bzw. in der Relation zu anderen Tätigkeiten, die sich von dieser speziellen Tätigkeit unterscheiden, an Wert gewinnt. Das ist die Wertung, die Simmel anhand seiner Analogie zur Geometrie wie folgt erklärt.

Mit der Verwirklichung einer Tätigkeit auf Kosten von Kräften, die nicht in weitere Tätigkeiten investiert werden können, zeichnet Simmel einen Prozess nach, der vom Abstrakten zum Konkreten führt. Mit der Wertung dagegen bezeichnet er die umgekehrte Richtung dieses Prozesses, der nun vom Konkreten zum Abstrakten verläuft. So resultiert die Wertung von Objekten aus dem konkreten Vergleich zwischen Objekten. Diese Überlegung illustriert Simmel beispielhaft anhand geometrischer Linien: „jede Linie, solange sie ohne Vergleich mit anderen, bzw. ohne Vergleich ihrer Teile untereinander betrachtet wird [. . .], ist weder kurz noch lang, sondern noch jenseits der ganzen Kategorie" (67). Mit der Möglichkeit, Linien miteinander zu vergleichen, bekommen die Linien nicht nur eine konkrete Länge, sondern die Akteure bekommen auch die Möglichkeit, sich einen Begriff der Länge zu bilden. Nur so hat eine Länge für uns eine Bedeutung und nur so können wir daran glauben, dass Linien eine Länge haben. Mit dieser Analogie zeigt Simmel, dass Werte überhaupt nur existieren, wenn Objekte verglichen werden können. Dies schafft wiederum einen Begriff des Wertes, der uns dazu bringt, daran zu glauben, dass Objekte Werte besitzen bzw. dass Werte inhaltlich bestimmt werden können und entsprechend bestimmt werden. Im Alltag ist den Akteuren dieser ganze Prozess nicht in seinen Einzelheiten bewusst, weshalb sie oft nur noch das Ergebnis dieses Prozesses verstehen: Objekte haben Werte. Dies reicht aber aus, um den Objekten Werte zuzuschreiben, je nachdem wie die Akteure diese Objekte schätzen, d. h. je nachdem welche Inhalte sie in die Werte projizieren.

In diesem Sinne spricht Simmel von der „Relativität des wirtschaftlichen Wertes" (67), weil der Wert im Allgemeinen sowie speziell im Bereich der Wirtschaft immer eine Relation zwischen Gegenständen voraussetzt, die sich grundsätzlich auf die Opferlogik stützt. Die Aufopferung macht es möglich, dass die Akteure durch den Tausch Werte bewerten und verwerten. Je mehr Gegenstände im Tausch aufgeopfert werden, desto mehr inhaltliche Bestimmungen und Wertungen bekommen diese Objekte. Diese Überlegung geht allerdings nicht von selbst.

In der Tat könnte man sich zumindest theoretisch vorstellen, dass Gegenstände, die im Tausch aufgeopfert werden, nicht durch die Aufopferung von Objekten eines anderen Akteurs kompensiert werden. Diese Möglichkeit erkennt Simmel, aber er lehnt sie ab: „Vernünftigerweise gebe doch niemand einen Wert dahin, ohne einen mindestens gleich hohen dafür zu erhalten" (67f.). Diese Aussage ist deswegen wichtig im Zusammenhang nicht nur dieses Abschnitts, sondern auch für die *Philosophie des Geldes* insgesamt, weil sie zeigt, welche Vorstellung Simmel von der Wirtschaft hat. Die Wirtschaft setzt grundsätzlich einen Kompensierungsmechanismus voraus: Man bekommt zumindest so viel, wie man gegeben hat. Würde diese Mindestbedingung nicht vorhanden sein, dann würde es keinen wirtschaftlichen Tausch und keine Wirtschaft geben. Jetzt aber geht die Entwicklung des Tausches in der Wirtschaft weit über diese Mindestbedingung hinaus. So stellt Simmel am Anfang dieser Sektion fest: „der Sinn des Tausches: daß die Wertsumme des Nachher größer sei als die des Vorher – bedeutet doch, daß jeder dem anderen mehr gibt als er selbst besessen hat" (58). Deshalb geht Simmel auch davon aus, dass das „Gegenseitigkeitsverhältnis des Tausches [als] Balance zwischen Opfer und Gewinn" (58) verstanden werden kann.

Das Wort „Gewinn" ist hier wichtig. In der Wirtschaft handelt es sich nicht nur darum, das, was gegeben wurde, zu kompensieren, sondern auch aus dem Tausch einen Gewinn zu ziehen. Anders gesagt, führt die Entwicklung des Tausches in der Wirtschaft dazu, dass der Tausch weit über seine Regulationsfunktion für die Ökonomie hinausgeht. Er muss Gewinne einbringen und ermöglichen, was einer modernen Bedeutung der Ökonomie entspricht, wie auch Marx hervorhebt und mit dem Simmel hier übereinstimmt. In der modernen Ökonomie geht es nicht nur darum, Mehrwert aus dem Tausch zu ziehen, der das erbrachte Opfer kompensiert, sondern immer weitere Mehrwerte durch den Tausch zu generieren. Simmels Auffassung der Opferlogik bezieht sich dann auf diese zwei Bedeutungen des Tausches im Bereich der Wirtschaft, wonach der Tausch einerseits das Regulationsinstrument, das durch Kompensierungsmechanismen realisiert wird, darstellt und andererseits eine spekulative Wirtschaft im Sinne der Produktion von Mehrwerten aus Mehrwerten ermöglicht.

Daher ist es nicht überraschend, dass Simmel zwei wirtschaftliche Werte erkennt (vgl. 68f.). Sie entstehen unmittelbar aus den zwei Bedeutungen des Tausches als einer Regulations- und einer Spekulationsinstanz in der Wirtschaft. Dem Tausch als Regulationsinstanz entspricht der Wert, der Akteure und Gegenstände miteinander verbindet, d. h. der Werte zwischen Akteuren und Gegenständen verteilt. Dem Tausch als Spekulationsinstanz entspricht der Wert, der durch den Tausch generiert wird, um weitere Werte zu produzieren, die dann einen weiteren Tausch fördern. In beiden Fällen gilt aber genau die gleiche wertbildende Opferlogik, die den wirtschaftlichen Wert bestimmt und generiert: Je mehr aufgeopfert wird, desto mehr Wert bekommt das, was angestrebt wird – sei es ein Gegenstand oder ein anderer Wert. Umgekehrt gilt aber ebenfalls, dass das, was ohne viele Mühe erhalten wird, von weniger Wert für die Akteure ist. Es gilt also, dass die Wirtschaft in ihrer Form als Regulationstätigkeit und als Spekulationstätigkeit immer von der Opferlogik lebt, die aus einem Wert einen wirtschaftlichen Wert erzeugt bzw. einen Wert, dem eine wirtschaftliche Bedeutung zugeschrieben werden kann. Dies führt Simmel in dieser Sektion zur Untersuchung der Besonderheit wirtschaftlicher Werte.

3 Der wirtschaftliche Wert

Der wirtschaftliche Wert steht zwischen zwei Grenzen, die Simmel so beschreibt: „einerseits der Begehrung des Objekts, die sich an das antizipierte Befriedigungsgefühl aus seinem Besitz und Genuß anschließt, andererseits diesem Genuß selbst, der, genau angesehen, kein wirtschaftlicher Akt ist" (71). Mit dieser Unterscheidung sagt Simmel das Folgende. Aus dem reinen Besitz eines Gegenstandes entsteht kein wirtschaftlicher Wert. Dies ist die Folge aus der Opferlogik: Nur wenn man sich von einem Gegenstand trennt, kann diesem Gegenstand ein wirtschaftlicher Wert zugeschrieben werden. Wenn man den Gegenstand dagegen für sich behält, dann hat dieser Gegenstand noch keinen wirtschaftlichen Wert. Aus diesem Grund sagt Simmel, dass der Verbrauch von einem Gegenstand keinen Wert schafft (vgl. 70–72). Dies bezieht sich auf den zweiten Halbsatz in Simmels Zitat zum Genuss eines Besitzes. Im reinen Genuss des Gegenstandes wird gleichzeitig eine Grenze zwischen dem gezogen, was einen wirtschaftlichen Wert und was keinen wirtschaftlichen Wert hat. Weil man sich von einem Gegenstand trennen muss, damit dieser Gegenstand an wirtschaftlichem Wert gewinnt, stellt sich dann die folgende Frage: Wieso würde man sich von Gegenständen trennen? Die Beantwortung dieser Frage zieht die zweite Grenze zwischen dem, was einen wirtschaftlichen Wert und dem was keinen wirtschaftlichen Wert hat, und die Antwort ist die Folgende: Man trennt sich von Gegenständen, weil andere Gegenstände begehrt werden, von denen man sich Befriedigung verspricht. Die Antizipation bzw. das angestrebte Erlebnis eines möglichen künftigen Genusses gibt einem Gegenstand noch keinen wirtschaftlichen Wert. Diese Antizipation muss konkretisiert werden und sie wird in der Trennung von Gegenständen durch die Akteure verwirklicht. So stellt Simmel fest: „Das Bedürfen einerseits, der Genuß andrerseits für sich allein enthalten weder den Wert noch die Wirtschaft in sich. Beides verwirklicht sich gleichzeitig erst durch den Tausch" (72). Dieses Zitat mag paradox anmuten, weil, wie Simmel es formuliert, die Trennung im Tausch stattfindet – also in dem, was zugleich verbindet. Hierbei handelt es sich aber weder um eine Paradoxie noch um ein dialektisches Muster.

Wenn Akteure sich von Gegenständen trennen, schaffen sie grundsätzlich eine Distanz zwischen sich und den Gegenständen (vgl. 73). Diese Distanz ist einerseits eine physische Distanz in dem Sinne, als dass die Akteure diese Gegenstände nicht mehr bei sich haben oder besitzen. Andererseits und dies stellt für Simmel vielleicht die wichtigere Distanzform dar, ist diese Distanz eine soziale Distanz. So sind die Gegenstände nicht nur nicht mehr in unserer Nähe, sondern ihre Bedeutung wird zugleich auch nicht mehr mit der Bedeutung verbunden, die diese Gegenstände für uns gehabt haben. Ebenso verhält es sich mit dem Wert. Der Wert, den wir in den Gegenstand projiziert haben, von dem wir uns jetzt trennen, wird nicht mehr nur in Bezug auf uns bzw. unser Begehren bestimmt, sondern auch in Bezug auf das Begehren von anderen Akteuren. Diese anderen Akteure schreiben diesem Gegenstand einen anderen Wert zu und diese Zuschreibung wird noch dadurch beeinflusst, dass sich diese Akteure von anderen Gegenständen getrennt haben. Weil diese Gegenstände in der Relation zu anderen Akteuren und Gegenständen stehen, werden sie verglichen, und so erhalten und übernehmen sie einen anderen Wert. Hier sieht man eine konsequente Anwendung des Relativismus Simmels: nur in der Relation zu anderen Akteuren und Gegenständen kann ein Gegenstand an wirtschaftlichem Wert gewinnen bzw. kann er endgültig von einem bestimmten Akteur getrennt, von anderen Gegenständen unterschieden und entsprechend angeeignet werden. Der Vollzug der Trennung, von dem Simmel in einer ausschließlich auf Akteure zentrierten Perspektive spricht, erfolgt dann nur auf der Ebene des Tausches. Es reicht also nicht aus, dass sich die Akteure von ihren Gegenständen faktisch trennen. Diese müssen noch von anderen Gegenständen und von anderen Akteuren getrennt werden, was nur vorkommt, wenn sie im Tausch sind. Nur der Vollzug dieser Trennung im Tausch schafft die Umwertung der Werte, von denen Simmel spricht, wenn er sagt, dass der persönliche Wert eines Gegenstandes durch einen wirtschaftlichen Wert ersetzt wird, den die wirtschaftlichen Akteure als den objektiven Wert dieses Gegenstandes verstehen.

Jedoch stellt sich wie oben immer noch die Frage: was ist das Kriterium, das gewährleistet, dass die Gegenstände, die man besitzt, in den Tausch gebracht werden? Mit dem subjektiven Begehren liefert Simmel einen Teil der Antwort. Die Akteure begehren nicht nur eine einzige Art von Gegenständen, sondern mehrere. Deshalb würden sie – so könnte man zumindest theoretisch annehmen – dazu tendieren, Gegenstände aufzuopfern, um weitere der von ihnen begehrten Gegenstände zu erhalten. Mit dieser Antwort gibt es jedoch eine Schwierigkeit, weil man sich ebenso gut vorstellen könnte, dass die Akteure mit Hilfe von Geld weitere Gegenstände erwerben, ohne dafür ihre eigenen Gegenstände aufzuopfern. Es muss demnach ein anderes Kriterium geben, das diese Akkumulation verhindert. Für Simmel ist dieses Kriterium „die Notwendigkeit des Verzichtes" (74), die im Gegenstand eingeschrieben ist, und die Simmel mit dem Ausdruck „zweiseitige Bewirkung von Schranken, Hemmung" (73) beschreibt. Mit diesem Ausdruck meint Simmel, dass Akteure, die kein Opfer leisten, sich vom Tausch ausschließen. Deshalb können sie keine Messung des Wertes mehr vornehmen bzw. nicht mehr Akteure und Gegenstände vergleichen oder sie voneinander unterscheiden, was dazu führt, dass die Akteure ihre Orientierung in der Praxis verlieren. Folglich gefährden diese Akteure ihre Position in der Gesellschaft und – was uns in dieser Sektion betrifft – ihre eigene Legitimität als Akteur im Bereich der Wirtschaft, weil sie sich ihrer eigenen Wertung und Verwirklichung entziehen. Im Gegenstand selbst liegt dann das entscheidende Kriterium des Verzichtes auf den Gegenstand als Gewährleistung der Wertung und Verwirklichung der Akteure und als Gewährleistung der Gegenseitigkeit des Tausches, der sowohl den wirtschaftlichen Wert als auch die weiteren ökonomischen Eigenschaften der Gegenstände begründet. Im Bereich der Wirtschaft sind diese beiden Aspekte zwei weitere wichtige Eigenschaften der Gegenstände, die den wirtschaftlichen Wert begründen: ihre Brauchbarkeit und ihre Seltenheit (vgl. 73).

Die Brauchbarkeit der Gegenstände gewährleistet nicht nur, dass die Gegenstände ausgetauscht werden, sondern auch, dass sie überhaupt den Bereich des wirtschaftlichen Austausches betreten können. So sagt Simmel: „Die Brauchbarkeit erscheint hier als die erste, in der Verfassung der wirtschaftenden Subjekte begründete Bedingung, unter der allein ein Objekt für die Wirtschaft überhaupt in Frage stehen kann" (73). Was „brauchbar" genau bedeutet, bleibt jedoch unbestimmt und wird oft mit Begehrtheit verwechselt, so Simmel: „Der Umstand, dessen Wirksamkeit hiermit umschrieben ist, wird nun vor allen Dingen durch den Begriff der Brauchbarkeit (oder Nützlichkeit) nicht richtig bezeichnet. Was man in Wirklichkeit meint, ist die Begehrtheit des Objekts" (75). Alle Objekte können also theoretisch begehrt werden, selbst wenn sie zu nichts nütze sind oder man sie nicht gebrauchen kann. Aber in der Wirtschaft zählen nur Gegenstände, die brauchbar sind, d. h. deren Funktionen ein wirtschaftlicher Wert zugeschrieben werden kann. Anders gesagt: Wenn die Brauchbarkeit eines Gegenstandes auf der Grundlage der Opferlogik bestimmt werden kann, dann gilt dieser Gegenstand als „brauchbar" oder „nützlich".

Ein Beispiel aus dem Bereich der Kunst illustriert hier gut Simmels Überlegung. Ein Kunstwerk, so könnte man einerseits annehmen, hat keine Brauchbarkeit und ist nicht nützlich, aber es wird nichtsdestotrotz und manchmal eben gerade deshalb begehrt. Andererseits könnte man mindestens ebenso gut davon ausgehen, dass ein Kunstwerk deswegen begehrt wird, weil ihm eine Brauchbarkeit – zum Beispiel als Wertreserve – zugeschrieben wird. Im zweiten Fall wird die Brauchbarkeit des Kunstwerks an einer Opferlogik gemessen, nach der die Kunstobjekte eben Kunstobjekte sind, weil sie mit anderen Objekten – hier Objekte, die einen wirtschaftlichen Wert gut bewahren können, wie z. B. Immobilien – verglichen werden können. Entsprechend findet das Kunstwerk seinen Weg in die Wirtschaft. Bei der Messung des Kunstwerks an der

Opferlogik wurde ein Vergleich ermöglicht, der das Kunstwerk nicht nur in Bezug auf andere Kunstwerke bestimmt, sondern auch in Bezug auf andere Gegenstände, die einen wirtschaftlichen Wert besitzen. Im Gegensatz dazu geht Simmel für den ersten Fall eher von einem anderen, nicht-wirtschaftlichen Wertbildungsprozess aus. Denn in der Liebe des Akteurs für die Kunst an sich sieht Simmel einen persönlichen Wertprozess, „der dieses Objekt allein für dieses Subjekt zu einem Wert machte" (74). An dieser Stelle würde man also von einem persönlichen Wert und nicht von einem wirtschaftlichen Wert sprechen und zwar in dem Sinne, wie man auch vom persönlichen Geschmack spricht. So wird im ersten Fall die Relativität des Wertes eines Kunstwerks sublimiert, was nichts anders ist, als die Sublimierung der Relativität unseres eigenen Begehrens gegenüber der Kunst, die sofort eintritt, wenn diesem Begehren ein anderer, oft seltener Gegenstand gegenübersteht (vgl. 76). Hier findet man den Anschluss zur zweiten wichtigen Eigenschaft der Gegenstände mit wirtschaftlichem Wert: die Seltenheit.

Gegenstände existieren nicht an sich, sondern in einer Welt von anderen Gegenständen und Akteuren. Deshalb finden sie meistens ihren Weg in die Wirtschaft. Aber im Bereich der Wirtschaft stehen sie nicht nebeneinander, sondern stets über- und untereinander. Sie werden hierarchisiert, und diese Hierarchisierung findet im Bereich der Wirtschaft nach der Seltenheit der Gegenstände statt. Was selten ist, wird geschätzt und befindet sich deswegen ganz oben in der Hierarchie der Gegenstände. Was zahlreich vorhanden ist, wird weniger geschätzt und befindet sich deshalb unten in der Hierarchie der Gegenstände. Die wirtschaftliche Seltenheit kommt aber nicht nur von der Verfügbarkeit der Gegenstände, sondern sie entsteht auch durch die Akteure, die funktionale Äquivalente von Gegenständen bezogen auf andere Gegenstände herstellen (vgl. 78). Wenn die Akteure allerdings keine Äquivalente zwischen Gegenständen herstellen, entsteht die subjektive Seltenheit des Gegenstandes aus dem Gegenstand selbst, weil er im Hinblick auf andere Gegenstände als unvergleichbar gilt. Dies bedeutet, „daß ein Subjekt wohl dieses für jenes, aber nicht umgekehrt hinzugeben bereit ist" (78). So erklärt sich, was die Wirtschaftswissenschaft mit dem Begriff „Markt" bezeichnet, d. h. die Zusammenstellung von einer Nachfrage und einem Angebot in Bezug auf einen Preis. Grundsätzlich und konkreter bedeutet nach Simmel der abstrakten Begriff „Markt" die gegenseitige Bestimmung der Brauchbarkeit und der Seltenheit von Gegenständen im Tausch. Sie erfolgt, wenn die zwei folgenden Fragen von den Akteuren im Austausch beantwortet werden können: a) Welche Gegenstände können überhaupt nachgefragt werden bzw. überhaupt im Tausch zur Verfügung stehen? b) Wie hoch ist der Preis, der für einen Gegenstand überhaupt bezahlt werden muss bzw. welche äquivalente oder ähnliche Gegenstände stehen im Tausch gegen einen bestimmten Gegenstand zur Verfügung? Wenn diese zwei Fragen in Relation zueinander beantwortet werden können, dann wird diese Relation in Form eines Preises verwirklicht, der für einen bestimmten Gegenstand gezahlt bzw. kassiert wird. Der Markt ist in dieser Hinsicht ein abstrakter Ausdruck von Tauschsituationen im Bereich der Wirtschaft, die der Preis hierarchisiert. Durch die Zahlung eines Preises für einen Gegenstand wird signalisiert, dass nicht alle Akteure jede Art von Relation zwischen Nachfrage und Angebot unterstützen, sondern bestimmte Akteure jeweils eine bestimmte Relation unterstützen. Die Verfügbarkeit und Hierarchisierung der Gegenstände, die die Brauchbarkeit und die Seltenheit signalisieren, wird im Preis zum Ausdruck der Hierarchisierung von Tauschakten und entsprechend von den Akteuren, die diesen Tausch oder einen anderen Tausch unterstützen. Im Markt wird die Opferlogik von der Relation zwischen Subjekten und Objekten in die Relation zwischen Tauschakten transportiert, was den wirtschaftlichen Wert außerhalb des Bereiches der Wirtschaft expandieren lässt, als ob der wirtschaftliche Wert mit dem Markt den Status als Wert der Werte bzw. als absoluter Wert gewonnen hätte. Daraus zieht Simmel drei Schlussfolgerungen, die er am Ende dieser Sektion vorstellt.

4 Folgen

Die erste Folge, die Simmel aus seinen Überlegungen über den wirtschaftlichen Wert zieht, ist die Grenzziehung zwischen Objektivität und Subjektivität, die der Selbstständigkeit der Wirtschaft zugrunde liegt. In der Wirtschaft erfolgt sie deshalb, weil die Akteure sich von den Gegenständen trennen, die sie in den Tausch einbringen möchten. Dies setzt voraus, dass die Akteure den Wert ihres Gegenstandes nicht mehr allein bestimmen. Ihr Gegenstand ist dann nicht nur nicht mehr ihr Gegenstand, sondern der Wert ihres Gegenstands wird von anderen Akteuren und Objekten bestimmt, so dass Simmel sagt: „Ausschließlich also die Tatsache, daß das Objekt ausgetauscht wird, d. h. ein Preis ist und einen Preis kostet, zieht diese Grenze, bestimmt innerhalb seines subjektiven Wertquantums den Teil, mit dem es als objektiver Gegenwert in den Verkehr eintritt" (79). Diese Grenzziehung zwischen Gegenstand und Akteur ist ebenfalls eine Grenzziehung zwischen dem persönlichen Wert, den ein Gegenstand für uns hat, und dem unpersönlichen bzw. in der Sprache Simmels „objektiven" Wert, den ein Gegenstand gewinnt, sobald der wirtschaftliche Wert des Gegenstands entwickelt wird (vgl. 80 f.). Daraus entsteht die Unterscheidung zwischen dem wirtschaftlichen Wert und den anderen (moralischen, sozialen, persönlichen usw.) Werten, sowie im Bereich der Wirtschaft die Unterscheidung zwischen dem Wert eines Gegenstands und seinem Preis (vgl. 82 f.). Anders gesagt: Mit der Bezeichnung der Gegenseitigkeit im wirtschaftlichen Tausch als Opferlogik im doppelten Sinn von Kompensieren und Spekulieren liefert Simmel nicht nur die Grundlage einer relationalen Werttheorie, sondern einer relationalen Erklärung der Selbständigkeit der Wirtschaft als gesellschaftlichen Tätigkeitsbereich.

Die zweite Folge, die Simmel am Ende dieser Sektion zieht, betrifft den Tausch und sie zeigt, wie der Relativismus Simmels vom Interaktionismus unterschieden werden kann. Der Tausch kann zwar damit verglichen werden, was zwischen den Akteuren passiert, wenn sie miteinander handeln oder wenn sie interagieren. Aber der Tausch unterscheidet sich strukturell von solchen Mikropraktiken bzw. von solchen relationalen Ereignissen, weil er eine Messung voraussetzt, die die Akteure allein nicht mehr bestimmen können. Mit seinen Beispielen über „die Verachtung des Handels" (85), die Simmel überall in der Bevölkerung antrifft, zeigt er, dass der Tausch Angst macht. Die Akteure fürchten durch die unpersönliche Messung betrogen zu werden oder einen Teil ihres Selbst, ihren Ruf und ihren Einfluss sowohl auf die Interaktionen als auch auf die mit ihnen interagierenden Akteure zu verlieren. Mit dem Tausch fehlt dem Menschen „der sichere Maßstab für den Tausch zwischen Mühe und Ertrag, er fürchtet auch von der Natur betrogen zu werden, deren Objektivität unberechenbar und schreckhaft vor ihm steht, ehe er in ausgeprobtem und geregeltem Austausch mit ihr auch sein eigenes Tun in die Distanz und Kategorie der Objektivität eingestellt hat" (85). Deshalb herrscht der Tausch unter Menschen nicht als Reich der Intersubjektivität, sondern als Reich der „Über-Subjektivität", selbst wenn die Ausführung des Tausches „subjektiv" (87) aussieht. Akteure tauschen sich aus, aber dieser Tausch bedeutet immer mehr als nur die Interaktionen und Handlungen der Akteure, aus denen der Tausch gewachsen ist. Deshalb ist der wirtschaftliche Wert, der sich in dem wirtschaftlichen Tausch bildet, ebenfalls ein objektiver Wert, der dann über den Tausch hinaus normiert. Dies ist die dritte Folge, die Simmel aus seinen Überlegungen zieht.

Der Tausch und der wirtschaftliche Wert sind nicht nur objektiv gewordene Ereignisse, die den Menschen erlauben, sich in der Wirtschaft zu orientieren, Objekte zu hierarchisieren und Preise zu bestimmen. Der Tausch und der wirtschaftliche Wert normieren auch, oder besser gesagt: Nur wenn der wirtschaftliche Wert etabliert ist, kann er als ein objektiv anerkannter Wert gelten. Dieser Wert trägt somit dazu bei, den Tausch als eine fixierte Praktik in der Gesellschaft zu etablieren. Deshalb sagt Simmel: „zuerst mit dieser gesellschaftlichen Normierung wächst in jene freien Besitzwechsel zwischen Individuen die Objektivität ein, die das Wesen des Tausches ist" (89). Diese Aussage ist mit Simmels Hypothese verbunden, dass der Tausch nicht das erste relationale Ereignis wäre, sondern dass der Tausch erst auf der Grundlage vom Besitzwechsel entwickelt wurde. „Dann wäre der interindividuelle Tausch nichts anderes als ein Friedensvertrag gewesen, und Tausch und fixierter Tausch wären als eine einheitliche Tatsache entsprungen" (89). Dieser Friedensvertrag soll nicht nur gewährleisten, dass die Akteure vor den Handlungen anderer Akteure geschützt werden. Er soll auch das gesellschaftliche Leben strukturieren bzw. ordnen und diese Struktur ist keine andere als die feste oder, wie Simmel sagt, die „fixierte" Struktur des Tausches. Im Tausch haben wir dann nicht nur ein Verteilungsprinzip der Akteure und der Gegenstände in der Gesellschaft nach einer Hierarchisierung, die im Wirtschaftsleben nach dem Preis bestimmt wird. Wir haben ebenfalls ein Prinzip der gesellschaftlichen Ordnung, das auf das individuelle sowie auf das gesellschaftliche Leben wirkt (vgl. 88) und dessen Wirkungen so unzählig sind, wie die Wechselwirkungen, denen der Tausch die konkrete und allgemeine Form gibt. Deshalb sagt Simmel am Ende dieser Sektion in Bezug auf die Wirtschaft: „Daher die einzigartige Bedeutung, die der Tausch, als die wirtschaftsgeschichtliche Verwirklichung der Relativität der Dinge, für die Gesellschaft hat: er erhebt das einzelne Ding und seine Bedeutung für den einzelnen Menschen aus ihrer Singularität, aber nicht in die Sphäre des Abstrakten hinein, sondern in die Lebendigkeit der Wechselwirkung, die gleichsam der Körper des wirtschaftlichen Wertes ist" (91). Der Tausch verbindet somit Interaktionen und Handlungen mit anderen Interaktionen und Handlungen und aus einer solchen Verbindung entsteht überhaupt der Wert – was Simmel zufolge sowohl im Kontext des wirtschaftlichen Wertes gilt als auch für andere Kontexte und deren Werte, wie beispielsweise soziale, religiöse, moralische usw. Werte. Darum ist der Wert nicht primär mit Objekten verbunden, sondern mit dem Tausch, d. h. mit „dem Wechselverhältnis [. . .], das sich auf Grund dieser Bestimmungen zwischen mehreren Gegenständen herstellt, jedes das andere bedingend und ihm die Bedeutung zurückgebend, die es von ihm empfängt" (92). Dies gilt für die Wirtschaft ebenso wie für die Gesellschaft.

5 Schluss

In diesem Abschnitt der *Philosophie des Geldes* sieht Simmel das Gegenseitigkeitsverhältnis des Tausches, das er als Opferlogik versteht, als grundlegend für das Verständnis und die Analyse der Gesellschaft und speziell der Wirtschaft. In diesem Kapitel haben wir gesehen, dass dieses Verhältnis das Relationale im Tausch ist und dass das Relationale eine Zeit-, Raum-, und Sachdimension besitzt, die Simmel wie folgt konzipiert. Auf der Ebene der Zeitdimension setzt die Opferlogik ein Vorher und ein Nachher voraus. Auf der Ebene der Raumdimension übernimmt die Opferlogik eine Bedeutung als Klassifikations- und Hierarchisierungsprinzip des gesellschaftlichen Lebens. Auf der Ebene der Sachdimension zeigt sich eine Opfer-Gewinn Kausalität. Jede dieser Dimensionen kann wiederum in den Bereich der Wirtschaft, des wirtschaftlichen Tausches und der wirtschaftlichen Werte übersetzt werden.

Das Relationale im wirtschaftlichen Tausch versteht sich nach der Möglichkeit, etwas aus dem Tausch zu gewinnen. Die Zeitdimension versteht sich nach der chronologischen Kette „Nicht-Haben – Haben – Nicht-Mehr-Haben". Die Raumdimension gestaltet sich nach der Brauchbarkeit und der Seltenheit von Gegenständen, die Trennungs- und Verknüpfungsoperationen in der Wirtschaft ermöglichen, dadurch Tätigkeitsbereiche wie Märkte als Sozialisationsinstanzen der Wirtschaft entstehen. Die Sachdimension bzw. die Kausalität der Wirtschaft entspricht der Bestimmung eines Preises für die Gegenstände, die ausgetauscht werden, wobei der Preis die Verbindung zwischen der Brauchbarkeit und der Seltenheit von Gegenstände ausmacht. Diese vier Dimensionen sind Bestandteile der wirtschaftlichen Werte, die deshalb auch die Struktur des wirtschaftlichen Tausches widerspiegeln. In diesem Abschnitt der *Philosophie des Geldes* unterscheidet Simmel – ohne diese Unterscheidung zu vertiefen – zumindest zwei Bedeutungen der wirtschaftlichen Werte, die wiederum zwei Formen des Austausches und zwei Regimen der Wirtschaft entsprechen. Einerseits stellt er die Wirtschaft als reine Regulationstätigkeit dar, die mit einer Bedeutung der Opferlogik verbunden ist und in der das, was wir in den Tausch bringen, durch etwas anderes kompensiert wird. Andererseits ist die Wirtschaft ein spekulatives Geschäft, bei dem es darum geht, dass wirtschaftliche Werte mehr Werte – auch im Sinne von Mehrwerten – generieren. Diese zweite Bedeutung der Wirtschaft ist diejenige, die sich unter der Bedingung entwickeln kann, dass das Geld abstrakt wird bzw. dass Geld allein alle Arten von Messungen und darunter insbesondere das Gegenseitigkeitsverhältnis des wirtschaftlichen Tausches selbst generiert. Diese Überlegung kommt in dieser Sektion nur *ad hoc* vor. In den nächsten Kapiteln der *Philosophie des Geldes* wird sie vertieft.

Literatur

Accarino, Bruno (1984): Vertrauen und Versprechen. Kredit, Öffentlichkeit und individuelle Entscheidung bei Simmel. In: Hans-Jürgen Dahme/ Otthein Rammstedt (Hrsg.): *Georg Simmel und die Moderne. Neue Interpretationen und Materialien*. Frankfurt a. M., 116–146.
Beckert, Jens (2011): The Transcending Power of Goods: Imaginative Value in the Economy. In: Jens Beckert/ Patrik Aspers (Hrsg.): *The Worth of Goods. Valuation and Pricing in the Economy*. Oxford, 106–128.

Deutschmann, Christoph (2015): Geld und Krise: Positionen der soziologischen Klassik. In: Klaus Kraemer/ Sebastian Nessel (Hrsg.): Geld und Krise. Die sozialen Grundlagen moderner Geldordnungen. Frankfurt a. M., 113–130.

Deutschmann, Christoph (2009): Geld – die verheimlichte Religion unserer Gesellschaft? In: Konrad Paul Liessmann (Hrsg.): *Geld. Was die Welt im Innersten zusammenhält?* (Philosophicum Lech, Bd. 12). Wien, 239–263.

Dodd, Nigel: The Social Life of Money. Princeton NJ 2014.

Haesler, Aldo (2011): Das letzte Tabu. Ruchlose Gedanken aus der Intimsphäre des Geldes. Frauenfeld.

Marx, Karl (1962): Das Kapital. Kritik der politischen Ökonomie. Erster Band, Buch I: der Produktionsprozeß des Kapitals [1867] (Marx-Engels-Werke, Bd. 23). Berlin.

Paul, Axel (2002): Die Legitimität des Geldes. In: Christoph Deutschmann (Hrsg.): *Die gesellschaftliche Macht des Geldes*. Wiesbaden, 109–129.

Rammstedt, Otthein (2003): Wert, Geld und Individualität. In: ders. (Hrsg.): Georg Simmels Philosophie des Geldes. Frankfurt a. M., 27–41.

Martin Kusch
Kapitel 4
Die Verteidigung des Relativismus [Kap. 1.III]

Georg Simmels Betrachtungen zum Relativismus sind ein Meilenstein der Philosophiegeschichte: Einerseits liefert Simmel die überhaupt erste, systematische *Verteidigung* des Relativismus in der deutschsprachigen Philosophie (vgl. dagegen für die englischsprachige Philosophie Herbert 2001; Frisby 2002 und deren Analyse des Relativismus), andererseits tut er dies zu einer Zeit, in der die Mehrheitsmeinung unter seinen Kollegen – man denke etwa an die Neukantianern oder die Phänomenologen – dezidiert *anti*relativistisch war. Da auch später der Relativismus als philosophische Position nur selten ernstgenommen wurde, hat Simmels Diskussion außerhalb der eigentlichen Simmel-Forschung nur selten Beachtung gefunden. Das lag sicher auch daran, dass diese Verteidigung des Relativismus in einem fast sechshundertseitigen Werk *versteckt* ist, das von vielen Leserinnen und Lesern als sperrig und schwierig betrachtet wurde.

Der folgende Beitrag versteht sich als ein erläuternder und kritischer Kommentar zu Simmels Argumentation im dritten Teil des ersten Kapitels der *Philosophie des Geldes* (ich habe hierbei von den Vorarbeiten von Ikeda 2009, Millson 2009 und Steizinger 2015 vielfältig profitiert). Ich rekonstruiere Simmels Position und beziehe sie stichpunktartig auf gegenwärtige Beiträge vor allem in der analytischen Philosophie. Damit soll gezeigt werden, dass Simmels Relativismus auch noch aus heutiger Sicht anregend und provozierend ist. Mein Kommentar konzentriert sich auf die erkenntnistheoretischen und metaphysischen Themen des Teil III (93–121). Die Verbindung des Relativismus mit ökonomischen Fragen im letzten Drittel von Teil III (121–138) wird hier nicht berücksichtigt.

1 Der Argumentationsbogen

Simmels Diskussion des Relativismus lässt sich in sechs Schritte einteilen: erstens: eine Genealogie des Absolutismus und Relativismus (93–96); zweitens: Relativismus und der Regress der erkenntnistheoretischen Rechtfertigung (96–99); drittens: Relativismus, Zirkel und Wechselwirkung in der erkenntnistheoretischen Rechtfertigung (99–100, 103–106); viertens: Relativismus und evolutionäre Erkenntnistheorie (100–103); fünftens: Relativismus der Erkenntnisprinzipien und philosophischen Dualismen (106–116) und sechstens: Relativismus und Selbstwiderlegung (116–121). Meine Interpretation folgt im Wesentlichen dieser Einteilung.

2 Schritt I: Eine Genealogie des Absolutismus und Relativismus

Simmel beginnt seine Diskussion mit einer Genealogie von Absolutismus und Relativismus, das heißt, mit einer spekulativ-hypothetischen Geschichte, welche die Ursprünge und Funktionen der beiden Ideen auf zweierlei Weisen erklären soll: durch allgemeine Eigenschaften der menschlichen Psychologie, Physiologie und Biologie einerseits, und durch Entwicklungen in der Ideengeschichte andererseits. Simmel hatte derartige Genealogien in seiner *Einleitung in die Moralwissenschaft* (1892/1893) bereits für andere Ideen vorgelegt.

Was zunächst die „physisch-psychische Anlage und ihr Verhältnis zur Welt" betrifft, so haben laut Simmel Menschen die Disposition, hinter oder über den zufälligen und wechselnden Sinneseindrücken „bleibende Kerne" oder „Substanzen" (93) zu postulieren, welche unverändert den Erscheinungen zugrunde liegen bzw. diese tragen. Diese Disposition kommt auch bezüglich unserer Gedanken und Gefühle zum Tragen: hier zeigt sie sich in der spontanen Annahme eines „seelischen Seins" (93) als Fundament der mentalen Vorkommnisse. Unsere psychische Anlage verleitet uns ferner dazu, den Gegensatz von Substanz und Akzidenz durch eine Wertungsperspektive zu interpretieren: demnach ist allein die Substanz intrinsisch wertvoll (vgl. 93f.) Als Beispiele für die genannte Disposition nennt Simmel Mythologien, welche hinter dem Donner einen „Donnerer" (94) vermuten, oder wissenschaftliche Theorien, die hinter Lichtphänomenen Lichtpartikel (Newton) oder hinter Wärmephänomenen einen unzerstörbaren und unwägbaren Wärmestoff postulieren (Lavoisier). Schließlich drückt sich die Tendenz, veränderlichen Prozessen und Erscheinungen permanente Wesen zu unterlegen, auch in Religion, Politik und Erkenntnistheorie aus: Lebewesen gehen demnach auf „Schöpfungsgedanke[n]" (94) zurück; Institutionen sind unveränderlich; und menschliche Vorstellungen erreichen die Dinge, so wie sie sind.

Der Unterschied von Substanz und Akzidenz motiviert und untermauert schließlich auch den Gegensatz von „absolut" und „relativ". Etwas ist absolut, wenn es unwandelbar und unabhängig von allen übrigen Dingen und Kontexten existiert. Das Absolute hat also nur *intrinsische* Eigenschaften. Das Relative ist das Gegenteil des Absoluten und hat allein *extrinsische* Eigenschaften (vgl. 94). Absolutismus lässt sich damit – in erster Annäherung – als diejenige Position verstehen, wonach es Dinge gibt, die ewig-unzerstörbar, intrinsisch und von höchstem Wert sind. Relativismus verneint den Absolutismus.

Dabei ist es auf den ersten Blick nicht offensichtlich, wie denn der Relativismus als Gedanke überhaupt möglich sein soll. Wird er nicht durch die angegebene natürliche Disposition oder Tendenz unseres Denkens verhindert? Um diese Frage zu beantworten, geht Simmels Genealogie von der psychologisch-physiologischen Gattungsgeschichte zur Wissenschaftsgeschichte über. Letztere zeige, dass wir sehr wohl in der Lage seien, uns über die erste Tendenz unseres Denkens hinwegzusetzen. Simmel erinnert daran, dass die „moderne[] Wissenschaft" (95) Substanzen und Stabilität durch Bewegungen und Evolution, Kategorien durch Gesetze, und intrinsische durch extrinsische Eigenschaften ersetzt hat. Simmels Paradebeispiel ist die Stellung der Erde im Weltall, die sich nach der modernen Kosmologie letztendlich nur durch die Beziehung der Erde zu allen anderen Himmelskörpern erklären lasse (vgl. 95). Die Ergebnisse der Naturwissenschaften unterminierten also den Absolutismus und schafften damit Raum für relativistische Motive. Sie täten dies insbesondere auch insofern als sie erforschen, wie unser Geist durch die Zufälligkeiten der Evolution geformt worden sei. Zugleich lehre uns die Geschichte der Naturwissenschaften, dass sich Denkformen und -stile radikal ändern könnten. Die kopernikanische Revolution ist hier der für Simmel zentrale Fall. Er zieht die Konsequenz, dass unsere Perspektive auf uns selbst und auf die Welt durch Evolution und Geschichte bestimmt sei (vgl. 95).

Simmel kommt damit zu einer Position, die sich auf heute gängige Ausprägungen des Relativismus beziehen lässt (vgl. Boghossian 2013). Sie impliziert nämlich, dass unser – durch die Zufälle der Gattungs- und Kulturgeschichte geprägter – Geist nicht ohne Alternativen ist. Und da auch jede alternative Form des Erkennens ebenso durch die Geschichte geformt ist, legt sich die Vermutung nahe, es gäbe keinen absoluten Maßstab, an dem sich verschiedene Perspektiven messen ließen. Dass Simmel tatsächlich eine derartige Ansicht im Auge hat, wird an dem Gegenargument deutlich, dass er selbst sofort formuliert und dessen allgemeine Struktur in den antirelativistischen Arbeiten von Windelband (vgl. Windelband 1884) und Husserl (vgl. Husserl 1900) bereits vorlag. Demnach verwickelt sich der Relativismus in einen Selbstwiderspruch, wenn er meint, aus der Gattungs- und Kulturgeschichte eine Relativität der Erkenntnis *erkennen* zu können. Die Erkenntnis der Relativität unserer Erkenntnis kann demnach nicht selbst relativ sein. Sie kann uns nur unter *der* Voraussetzung zwingen, den Relativismus zu akzeptieren, dass sie selbst absolut ist, oder wie Simmel es bezogen auf die psychologische Komponente formuliert: „die bloß psychologische Herleitung, in die alle absolut objektiven Erkenntnisse aufgelöst werden sollen, bedarf doch bestimmter Axiome, die nicht selbst wieder, ohne fehlerhaften Zirkel, eine bloß psychologische Bedeutung haben dürfen." (95 f.)

Eine Antwort auf diesen Einwand sucht Simmel im zweiten Schritt seines Argumentationsbogens zu geben. Bevor wir uns diesem Schritt zuwenden, verdient aber Simmels Genealogie kurz gewürdigt zu werden. Simmels Ansatz, den Gegensatz von Relativismus und Absolutismus durch die Gattungs- und Kulturgeschichte genealogisch abzuleiten, ist originell auch wenn sich der Einfluss der Berliner Völkerpsychologie oder Nietzsches nicht verleugnen lässt. Schließlich waren derartige historische Erklärungsversuche ein zentrales Thema für Lazarus, Steinthal, und die Autoren in ihrem Umfeld (vgl. z. B. Cohen 1868/1869 oder Windelband 1875). Auch mit den Schriften Nietzsches war Simmel zum Zeitpunkt der Abfassung der *Philosophie des Geldes* bereits bestens vertraut (vgl. GSG 5, 115–119). Natürlich ist Simmels Genealogie des Absolutismus und Relativismus, zumindest so wie sie im dritten Teil des ersten Kapitels vorliegt, zu kurz um wirklich zu überzeugen. Dabei ist allerdings zu beachten, dass die *Philosophie des Geldes* insgesamt als eine derartige Genealogie verstanden werden will. Das Buch kulminiert ja in der Behauptung, die Möglichkeit des relativistischen Weltbildes erklärt zu haben (vgl. 716). Eine Bewertung dieser Behauptung kann ich hier nicht entwickeln.

3 Schritt II: Relativismus und der Regress der erkenntnistheoretischen Rechtfertigung

Wie geht nun Simmel mit dem Einwand um, die behauptete Erkenntnis der Relativität der Erkenntnis müsse „bestimmte[] Axiome" (95) haben, die selbst nicht wieder bloß kausal-faktisch abgeleitet wären? Simmel sucht diesen Einwand zu entkräften, indem er ihn auf den „Regress der Rechtfertigung" bezieht, auf den sich in der philosophischen Tradition vor allem die Skeptiker berufen haben. Um einen Satz S als wahr und epistemisch gerechtfertigt bewerten zu können, bedürfen wir bestimmter Kriterien K_1, die bei der Bewertung von S selbst nicht Gegenstand der Bewertung sind. Natürlich können diese K_1 dann in einem weiteren Schritt epistemisch bewertet werden. Aber auch in diesem Fall muss sich die Bewertung auf Kriterien stützen, die nicht mit dem Gegenstand der Bewertung identisch sind. Nennen wir die Kriterien, die wir bei der Bewertung von K_1 verwenden „K_2". Es ist leicht zu sehen, wie hier ein Regress entsteht: Für die Bewertung jeder Menge von gegebenen K_i bedarf es einer Menge von K_{i+1}.

Antiskeptische und absolutistische Erkenntnistheoretiker akzeptieren diese Analyse nicht uneingeschränkt. Nach Simmel insistieren sie, die Kette der Rechtfertigungen müsse früher oder später enden, damit überhaupt irgendein S gerechtfertigt sei. Sei die Reihe der K nicht durch einen absoluten Endpunkt gestützt, dann falle die ganze Reihe in sich zusammen: Ein Versuch, S durch K_1 zu stützen, müsse scheitern, wenn die Reihe der K nicht irgendwo eine absolute Basis habe. Eine solche Basis wäre ein Endpunkt $K_{absolut}$, welcher letztbegründet ist und damit keiner weiteren Rechtfertigung bedürftig.

Simmel gesteht dem absolutistischen Gedankengang eine gewisse Plausibilität zu. Er spricht sogar von einem „Schema, in das unser tatsächliches Erkennen sich muss eingliedern lassen" (96) und ist bereit „für jetzt [zu] zugeben, dass unser Erkennen irgendwo eine absolute Norm, eine nur durch sich selbst legitimierte letzte Instanz besitzen mag" (97). Die Qualifikationen „für jetzt" und „mag" sind hierbei allerdings wichtig. Denn Simmel sucht den Gedankengang als problematisch zu erweisen. Ein erstes Argument bestreitet, dass wir uns ein $K_{absolut}$ überhaupt vorstellen können. Wir vermögen gegebene S oder K_i gar nicht zu bewerten, ohne uns auf weitere K_{i+1} zu stützen (vgl. 96). Ein zweites Argument lautet, dass selbst wenn es $K_{absolut}$ gäbe, unsere Erkenntnis dieser $K_{absolut}$ nie anders als bloß fallibel sein könne (vgl. 96f.). Simmel stützt sich hier auf eine pessimistische Induktion über die Geschichte der vorgeschlagenen Kandidatinnen für $K_{absolut}$. Prinzipien, welche *eine* historische Periode als absolut betrachtete, wurden demnach von nachfolgenden Perioden regelmäßig als falsch oder begründungsbedürftig erwiesen. Simmel schließt hieraus, wir sollten jeden „zuletzt erreichten Punkt so behandeln, als ob er der vorletzte wäre" (96).

Ein drittes Argument insistiert auf den Unterschied von Relativismus und Skeptizismus. Der Skeptizismus nimmt den Regress der epistemischen Rechtfertigungen zum Anlass, die Möglichkeit von epistemischer Rechtfertigung überhaupt zu verneinen. Weil wir keine K als $K_{absolut}$ erweisen können, gibt es überhaupt keine K. In seiner Argumentation bleibt der Skeptiker damit ein verkappter Absolutist: Er akzeptiert, dass epistemische Rechtfertigung $K_{absolut}$ braucht. Simmels Relativist lehnt diese Voraussetzung ab. Epistemische Rechtfertigung bedarf keiner $K_{absolut}$. Um ein gegebenes S zu rechtfertigen, braucht es bestimmte K_i. Und in der Regel reichen diese K_i aus. Es ist zwar möglich, den Regress zu beginnen, aber gerade weil er *in infinitum* fortgesetzt werden kann, spielt er für unsere faktischen epistemischen Praktiken keine Rolle. Simmels Analogie ist die Bewegung. Alle Bewegungsaussagen sind relativ auf einen Rahmen. Auch hier ist ein Regress immer möglich: Jeder gegebene Rahmen ist selbst relativ auf einen weiteren Rahmen. Wenn es überhaupt einen Endpunkt gibt, so ist dieser das Universum als Ganzes. Dass wir diesen letzten Rahmen nicht erfassen können, macht aber Aussagen über die relativen Bewegungen irdischer Objekte oder der Erde als Ganzer nicht unmöglich (vgl. 97). Ein viertes Argument erinnert noch einmal daran, dass wir uns, in unseren faktischen epistemischen Praktiken immer schon mit lokaler Rechtfertigung begnügen: Wenn wir S durch K_i rechtfertigen oder *beweisen*, so sei uns durchaus bewusst, dass hiermit S eine *logische* Dignität gewinnt, die im K_i unmittelbar fehlt. Aber dass sie K_i fehlt, hindere uns zumeist nicht daran, S für gerechtfertigt zu halten. Wir akzeptieren, dass unser Erkennen faktisch immer nur auf „relativen Reihen abgeleiteter Beweise" (99) aufruht (vgl. ebd., 98f.). Der

Absolutist setze sich also in Gegensatz zu unserer tatsächlichen „infinitistischen" Erkenntnispraxis (vgl. aktuell Klein 2011).

Fünftens und letztens versucht Simmel den erkenntnistheoretischen Relativismus durch eine Parallele mit der Legitimation einer Rechtsordnung zu stützen. Auch im Falle des Rechts finden wir häufig den Gedanken einer absoluten Letztbegründung, eines „absolute[n] und ewige[n] Recht[s]", einer „juristischen causa sui" (98). Tatsächlich gilt aber auch im Falle des Rechts, dass jeder Gesetzesinhalt „nur die zeitliche Gültigkeit [hat], die die historischen Umstände und Wechsel ihm lassen" (98). Das heißt aber nicht, dass die Gesetze sich willkürlich ändern. Zumeist ändert sich eine gegebene Rechtsordnung so, wie es ihre eigenen Regelungen vorschreiben. Hier ist es nach Simmel wichtig, zwischen der Rechtfertigung einer einzelnen Norm und der Rechtfertigung einer Rechtsordnung als Ganzer zu unterscheiden. Das einzelne Gesetz kann immer an anderen Rechtsnormen gemessen werden. Aber für eine gegebene Rechtsordnung als Ganzer ist dies nicht mehr möglich. Die Annahme eines „absolute[n] Recht[s]" (99) ist für Simmel der zweifelhafte Versuch, dies gleichwohl denkbar zu machen. Für Simmel ist die Rede von einem „absolute[n] Recht" aber nur berechtigt, wenn man sie als ein „Symbol" (99) versteht: als ein Symbol für den Umstand, dass sich keine Rechtsordnung als endgültig verstehen darf.

Kehren wir abschließend noch einmal zum Ausgangspunkt von Schritt II zurück. Der absolutistische Einwand lautete, jede kausal-faktische, relativistische Analyse der Erkenntnis setzt „bestimmte Axiome" voraus, die selbst nicht wieder bloß kausal-faktisch sein können. Der Relativismus verwickelt sich daher unweigerlich in seinen Selbstwiderspruch. Simmel meint diesen Einwand dadurch entkräften zu können, indem er zeigt, dass von absoluter Erkenntnis sinnvollerweise nur da gesprochen werden kann, wo es so etwas wie eine epistemische „causa sui", also $K_{absolut}$ gibt. Die Rede von $K_{absolut}$ sei aber nur als „Symbol" sinnvoll, als Symbol für die prinzipielle Unabgeschlossenheit und Verbesserungsfähigkeit eines jeden realen Systems von K_i. Damit aber wird der Gedanke hinfällig, eine relative – historisch kontingente – Rechtfertigung des Relativismus sei gar keine wirkliche Rechtfertigung. Rechtfertigung ist immer und überall relativ: historisch kontingent und im Lichte einer gegebenen epistemischen Ordnung fallibel und verbesserungsfähig.

Simmels Ansatz erscheint auch noch aus der Perspektive der Erkenntnistheorie des 21. Jahrhunderts als beachtenswert (vgl. Millson 2009). Auch heute wird mitunter argumentiert, der Relativismus lasse sich durch das skeptische „Problem des Kriteriums" motivieren, wonach jede Rechtfertigung einer epistemischen Norm entweder in einem infiniten Regress, einem Zirkel oder einem dogmatischen Abbruch der Rechtfertigung enden muss. Der Skeptiker schließt hieraus, dass der Anspruch auf epistemische Rechtfertigung überhaupt aufgegeben werden muss. Diese Ansicht kann ohne große Mühe ad absurdum geführt werden (vgl. Sankey 2010). Simmel gibt dem epistemischen Relativismus wesentlich bessere Karten. Sein Relativismus macht nicht die problematische Voraussetzung, epistemische Normen seien überhaupt nicht zu rechtfertigen. Simmels Antwort auf das skeptische Problem des Kriteriums – soweit dieses auf den infiniten Regress der Rechtfertigungen rekurriert – ist daher auch vielmehr, dass es auf einem falschen Verständnis von Rechtfertigung beruht: dass nämlich alle epistemische Rechtfertigung auf der Möglichkeit von $K_{absolut}$ beruhe. Nach Simmel sind alle unsere Rechtfertigungen relativ auf gegebene K_i. Aber das schließt seiner Ansicht nach nicht aus, dass wir für diese K_i nach weiteren Rechtfertigungen suchen.

4 Schritt III: Relativismus, Zirkel und Wechselwirkung in der erkenntnistheoretischen Rechtfertigung

Das klassische skeptische „Problem des Kriteriums" verweist auf drei angeblich unzureichende Formen epistemischer Rechtfertigung: infiniter Regress, dogmatischer Abbruch und Zirkel. In Schritt II zeigt Simmel mit welchen Modifikationen der epistemische Relativismus die beiden ersten Möglichkeiten akzeptieren kann. In Schritt III sucht Simmel dies nun auch für den Zirkel zu tun.

Simmel geht von der Beobachtung aus, dass uns eine zirkuläre epistemische Rechtfertigung nur bei engen Zirkeln – d. h. Zirkeln mit wenigen Elementen – fehlerhaft erscheint (vgl. 99 f.). Sind darüber hinaus Sätze oder Überzeugungen auf vielfältige Weisen durch weite zirkuläre epistemische Rechtfertigungen miteinander verbunden, so lässt sich dies als eine „Gegenseitigkeit des Sich-Beweisens" (100) oder eine epistemische „Wechselwirkung" (104) beschreiben. Simmel spricht sogar davon, „dass wir von jedem Punkt [unserer Welterkenntnis] zu jedem anderen durch Beweise hindurch gelangen können", und dass es sich hierbei um einen „Zusammenhang" handelt, „den wir innerhalb unserer Welterkenntnis annehmen" (100). Interessant ist hierbei, dass Simmels epistemische Wechselwirkung schwächer ist als die von klassischen absoluten Idealisten angesetzte einseitige oder gegenseitige Ableitbarkeit. Manche dieser Autoren postulieren, dass in einem „vollständig kohärenten Wissen" aus jedem einzelnen Urteil das gesamte übrige System der Urteile folgt, und umgekehrt. Andere schwächen dies ab, indem sie nur verlangen, dass sich jedes Urteil aus dem gesamten übrigen System der Urteile ableiten lässt (vgl. BonJour 1985, 96 f.). Demgegenüber sagt Simmel nur, dass jedes Urteil auf irgendeine Weise – und sei es auch durch eine sehr lange Kette von Rechtfertigungsbeziehungen – mit jedem Urteil verbunden sei. Vielleicht ist dies ein Indiz, dass Simmels Theorie der epistemischen Wechselwirkung eher nicht als eine Kohärenztheorie zu verorten ist (vgl. Millson 2009; Steizinger 2015). Simmel spricht tatsächlich auch nicht davon, eine Überzeugung sei epistemisch gerechtfertigt, wenn sie mit anderen Überzeugungen kohäriert oder wenn sie zu einem gerechtfertigten – weil kohärenten – System von Überzeugungen gehört. Im Gegenteil: Simmel besteht gerade darauf, dass die Rechtfertigung oder Wahrheit einer Überzeugung *innerhalb* eines Systems nicht mit der Rechtfertigung oder Wahrheit dieses Systems als Ganzen verwechselt werden darf. Simmel betont – wie wir in Schritt IV noch sehen werden – dass das Gesamt unseres Systems von Überzeugungen nur in einem von der Evolutionstheorie erfassten Sinne wahr und gerechtfertigt sein könne (vgl. 103). Es erscheint adäquater, bei Simmels eigenem Begriff der epistemischen „Wechselwirkung" zu bleiben.

Allerdings ist nicht zu bestreiten, dass manche von Simmel bemühte Parallelen doch auch kohärenztheoretisch klingen. Ich denke hier vor allem an die wichtige Analogie mit der modernen Physik und Kosmologie: Die Überzeugungen haben ihre Positionen innerhalb unseres Überzeugungssystems aufgrund von Beziehungen der epistemischen Rechtfertigung und Bewahrheitung, so wie die „Materienmassen" (100) ihre Position im Weltall haben aufgrund ihrer Gravitationsbeziehungen. Simmel sieht hier tatsächlich mehr als nur eine Parallele, nämlich einen „grundlegenden Zusammenhang" (100). Er geht aber an dieser Stelle nicht näher darauf ein. Vielmehr nimmt er im weiteren Fortgang einige Motive wieder auf, die bereits in Schritt II wichtig waren. So meint er etwa, seine Theorie der epistemischen Wechselwirkung erlaube es, sich ein „vollendet[es]" Erkennens vorzustellen, ohne auf sich-selbst-rechtfertigende, erste und absolute Prinzipien zurückgreifen zu müssen (vgl. 100). Ein solchermaßen vollendetes Erkennen ist aber natürlich ebenso unendlich von unserem faktischen Erkennen entfernt, wie die absoluten Endpunkte der Rechtfertigung. Im weiteren Fortgang der Diskussion spielt denn das vollendete Erkennen auch keine Rolle in Simmels Diskussion.

Es ist in Simmels Reflexion übrigens nicht immer deutlich, ob es ihm um eine Theorie der epistemischen Rechtfertigung oder eine Wahrheitstheorie geht. Da er zwischen der Rede von Erkenntnis und Wahrheit hin- und herwechselt, legt sich der Verdacht nahe, dass er beide Formen für richtig hält. Eine Theorie der epistemischen Rechtfertigung klingt dort an, wo Simmel schreibt: „unsere einzelnen Erkenntnisse [können] sich gegenseitig tragen, indem die einmal festgestellten Normen und Tatsachen zum Beweise für andere werden" (103). Eine Wahrheitstheorie findet sich etwa in der Rede „vom Begriff der Wahrheit, als einer Beziehung der Vorstellungen zueinander" (103). Hier ist es vielleicht etwas unglücklich, dass Simmels zentrales Beispiel für Wahrheit nicht eine empirische Aussage oder eine wissenschaftliche Theorie ist, sondern das Kunstwerk (unter ausdrücklichem Ausschluss des Porträts; vgl. 104). Simmel kommt es darauf an, daran zu erinnern, dass die „,Wahrheit' eines Kunstwerks" sich mehr an dem Verhältnis seiner verschiedenen Elemente untereinander als an seinem „Verhältnis zu seinem Objekt" bemisst, und dass erst die „Gegenseitigkeit des Sichentsprechens" den Elementen „die Qualität der Wahrheit verschafft" (105).

Simmel unterstreicht die Wichtigkeit des Begriffs der Wechselwirkung, indem er – über sein eigentliches Thema hinausgehend – seine Unverzichtbarkeit für eine Analyse der Ideen von „Einheit des einzelnen Objekts", „Einheit des sozialen Körpers" (104), sowie von „Notwendigkeit" (105) zu zeigen sucht. Ein Aggregat von Sinneseindrücken wird für uns zu einem Objekt, wenn wir unter den fraglichen Sinneseindrücken eine Struktur von Wechselwirkungen entdecken. Ein Aggregat von Individuen wird zu einem sozialen Körper, wenn zwischen diesen Individuen „Attraktions- und Kohäsionskräfte" (104) vorliegen. Notwendigkeit schließlich ist eine „Relationserscheinung" insofern als sie zwei an sich fremde Elemente zu einer Einheit „des Seins oder Geschehens" (105) zusammenfasst. Für sich betrachtet sind die Naturgesetze nicht notwendig. Sie sind es erst, wenn Wirklichkeit zu ihnen in Beziehung gesetzt werden: „Was wir Notwendigkeit nennen, besteht nur zwischen dem Sein und den Gesetzen, es ist die Form ihres Verhältnisses" (106).

Auch unabhängig davon, ob wir Simmels epistemische Wechselwirkungstheorie nun als Kohärenztheorie einordnen oder nicht, scheint sie in einer wichtigen Hinsicht der letzteren vergleichbar. Gegen beide lässt sich nämlich folgender Einwand machen: Ist alle Rechtfertigung den Überzeugungssystemen intern, dann sei unklar, warum ein Überzeugungssystem einem anderen – bei angenommenem gleichem Grad von interner epistemischer Wechselwirkung – vorzuziehen sei. Das zugrundeliegende relativistische „Problem" ergibt sich daraus, dass nach der Wechselwirkungstheorie Überzeugungssysteme wie Flöße von miteinander vertauten Überzeugungen seien, denen die Verankerung im Meeresboden der Sinneserfahrung fehle. Gibt es Rechtfertigung nur zwischen Überzeugungen, dann bleibt unklar, wie Sinneserfahrung Überzeugungen stützen oder widerlegen könne (vgl. z. B. McDowell 1994; Sosa 1980). Ein Philosoph wie Simmel, der den Relativismus ja gerade zu verteidigen sucht, könnte diesen Gedankengang natürlicherweise umdrehen und von der Richtigkeit der Wechselwirkungstheorien der Rechtfertigung und Wahrheit auf die Richtigkeit des Relativismus schließen. Überraschenderweise findet sich diese Argumentation bei Simmel allerdings so nicht. Stattdessen sucht er eine weitere Plausibilisierung des Relativismus durch zwei Motive, die oben bereits angeklungen sind:

die evolutionäre Erkenntnistheorie (Schritt IV) und die Anwendung der Idee von Wechselwirkung auf epistemische Prinzipien (Schritt V).

5 Schritt IV: Relativismus und evolutionäre Erkenntnistheorie

In diesem Argumentationsschritt liefert Simmel eine Antwort auf die eben angeführte Kritik, indem er zeigt, wie Sinneserfahrung und Überzeugungssystem – unter relativistischen Vorzeichen – verbunden sein können. Dabei nimmt Simmel einen Gedankengang aus seinem 1895 erschienen Aufsatz *Ueber eine Beziehung der Selectionstheorie zur Erkenntnistheorie* wieder auf. Da die Darstellung in der *Philosophie des Geldes* hinter dem Aufsatz an Klarheit und Stringenz etwas zurückbleibt, folge ich zunächst dem Aufsatz bevor ich dann auf einen wichtigen Unterschied der beiden Darstellungen eingehe.

Simmel beginnt mit einer Erklärung der „gewöhnlichen Vorstellung", die er überwinden möchte. Sowohl die gewöhnliche Vorstellung als auch Simmel akzeptieren, dass unser Erkenntnisvermögen „aus praktischen Notwendigkeiten der Lebenserhaltung und Lebensfürsorge entsprungen sei" (GSG 5, 62). Aber die gewöhnliche Vorstellung fügt eine wichtige zweigliedrige „Vermutung" hinzu: dass es eine „objective Wahrheit" (GSG 5, 62) gibt, die unabhängig von allen menschlichen Interessen gilt und dass verschiedene Erkenntnissubjekte, mit verschiedenen Bedürfnissen und in verschiedenen evolutionären Kontexten, jeweils andere Teilmengen der *einen* objektiven Wahrheit erfassen. Für diese Ansicht legt sich – unabhängig von Simmel – der Begriff des „Suchscheinwerfer-Modells" nahe: die Bedürfnisse der Gattung bestimmen die Richtung des kognitiven Suchscheinwerfers, welcher je nach Ausrichtung verschiedene Wahrheiten beleuchtet und damit erfassbar macht. Damit geht zusammen, dass für die gewöhnlichen Vorstellung Erkennen „ein unmittelbares Aufnehmen und Abspiegeln einer absoluten Realität ist" (GSG 5, 62). Und schließlich ist „das Ziel der psychischen Selektion" eine „Parallelität des Denkens mit der Objectivität" welche Kollisionen mit „der harten Wirklichkeit der Dinge" (GSG 5, 63) vermeiden hilft.

Was Simmel an der gewöhnlichen Vorstellung problematisch findet, ist ihr Dualismus von „praktischen vitalen Bedürfnisse[n]" einerseits, und „objektiv erkennbare[r] Welt" (GSG 5, 63) anderseits. Simmel möchte diesen Dualismus durch eine gemeinsame „tiefer gelegene[] Wurzel" (GSG 5, 63) überwinden. Sein Vorschlag lautet, dass „es keine theoretisch gültige ‚Wahrheit'" gibt, „auf Grund deren wir dann zweckdienlich handeln" (GSG 5, 64). Vielmehr „nennen [wir] diejenigen Vorstellungen wahr, die sich als Motive des zweckmäßigen,

Leben fördernden Handelns erwiesen haben" (GSG 5, 64). Hier ist wichtig zu berücksichtigen, dass wenn Simmel von „theoretisch gültiger Wahrheit" spricht, er die Ideen von Wahrheit als Korrespondenz, Kohärenz und Beweisbarkeit meint. In der zitierten Passage will Simmel also einen „praktischen" Wahrheitsbegriff einführen, will sagen, einen Wahrheitsbegriff, der sich gerade von Wahrheit in den angeführten bekannteren Versionen unterscheidet. Simmel glaubt, dass es ein wichtiges „allenthalben auftauchendes Vorurteil" gibt, welches seinem praktischen Wahrheitsbegriff im Wege steht: das Vorurteil, wonach „die Ursache eine morphologische Gleichheit mit der Wirkung besitzen müsse" (GSG 5, 64). Dies ist die Idee, dass eine *bewusste* geistige Wirkung eine *bewusste* geistige Ursache voraussetzt. Simmel geht es insbesondere um folgende Version des Vorurteils: Angenommen eine unserer Handlungen löst den Bewusstseinszustand aus, dass wir mit einer bestimmten weltlichen Tatsache t zufrieden sind. Dem Vorurteil zufolge muss ein solcher Bewusstseinszustand unter seinen unmittelbaren Ursachen einen ganz bestimmten weiteren Bewusstseinszustand haben. Dieser weitere Bewusstseinszustand präsentiert das Verwirklichen von t als Befriedigung auslösend und leitet zugleich die Handlung zum erfolgreichen Erreichen von t an. Der wesentliche Punkt ist dabei, dass – gemäß dem Vorurteil – der Zustand der Befriedigung und die anleitende Überzeugung den gleichen propositionalen Inhalt „dass t" haben müssen.

Nach Simmel ist die Annahme dieser „morphologischen Gleichheit" ein Fehler. Bewusste Willensakte und Pläne (als Ursachen) führen zu Handlungen (als Wirkungen) aufgrund einer Folge von neuronalen und muskulären kausalen Prozessen, von denen normalerweise keiner bewusst ist. Ein bestimmter Willensakt verbunden mit einer bestimmten Überzeugung $Ü$ kann eine Handlung auslösen, die dann wiederum ein Gefühl der Befriedigung verursacht, ohne dass $Ü$ in einem homogenen und kontinuierlichen bewussten Medium bestehen bleibt und anleitet. Vielmehr löst die Verbindung von Willensakt und $Ü$ die Ausbreitung einer „Kraft" innerhalb von neuronalen und muskulären Zuständen aus, eine Kraft, die dann schlussendlich zu der befriedigenden Handlung führt (vgl. GSG 5, 65). Simmel spricht von einer „Kraft [. . .], die, durch die mannigfaltigsten Umsetzungen der geistigen, körperlichen und unorganischen Welt hindurch schliesslich in ein subjectiv befriedigendes oder objectiv förderliches Resultat hinausläuft" (GSG 5, 65). Simmel vergleicht diesen Prozess mit der Übermittlung von Worten durch den „Telegraphenapparat" (GSG 5, 66). Die physikalischen Prozesse im Draht haben seiner Ansicht nach keine Ähnlichkeit mit den Worten, die am Zielort, verursacht durch diese Prozesse, aufgeschrieben werden. Die Tatsache, dass eine Handlung, basierend auf einer bestimmten Überzeugung, Befriedigung auslöst, legt ferner nicht im Voraus fest, wie sich die Überzeugung und der Zustand der Welt zueinander verhalten müssen. Abschließend erklärt Simmel, wie der evolutionäre Selektionsmechanismus unter den Bedingungen des praktischen Wahrheitsbegriffes arbeitet: „unter den unzähligen psychologisch auftauchenden Vorstellungen sind einige, die durch ihre Wirkungen für das Handeln des Subjekts sich als nützlich, lebensfördernd für dieses erweisen. Diese fixieren sich auf den gewöhnlichen Wegen der Selektion und bilden in ihrer Gesamtheit die ‚wahre' Vorstellungswelt." (GSG 5, 67) Indem wir diese nützlichen Vorstellungen *wahr* nennen, geben wir ihnen eine bestimmte „Dignität" (GSG 5, 68). Oder wie Simmel es formuliert: „Für das Tier ist diejenige Vorstellung die wahre, auf die hin es sich in der für seine Umstände günstigsten Weise verhält, weil eben die Forderung dieser Verhaltungsart selbst die Organe gebildet hat, die sein Vorstellen überhaupt formen." (GSG 5, 69)

Mit anderen Worten, manche Typen von Überzeugungen führen zu Handlungen, welche die evolutionäre Fitness des Handelnden erhöhen. Und die kognitiven Prozesse, welche derartige Überzeugungen verursachen, werden durch die Evolution ausgewählt. Nach Simmel verstehen wir diesen Mechanismus in der Regel nicht. Aber wir bemerken, dass bestimmte (Typen von) Überzeugungen in der Vorgeschichte von Befriedigung-auslösenden Handlungen wichtig sind. Daher ehren sie diese Überzeugungen mit dem Titel der Wahrheit. Während Simmel an einer Stelle die Auffassung vertritt, dass es „keine theoretisch gültige ‚Wahrheit'" (GSG 5, 64) gibt, schwächt der im weiteren Fortgang der Diskussion diese Ansicht ab. Nach der moderateren Formulierung gilt lediglich, dass die „praktische" Konzeption von Wahrheit gegenüber der theoretischen Wahrheit primär ist. Wenn Simmel auch meint, dass – nach Kant – die Korrespondenztheorie zweifelhaft sei, so lässt er doch ausdrücklich Raum für andere Konzeptionen der Wahrheit. Das Primat der praktischen (gegenüber der theoretischen) Wahrheit beruht auf dem Umstand, dass die Wahrheit unserer grundlegenden Kriterien und Axiome letztendlich nur praktisch sein kann (vgl. GSG 5, 67).

Simmel ist sich im Klaren, dass er damit eine relativistische Theorie formuliert. Da (nicht menschliche) Tiere zum Teil andere Bedürfnisse haben als wir Menschen, haben sie auch andere Wahrnehmungssysteme. Simmel erlaubt in diesem Zusammenhang, dass die Unterscheidung von (praktisch) wahren und falschen Überzeugungen auch im Falle von Tieren sinnvoll ist. Schließlich „haben [wir] genug Beweise dafür, dass auch Tiere Sinnestäuschungen, korrigierbaren Irrtümern unterliegen" (GSG 5, 69). Und dennoch gilt, dass wenn Tiere einen derartigen Fehler korrigieren, sie damit nicht „absolute Wahrheit" erreichen, sondern „die für das betreffende Tier normale Vorstellung" (GSG 5, 69). Das Gleiche gelte dann auch für Menschen. Abschließend fasst Simmel seine Position wie folgt zusammen, indem er sie mit Kants Analyse des Raums vergleicht: „Wie [...] der Anschauungsprocess, seinen immanenten Gesetzen folgend – deren wissenschaftlichen Ausdruck die mathematischen Sätze bilden – dasjenige erst erzeugt, was wir Raum nennen, so erzeugen sich für unser Denken, gemäß dem Nützlichkeitsprinzip, gewisse Normen seines Verhaltens, durch welche überhaupt erst das zustandekommt, was wir Wahrheit nennen, und die sich in abstrakter Formulierung als die logischen Gesetze darstellen." (GSG 5, 73f.).

Wenn wir zur *Philosophie des Geldes* zurückkehren, dann sehen wir, dass dort die eben referierte Position in stark gekürzter Form wiederholt wird – und zwar ausdrücklich einschließlich der relativistischen Konsequenzen (vgl. 102). So spricht Simmel in der *Philosophie des Geldes* davon, dass „das Ganze der Geometrie [. . .] nicht in demselben Sinne gültig ist, in dem ihre einzelnen Sätze es sind", und dass das „Ganze nur [gilt] durch Beziehung auf ein außerhalb ihrer Gelegenes", wie etwa „den Zwang unserer Denknormen" (103). Eine neue Akzentsetzung ist die einleitend-beiläufige Bemerkung, dass das „Ganze" unseres Wissens von einer weiteren besonderen „Relativität getragen" wird, nämlich der „Gegenseitigkeit" oder „Wechselwirkung" von „den theoretischen und den praktischen Interessen unseres Lebens" (100). Hier wird also der Begriff der Wechselwirkung nicht epistemisch verwendet, sondern um Theorie und Praxis miteinander zu vermitteln. Eine weitere Novität ist wahrscheinlich ein Zugeständnis an die antipsychologistischen und antibiologistischen Argumente von Zeitgenossen wie Windelband (vgl. Windelband 1884) oder Husserl (vgl. Husserl 1900). Simmel betont nämlich um 1900 die sogenannte „normative[] Festigkeit" von Wahrheiten, die durch unsere evolutionär bestimmte kognitive „Konstitution" (102) möglich werden. Ist unsere Konstitution gegeben, so „steht ideel fest, was für [uns] [. . .] Wahrheit ist" (103). Dies erlaubt es Simmel zu sagen, „das Gravitationsgesetz bleib[e] ‚wahr', ob wir es erkennen oder nicht" (102).

Interessanterweise sind evolutionäre Überlegungen immer wieder sowohl als Stützen des Absolutismus als auch zur Verteidigung des Relativismus eingesetzt worden (vgl. Coleman 2002). Absolutisten argumentieren, die Evolution sorge dafür, dass Tiere mit unzuverlässigen Erkenntnisvermögen aussterben. Hierbei sollen sich dann zuverlässige Erkenntnisvermögen dadurch auszeichnen, dass sie einen hohen Prozentsatz von wahren – „wahr" im Sinne der Korrespondenztheorie – Überzeugungen generieren (vgl. Dennett 1981). Relativisten argumentieren demgegenüber – ganz wie Simmel, dass die Rede von absoluten Wahrheiten im Rahmen einer evolutionären Perspektive keinen Sinn mache und dass evolutionäre Prozesse keineswegs zu einer immer größeren Perfektionierung von Erkenntnisvermögen führen müssten (vgl. Stich 1990, Kap. 3; Bloor 2007).

Das Besondere an Simmels Position ist dabei, dass und wie er seine relativistische evolutionäre Erkenntnistheorie mit seiner Wechselwirkungstheorie der epistemischen Rechtfertigung innerhalb eines Überzeugungssystems verbindet.

Damit offeriert er einen Lösungsvorschlag für das am Ende von Schritt III formulierten Problems. Das System von Überzeugungen hat damit eine Basis in der Sinneserfahrung. Allerdings geschieht diese Lösung unter relativistischen Vorzeichen (und wird daher die erwähnten Kritiker sicher nicht befriedigen). Entscheidend ist, dass erst an diesem Punkt die Rede von einer *Pluralität* von Überzeugungssystemen unweigerlich wird: verschiedene Gattungen, verschiedene praktische Bedürfnisse, verschiedene Systeme von sich (System-intern) wechselseitig rechtfertigenden Überzeugungen. Dabei bleibt allerdings auf den ersten Blick noch die Frage offen, ob der hiermit motivierte Relativismus ein biologisch-psychologischer Relativismus der Gattungen und Arten oder (zugleich auch) ein Relativismus der historischen Perioden oder Kulturen ist. Natürlich war auch schon der biologisch-psychologische Relativismus um 1900 eine radikale Position; man denke nur etwa an den „Psychologismus-Streit". Aber Simmels Relativismus geht doch, und auch schon in der *Philosophie des Geldes*, über das Biologisch-Psychologische hinaus. Auf den letzten Seiten des Buches kommt er nämlich noch einmal auf den Relativismus zu sprechen und relativiert die vorher verteidigte „normative Festigkeit" der für eine Gattung feststehenden Wahrheiten: „Da [...] der menschliche Geist einer, wie auch langsamen und unmerkbaren Entwicklung unterliegt, so kann es kein, in einem gegebenen Augenblick gültiges Gesetz geben, das der Umwandlung im Laufe der Zeiten entzogen wäre." (712f.)

Damit wird die normative Festigkeit menschlicher Wahrheiten zeitlich relativiert. Wahrheiten, die für eine historische Periode gültig sind, brauchen es für eine andere Periode nicht zu sein. Damit ist nicht gesagt, alle Wahrheiten seien gleich wahr oder gültig – nur ist eben keine *absolut* wahr oder gültig. Sicher denkt Simmel bei der im Zitat angesprochenen „langsamen und unmerkbaren Entwicklung" ohnehin nicht, oder nicht nur, an die biologische oder psychologische Evolution. Seine wiederholte Hervorhebung in der *Philosophie des Geldes* von radikalen Umbrüchen im Denken – wie die schon erwähnte kopernikanische Revolution oder gar der Übergang von absolutistischem zu relativistischem Philosophieren selbst – zeigen hinreichend deutlich, dass die fragliche Entwicklung durchaus auch die Kultur betrifft.

6 Schritt V: Relativismus der Erkenntnisprinzipien und der philosophischen Dualismen

Auf den ersten Blick ist der nun folgende Schritt nicht offensichtlich. Hatte Simmel in den Schritten III und IV die Idee der Wechselwirkung benutzt, um einerseits den epistemischen Zusammenhang von Überzeugungen in Überzeugungssystemen, andererseits das Zusammenspiel von theoretischen und praktischen Interessen, zu beleuchten, so wendet er die Idee der Wechselwirkung in Schritt V auf das wechselseitige Aufeinander-Verwiesen-Sein von entgegensetzten Erkenntnisprinzipien an. Das lässt sich vielleicht so verstehen, dass es ihm nun nicht mehr um den epistemischen Relativismus bezogen auf eine Vielfalt von Überzeugungssystemen, sondern um einen epistemischen Pluralismus innerhalb *ein und desselben* Überzeugungssystems geht. Dabei setzt Simmel ein mit seinen (philosophischen und wissenschaftlichen) Lesern geteiltes System von Überzeugungen und epistemischen Prinzipien voraus.

Simmels Diskussion von Erkenntnisprinzipien knüpft dabei an Kants transzendentale Dialektik und vielleicht auch an Hans Vaihingers „Fiktionen" an, deren Grundgedanke Simmel bekannt sein dürfte. Vaihinger teilt mit Simmel den evolutionären und psychologistischen Ansatz. Und beiden ist wichtig – wie Simmel es formuliert – „die konstitutiven, das Wesen der Dinge ein- für allemal ausdrückenden Grundsätze in regulative übergehen [zu lassen], die nur Augenpunkte für das fortschreitende Erkennen sind" (106). Simmel und Vaihinger verweisen beide auf Kants „transzendentale Dialektik", wonach „transzendentale Ideen" zu Paralogismen und Antinomien führen, wenn sie „konstitutiv", und nicht auf einen „regulativen Gebrauch" eingeschränkt, verwendet werden. Simmel verallgemeinert den Kantischen Gedanken und will ganz allgemein Erkenntnisprinzipien und philosophische Positionen bloß in Sinne eines „als ob", „regulativ", „heuristisch" und „aufeinander angewiesen" (106–108) auffassen. Dabei geht es ihm vordringlich um Paare einander widersprechender Prinzipien und Positionen wie a. metaphysischer Monismus und metaphysischer Pluralismus (107 f.); b. Relativismus und Absolutismus (109, 117 f.); c. Priorisierung des Erkennens der Vergangenheit gegenüber dem Erkennen der Gegenwart und Priorisierung des Erkennens der Gegenwart gegenüber dem Erkennen der Vergangenheit (109); d. Primat des Selbstverständnisses und Primat des Verständnisses Anderer (110); e. transzendentaler Idealismus und empirischer Realismus (110 f.); f. induktiv-historisches und deduktiv-mathematisches Vorgehen in der Wirtschaftswissenschaft (111 f.); g. apriorisches und empirisches Wissen (112 f.); h. Fundamentalismus und Wechselwirkungstheorie in der Erkenntnistheorie (115) oder i. die Konzeption der Wahrheit als Wechselwirkung unter Überzeugungen und Wahrheitstheorien, welche Wahrheit als Eigenschaft einzelner Überzeugungen auffassen (115 f.).

Da Simmel seine Position an sehr vielen Beispielen zu belegen sucht, bleibt ihm wenig Raum, um auch nur einen dieser Fälle gründlich und überzeugend zu besprechen. Wissenschaftsgeschichtlich interessant ist vor allem, dass sich Simmel in den bekannten „Methodenstreit" zwischen Schmoller und Menger einschaltet, indem er argumentiert, induktiv-historische und deduktivmathematische Methoden in der Wirtschaftswissenschaft bedingten einander (vgl. hierzu vor allem Hansen 1968). Beide Positionen dürften und müssten von ihren jeweiligen Anhängern konsequent und einseitig verfolgt werden, *als ob* sie die allein richtige wären. Aber Simmel hält es für ausgemacht, dass ein solchermaßen konsequentes Vorgehen früher oder später den Konkurrenten als ebenso berechtigt erkennen muss (vgl. 111f.). Hier beruht die gleichzeitige Legitimität zweier, einander entgegengesetzter, Methoden auf Simmels Einschätzung der jeweiligen wissenschaftlichen Fruchtbarkeit.

Im Falle der metaphysischen Opposition „Monismus" versus „Pluralismus" stützt Simmel sein „sowohl-als-auch" auf die Philosophiegeschichte und erinnert daran, dass sich diese beiden Positionen regelmäßig abwechseln (vgl. 107f.). Simmel will, dass wir von der Vergangenheit auf die Zukunft schließen und dieses Wechselspiel als unweigerlich und notwendig verstehen. Mit dem Gegensatz von *Fundamentalismus* und *Wechselwirkungstheorie* in der Erkenntnistheorie bezeichne ich – nicht Simmel – die beiden in den Schritten II und III dargestellten epistemischen Denkfiguren: also die linear ins Unendliche fortschreitende Rechtfertigung und die Theorie epistemischer wechselseitiger Abhängigkeit zwischen Überzeugungen. In diesem Fall versucht Simmel plausibel zu machen, warum sich uns beide Optionen unweigerlich aufdrängen. Die fundamentalistisch-lineare Konzeption wird uns durch das „kontinuierliche Fließen" des „seelischen Prozess[es]" (114) nahegelegt; die Wechselseitigkeitstheorie durch die immer mögliche isolierende Abstraktion der gedanklichen Inhalte selbst. Hier ist es also unsere geistige Konstitution, welche entgegensetzte Positionen immer wieder motiviert.

Angesichts des bisher dargestellten Argumentationsbogens mag es auf den ersten Blick überraschen, dass Simmel auch Relativismus und Absolutismus unter die wechselseitig voneinander abhängigen, nur *als ob* gültigen, Prinzipien zählt. Hebt er dadurch nicht seine bisherige Argumentation einfach auf? Ich denke nicht. *Als ob* gültige Prinzipien können schließlich eine Berechtigung haben, auch ohne dass sie wahr sind. Nach Simmel folgen wir einer absolutistischen Methodik, wenn wir linear nach immer weiter zurück- oder tieferliegenden Kriterien und Prinzipien suchen. Wenn auf diesem Wege auch keine Letztbegründung zu finden ist, so bleibt (wie oben gesehen) der Rede eines im Unendlichen liegenden Absoluten als „Symbol" ein gewisses Recht. Diese Rede erinnert uns daran, jedes gegenwärtig verwendete Kriterium noch einmal zu überprüfen (vgl. 109). Dass dies die richtige Deutung sein muss, zeigt sich unter anderen daran, dass Simmel das wechselseitige Aufeinander-Verwiesen-Sein der Erkenntnisprinzipien, Methoden und philosophischen Positionen auch selbst wiederum als ein Argument für den Relativismus verstanden wissen möchte. Auch ein weiteres Missverständnis gilt es zu vermeiden. Simmel spricht davon, dass die relativistische Wechselwirkung der Prinzipien „Objektivität" und eine Annäherung, „in einem unendlichen Prozess", an das „Ideal der objektiven Wahrheit" (113f.) möglich mache. Objektivität soll sich eben dadurch ergeben, dass die entgegengesetzten Prinzipien sich jeweils wechselseitig voraussetzen, korrigieren und ergänzen. Richtig verstanden widerspricht diese Rede von Objektivität nicht dem allgemeinen Relativismus von Simmels Position. Das Gegenteil von Objektivität ist für ihn nicht *Relativität* sondern *Subjektivität*. Die einzelnen Methoden haben in ihrer Einseitigkeit immer „etwas Subjektives" (113), das durch die Wechselwirkung mit anderen Methoden reduziert wird. Vielleicht können wir sagen, dass es Simmel mit seiner Rede von Objektivität primär gerade darum geht, einen Begriff von Fortschritt zu fixieren, der keine Annäherung an ein Absolutes involviert. Fortschritt bedeutet, dass wir die Einseitigkeit von Methoden und Zugängen korrigieren. Fortschritt ist damit das Korrigieren von Fehlern, nicht die Annäherung an die absolute Wahrheit (Kuhn schlägt eine ähnliche Konzeption vor, vgl. Kuhn 1962). Damit passt zusammen, wie Simmel die Objektivität des Wissens mit der Objektivität des Rechts vergleicht: „So erwächst das objective Recht, indem die subjectiven Interessen und Kräfte der Einzelnen sich ausgleichen, sich gegenseitig ihre Stellung und ihr Maß bestimmen, durch den Austausch von Ansprüchen und Beschränkungen die objective Form der Balancierung und Gerechtigkeit gewinnen." (113f.)

Das Recht ist objektiv nicht aufgrund seiner Nähe zu einem Absoluten; es ist objektiv durch ein Reduzieren und Ausgleichen von subjektiven Elementen. Die verbleibende Frage ist, ob Simmels Pluralismus der Erkenntnisprinzipien und philosophischen Dualismen nach heutigem Verständnis eine Form des Relativismus ist. Die Frage lässt sich wenigstens insoweit bejahen als keines der entgegengesetzten Prinzipien einen absoluten Anspruch auf Wahrheit erheben kann. Und sie alle sind das Produkt unserer durch Evolution und Kulturgeschichte bedingten Konstitution und Interessen. Damit bleiben die in früheren Schritten eingeführten relativistischen Argumentationen in Kraft.

Sucht man nach Themen in der Gegenwartsphilosophie, die mit Simmels Überlegungen in Schritt V verwandt sind, bieten sich natürlicherweise zwei Positionen an. Die erste ist der *Pluralismus* im Feminismus und der Wissenschaftsphilosophie (vgl. z. B. Chang 2012; Longino 2013). Der zeitgenössische Pluralismus teilt die Ansicht, dass wissenschaftlicher Fortschritt häufig vom Zusammenspiel (scheinbar) entgegengesetzter Methoden und ontologischer Voraussetzungen abhängt. Die zweite zeitgenössische Parallele ist die Idee, dass philosophische Positionen am besten als *Haltungen* zu verstehen sind (vgl. van Fraassen 2002). Im Gegensatz zu *Dogmen* definieren sich Haltungen primär nicht über Überzeugungen, sondern über Werte, Ziele und Forschungsstrategien. Ein wichtiges Element dieser Konzeption ist, dass Haltungen eher miteinander koexistieren können als Dogmen, und dass sie nicht leicht zu widerlegen sind (van Fraassen sieht Dilthey zurecht als einen wichtigen Vorläufer seiner Theorie an (vgl. van Fraassen 2002, 237) und könnte vielleicht auch Simmel diesen Status zusprechen).

7 Schritt VI: Selbstwiderlegung und der Begriff des Geistes

In seinem letzten Argumentationsschritt behandelt Simmel den Selbstwiderlegungseinwand gegen den Relativismus. Eine wichtige Variante dieses Einwandes und Simmels Verteidigung gegen sie haben wir bereits oben – in den Schritten II und III – kennengelernt. In Schritt VI geht es daher nun auch nur um Relativismus als Heuristik. Die Frage ist also, ob diese spezifische Version des Relativismus Probleme mit der Selbstbezüglichkeit hat. Simmel beginnt seine Diskussion mit der These, dass *prima facie jede* Erkenntnistheorie ein Problem mit dem reflexiven Selbstbezug hat. Am deutlichsten ist das im Falle des Skeptizismus zu sehen. Dieser behauptet:

a. Alle Erkenntnis ist unsicher

Ist (a) unsicher? Wenn der Skeptiker mit *nein* antwortet, dann ist (a) widerlegt. Wenn er mit *ja* reagiert, dann ist zumindest unklar, warum die Nichtskeptiker (a) glauben sollen (vgl. 117). Simmel identifiziert ähnliche Probleme auch in anderen Erkenntnistheorien. Eines seiner Beispiele ist der sogenannte *Dogmatismus*, will sagen: ein epistemischer Fundamentalismus mit unbezweifelbaren Grundüberzeugungen (vgl. 116f.). Die Grundbehauptung ist also:

b. Alles Wissen beruht letztendlich auf einem unbezweifelbaren Fundament

Auch hier lässt sich fragen: Beruht (b) auf einem solchen Fundament? Wenn *nein*, dann ist die Aussage (b) kein Wissen. Wenn *ja*, dann stellt sich die Frage, auf welchem Fundament denn die *ja*-Antwort beruht. Und hier eröffnet sich dann wieder der schon bekannte infinite Regress der Rechtfertigung. Und es ist schwer zu sehen, wie ein solcher Regress mit der Annahme von unbezweifelbaren Fundamenten zusammengehen kann.

Simmel zufolge ergeben sich derartige Schwierigkeiten immer, sobald wir unser Erkennen auf sich selbst richten. Nennen wir ein Erkennen des Erkennens *Metaerkennen*. Trennen wir das Metaerkennen vom Erkennen selbst, dann bleibt das Metaerkennen außerhalb des Fokus unserer Erkenntnistheorie und damit ohne Erklärung und Begründung. Nehmen wir diese Trennung hingegen nicht vor, dann entstehen leicht Probleme der „Selbstvernichtung" (117). Simmel meint, dass der Relativismus als Heuristik die Probleme des Selbstbezugs vermeiden kann. Als Heuristik definiert sich der Relativismus über sein Ziel:

c. Alles Unbedingt-Absolute ist als bedingt-relativ („historisch, sachlich, psychologisch" (117)) zu erweisen

Ist (c) widerspruchsfrei als selbstbezüglich zu denken? Ist (c) selbst als bedingt-relativ zu erweisen? Simmel antwortet auf beide Fragen mit einem klaren *Ja*. Hierfür hat er zwei Gründe. Ein Grund liegt in der Gesamtargumentation der *Philosophie des Geldes*. Simmel formuliert den entscheidenden Gedanken auf der letzten Seite des Buches so: „Je mehr das Leben der Gesellschaft ein geldwirtschaftliches wird, desto wirksamer und deutlicher prägt sich in dem bewussten Leben der relativistische Charakter des Seins aus, da das Geld nichts anderes ist, als die in einem Sondergebilde verkörperte Relativität der wirtschaftlichen Gegenstände, die ihren Wert bedeutet. Und wie die absolutistische Weltansicht eine bestimmte intellektuelle Entwicklungsstufe darstellte, in Korrelation mit der entsprechenden praktischen, ökonomischen, gefühlsmäßigen Gestaltung der menschlichen Dinge, – so scheint die relativistische das augenblickliche Anpassungsverhältnis unseres Intellekts auszudrücken oder, vielleicht richtiger: zu sein, bestätigt durch das Gegenbild des sozialen und des subjektiven Lebens, das in dem Gelde ebenso den real wirksamen Träger wie das abspiegelnde Symbol seiner Formen und Bewegungen gefunden hat." (716)

Der Relativismus ist das Produkt einer bestimmten historischen Periode und damit relativ auf diese Zeit. Er drückt das „augenblickliche Anpassungsverhältnis unseres Intellekts" aus, nicht aber eine bleibende und absolute Einsicht, die für immer Bestand haben wird. Das Ziel, das Unbedingt-Absolute als relativ zu erweisen, ist also kein Ziel das für alle Zeiten maßgeblich sein wird. Ein zweiter Grund (c) als relativ zu verstehen, ist, dass (c) – wie bereits in letzten Abschnitt gesehen – als Pendant die absolutistische Heuristik (d) erfordert:

d. Alles Bedingt-Relative ist als unbedingt-absolut zu erweisen

Die absolutistische Heuristik liefert die beständige Herausforderung und den immer neuen Ansatzpunkt für die relativistische Heuristik. Beiden haben – als Heuristiken – ein Existenzrecht. Gleichwohl zeigt ihr Aufeinander-Angewiesen-Sein aber auch wieder die Richtigkeit des Relativismus: Der Relativismus als Theorie der Heuristiken kann erklären, warum beide Positionen wichtig sind (vgl. 117). Simmel glaubt ferner – und auch dies spricht für ihn gegen das Argument von der Selbstwiderlegung –, dass Relativismus als Heuristik „die Alternative aufhebt: das Absolute zu leugnen oder es anzuerkennen" (118): der Relativismus als Heuristik zielt darauf, dass vermeintlich absolute als bedingt zu erweisen. Er geht dabei Schritt für Schritt vor, ohne schon umfassende Aussagen für oder gegen „das Absolute" als solches zu machen. Mit anderen Worten: Als Heuristiken sind Absolutismus und Relativismus vereinbar. Der Absolutismus als Heuristik zielt darauf, ein Absolutes nachzuweisen, muss aber akzeptieren – wie Simmel in seinen Reflexionen zur linearen Rechtfertigung gezeigt hat –, dass wir uns einem solchen Absoluten nur in einem unendlichen Prozess nähern können. Der Relativismus zielt darauf nachzuweisen, dass sich alle Absolutheiten als relativ erweisen lassen, muss aber akzeptieren, dass streng genommen ein solcher Nachweis nie endgültig zu führen ist und also wiederum nur in einem unendlichen Prozess zu erreichen ist. Hierbei ist natürlich mitzudenken, dass eine Annäherung an ein unendlich weit entferntes Ziel nicht eigentlich möglich ist (vgl. 118).

Simmel beschließt seine Diskussion, indem er sie in den Kontext der Begriffe *Geist* und *Unendlichkeit* stellt. Dass allgemeine Problem des Selbstbezugs der Erkenntnistheorie kann auch mit dem Geistbegriff formuliert werden: Kann sich der Geist je „jenseits seiner selbst" (117) stellen? Dies tut er, wenn er etwas über sein Erkennen ausmachen will. Ohne große Diskussion bejaht Simmel die Frage. Das „Sich-Jenseits-Seiner-Selbst-Stellen" ist „der Grund alles Geistes, er ist zugleich Subjekt und Objekt" (119). Und das ist ein Prozess, der sich endlos wiederholen lässt: Erkenntnis, Erkenntnis über Erkenntnis, Erkenntnis über (Erkenntnis über Erkenntnis), Erkenntnis über (Erkenntnis über (Erkenntnis über Erkenntnis)) usw. Dieser *progressus in infinitum* ist nach Simmel nicht vitiös: Er unterminiert unsere Erkenntnis nicht. Auf jeder der Reflexionsstufen müssen wir etwas als Voraussetzung ungeprüft – und damit *wenigstens vorläufig als unbedingt* – annehmen. Aber dass wir dies tun, ist – wenigstens im Falle des Relativismus – kein Widerspruch, da der Relativismus bei dem „als Voraussetzung ungeprüften Prinzip" nicht einfach stehenbleibt, sondern in einem nächsten Schritt auch dieses wieder als bedingt ausweist. Der Selbstwiderspruch entsteht nur, „wenn der in sich unendliche Prozess des Sich-selbst-Wissens, Sich-selbst-Beurteilens an irgendeinem Glied abgeschnitten und dieses als das Absolute allen anderen gegenübergestellt wird" (119).

Simmel meint, dass auch andere philosophische Positionen von seiner Deutung des Geistes – als fähig zu immer neuen Meta-Ebenen – profitieren können. Auch der Skeptizismus kann geltend machen, dass die Aussage

a. Alle Erkenntnis ist unsicher

zunächst nur relativ auf eine bestimmte Stufe oder Metaebene gültig sein soll. Erst nach einem weiteren metaepistemischen *Anstieg* lässt sich dann etwas über die Unsicherheit von (a) sagen. Und dieser Anstieg kann natürlich *in infinitum* fortgesetzt werden. Die Möglichkeit dieses *regressus*, oder wie Simmel lieber schreibt *progressus*, macht eben unseren Geist aus (vgl. 119).

Zuletzt offeriert Simmel noch einen knappen Vorschlag, wie sich sein Relativismus metaphysisch deuten lässt. Das Ziel des Relativismus ist, alles vermeintlich Absolute in Bedingtheiten, alles „Fürsichsein[] in Wechselwirkungen" (120), aufzulösen. Dabei ergibt sich dann auch ein neues Verständnis von *Unendlichkeit*: ein Unendliches nicht „als Substanz oder als das Maß eines Absoluten", ein Unendliches nicht als endlose Reihe, sondern „eine konkrete Unendlichkeit" (120f.) als endlose Wechselwirkung sowie direkte oder indirekte Abhängigkeit von allem mit allem. Eben weil jedes Dasein in diesen Wechselwirkungen steht und daher aus dem Gesamt nicht wegzudenken ist, eben darin liegt seine Unendlichkeit (vgl. 121).

In Schritt VI spricht Simmel mehr Themen an, als sich hier sinnvoll kommentieren lassen. Von systematischem Interesse erscheint mir vor allem Simmels Versuch zu zeigen, dass das Umdeuten von philosophischen Positionen zu Heuristiken das Problem der Selbstbezüglichkeit – und damit auch den Selbstwiderlegungseinwand – neutralisieren kann. Ist der Relativismus eine Forschungsstrategie (und kein Dogma), dann schadet es ihm nicht, wenn seine Rechtfertigung immer wieder auf *nicht relativierte* und – in diesem Sinne – *absolute* Elemente rekurrieren muss. Es schadet ihm deshalb nicht, weil solche absoluten Elemente eigentlich bloß „*noch-nicht* relativierte" Elemente sind. Das heißt, sie sind Elemente, mit denen sich die Forschungsstrategie noch nicht befasst hat, die aber noch deren Gegenstand werden können und müssen. Ist der Relativismus eine Forschungsstrategie, dann muss er den Absolutismus nicht widerlegen, um selbst gerechtfertigt zu sein. Aber eben dadurch, dass er dem Absolutismus als Forschungsstrategie ein Recht einräumt, setzt sich ein Metarelativismus durch: nämlich die Ansicht, dass keine Forschungsstrategie die absolut allein richtige sei.

8 Zusammenfassung und Schlussfolgerungen

Es wurde versucht, Simmels Relativismus-Konzeption, so wie er sie im dritten Teil des ersten Kapitels der *Philosophie des Geldes* entwickelt, zu kommentieren, zu rekonstruieren und durch Vergleiche mit philosophischer Literatur der jüngeren Vergangenheit zu bewerten und erhellen. Simmels Argumentationsbogen enthält eine Fülle von Ideen und Einsichten, die später – unter anderen Vorzeichen und in anderen theoretischen Kontexten – wiederentdeckt und systematisch entwickelt werden. Ich denke hier etwa an Simmels infinitistische Theorie der epistemischen Rechtfertigung; seine Betrachtungen zur epistemischen Zirkularität und Wechselwirkung innerhalb eines Überzeugungssystems;

seine evolutionäre Erkenntnistheorie und deren Verkoppelung mit dem Modell epistemischer Wechselwirkung; die Umdeutung philosophischer Positionen zu Forschungsstrategien; das dialektisch-pluralistische Zusammenspiel gegenläufiger Methoden; und der Lösungsvorschlag bezüglich des Problems der Selbstwiderlegung.

Natürlich hat Simmel keine seiner originellen Ideen in eine Form gebracht, die als solche in der Gegenwartsphilosophie bestehen könnte. Aber das kann man wohl von Argumentationen, die über hundert Jahre alt sind, auch nicht erwarten. Wohl aber hat seine Position eine Komplexität und Vielseitigkeit, die auch für heutige relativistische Konzeptionen noch vielfältige Denkanstöße liefern kann.

Aus Platzgründen kann ich hier auf die möglichen (partiellen) Quellen von Simmels Relativismus nicht eingehen (vgl. hierzu vor allem Köhnke 1996 und Frisby 2002). Auch eine Rezeptionsgeschichte liegt jenseits des Horizontes dieses Beitrags. Abschließend thematisieren muss ich allerdings einen wichtigen terminologischen Punkt, an dem sich dieser Aufsatz von großen Teilen der Sekundärliteratur zu Simmel unterscheidet. In der Sekundärliteratur wird immer wieder betont, Simmels Erkenntnistheorie und Wahrheitstheorie seien eigentlich kein „Relativismus", sondern vielmehr „nur" ein „Relationismus". Autoren, die diese Ansicht vertreten, meinen damit zu einer gewissen „Ehrenrettung" Simmels beizutragen. Sie folgen hierbei der in der Philosophie weitverbreiteten Lesart, wonach Relativismus untrennbar mit skeptischen, subjektivistischen und irrationalen Motiven verbunden sei (z. B. Köhnke 1996, 480; Geßner 2003, 92 f.; Schlitte 2012, 223–234; Pyyhtinen 2017, 22 f.; Halbmayr 2009, 289–291).

Diesem Vorgehen bin ich im obigen Kommentar bewusst nicht gefolgt. Ich habe hierfür drei Gründe: Erstens bleibt bei den genannten Autoren unklar, was nun eigentlich genau mit „Relationismus" gemeint ist. Der gelegentliche Verweis auf Karl Mannheims Benutzung dieses Terminus ist alles andere als hilfreich. Schließlich ist ja Mannheims Relationismus schon von seinen Zeitgenossen als eine Spielart des Relativismus attackiert worden. Von Simmels „Relationismus" zu reden hilft ihm also gar nicht, so lange man nicht erklären kann, warum und inwiefern sein Relationismus dem Schicksal von Mannheims Relationismus entgehen kann. Zweitens widerspricht die bloß terminologische Ehrenrettung Simmels seiner ureigensten Intention. Simmel hätte ja auch schon selbst den Terminus „Relativismus" leicht vermeiden können. Schließlich war die Assoziation von Relativismus mit Skeptizismus und Subjektivismus bereits vor 120 Jahren gut etabliert. Simmel wählte aber einen anderen Weg: Er versuchte den Begriff des Relativismus auf eine Weise zu entwickeln, die derartige Assoziationen nicht einfach ignorierte, sondern zu trennen suchte. Zu sagen, dass es Simmel eigentlich um den Relationismus ging, heißt daher zu behaupten, sein Versuch einer Rehabilitierung des Relativismus sei gescheitert. Ob dies so ist, müsste aber erst einmal gezeigt werden. Und dieser Mühe unterzieht sich keiner der genannten Autoren. Simmels Relativismus „Relationismus" zu nennen hat drittens aber auch die bedauerliche Konsequenz, sein Philosophieren von der Tradition relativistischen Denkens zu trennen, deren Konturen eigentlich erst heute allmählich sichtbar werden (vgl. Herbert 2001; Kusch et al. 2019). Statt Simmel aus dieser Tradition herauszureißen, erscheint es fruchtbarer seinen Platz in ihr zu verstehen.

Literatur

Bloor, David (2007): Epistemic Grace: Antirelativism as Theology in Disguise. Common Knowledge 13, 250–280.
Boghossian, Paul (2013): Angst vor der Wahrheit. Übers. von Jens Rometsch. Frankfurt a. M.
BonJour, Laurence (1985): The Structure of Empirical Knowledge. Cambridge MA.
Chang, Hasok (2012): Is Water H_2O? Evidence, Realism and Pluralism. Dordrecht.
Cohen, Hermann (1868/1869): Mythologische Vorstellungen von Gott und Seele, psychologisch entwickelt. In: Zeitschrift für Völkerpsychologie und Sprachwissenschaft 5, 396–434; 6, 113–131.
Coleman, Martin A. (2002): Taking Simmel Seriously in Evolutionary Epistemology. In: Studies in History and Philosophy of Science, Part A, 33, 55–74.
Dennett, Daniel C. (1981): True Believers: The Intentional Strategy and Why It Works. In: The International Stance. Cambridge MA, 13–35.
Halbmayr, Alois (2009): Gott und Geld in Wechselwirkung: Zur Relativität der Gottesrede. Paderborn.
Hansen, Reginald (1968): Der Methodenstreit in den Sozialwissenschaften zwischen Gustav Schmoller und Karl Menger – Seine wissenschaftshistorische und wissenschaftstheoretische Bedeutung. In: Alwin Diemer (Hrsg.): Beiträge zur Entwicklung der Wissenschaftstheorie im 19. Jahrhundert. Meisenheim am Glan, 137–173.
Herbert, Christopher (2001): Victorian Relativity: Radical Thought and Scientific Discovery. Chicago IL.
Husserl, Edmund (1900): Logische Untersuchungen, Bd. 1: Prolegomena zur reinen Logik. In: ders.: Gesammelte Werke, Bd. 18 (Husserliana). Hrsg. v. Elmar Holenstein. Den Haag 1975.
Klein, Peter D. (2011): Infinitism. In: Sven Bernecker/ Duncan Pritchard (Hrsg.): Routledge Companion to Epistemology. London, 245–256.
Kuhn, Thomas S. (1962): The Structure of Scientific Revolution. Cambridge MA.
Longino, Helen E. (2013): Studying Human Behavior: How Scientists Study Aggression & Sexuality. Chicago IL.
McDowell, John (1994): Mind and World. Cambridge MA.
Sankey, Howard (2010): Witchcraft, relativism and the problem of the criterion. In: Erkenntnis 72, 1–16.
Sosa, Ernest (1980): The Raft and the Pyramid: Coherence versus Foundations in the Theory of Knowledge. In: Midwest Studies in Philosophy 5, 3–26.
Spencer, Herbert (1867): First Principles. London.

Steizinger, Johannes (2015): In Defence of Epistemic Relativism: The Concept of Truth in Georg Simmel's Philosophy of Money. In: Christian Kanzian/ Josef Mitterer/ Katharina Neges (Hrsg.): Realism – Relativism – Constructivism. Kirchberg am Wechsel, 300–302.
Stich, Stephen P. (1990): The Fragmentation of Reason. Boston MA.
Vaihinger, Hans (1911): Die Philosophie des „Als ob". Berlin.
van Fraassen, Bas C. (2002): The Empirical Stance. New Haven CT.
Windelband, Wilhelm (1875): Die Erkenntnislehre unter dem völkerpsychologischen Gesichtspunkte. In: Zeitschrift für Völkerpsychologie und Sprachwissenschaft 8, 166–178.
Windelband, Wilhelm (1884): Präludien: Aufsätze und Reden zur Einleitung in die Philosophie. Freiburg i. Br.

Ralf Becker
Kapitel 5
Die neue Logik (1): von der Substanz zur Funktion [Kap. 2.I und 2.III]

Mit der *Philosophie des Geldes* will Simmel belegen, „daß sich von jedem Punkte der gleichgültigsten, unidealsten Oberfläche des Lebens ein Senkblei in seine letzten Tiefen werfen läßt, daß jede seiner Einzelheiten die Ganzheit seines Sinnes trägt und von ihr getragen wird" (719). Die Verknüpfung der Metapher eines tiefen Gewässers, das durch ein Senkblei auszuloten ist, mit der Kategorie von Teil und Ganzem ordnet den im Zentrum stehenden Begriff des *Lebens* für die weitere Untersuchung methodisch wie systematisch ein: *Methodisch* leitet Simmel die Idee eines „Wechselspiel[s] zwischen den materiellen und den ideellen Faktoren [. . .], in dem keiner der erste und keiner der letzte ist" (179). Dem historischen Materialismus soll auf diese Weise „ein Stockwerk" (13) untergebaut werden, das man sich aber wohl so vorstellen muss, dass es mit der darüber liegenden Etage durch einen Paternosteraufzug verbunden ist. Denn einerseits müssen wir das wirtschaftliche Leben „in die Ursachen der geistigen Kultur" einbeziehen, andererseits sollen „eben jene wirtschaftlichen Formen selbst als das Ergebnis tieferer Wertungen und Strömungen, psychologischer, ja, metaphysischer Voraussetzungen erkannt werden." (13) Für die Erkenntnispraxis entwickelt sich beides „in endloser Gegenseitigkeit" (13). Von der Geldwirtschaft als der „unidealsten Oberfläche" lässt Simmel also sein Senkblei in die Tiefe, bis es die „geistigen Grundlagen und die geistige Bedeutung des wirtschaftlichen Lebens" (719) erreicht.

Wenngleich terminologisch ähnlich, unterscheidet sich damit Simmels Modell materieller und ideeller Faktoren deutlich von Schelers Real- und Idealfaktoren (vgl. Scheler 1960 [1926], 18–23), da Scheler im Gegensatz zu dem lebensphilosophisch orientierten Simmel zwischen triebhaftem Leben und ohnmächtigem Geist eine ontologische Grenze zieht. „Sprache, Sitte, Recht, Religion" und die Wirtschaft (als Spezialfall des Tausches) sind für Simmel „Lebensformen" (88; vgl. ebd., 67), Metamorphosen des Lebens in Geistiges; später wird er dies die „Achsendrehung" (GSG 16, 245) des Lebens nennen. Sinnfällig wird die Verbindung von Materiellem und Ideellem, Äußerlichkeit und Innerlichkeit, Leben und Geist im *Symbol* als physischem Objekt, das einen geistigen Sinn trägt.

1 Die Holographie der Kultur: Geld als Symbol

Wenn man das oben beschriebene Teil-Ganzes-Verhältnis als ein Charakteristikum des Symbolischen auffasst – dass nämlich ein Einzelnes stellvertretend für ein Ganzes steht –, dann mündet die Geldphilosophie *systematisch* in eine Kulturtheorie: Das Geld als ein *Teil* der kulturellen Lebensform des ökonomischen Tauschs ist ein Symbol für die Kultur als *ganze* (vgl. Geßner 2002, 15 und Schlitte 2015, 151–153). Simmels kulturphilosophischer bzw. -soziologischer Ansatz lautet demnach, dass sich an jeder Einzelheit kulturellen und sozialen Lebens „die Ganzheit seines Sinnes" (12, 719) zeigt. Wie bei einem Hologramm lässt sich auch auf dem Feld der Kultur aus jedem Teil das ganze Bild erstellen. Anhand dieses anachronistischen Modells (Hologramme wurden erst nach dem Zweiten Weltkrieg entwickelt) könnte man von dem Versuch einer rekonstruktiven Holographie der Kultur sprechen: eine Betrachtung des Ganzen (Kultur) in einem seiner Teile (Geld) – erweitert freilich um die Dynamik geschichtlicher Prozesse. Es geht darum, „die Entwicklung des Geldes in eine tiefgelegene Kulturtendenz einzuordnen" (165). Es handelt sich dabei um Unterschiede der „Lebensrichtungen" (166) der Unmittelbarkeit und der Vermittlung. „Diese Unterschiede aber sind natürlich nicht starr; die innere Geschichte der Menschheit zeigt vielmehr ein fortwährendes Auf- und Absteigen zwischen ihnen; auf der einen Seite wächst die Symbolisierung der Realitäten, zugleich aber werden, als Gegenbewegung, stetig Symbole aufgelöst und auf ihr ursprüngliches Substrat reduziert." (166)

Das kulturelle Leben oszilliert „zwischen symbolischer und unmittelbar realistischer Behandlung" (167) von Interessen. „Das immer wirkungsvoller werdende Prinzip der Ersparnis an Kräften und Substanzen führt zu immer ausgedehnterem Verfahren mit Vertretungen und Symbolen" (171), die immer abstrakter werden und am Ende *bloße Symbole* sind. Als eine Denkmöglichkeit für die symbolische Operation mit reinen Stellvertretern, die Kräfte und Substanzen spart, führt Simmel den Ersatz des realen Krieges durch die bloße Kriegssimulation an, die „den physischen Kampf unnötig machen könnte" (168). Die Realität des Kalten Krieges in der zweiten Hälfte des 20. Jahrhunderts mit dem Einsatz von mathematischer Spieltheorie scheint Simmel *ex post* Recht zu geben.

Symbole verdichten (vgl. 168), kristallisieren (vgl. 209), verkörpern (vgl. 211) Leben. Das Geld verdichtet, kristallisiert und verkörpert die „Funktion des Ausgetauschtwerdens": Es ist „das Substanz gewordene bloße Verhältnis der Dinge zu einander, wie es in ihrer wirtschaftlichen Bewegung zum Ausdruck kommt" (211). Diese Bewegung ist der Tausch, der allerdings in der Geldwirtschaft niemals nur zwischen zwei Subjekten, einem Käufer und einem Verkäufer, stattfindet, sondern immer auch die Sicherungsinstanzen des Geldverkehrs selbst benötigt: die staatlichen Institutionen und das hinreichend kollektiv geteilte Vertrauen in die Wertstabilität des Geldes. In diesem Sinne ist „alles Geld nur eine Anweisung auf die Gesellschaft" (213), mit anderen Worten: Es ist die *soziale Tatsache* schlechthin, weil die Funktion des Geldes „überindividuell gesichert" (224) werden muss.

Simmels *kultursoziologisches* Erkenntnisinteresse gilt der Überindividualität und „Über-Subjektivität" (87) der Symbole, Werte und Lebensformen. Soziale Tatsachen sind weder bloß subjektiv gemacht (von welchem Subjekt?), noch bloß objektiv gegeben, sondern weisen Objekten oder Subjekten eine *Statusfunktion* zu, wodurch diese *als* etwas in einem sozialen Kontext gelten (vgl. Searle 2011, 49–60).

Simmels *kulturphilosophisches* Erkenntnisinteresse richtet sich auf die Logik der „Relationsbegriff[e]" (105), die historisch in der Neuzeit die antike und mittelalterliche Logik von Substanzbegriffen ablöst (vgl. 95) und zugleich sein eigenes „relativistisches Weltbild" (15) prägt: „Dies ist die philosophische Bedeutung des Geldes: daß es innerhalb der praktischen Welt die entschiedenste Sichtbarkeit, die deutlichste Wirklichkeit der Formel des allgemeinen Seins ist, nach der die Dinge ihren Sinn *aneinander* finden und die Gegenseitigkeit der Verhältnisse, in denen sie schweben, ihr Sein und Sosein ausmacht." (136) Anstelle von Relativismus sollte man freilich besser von Relationismus sprechen, da es primär um die Beziehungsförmigkeit der Dinge untereinander geht, nicht um ihre Bezogenheit auf den Standpunkt von Subjekten.

Geld ist ein „Sondergebilde" (137), auf das bloße Verhältnisse projiziert werden. Damit ist die *Idee* des Geldes bestimmt: Es vertritt nicht den Wert eines Dinges, sondern die Wert*relation* zwischen Dingen, und repräsentiert so „die Relativität der begehrten Dinge" (138). Geld macht das qualitativ Inkommensurable quantitativ kommensurabel durch Stiftung proportionaler Äquivalenz. Es ist „die reine Form der Tauschbarkeit" und verkörpert „die Funktion an den Dingen, durch die sie wirtschaftliche sind" (138). Aus dieser Idee ergibt sich das Ideal des reinen Funktionsstellvertreters, des bloßen Symbols. Gegenstand des zweiten Kapitels, *Der Substanzwert des Geldes*, ist die Frage, wie weit „die historische Verwirklichung des Geldes diese Idee seiner [selbst] darstellt, und ob es nicht in jener [historischen Verwirklichung] noch mit einem Teil seines Wesens nach einem anderen Zentrum gravitiert" (138; vgl. auch ebd., 122). Wie sich zeigen wird, nähert sich das Geld in seiner historischen Entwicklung zwar, zumindest bislang, der Idee reiner Relativität tendenziell immer mehr an, vermag der Gravitationswirkung seines Substanzwertes aber nicht zu entkommen.

2 Der Wert des Geldes: Substanz und Funktion

Geld misst sowohl das „Wertverhältnis der Güter untereinander" (125) als auch den Wert, den (anderes) Geld hat, so z. B. beim Zinsgeschäft oder bei Wechselkursen, die den Wert einer Währung an dem einer anderen ausdrücken. Diese „Doppelrolle des Geldes" (126) als Maß für den ökonomischen Wert von Gütern und als ökonomisches Gut wirft die Frage nach der Bedeutung seines Substanzwertes auf. Die substantialistische Geldwerttheorie argumentiert, ein Messmittel müsse „von derselben Art sein, wie der Gegenstand, den es mißt: ein Maß für Längen muß lang sein, ein Maß für Gewichte muß schwer sein [. . .]. Ein Maß für Werte muß deshalb auch wertvoll sein." (139) Simmel will dagegen die „logische Möglichkeit einer von allem Substanzwert unabhängigen Geldfunktion" (16; vgl. ebd., 142) erweisen. Dafür muss er das messtheoretische Argument entkräften und versucht dies durch die Widerlegung einer Prämisse des Arguments zu erreichen: Anders als ein Längenmaß misst Geld kein bloßes Quantum, sondern eine Proportion, eben Wert*verhältnisse*.

Simmel illustriert die Messung von Proportionen am Weber-Fechnerschen Gesetz der Psychophysik, demzufolge die Empfindung der Differenz einer intensiven Größe (z. B. von Helligkeit, Lautstärke oder Gewicht) in einem mathematisch bestimmbaren Verhältnis zum Anstieg der Reizintensität steht. Auch wenn physischer Reiz und psychische Sinnesempfindung als solche inkommensurabel sind, da jener eine extensive, diese eine intensive Größe ist, lässt sich, so zumindest die Behauptung der Psychophysik, doch die Relation der Differenzen feststellen: Je schwerer ein Objekt ist, desto größer muss die Gewichtsdifferenz sein, um als Größenänderung *wahrgenommen* werden zu können – beim Vergleich zweier Reisekoffer muss die absolute Differenz (z. B. 1 kg) größer sein als beim Vergleich zweier Käsestücke (bei denen vielleicht schon 10 g Unterschied bemerkt werden). Die Relation zwischen der wahrnehmbaren und der *realen* Größenänderung ist allerdings über die absoluten Gewichtsdifferenzen hinweg in einem Kontinuum darstellbar. Gemäß der Fechnerschen Umformung des Weberschen Gesetzes besteht zwischen intensiver und extensiver Größe ein logarithmisches Verhältnis, so dass dem exponentiellen Anstieg der Reizstärke ein lineares Wachstum der Empfindungsstärke korrespondiert. Dass es zwar ein allgemein akzeptiertes und relativ leicht zu ermittelndes Maß für die Lichtstärke (Candela), nicht jedoch für die subjektive Empfindungsstärke gibt, ist erst einmal sekundär (zur Kritik an der Psychophysik und zugleich an Simmels Argumentation vgl. Freudenthal 2002). Für Simmels Argument genügt vorerst der Hinweis, dass der messtheoretische Einwand der substantialistischen Geldwerttheorie allein dort gilt, wo „das Messen nur durch *unmittelbare* Gleichung zwischen zwei Quanten geschehen kann [. . .]. Wo aber eine Änderung, eine

Differenz oder das Verhältnis je zweier Quanten gemessen werden soll, da genügt es, daß die *Proportionen* der messenden Substanzen sich in denen der gemessenen spiegeln. [...] Es lassen sich also nicht zwei *Dinge* gleich setzen, die qualitativ verschieden sind, wohl aber zwei *Proportionen* zwischen je zwei qualitativ verschiedenen Dingen." (141)

Diese Prämisse fungiert als Obersatz in Simmels Argument. Sie offeriert die logische Möglichkeit einer Geldfunktion ohne Eigenwert der Geldsubstanz. Der Untersatz ist das Postulat, dass Geld der Fall einer proportionalen Wertmessung ist, die Simmel in der folgenden Formel ausdrückt: „Wenn sich die Ware *n* zu der Summe *A* aller verkäuflichen Waren verhält, wie *a* Geldeinheiten zu der Summe *B* aller vorhandenen Geldeinheiten: so ist der ökonomische Wert von *n* ausgedrückt durch a/B." (144) Noch etwas genauer fasst Simmel das Verhältnis der Ware zu ihrem Preis durch das Verhältnis aller „momentan ökonomisch wirksamen Waren zu allem momentan wirksamen Geld" (144).

Der Geldpreis misst daher nicht den absoluten ökonomischen Wert eines Gutes, sondern resultiert aus der doppelten Verhältnisbestimmung zwischen dem Anteil der Ware am wirksamen Gesamtwarenvorrat sowie zwischen diesem Verhältnis seinerseits zum verfügbaren Gesamtgeldvorrat. Simmel bemerkt, dass „zwischen der Totalität des Geldes und der der Waren, als Nenner jener wertausdrückenden Brüche" eine „Unverhältnismäßigkeit" besteht, da „der Geldvorrat als ganzer sich viel schneller umsetzt als der Warenvorrat als ganzer" (149). Gleichheit gewinnt der „Geldbruch" „mit dem Warenbruch dadurch [...], daß sein Nenner nicht das substanziell vorhandene Geldquantum, sondern ein durch die Zahl der Umsätze in einer gewissen Periode zu bestimmendes Vielfaches desselben enthält" (151). Meine Bereitschaft, einen bestimmten Geldbetrag für ein Gut auszugeben, hängt zum einen von dem Anteil ab, den dieses Gut an der Gesamtheit der für mich relevanten Güter besitzt und zum anderen von der mir zur Verfügung stehenden Geldmenge. „Die Angemessenheit des Preises bedeutet also nur, daß ich – als Durchschnittswesen – nachdem ich ihn bezahlt habe, noch so viel übrig behalten muß, um die übrigen gleichfalls begehrten Dinge zu kaufen." (155) Im Wechselspiel zwischen Käufer und Verkäufer bzw., makroökonomisch, Angebot und Nachfrage bildet sich durch Summierung solch individueller Abwägungen der Preis.

Die Preisbildung ist *idealiter* die Optimierung der Differenz zwischen Warenpreis und verfügbarem Gesamtgeldquantum im Hinblick auf den Anteil eines Guts am wirksamen Gesamtgüterquantum. Der resultierende Geldpreis für das fragliche Gut misst also direkt überhaupt kein Quantum, sondern eine Proportion zwischen qualitativ unterschiedlichen Quantitäten. Freilich stellt sich die Frage, in welchen quantitativen Einheiten der Warenquotient in Simmels Formel gemessen wird. Auf dieses Problem weist bereits Flotow hin: „Der relative Wert der Ware ist schon bestimmt, bevor (!) dieser durch das Geld dargestellt wird. Der Bruch Ware zu Gesamtwarenquantum muß, damit er in Geld darstellbar ist, ja irgendwie feststellbar sein." (Flotow 1995, 69) Für die oben zitierte Prüfung der Angemessenheit eines Warenpreises „muß also die Ware-Warenmenge-Proportion ohne Rückbezug auf das Geld meßbar sein." (Flotow 1996, 69; vgl. dazu Freudenthal 2002, 266) Die Leerstelle offenbart auch die Formulierung, der ökonomische Wert von n werde ausgedrückt durch a (Geldeinheit für n/B (Gesamtgeldquantum); vgl. 144). In dieser Darstellung fehlt das wirksame Gesamtwarenquantum A, auf das a/B bezogen werden müsste. Aber in welcher Maßeinheit? Diese Frage lässt Simmel offen. Es kann sich nicht um bloße Stückzahlen handeln, da es, *individualwirtschaftlich* gedacht, um die *Gewichtung* der Ware n gegenüber dem *Bedarf* an A geht – letztlich also Bedürfnisse an Gütern und nicht diese selbst gegeneinander aufgerechnet werden. Nun stellt sich die bereits in Bezug auf die Psychophysik aufgeworfene Frage erneut: Dort ging es um die Messbarkeit der linearen Zunahme der Empfindungsstärke, die als solche eine intensive und damit eben nicht unmittelbar messbare Größe ist, hier geht es um die Messbarkeit von Bedürfnissen. Wenn Geld tatsächlich eine „Rechenmarke" ist, „die Werte vertritt, ohne ihnen wesensgleich zu sein" (139), dann resultiert der ökonomische Warenwert nicht einfach aus dem Geldpreis (a/B), sondern muss als *repraesentandum* bereits vor der Bepreisung eine messbare Proportion (n/A) sein. Das Problem besteht nicht in der qualitativen Heterogenität von Geld und Gut (dies ist ja gerade die Pointe von Simmels Argumentation), sondern in der Frage, was „quantitative Modifikation" (148) auf Seiten der Waren bedeutet. Simmels Analogie zur Dicke des Eisenrohrs im Verhältnis zur Wasserkraft (vgl. 148) hebt die Schwierigkeit nur hervor, statt sie zu beseitigen: Denn Rohrdurchmesser und Wasserdruck sind jeweils quantitative Größen (mit unterschiedlichen Maßeinheiten), die sich ins Verhältnis setzen lassen (eine Halbierung des Durchmessers führt zu einer Verdopplung des Drucks oder dergleichen). Es genügt also keineswegs, festzustellen, dass Waren und Geld „für das Leben des Menschen eine gewisse Rolle innerhalb seines praktischen Zwecksystems spielen, damit die quantitative Modifikation des einen den Index für die des anderen abgäbe" (148). Simmel müsste auch angeben, *wie* jeweils quantitativ modifiziert wird.

Im praktischen Leben bleiben die Nenner A und B der Wertgleichung, also die Gesamtquanta an Waren und Geld, „unbewußt", weil sie „ganz selbstverständlich sind" und „ihre Wandlungen nicht leicht in unsere Wahrnehmung treten"; „was uns im einzelnen Falle interessiert, sind ausschließlich die Zähler n und a" (145). Diese alltägliche Vorbewusstheit findet ihr Echo noch in der theoretischen Naivität der substantialistischen Geldwerttheorie, die eine Äquivalenz zwischen den Zählern Geldpreis und Warenwert stipuliert und übersieht, dass es sich in Wahrheit um eine *Äquivalenz von Brüchen* handelt. Darin spiegelt sich ein Abblendungszusammenhang, der individuelle Differenzen auf- und Generalnenner abblendet. Simmel verdeutlicht diesen Umstand am Familienleben (der europäischen Moderne), in dem sich „die Verhältnisse der Mitglieder untereinander bewußterweise auf der Erfahrung derjenigen persönlichen Qualitäten auf[bauen], durch welche sich jeder allen anderen gegenüber unterscheidet, während der allgemeine Familiencharakter gar kein Gegenstand besonderer Beachtung für die an ihm Teilhabenden zu sein pflegt, so wenig, daß oft nur Fernstehende denselben überhaupt zu beschreiben vermögen" (146). In dieser Analyse steckt zugleich eine Kritik an der Nationalökonomie: Nur aus der Distanz des ‚Fernstehenden', die die Philosophie einnimmt, offenbart das Geld seinen allgemeinen Charakter, werden die Nenner der Brüche sichtbar, zeigt sich schließlich, dass für die Funktion des Geldes, Werte zu messen, ein Eigenwert der Geldsubstanz keine notwendige Bedingung ist.

Simmels Widerlegung des messtheoretischen Arguments demonstriert, sofern es sticht, lediglich die *logische* Möglichkeit eines Funktionswertes ohne Substanzwert (vgl. 155, 158). Ob es sich beim Geld auch *wirklich* so verhält, muss die historische Rekonstruktion klären. Ein Indiz, das Simmels These empirisch stützt, liefern die Herstellungskosten unseres modernen Papiergeldes. Ein Papierschein mit dem Tauschwert von 200 Euro hat einen Materialwert (inkl. Produktion) von wenigen Eurocent. Nur beim 1-Eurocent-Stück fallen Materialwert und Tauschwert zusammen. Da Münzen in der Produktion verhältnismäßig teuer sind, steht ihre Reduktion im Geldverkehr immer wieder zur Diskussion. Zur bloßen Rechenmarke scheint das Geld im Zinsgeschäft zu werden, in dem das Geld selbst zur Ware wird. Der Zinssatz bemisst sich nicht einfach an der Höhe des Kredits, sondern an einem komplizierten Zusammenspiel ökonomischer Faktoren, so dass in einem entsprechenden Umfeld sogar negative Zinssätze möglich werden und der Gläubiger dem Schuldner Zinsen zahlen muss. Die Empirie scheint also für die Verwirklichung jener Denkmöglichkeit zu sprechen. Und doch wird Simmel zeigen, dass Geld ohne *jeden* Substanzwert eine bloße Idee bleiben muss, der sich die Geldwirtschaft annähert, ohne sie jemals zu realisieren.

Unabhängig von möglichen substantiellen Restbeständen hält Simmel die Leistung, ein „Maßverhältnis zwischen zwei Größen nicht mehr durch unmittelbares Aneinanderhalten herzustellen, sondern daraufhin, daß jede derselben zu je einer anderen Größe ein Verhältnis hat und diese beiden *Verhältnisse* einander gleich oder ungleich sind", für einen „der größten Fortschritte, die die Menschheit je gemacht hat, die Entdeckung einer neuen Welt aus dem Material der alten" (162). Ein einfaches physikalisches Beispiel soll diese Leistung noch einmal deutlich machen: Zwei Bewegungen können unterschiedliche Geschwindigkeiten, aber dieselbe Beschleunigung haben. Die Beschleunigung ist eine dritte

Größe (Geschwindigkeitsänderung/Zeiteinheit), auf die hin zwei Verhältnisse (jeweils Strecke/Zeitspanne) miteinander verglichen werden. Anschaulich gegeben sind nur zwei sich bewegende Objekte – bereits ihre Geschwindigkeit ist die begriffliche Abstraktion einer Relation, ihre Beschleunigung damit ein Relationsbegriff zweiter Ordnung, mathematisch ausgedrückt: die zweite Ableitung der Wegfunktion. Da Relationen als solche keine Wahrnehmungsgegenstände sind, verlangen sie, um *gehandelt* werden zu können, eine symbolische Repräsentation. Münzen, Papierscheine oder Ziffern auf dem Computerbildschirm symbolisieren jenes Dritte, woraufhin Güterverhältnisse in einer Reihe von Transaktionen gemessen werden.

Die „Doppelnatur des Geldes" als Substanz und Funktion „gründet sich darauf, daß es nur in der Hypostasierung, gleichsam in der Fleischwerdung einer reinen Funktion, des Tausches unter Menschen, besteht" (212). Diese Fleischwerdung ist eine echte Transsubstantiation: Der Materialwert (z. B. von Gold) wird zum bloßen Symbolwert der Funktion, den ökonomischen Wert einer Ware durch ihr Verhältnis zu anderen Waren zu messen. Streng genommen ist der Materialwert immer schon ein Funktionswert, da Gold beispielsweise nur einen Wert besitzt in seiner Funktion als Schmuck, Stoff für rituelle Gegenstände usw. Seine Substanz ist, „wie die aller praktischen Dinge, [. . .] uns rein als solche und abgesehen von dem, was sie leistet, das gleichgültigste von der Welt" (199; vgl. bereits GSG 3, 227). In der Kultur sind also letztlich alle Substanzwerte eigentlich Funktionswerte, mithin Kulturobjekte Symbole für die Leistungen, die sie in einer Praxis erbringen.

3 Die Grenzen der Funktionalisierung: das *reine* Symbol als Limesidee

Die Geschichte des Geldes lässt sich als eine der steigenden Funktionalisierung erzählen: In seinen Anfängen hat Geld durch seine Nähe zu den getauschten Objekten noch einen hohen Substanzwert, der zunehmend in den Hintergrund tritt. Das Geld strebt so auf einen Punkt zu, „wo es, zum reinen Symbol geworden, ganz in seinem Tausch- und Meßwzeck aufginge" (251) „und gegen seinen Eigenwert gleichgültig wird" (172). Bevor er diesen Prozess in Kap. 2., Abschnitt III. rekonstruiert, weist Simmel darauf hin, dass mit der Tendenz zur Freistellung der monetären Symbolfunktion „nur eine *Richtung der Entwicklung* bestimmt" (173) sei. Nachdem er in Kap. 2., Abschnitt I. die logische Möglichkeit der Geldfunktion ohne Eigenwert nachgewiesen hat, verwahrt er sich in Kap. 2., Abschnitt II. gegen das „Dogma von seinem Nichtwert" (173). Keineswegs wurde bewiesen, „daß das Geld prinzipiell kein Wert derselben Art wie [alle anderen Werte] sein *kann*. Es wurde damit, wie so oft, in der Form der Erstarrung und Vorwegnahme festgelegt, was sich nur in unendlicher Annäherung vollziehen kann." (173) Simmel will nun vielmehr zeigen, daß der Weg zur „Auflösung des Geldes in einen bloß symbolischen Träger seiner reinen Funktion" (235) unendlich ist, derjenige, der ihn geht, also nie zum Ziel kommt. Mit Husserl könnte man das reine Symbol daher als „Limesidee" oder „Limesgestalt" (Husserl 1954, 26) bezeichnen. Simmel nennt es selbst ein „Ideal, dem die Entwicklung des Geldes zustrebt, ohne ihn" – gemeint ist der „Charakter des reinen Symbols der ökonomischen Werte" (181) – „je völlig zu erreichen" (182).

Die Gründe, warum Geld „einen Rest von substantiellem Werte nicht abstreifen" kann, folgen nicht aus seinem Wesen, sondern aus „gewisse[n] Unvollkommenheiten der ökonomischen Technik" (182). Der *erste* ‚technische', eigentlich psychologische Grund ist, dass die Nenner der Wertgleichung (A und B) „nur praktisch, aber nicht bewußt wirksam sind, da nicht sie, sondern nur die wechselnden Zähler von realem, den wirklichen Verkehr bestimmendem Interesse sind" (182; vgl. ebd., 145). Da die beiden Divisoren nicht Eingang in den bewussten Tauschvorgang nehmen, kann der „instinktiv gewonnene Überschlag, in dem sie wirken, [. . .] immer nur ein sehr ungenauer sein" (182). Deshalb, so Simmels Analyse, ist das „Stückchen eigenen, materialen Wertes, das im Geld steckt, [. . .] der Halt und die Ergänzung, deren wir bedürfen, weil unsere Erkenntnis zu der genauen Bestimmung jener Proportion nicht ausreicht" (182). Die praktischen Syllogismen unseres Wirtschaftslebens sind Enthymeme, wir verkürzen die Gleichung von Proportionen auf die Gleichung von Warenwert und Geldpreis. Würden wir tatsächlich in reinen Relationen nicht nur denken, sondern nach ihnen auch handeln können, dann hätten wir an den Funktionswerten ein Genügen. So wird der Substanzwert, gewissermaßen antizyklisch, zum Stellvertreter des Funktionswerts. Betrachtet man allerdings gut hundert Jahre später die Debatten über die Abschaffung des Bargeldes oder auch nur den kontinuierlich sinkenden Anteil des Bargeldes an der Gesamtgeldwirtschaft, scheint dieses Hindernis stetig niedriger zu werden.

Den *zweiten* Grund für den Limescharakter des reinen Zeichengeldes sieht Simmel in der Notwendigkeit, die Geldfunktion gegen willkürliche Proliferation des Gesamtgeldquantums durch Staaten abzusichern. Im Gegensatz zu den begrenzten Edelmetallvorkommen lässt sich die Menge von Papiergeld nahezu beliebig steigern – was nicht in derselben Weise mit dem Gesamtgüterquantum möglich ist. Daher entgeht Papiergeld „der Gefahr des Mißbrauchs durch willkürliche Vermehrung nur durch ganz bestimmte Bindungen an Metallwert [. . .], die entweder durch Gesetz oder durch die Wirtschaft selbst fixiert sind" (186). Simmel denkt an den in jener Zeit weit verbreiteten Goldstandard, der den Wert des ausgegebenen Papiergeldes durch Goldreserven garantiert. Nach dem Ende des Systems von Bretton Woods und der Aufhebung der Goldbindung von Währungen Anfang der 1970er Jahre leben wir heute in einer Welt, die den Geldwert in einem System freier Wechselkurse durch (zumindest in der westlichen Welt) unabhängige Zentralbanken stabilisiert. Es sieht daher so aus, als ob es die ökonomische Technik auch hier geschafft hätte, den Abstand zum Limes des reinen Zeichengeldes weiter zu verringern. Diese Entwicklung darf freilich nicht darüber hinwegtäuschen, dass gerade seit der Finanzkrise 2008 einige Ökonomen vor einer gefährlichen Vermehrung von Geldmengen warnen.

Aufgrund seiner Überlegungen kommt Simmel zu dem Schluss, „daß die allmähliche Auflösung des Substanzwertes des Geldes niemals ihren Endpunkt völlig erreichen kann" (188), weil „der Übergang der Geldfunktion an ein reines Zeichengeld" „technisch untunlich" (193) ist. Das Technische steht hier für das menschlich Mögliche. Geld als reines Symbol ist denkmöglich, aber für Menschen nicht machbar. Simmel sieht darin einen allgemeinen Wesenszusammenhang, der sich auf jedem Kulturgebiet wiederfindet (dies ist ein Fall der eingangs skizzierten rekonstruktiven Kulturholographie): Approximationsprozesse neigen dazu, am Scheitelpunkt in ihr Gegenteil umzuschlagen. Ganz lapidar führt Simmel dafür ein existentielles Beispiel an: „Ich erinnere an die Liebe, die durch den Wunsch nach innigster und dauernder Vereinigung ihren Inhalt und ihre Färbung erhält, um nur allzu oft, wenn jene erreicht ist, dieses beides zu verlieren" (194). Ähnliches lasse sich auch für das Glücksstreben, politische Ideale und die Kunst zeigen. „Näher kann man diesen Entwicklungstyp so beschreiben. Die zweckmäßige Wirksamkeit bestimmter, vielleicht aller Elemente des Lebens ist davon abhängig, daß neben ihnen entgegengesetzt gerichtete bestehen." (195) Bestünde nicht eine Inflation in der Verwendung des Ausdrucks, könnte man diesen Entwicklungstyp dialektisch nennen. Die Irreduzibilität des Substanzwertes auf den Funktionswert entspräche dann der Dialektik des Geldes.

Zum Schluss steigt Simmel von der Sphäre des Handelns in die der Erkenntnis auf und bemerkt hier dieselbe Dialektik: Entfernen wir uns in der Bildung allgemeiner Begriffe von der konkreten Wirklichkeit, so holt diese jene doch stets wieder ein. „Unser Intellekt kann nun einmal das Maß der Realität nur als Einschränkung reiner Begriffe ergreifen und begreifen, die sich, wie sie auch von der Wirklichkeit abweichen, durch den Dienst legitimieren, den sie der Deutung [von] dieser leisten." (198) Sinnfällig wird die Unhintergehbarkeit der Substanz übrigens wiederum – im *Symbol*. Denn Symbole sind beides zugleich: Stellvertreter für Funktionen und materielle, wahrnehmbare Zeichen. Die steigende Bedeutung reiner Funktionalität kann niemals zur völligen Freistellung von allem Substantiellen führen – da sich dann auch die Funktion verflüchtigen würde. Selbst der reine Funktionswert muss einen Träger haben; „aber das Entscheidende ist, daß

[. . .] der Träger das ganz Sekundäre ist, auf dessen an sich seiende Beschaffenheit es nur noch aus technischen, jenseits des Wertempfindens liegenden Gründen ankommt" (253). Daher sind es ökonomisch-technische und keine logischen Gründe, die Simmel für den Limescharakter reinen Zeichengeldes vorbringt.

4 Die Geschichte des Geldes: von der Substanz zur Funktion

Die in Kap. 2, Abschnitt II. auferlegte Einschränkung „ein für allemal vorbehalten", dass es sich bei der Entwicklung vom Substanzwert zum Funktionswert „um einen nicht zu vollendenden Weg handelt" (199), rekonstruiert Simmel in Kap. 2, Abschnitt III. die „historische Verdrängung der Substanzbedeutung des Geldes durch seine Funktionsbedeutung" (GSG 5, 479). Dieser Abschnitt wurde, bis auf geringfügige Veränderungen vor allem an Einstieg und Abschluss, bereits vorab im *Jahrbuch für Gesetzgebung, Verwaltung und Rechtspflege des Deutschen Reiches* (N.F. 1899) veröffentlicht (nun in: GSG 5, 479–528). Dies unterstreicht seine innere sachliche Geschlossenheit. Simmels Hauptargument lautet hier: Auch wenn ein eigener Substanzwert keine notwendige *logische* Bedingung für die Geldfunktion ist, so liefert er doch die nötige *psychologische* Grundlage, damit das Geld *historisch* seine Funktion erfüllen konnte. Am Anfang „muß es jedenfalls ein Wert gewesen sein, der unmittelbar als solcher empfunden wurde" (156). „Weder als Tauschmittel noch als Wertmesser hätte es entstehen können, wenn es nicht *seinem Stoff nach* als unmittelbar wertvoll empfunden worden wäre." (157)

Simmel ist davon überzeugt, dass sich Geld „nur aus vorher bestehenden Werten entwickelt haben kann", indem die Geldqualität an einem bestimmten Tauschobjekt eigens hervorgetreten ist und dieses Objekt in der Folge „die Funktion des Geldes zunächst noch sozusagen in Personalunion mit seiner bisherigen Wertbedeutung ausgeübt hat" (121 f.). Vor der Geldwirtschaft steht der reine Naturaltausch, bei dem ein Objekt gegen ein anderes getauscht wird. Die Richtung zum Geld schlägt der Naturaltausch erst dann ein, wenn man nicht mehr gemäß dieser 1:1-Relation, sondern *ein* Objekt „gegen eine Mehrheit anderer" (134) Objekte tauscht. Erst wenn Objekte auf einen „Generalnenner" reduziert werden, „als dessen gleiche Vielfache jene erst zu berechnen wären" (134), gewinnt das in Vielfachen gehandelte Wertobjekt eine Geldfunktion. Mögen es anfangs noch Gegenstände mit einem Gebrauchswert sein (Simmels Beispiele sind Einheiten von Hammeln, Balken und Getränken), so ist der Schritt zum eigentlichen Geld dort vollzogen, wo der Gebrauchswert hinter den Tauschwert zurücktritt und allenfalls noch eine symbolische Bedeutung hat, wie dies beim *Kaurigeld* der

Fall ist. Die Maßeinheit für den Tauschwert von Handelsobjekten bildet hier die Kaurischnecke – gemessen wird in Mengen oder in Längen schnurweise aufgereihter Mollusken (vgl. 159). Streng genommen erschafft erst die Geldwirtschaft den Tauschwert als solchen (vgl. Flotow 1995, 125).

Die entscheidende Station in der Entwicklung des Geldes ist jedoch die Erfindung des metallischen *Münzgeldes*. Gold und Silber halten als *Schmuckgeld* die Mitte zwischen dem *Konsumtivgeld* der in Vielfachen gemessenen Güter und abstrakten Geldarten wie dem Kaurigeld. Das Schmuckgeld ist „offenbar der Träger, der das Geld zugleich am leichtesten und am festesten zu seiner Symbolwerdung leitet" (170). Mit den Edelmetallmünzen ist der historische „Wendepunkt" zum Symbolgeld erreicht, weil die Münze einerseits noch einen Materialwert (Substanzwert) besitzt, andererseits „durch die Prägung auch schon Symbol" (Flotow 1995, 134) ist. Die Prägung steht nicht nur für einen Nominalwert, sondern auch für eine doppelte Verbindlichkeit, der beim Einzelnen ein zweifaches Vertrauen in soziale Institutionen entspricht: das Vertrauen „zu der emittierenden Regierung", die für den Materialwert garantiert, und das „Vertrauen zu dem Wirtschaftskreise, daß er uns das fortgegebene Wertquantum für den dafür erhaltenen Interimswert, die Münze, ohne Schaden wieder ersetzen werde" (215) und damit den Tauschwert stabilisiert. Mit anderen Worten: Die Prägung fungiert als Kreditiv für Echtheit und Stabilität des Geldwertes. Simmel vergleicht diesen „doppelten Glaube[n]" (215) mit dem religiösen Glauben an einen Gott, hier ist es der Glaube an die anderen Menschen – seien es staatliche Repräsentanten oder Wirtschaftssubjekte. Daher ist „auch das Metallgeld ein Versprechen" (214) und in diesem Sinne jedes Geld „eigentlich Kreditgeld" (215).

Der nötige Vertrauensvorschuss wächst naturgemäß beim *Papiergeld*, dessen Nominalwert nicht durch einen Materialwert gedeckt ist. Zur Erfindung der Geldscheine, die anfangs noch aus einem werthaltigeren Material wie Leder gefertigt sind, kommt es dann, wenn die Transaktionen in einem Wirtschaftssystem einen solchen Umfang annehmen, dass „auch die gesteigerte Edelmetallproduktion nicht ausreichen würde, alle Umsätze in bar zu begleichen" (159). Gerade globale Handelsbeziehungen motivieren „Giroverkehr einerseits" und „internationale[n] Wechselversand andrerseits" (159). Die Entwicklung des Geldes vom Münzgeld zum Papier- und schließlich zum beinahe immateriellen *Giralgeld* drängt den Substanzwert immer mehr in den Hintergrund und lässt den Funktionswert immer reiner hervortreten: „Zu je ausgedehnteren und mannigfaltigeren Diensten das Geld berufen ist und je schneller das einzelne Quantum zirkuliert, desto mehr muß sein Funktionswert über seinen Substanzwert hinauswachsen." (158) An die „Stelle der Vermehrung der Geldsubstanz, die durch die Steigerung des Umsatzes erfordert scheint, [tritt] immer mehr die Vermehrung seiner Umlaufsgeschwindigkeit" (240). Die schnellere Zirkulation bewirkt, dass die psychologische Bedeutung des einzelnen Geldquantums ab-, die von Geld überhaupt dagegen zunimmt. Simmel erkennt darin den „sehr weit erstreckten Typus: daß der Wert eines Ganzen sich in demselben Verhältnis hebt, in dem der seiner individuellen Teile sinkt" (247). Das Geld steht erneut für einen allgemeinen Wesenszug der Kultur.

Im modernen Zahlungsverkehr übersteigt die Menge des Buchgeldes die des Bargeldes um ein Vielfaches. Emblematisch in der jüngeren Geschichte ist die Zusicherung, die die deutsche Bundeskanzlerin und ihr Finanzminister im Oktober 2008 für Spareinlagen gegeben haben. Auf dem Höhepunkt der Finanzkrise musste unbedingt verhindert werden, dass Sparerinnen und Sparer ihre Bankguthaben abheben. Eine solche Menge an Bargeld wäre gar nicht verfügbar gewesen (und wäre es heute ebenso wenig). Diese Episode ist zugleich ein Beleg für Simmels These, dass die Substitution des Substanzwertes durch den Funktionswert mit einer Zentralisierung „der Organe und Potenzen, die die Geldwerte garantieren" (223), einhergeht. Die Bundesregierung setzte in jenem heißen Herbst 2008 auf das „allgemeine Zutrauen in die Zahlungsfähigkeit des Staates" (223) – die bei einem Geldvermögen aller privaten Haushalte von mehreren Billionen Euro freilich nicht bestanden hätte. Der Auftritt vor TV-Kameras an einem Sonntag war ein rein symbolischer Akt, der den *bank run* verhindern sollte. 2012 stabilisierte der Präsident der Europäischen Zentralbank (EZB) den Wert des Euro ebenfalls mit „magischen Worten" (F.A.Z. vom 25. Juli 2014): Die EZB werde alles tun, „whatever it takes", um den Euro zu erhalten. Er fügte noch den Satz hinzu: „Und glauben Sie mir, es wird genug sein." Die Finanzmärkte reagierten in der erwünschten Weise – allein aufgrund eines Versprechens, das tatsächlich wie ein magischer Zauberspruch durch den bloßen Vollzug des Sprechaktes die angekündigte Wirkung erzielte.

Die weitere Geschichte des Geldes über Simmels Lebzeiten hinaus bis zu digitalen Zahlungsmitteln (elektronisches Geld, Kryptowährungen usw.) schreibt die skizzierte Entwicklung von Substanz- zu Funktionswerten fort. In der annähernden Immaterialität bloßer Ziffern auf Displays tritt anschaulich zutage, dass „Geld nicht sowohl eine Funktion hat, als eine Funktion ist" (201). Vielleicht nirgendwo deutlicher wird dies bei so genanntem Kryptogeld (z. B. Bitcoin), das durch Lösung von Rechenaufgaben geschöpft („geschürft") wird. Die Geldsubstanz ist hier selbst eine mathematische Funktion. Kann Geld anfangs seine Funktion nur ausüben, weil es ein Wert ist, wird es mit jeder weiteren Stufe der Entsubstantialisierung ein „Wert, weil es sie übt" (249). „Den Wert des Geldes", schließt Simmel seine historische Rekonstruktion ab, „in seinen Substanzwert setzen, heißt den Wert der Lokomotive in den ihres Eisengewichts, etwa noch um den darin steckenden Arbeitslohn erhöht, setzen." (249) Nicht *was* das Geld ist, sondern *wozu* es ist, „verleiht ihm seinen Wert" (251). Die Preisgabe des Substanzwertes wird durch den Freiheitsgewinn aus dem bloßen Funktionswert des Geldes mehr als aufgehoben. Der Gewinn übersteigt den Verlust beträchtlich.

5 Die Rationalisierung des Lebens: „die Welt als ein großes Rechenexempel"

Die Geschichte des Geldes ist Teil einer „allgemeinen Entwicklung [. . .], die auf jedem Gebiet [des Lebens] und in jedem Sinn das Substanzielle in freischwebende Prozesse aufzulösen strebt" (199). An dieser Stelle scheint es angebracht, auf das Programm einer rekonstruktiven Holographie der Kultur zurückzukommen. Das Geld ist sowohl Symptom als auch Katalysator einer allgemeinen kulturellen Drift von Substanz- zu Funktionsbegriffen. Simmel beschreibt diesen Prozess als den einer „steigende[n] Vergeistigung" (246) bzw. als „eine prinzipielle Wendung der Kultur zur Intellektualität." (171) Dass das westlich-neuzeitliche Leben „im wesentlichen auf den Intellekt gestellt ist und dieser als die praktisch wertvollste unter unseren psychischen Ideen gilt – das pflegt [. . .] mit dem Durchdringen der Geldwirtschaft Hand in Hand zu gehen." (171) Symbole, die „immer mehr die unmittelbaren Greifbarkeiten von Dingen und Werten für die Praxis ersetzen", steigern „die Bedeutung des Intellekts für die Lebensführung außerordentlich" (170).

Damit ist die Rechenmarke Geld ein *Symptom* für das Ideal, „alle qualitativen Bestimmtheiten der Wirklichkeit in rein quantitative aufzulösen" (168 f.). Ein technisches Beispiel für die symbolische Quantifizierung ist die Wärmemessung durch Thermometer nach einer graduellen Skala. An die Stelle der scheinbar ungenauen qualitativen Empfindungen von warm und kalt tritt die scheinbar präzise Angabe von Zahlwerten. „Diese Ermöglichung von Symbolen durch die psychologische Heraussonderung des Quantitativen aus den Dingen [. . .] ist eine Geistestat von außerordentlichen Folgen. Auch die Möglichkeit des Geldes geht auf sie zurück" (169). Die monetäre Symbolisierung der Wirklichkeit steht paradigmatisch für eine immer umfassendere Rationalisierung des Lebens durch Zählen, Messen und Berechnen. *Messen ist Wissen* lautet die Parole dieses Denk- und Lebensstils.

Das Geld ist jedoch nicht bloßer Ausdruck des „messende[n], wägende[n], rechnerisch exakte[n] Wesen[s] der Neuzeit" (613). Die Geldwirtschaft beschleunigt auch *katalysatorisch* die Auflösung von Substanzen in Funktionen. Sie „bewirkt von sich aus die Notwendigkeit fortwährender mathematischer Operationen im täglichen Verkehr. Das Leben vieler Menschen wird von solchem Bestimmen, Abwägen, Rechnen, Reduzieren qualitativer Werte auf quantitative ausgefüllt." (614) Der „Überbau der Geldrelationen über der qualitativen Wirklichkeit" bestimmt „das innere Bild derselben nach *seinen* Formen" (615). Das Geld ist mithin selbst ein Faktor, der den Drang des neuzeitlichen Menschen nach „Präzision", „Sicherheit" und „Unzweideutigkeit" in ähnlicher Weise befördert wie die „Verbreitung der Taschenuhren" (615). Die symbolisch, ob auf Geldschein oder Ziffernblatt, abstrahierte Quantität strahlt „auf die Dinge" zurück, wodurch die „rechnende Intellektualität" (615) zu weiteren Abstraktionen getrieben wird, die die qualitative Seite der Wirklichkeit fortschreitend aus dem Blick drängen. Materielle (ökonomische, technische) und ideelle (geistige) Faktoren schrauben die „Rationalistik" (612) spiralförmig in immer abstraktere Sphären. Die Wechselwirkung zwischen der ökonomischen und der geistigen Dimension, die Simmel gegen das marxistische Basis-Überbau-Modell in Stellung bringt, zeigt sich an der Geldwirtschaft darin, dass diese „nur möglich ist aufgrund spezifischer geistiger Bedingungen, deren Zustandekommen aber wiederum Resultat der geldwirtschaftlichen Entwicklung ist" (Flotow 1995, 126). Die heute verbreitete Rede von einer Ökonomisierung aller Lebensbereiche ist daher einseitig, genauso gut könnte man, mit Simmel, von einer Vergeistigung des Ökonomischen sprechen. Beide Prozesse, die Ökonomisierung und die Vergeistigung, wirken zusammen an einer Entsubstantialisierung und Funktionalisierung des Wirklichen.

Aus der Analyse des Geldwesens gewinnt Simmel ein „Stilbild der Gegenwart": „Die geistigen Funktionen, mit deren Hilfe sich die Neuzeit der Welt gegenüber abfindet und ihre inneren – individuellen und sozialen – Beziehungen regelt, kann man großenteils als *rechnende* bezeichnen. Ihr Erkenntnisideal ist, die Welt als ein großes Rechenexempel zu begreifen, die Vorgänge und qualitativen Bestimmtheiten der Dinge in einem System von Zahlen aufzufangen" (612). Von diesem *Intellektualismus* zeugt auch und gerade die „rechnerisch-exakte Naturdeutung" (616): Die moderne Naturwissenschaft begreift „die Erscheinungen nicht mehr durch und als besondere Substanzen, sondern als Bewegungen [...], deren Träger gleichsam weiter und weiter ins Eigenschaftslose abrücken", und löst schrittweise die Weltinhalte „in Bewegungen und Relationen" (95) auf. Was sich wie eine Vorwegnahme der fünf Jahre später publizierten Einsteinschen Relativitätstheorie liest, lässt sich ebenso gut an der Feldphysik Maxwells oder der Thermodynamik belegen; die Substitution der Kraft durch Wechselwirkung ist ein nicht weniger treffendes Beispiel als die Quantenmechanik des 20. Jahrhunderts, die den Substanzbegriff vollständig verabschiedet. Es ist kein Zufall, dass die Bedeutungsdimension von *physis* als unveränderlichem Wesen aus dem modernen Naturverständnis völlig herausgefallen ist. Was als natürlich gelten kann, gibt sich nicht mehr substantiell, sondern wird allein in Relation zu Erkenntnishandlungen bestimmt. Natürlichkeit ist ein Widerstandskoeffizient, der über die rein logische Widerspruchsfreiheit hinaus den Verknüpfungsspielraum von Messgrößen begrenzt.

Simmel erkennt klar den nominalistischen Wesenszug des „modernen naturalistischen Geistes", der „das Allgemeine als bloß Abstraktes behandelt, das seine Bedeutung nur an seinem Stoffe, d. h. an den greifbaren Einzelheiten finden kann" (252). Doch die „Entthronung der Allgemeinbegriffe" (252) verlangt nach einem Ausgleich in einem *konkreten Allgemeinen.* Der „Historismus und die soziale Weltanschauung" werden in der *Gesellschaft* fündig, „denn die Gesellschaft ist das Allgemeine, das nicht abstrakt ist" (252). Diese Eigenschaft überträgt sich auf Geld als *generalisiertes symbolisches Tauschmedium* (Parsons); auch die Geldfunktion ist „ein Allgemeines und doch kein Abstraktes" (253). Geld ist konkret nicht nur in seinem Träger, sondern auch in seinem Wert als eigens handelbares ökonomisches Gut, das Begehrlichkeiten unabhängig von seiner Konvertibilität in materielle Güter weckt.

6 Die Moderne in Funktionsbegriffen erfasst: Simmel und Cassirer

Simmels Rekonstruktion einer historischen Transformation vom klassischen Substanz- zum modernen Funktionsdenken zeigt eine auffällige Nähe zu Cassirers zehn Jahre später publizierter Schrift *Substanzbegriff und Funktionsbegriff* (Cassirer 2000 [1910]). Diese Familienähnlichkeit ist schon häufiger bemerkt worden (vgl. Freudenthal 2002, Geßner 2002, Geßner 2003, Schlitte 2012, Klattenhoff 2015). Geßner betrachtet „die Symbolphilosophie Cassirers" gar insgesamt „als Generalisierung der Simmelschen Geldtheorie" (Geßner 2003, 99). Beschränkt man sich zunächst auf das noch vorsymbolphilosophische Frühwerk *Substanzbegriff und Funktionsbegriff,* sticht die Korrespondenz in den Gedankengängen sofort ins Auge. Was Simmel für die Geldwirtschaft zeigt und nur gelegentlich an Wissenschaft, sowie Kunst und Religion, illustriert, demonstriert Cassirer für Mathematik (Arithmetik und Geometrie) und Naturwissenschaft (Physik und Chemie): An die Stelle der klassischen Ding- und Substanzbegriffe treten in der Neuzeit zunehmend Relations- und Funktionsbegriffe. In der Terminologie der *Philosophie der symbolischen Formen* (1923–1929) kann man diesen Befund auch so formulieren, dass die Symbole in Mathematik und Naturwissenschaft ihre Darstellungsfunktion abgeben und immer mehr die Funktion reiner Bedeutungen übernehmen. Das heißt, die Zeichen repräsentieren keine Dinge, sondern Relationen.

In der *Formel* $F = m \cdot a$ steht kein einziger Buchstabe für einen Wahrnehmungsgegenstand, sondern für Beziehungen zwischen Messgrößen, die ihrerseits aus Maßzahlen und Maßeinheiten zusammengesetzt sind. Die Definition physikalischer Größen nach dem Internationalen Einheiten-System (SI-Einheiten) erfolgt seit 2019 über Gleichungen unter Verwendung von Naturkonstanten. So ist beispielsweise das Kilogramm als Einheit für Masse (m) durch die Plancksche Konstante mit Hilfe der Definitionen von Meter und Sekunde festgelegt. Dieses Beispiel hilft, Cassirers (und Simmels) Pointe zu konturieren: Das physikalische Maßsystem bestimmt Maßeinheiten nicht mittels Substanzen (man denke z. B. an das Pariser Urmeter), sondern durch Beziehung zu anderen Maßeinheiten. Freilich indiziert Cassirers Interesse für die Wissenschaften eine Differenz zu Simmel (vgl. Geßner 2002, 27; Freudenthal 2002, 276): Cassirer hat vornehmlich die geistige und weniger die materielle Produktivität des Menschen im Blick, wenn er sich auf die symbolischen Formen von Mythos und Religion, Sprache und Wissenschaft konzentriert.

Wenngleich Cassirer mit der Technik (Cassirer 2004 [1930]) durchaus ein materielles Produkt menschlicher Kreativität bedenkt und in seiner *Philosophie der symbolischen Formen* grundsätzlich auch für die Wirtschaft Platz ist, kann tatsächlich nicht geleugnet werden, dass Simmel stärker an der *materiellen* Kultur interessiert ist als Cassirer. Simmel hat die Widerständigkeit der Dinge und die Eigenlogik gesellschaftlicher Institutionen schärfer in den Blick genommen. Die Akzentuierung des Materiellen bei aller geistigen Fundierung spiegelt sich auch im jeweiligen Geschichtsbild. Bei Cassirer sieht es häufiger so aus, als würde die Substitution von Substanzbegriffen durch Funktionsbegriffe und die wachsende Vermitteltheit des menschlichen Selbst- und Weltverhältnisses durch Symbole eine lineare Entwicklung nehmen, an deren Ende reine Bedeutungen stehen. Für Simmel hingegen zeigt die Geschichte eine Oszillation zwischen unmittelbarer Präsenz und symbolischer Repräsentation, die stets die Tendenz hat, Symbole wieder auf ihr „ursprüngliches Substrat" (166) rückzubauen. Vor diesem Hintergrund ist auch Simmels Einschätzung zu verstehen, dass es nie bloßes Zeichengeld geben werde. Sicher ist der Zickzackkurs in Simmels Entwicklungsmodell deutlicher ausgeprägt, aber man sollte auch Cassirer nicht als Vertreter einer unidirektionalen Prozesslogik lesen. In *Form und Technik* schreibt er: „Wenn man als die beiden Extreme, zwischen denen alle Kulturentwicklung sich bewegt, die Welt des *Ausdrucks* und die Welt der reinen *Bedeutung* bezeichnen kann, so ist in der Kunst gewissermaßen das ideale Gleichgewicht zwischen diesen beiden Extremen erreicht" (Cassirer 2004 [1930], 180). Die Kunst, die auch in Simmels Kulturphilosophie immer wieder eine paradigmatische Rolle spielt, widersetzt sich demnach, aller *l'art pour l'art* und aller modernen Nichtgegenständlichkeit zum Trotz, dem Trend zur reinen Bedeutung, und zwar gerade ob ihrer unhintergehbaren Materialität, die auch in der flüchtigen Musik nicht verloren geht (Immersion).

Das Verhältnis von Materialität und Idealität führt abschließend auf einen zentralen Begriff der Symboltheorie Cassirers, dessen Entsprechung in Simmels Wertlehre gefunden werden kann: *symbolische Prägnanz* (vgl. Geßner 2003, 81). Indem Geld ein materielles Objekt (Münze, Papierschein, elektrischer Strom) ist, das einen immateriellen Sinn (Wert) transportiert, erweist es sich als eine eminente Instanz für die symbolische Prägnanz. Cassirer entwickelt seinen Prägnanzbegriff aus der Gestaltpsychologie und zielt damit auf das „Enthaltensein des Ganzen" (Cassirer 2011, 81) in jedem seiner Teile. So wie das ganze Haus in jeder seiner abgeschatteten Teilansichten *enthalten* ist, so *enthält* jede Münze und jeder Geldschein die ganze Geldwirtschaft, mehr noch: deren jeweiligen Stand in einer steigenden Funktionalisierung. Die *symbolische* Prägnanz des *Geldes* liegt so gesehen in seiner Stellvertreterrolle für das Sinngefüge einer neuen Funktionslogik, welche die alte Substanzlogik approximativ substituiert. Simmels Senkblei führt auf diese Weise von der unidealsten Oberfläche des Lebens in seine letzten Tiefen.

Literatur

Cassirer, Ernst (2000): Substanzbegriff und Funktionsbegriff. Untersuchungen über die Grundfragen der Erkenntniskritik [1910]. In: ders.: Gesammelte Werke, Bd. 6 (Hamburger Ausgabe). Hrsg. v. Birgit Recki. Hamburg.

Cassirer, Ernst (2004): Form und Technik [1930]. In: ders.: Gesammelte Werke, Bd. 17 (Hamburger Ausgabe). Hrsg. v. Birgit Recki. Hamburg, 139–183.

Cassirer, Ernst (2011): Symbolische Prägnanz, Ausdrucksphänomen und ‚Wiener Kreis'. In: ders.: Nachgelassene Manuskripte und Texte, Bd. 4. Hrsg. v. Christian Möckel. Hamburg.

Freudenthal, Gideon (2002): ‚Substanzbegriff und Funktionsbegriff' als Zivilisationstheorie bei Georg Simmel und Ernst Cassirer. In: Leonhard Bauer/ Klaus Hamberger (Hrsg.): Gesellschaft denken. Eine erkenntnistheoretische Standortbestimmung. Politische Philosophie und Ökonomie. Wien, 251–276.

Geßner, Willfried (2002): Das Geld als Paradigma der modernen Kulturphilosophie. In: Willfried Geßner/ Rüdiger Kramme (Hrsg.): Aspekte der Geldkultur. Neue Beiträge zu Georg Simmels *Philosophie des Geldes*. Magdeburg, 11–28.

Husserl, Edmund (1954): Die Krisis der europäischen Wissenschaften und die transzendentale Phänomenologie. Eine Einleitung in die phänomenologische Philosophie. In: ders.: Gesammelte Werke, Bd. 6 (Husserliana). Hrsg. v. Walter Biemel. Den Haag.

Klattenhoff, Timo (2015): Monetäre ‚Grundformen des ‚Verstehens' der Welt'? In: Zeitschrift für Kulturphilosophie 9: 1–2, 159–169.

Searle, John R. (2011): Die Konstruktion der gesellschaftlichen Wirklichkeit. Zur Ontologie sozialer Tatsachen. Übers. von Martin Suhr. Berlin.

Scheler, Max (1960): Die Wissensformen und die Gesellschaft [1926]. In: ders.: Gesammelte Werke, Bd. 8. Hrsg. v. Maria Scheler. 2. Auflage. Bern, München.

Arno Schubbach
Kapitel 6
Die neue Logik (2): Geld als Zeichen und Symbol [Kap. 2.II und 2.III]

Kapitel 2 der *Philosophie des Geldes* diskutiert vor dem Hintergrund der These zur Relativität der Werte aus Kapitel 1 die Funktion und den Wert des Geldes. Geld hat demnach vorrangig zur Aufgabe, den im Tausch objektivierten Wert von Gütern auszudrücken und Tauschakte zu vermitteln. Im ersten Abschnitt hatte Simmel zunächst gezeigt, dass Geld diese Funktion wahrnehmen kann, ohne dass es einen eigenen „Substanzwert" haben muss: Eine Münze oder ein Schein können den Wert von Waren bestimmen und Tauschakte ermöglichen, ohne dass es dabei auf den Wert des Metalls oder des Papiers ankäme (vgl. 154). Die Verkörperungen des Geldes fungieren allein als „bloßes Zeichen und Symbol", die es wie „eine Rechenmarke" (139) in der Arithmetik ermöglichen, bestimmte Operationen zu vollziehen (wie Rechnen oder Kaufen), ohne dass sie mit den bezeichneten Inhalten (ob Zahlen oder Werte) etwas gemeinsam haben müssten. Die Funktion des Geldes begründet sich somit nicht im Substanzwert seiner Geldzeichen, der Wert der Geldzeichen ist vielmehr bestimmt durch die Funktion des Geldes und ist in diesem Sinne strikt als „Funktionswert" (158) aufzufassen.

Diese Analyse bezieht sich jedoch auf eine idealisierte Funktion oder das „innerliche Wesen" (155) des Geldes. Bereits im ersten Abschnitt des zweiten Kapitels hat Simmel daher ein solches „von vornherein nur ideales Geld" (169) unterschieden von seiner tatsächlichen Funktionsweise in der ökonomischen Wirklichkeit. Insbesondere mit Blick auf den „wirklichen Entwicklungsgang" (155) hat er gezeigt, dass sich die Geldfunktion in ihren historischen Anfängen nur mit Hilfe von Geldträgern mit eigenem Substanzwert etablieren konnte, und damit unterstrichen, dass die faktischen, historischen Voraussetzungen für die Entwicklung des Geldes offenbar andere sind als die begrifflichen Bedingungen seiner idealisierten Funktion (vgl. 155–159).

Ein ähnliches Argument über die Differenz der idealen Funktion des Geldes und seiner tatsächlichen Funktionsweise entfaltet Simmel im zweiten Abschnitt des Kapitels. Denn er geht hier zwar davon aus, dass die ideale Funktion der „Symbolwerdung" (170) des Geldes in der Geschichte die „*Richtung der Entwicklung*" (173) vorgibt, „in der das Geld immer mehr zum reinen Symbol und gegen seinen Eigenwert gleichgültig wird" (171f.). Jedoch betont Simmel zugleich, dass auch unter den Vorzeichen einer solchen – mit Kant formuliert – „regulativen" Auffassung der idealen Funktion des Geldes die tatsächliche Funktionsweise des

Geldes niemals auf seine ideale Funktion zu reduzieren ist: Auch wenn das Geld mehr und mehr zum „bloßen Zeichen und Symbol" (139) werde, könne es sich in der ökonomischen Wirklichkeit niemals gänzlich von seinem Substanzwert lösen und sei der Wert der Geldzeichen nicht auf den rein symbolischen Wert seiner idealen Funktion zu reduzieren. Anders gesagt lässt sich die Funktionsweise von Geld in der ökonomischen Wirklichkeit nicht allein auf der Grundlage seiner idealen Funktion erfassen, auch wenn sie sich diesem „idealen Geld" annähern soll.

Im dritten Abschnitt des zweiten Kapitels der *Philosophie des Geldes* entfaltet Simmel die Symbolwerdung des Geldes weiter. Er betrachtet sie zum einen mit Bezug auf die sozialen Strukturen und die Formen der „Vergesellschaftung" (209), in denen sie ihre Bedingungen findet, für die sie selbst aber zugleich weitreichende Auswirkungen hat. Zum anderen geht Simmel über die Geldfunktion im Allgemeinen hinaus und erörtert die verschiedenen spezifischen „Dienste" (229) oder Funktionen des Geldes. Diese materialreiche Erörterung scheint prima facie in erster Linie den Zweck zu haben, auch solche Geldfunktionen einzubeziehen, denen Simmel weniger Aufmerksamkeit geschenkt hatte, die in der ökonomischen Literatur aber eingehend und kontrovers diskutiert wurden. Sie erbringt aber auch wesentliche philosophische Mehrwerte.

1 Symbolwerdung des Geldzeichens und Unverzichtbarkeit des Substanzwerts (Kapitel 2.II)

Simmels Überlegungen zum Funktions- und Substanzwert des Geldes bewegen sich im Spannungsverhältnis zwischen der Analyse einer idealisierten Funktion und der Betrachtung der tatsächlichen Funktionsweisen des Geldes. Bereits zu Beginn des zweiten Abschnitts des zweiten Kapitels tritt Simmel daher dem Missverständnis entgegen, das Verhältnis von Substanz- und Funktionswert sei auf rein begrifflicher Ebene zu klären. Aus seiner „Abwehr des dogmatischen Wertes des Geldes" im ersten Abschnitt folge nämlich keineswegs das „Dogma von seinem Nicht-Wert" (173). Eine solche Folgerung wäre nicht nur logisch unhaltbar, da aus der Aussage, dass die Geldzeichen keines Substanzwerts bedürfen, nicht folgt, dass sie keinen solchen haben dürfen. Sie wäre auch sachlich unangemessen, weil Geld Teil der ökonomischen Wirklichkeit ist und sich daher nicht auf eine idealisierte Funktion reduzieren lässt. Was Simmel schon zu Beginn des ersten Abschnitts mit Bezug auf die Frage, ob Geld einen Substanzwert haben muss, unterstrichen hat, gilt somit ebenso für die Frage, ob es einen solchen Wert haben kann: Sie wird durch keinen „logischen Grund [...] von vornherein entschiede[n]" (139). Gerade der zweite und dritte Abschnitt des zweiten Kapitels lassen daher erkennen, wie sehr sich für Simmel „das *Philosophische* von der begründungs- in eine eher anwendungsbezogene Dimension" (Köhnke 1996, 353f.) verschoben hat (vgl. mit Bezug auf die Kulturphilosophie auch Konersmann 2003, 108).

Ausgangspunkt von Simmels Überlegungen zur möglichen Rolle der Substanzwerte von Geldzeichen in der ökonomischen Wirklichkeit sind Gegenargumente, die scheinbar für die vollkommene Loslösung des Symbolwerts vom Substanzwert sprechen und damit „auf die Möglichkeit eines Geldes schließen [lassen], das von vornherein nur Geld und weiter nichts sei" (174). Das erste Argument lautet folgendermaßen. Wenn die Substanz des Geldträgers selbst einen Wert hat, dann ist es demnach zwar ebenso möglich, sie sich zu Nutze zu machen, wie das Geld als Geld zu gebrauchen. Es handelt sich hier aber um eine strikte Alternative: Entweder realisiert man den Gebrauchswert des materiellen Trägers des Geldes, dann setzt man es aber nicht als Geld ein, oder man benutzt es als Geld, dann muss man aber auf den Gebrauchswert des Trägers verzichten. Am Beispiel gesprochen: Man muss sich entscheiden, ob man aus einer Münze Schmuck fertigen oder mit ihr etwas kaufen möchte. Beides zugleich geht nicht. Scheinbar ist damit die Möglichkeit eines rein symbolischen Geldes erwiesen, weil der Substanzwert seines Trägers vollkommen irrelevant ist, wenn man Geld als Geld gebraucht.

Simmel wendet sich gegen dieses Argument mit einer charakteristischen Erörterung. Mit Blick auf die diskutierte Frage zieht er Phänomene aus unterschiedlichsten Bereichen hinzu, an denen er gewisse Analogien und einen allgemeinen „Typus" (vgl. 176–178) aufweist, um auf diesem Wege die Frage schließlich zu entscheiden (vgl. ebd., 174–178). Diese Form der Erörterung findet sich allein im zweiten Kapitel mehrere Male (vgl. neben der hier diskutierten Passage ebd. 153f., 193–196, 202f. und 247f.) Leider werde ich im Rahmen dieses Beitrags weder diese Form im Allgemeinen behandeln noch die einzelnen Passagen en detail diskutieren können. Die zahllosen Beispiele, die behaupteten Analogien und der jeweilige Typus werfen in der Regel zu viele Fragen auf, die vom Argumentationsgang ablenken und den Rahmen dieses Beitrags sprengen würden.

In dem hier zu erörternden Fall handelt es sich darum, dass der Gebrauch eines Objekts keineswegs unabhängig davon sein soll, welche alternativen möglichen Gebrauchsweisen wir zugleich verwerfen mussen. Im Falle des Geldes heißt dies, dass wir zugunsten der Funktion des Geldes zwar auf den Substanzwert der Geldzeichen verzichten müssen, dass dieser Verzicht aber für ihren Wert wie ihre Funktion von wesentlicher Bedeutung ist: „Nicht daß diese anderen

Funktionen wirken, sondern daß sie nicht wirken, ist hier das Wirksame. Wenn dies den Wert eines Objektes bestimmt, daß um seinetwillen ein Opfer gebracht wird, so liegt der Wert der Geldsubstanz als solcher darin, daß ihre gesamten Verwendungsmöglichkeiten aufgeopfert werden müssen, damit sie Geld sei." (177) Der Wert der Geldzeichen ist somit nicht allein durch ihre Funktion als Geld bestimmt, weil „die möglichen, aber unverwirklichten Verwertungen zu dem Wert, den es als Geld hat, aufs erheblichste mitwirken" (178).

Dieser Befund besagt zunächst, dass der Wert der Geldzeichen kein rein funktionaler oder symbolischer Wert sein kann. Er gibt aber auch Aufschluss darüber, womit dieser Wert überlagert wird. Auf den Substanzwert zu verzichten, heißt, den Gebrauchswert des Materials der Geldzeichen nicht zu realisieren. Dieser Gebrauchswert ist aber nur im Bezug zu menschlichen Bedürfnissen und Begehren verständlich zu machen. Geldzeichen hätten also nicht, wie wir es von „Rechenmarken" annehmen, einen rein funktionalen Wert, weil sie mit ihrer Substanz bezogen bleiben auf eine subjektive „Wertung, als ein wirklicher psychologischer Vorgang" (24), der ihnen mit Bezug auf unsere Bedürfnisse und Begehren eine Wertigkeit zuschreibt (vgl. Flotow 1995, 30–36, 46–57; Lichtblau 2019, 24–26). Diese Wertigkeit ist vom ökonomischen Wert, der im Tausch objektiviert werden kann, zwar begrifflich zu unterscheiden. Sie wird nach Simmels Argument von diesem objektiven Wert aber nicht gänzlich abgeschieden (vgl. schon im ersten Kapitel 52–58, 71–73). Der Wert der Geldzeichen weist daher über den nicht realisierten Gebrauchswert ihrer materiellen Träger auf die Relativität der menschlichen Bedürfnisse und Begehren zurück und weist damit über die vermeintliche Immanenz des Tauschs hinaus.

Eine ähnliche Wendung gibt Simmel auch dem zweiten scheinbaren Argument dafür, dass die Geldzeichen keinen Substanzwert haben dürften. Simmel schildert eine Art von Gedankenexperiment, in dem „eine absolut mächtige Persönlichkeit" dem Geld gleichgültig gegenüberstünde, „da es ja alles dessen, was es für Geld haben könnte, sich auch ohne dies unmittelbar bemächtigen darf" (178). Simmel merkt zunächst an, dass hier ein Zirkelschluss vorliegt: Das Geld würde nämlich nur insofern ignoriert, insofern es tatsächlich keinen eigenen Substanzwert hätte, was also vorausgesetzt wird, aber doch gezeigt werden sollte. Mehr als für logische Fehlschlüsse interessiert sich Simmel jedoch dafür, dass dieses Gedankenexperiment gerade durch sein Scheitern etwas über die „eigentümliche Wertart des Geldes" lehre: „Den Wert, den das Geld als solches besitzt, hat es als Tauschmittel erworben; wo es also nichts zu tauschen gibt, hat es auch keinen Wert." (179) Daraus schließt Simmel jedoch gerade nicht, dass der Wert der Geldzeichen dem Tausch rein immanent wäre. Vielmehr bezieht er ihn auf die „Relativität" der Menschen sowie die Bedürfnisse und Begehren, die die Menschen durch den Tausch in einem sozialen Zusammenhang zu befriedigen versuchen: „das Geld ist Ausdruck und Mittel der Beziehung, des Aufeinanderangewiesenseins der Menschen, ihrer Relativität, die die Befriedigung der Wünsche des einen immer vom anderen wechselseitig abhängen läßt" (179).

Die Funktion des Geldes als Tauschmittel ist somit nicht unabhängig davon zu sehen, dass alle Dinge, die getauscht werden, auch subjektiv „wertvoll" (24) erscheinen müssen, damit sie getauscht werden. Geld kann deshalb keinen Tausch vermitteln ohne „Koordination mit den Dingen, die an und für sich wertvoll" (180) sind, wozu sich der Substanz- und Gebrauchswert der Geldzeichen eignet. Die subjektive Wertigkeit der getauschten Dinge und die soziale Wirklichkeit der Bedürfnisse und Begehren spielen somit in die Funktion des Geldes hinein, weil sie uns Dinge als solche schätzen und tauschen lassen. Daher sind auch die ökonomischen Werte, die durch den Tausch objektiviert werden sollen, nicht aus dem Tauschakt herauszulösen und ihm als unabhängiges Reich von Werten vorzuordnen, das in den Geldzeichen lediglich seinen rein symbolischen Ausdruck fände (vgl. 180 f.).

Simmels Argumentation, dass der Wert der Geldzeichen sich zwar als Funktionswert bestimme, aber doch nicht gänzlich unabhängig sei von ihrem Substanzwert, scheint so psychologisch oder anthropologisch vorzugehen, wenn sie auf die Genese des Geldes und der Ökonomie verweist. Jedoch wäre es zu kurz gegriffen, Simmels Argumentation darauf zu reduzieren. Denn das Geld könne, wie Simmel mit Blick auf die ökonomische Wirklichkeit und den Vollzug von Tauschakten seine Argumentation fortsetzt, „einen Rest von substanziellem Werte nicht abstreifen, und zwar nicht eigentlich aus inneren, aus seinem Wesen folgenden Gründen, sondern wegen gewisser Unvollkommenheiten der ökonomischen Technik" (182). Die unverzichtbare Rolle des Substanzwerts liegt demnach auch in der Technik und Praxis des Tauschs begründet.

Es sind vor allem zwei technische „Unvollkommenheiten", an denen Simmel zu zeigen versucht, warum die Funktion des Geldes auf einen unauflösbaren „Rest" an Substanzwert angewiesen bleibt (vgl. kritisch dazu Frerichs 1993, 272 f. und Haesler 1993, 229–231). Die erste Unvollkommenheit liegt darin begründet, dass die Funktion des Geldes sich nach Simmels Analyse im ersten Abschnitt des Kapitels zwar in der Relation zweier Verhältnisse (nämlich von Geldsumme zu Gesamtgeldmenge auf der einen Seite und von Ware zu Gesamtwarenmenge auf der anderen) begründet (vgl. 139–144, 162–164). Es bleibt praktisch jedoch die Schwierigkeit bestehen, dass sich die Gesamtmengen an Geld und Waren und damit die Nenner dieser Gleichung kaum präzise bestimmen lassen. Diese Schwierigkeit steht einer vollkommenen Auflösung des Substanzwerts der Geldzeichen im Wege: „Das Stückchen eigenen, materialen Wertes, das im Geld steckt, ist der Halt und die Ergänzung, deren wir bedürfen, weil unsere Erkenntnis zu der genauen Bestimmung jener Proportion nicht ausreicht, bei der allerdings eine Wesensgleichheit zwischen dem Gemessenen und dem Maße, d. h. ein Eigenwert des Geldes, sich erübrigen würde. So lange aber empfunden wird und an der Praxis des Wirtschaftens sich zeigt, daß diese bedingende Proportion keine Genauigkeit besitzen kann, bedarf das Messen noch einer gewissen qualitativen Einheit des Wertmaßstabes mit den Werten selbst." (182f.) Es sind demnach die Grenzen unserer Erkenntnis der Verhältnisse, die den rein funktionalen Wert des Geldes allein begründen und bestimmen sollen, und damit eine gewisse Intransparenz des Tauschakts und seiner Objektivierung von Werten, die den Substanzwert der Geldzeichen in der „Praxis des Wirtschaftens" (183) unverzichtbar machen. Simmel scheint die „Zurückführung des Materialwertes beim Geld auf ein Ergänzungs- und Festigungsprinzip gegenüber den nicht hinreichend zu sichernden bloßen Relationen" (183) zuerst individualpsychologisch zu deuten. Er sieht sich nämlich dazu verführt, dieses Prinzip als eine Art „unbewußter Vorstellung" zu verstehen, die insofern von einer „wunderbaren Zweckmäßigkeit" sei, als sie die „wirtschaftlichen Wechselwirkungen" (183) besser als jede bewusste Planung reguliere. Simmel stellt jedoch sogleich fest, dass jeder Rekurs auf solche „unbewußte Vorstellungen" (184) kaum zu begründen ist. Sie seien letztlich nur „ein bloßes Symbol des wirklichen Verlaufes" (184) des Wirtschaftslebens, das sie erklären sollten. Daher scheint es mir gerechtfertigt, die angesprochenen Grenzen der Erkenntnis als eine der Praxis des Wirtschaftens eigene Intransparenz zu fassen.

Es kommt eine zweite Unvollkommenheit der ökonomischen Technik hinzu, die es erfordert, „das Geld nicht in seinem Symbolcharakter völlig aufgehen zu lassen" (184). Strikt als Symbol betrachtet ist Geld als Gleichheit der Verhältnisse von Ware zu Gesamtwarenmenge und von Geldsumme zu Gesamtgeldmenge bestimmt, so dass sich wenig verändern dürfte, wenn die Gesamtgeldmenge erhöht und gleichzeitig die Preise für die Waren angepasst würden. Tatsächlich ist dem nicht so. Simmel verweist auf die Erfahrung, dass die Erhöhung der Geldmenge zur Geldentwertung führt, so dass der kurzfristige Vorteil für den Geldemittenten letztlich auf Kosten aller geht. Diese Wirkung der Geldvermehrung weicht folglich von dem ab, was die ideale Funktion des Geldes vorsieht oder erklären könnte. Diese Abweichung erklärt Simmel nun dadurch, dass die relevanten Faktoren in der ökonomischen Wirklichkeit nicht in der unmittelbaren und transparenten Weise aneinander gekoppelt sind wie in der mathematischen Gleichung. Insbesondere findet eine Anpassung der Preise an die Erhöhung der Geldmenge nur verzögert statt, weil „der Geldpreis einer Ware, trotz seiner Relativität und seiner inneren Zusammenhangslosigkeit mit der Ware, dennoch bei längerem Bestehen eine gewisse Festigkeit annimmt und daraufhin als das *sachlich* angemessene Äquivalent erscheint" (190). Die Preisbildung ist deshalb anders als beim

„idealen Geld" von einem „relativen Elastizitätsmangel" (190) gekennzeichnet, so dass sich die Preise nicht direkt an die erhöhte Geldmenge anpassen und eine Geldentwertung eintritt.

Um der Gefahr der Geldentwertung zu begegnen, müssen also beliebige Erhöhungen der Geldmenge ausgeschlossen werden, wozu der Substanzwert der Geldzeichen dienen kann. Denn die „feste Bindung des Geldes an eine Substanz [. . .], deren Vermehrung eine begrenzte ist" (185), stellt die „Eingeschränktheit des Geldquantums" (186) sicher. Der Substanzwert ist hier also nicht wegen der scheinbaren direkten Äquivalenz von Geld- und Warenwert unverzichtbar, was Simmels Analyse der Funktion des Geldes ausschließt, sondern zur Begrenzung der Geldmenge durch die begrenzte Verfügbarkeit von Substraten für Geldzeichen: „Diese unentbehrliche regulierende Bedeutung aber hat das Gold und hatte früher auch das Silber nicht wegen seiner Wertgleichheit mit den Gegenständen, deren Austausch es vermittelt, sondern wegen seiner relativen Seltenheit, die die Überschwemmung des Marktes mit Geld und damit die fortwährende Zerstörung derjenigen Proportion verhindert, auf der die Äquivalenz einer Ware mit einem bestimmten Geldquantum beruht." (187)

Die Geldentwertung ist somit nicht nur eine Gefahr, die in der ökonomischen Wirklichkeit besteht, während sie das „ideale Geld" nicht kennt. Die Gegenmaßnahme macht sich mit dem Substanzwert auch gerade diejenige Seite des Geldzeichens zu Nutze, die seiner rein funktionalen Bestimmung als „ideales Geld" lediglich im Wege zu stehen schien. Es zeigt sich somit, dass die Gleichung von Verhältnissen, die die Grundlage der Funktion des Geldes sein soll, seine tatsächliche Funktionsweise in der Praxis des Wirtschaftens weder beschreiben noch sicherstellen kann. Der Substanzwert der Geldzeichen ist unverzichtbar und gewährleistet die Funktion des Geldes insofern, als es kein ideales Geld ist: „das Geld erfüllt seine Dienste am besten, wenn es nicht bloß Geld ist, d. h. nicht bloß die Wertseite der Dinge in reiner Abstraktion darstellt." (193) Eine *Philosophie des Geldes* kann sich demnach nicht damit begnügen, den Substanzwert bloß als Hindernis der idealen Funktion des Geldes zu begreifen. Vielmehr muss sie ihn einbeziehen, um die Funktionsweise des Geldes in der ökonomischen Wirklichkeit zu reflektieren.

Für die Symbolwerdung des Geldes heißt dies, dass es sich um einen spannungsvollen Prozess handelt zwischen der Idealität der Geldfunktion, die der historischen Entwicklung des Geldes die Richtung vorgeben soll, und den Aufgaben des Geldes in der Praxis des Wirtschaftens, die kein ideales Geld erfüllen kann. Diese beiden gegenstrebigen Tendenzen drehen sich um den Substanzwert der Geldzeichen, da sich die Funktion des Geldes entweder mehr und mehr von ihm ablösen soll, sie sich aber praktisch betrachtet niemals vollkommen seiner entledigen darf, weil das Geld sonst seine Aufgaben im Geld- und

Warenverkehr nicht gewährleisten könnte: „Aber eben die Realisierung dieses begrifflich geforderten, der Übergang der Geldfunktion an ein reines Zeichengeld, ihre völlige Lösung von jedem, die Geldquantität einschränkenden Substanzwert ist technisch untunlich" (193). Diese Gegenstrebigkeit der Symbolwerdung betont Simmel nicht immer in aller Deutlichkeit, sie ist aber doch kennzeichnend für das Vorhaben der *Philosophie des Geldes*, sich auch auf die ökonomische Wirklichkeit einzulassen.

2 Symbolwerdung des Geldes und einhergehende Vergesellschaftung (Kapitel 2.III)

Der dritte Abschnitt des zweiten Kapitels bewegt sich wie der zweite Abschnitt wiederum in der Differenz zwischen der idealen Funktion und der tatsächlichen Funktionsweise des Gelds. Er nimmt allerdings eine andere, komplementäre Perspektive ein, weil er nicht die Momente herausarbeiten soll, die die tatsächliche Funktionsweise des Geldes vom „prinzipiell Konstruierten" unterscheiden, sondern die „historische Ausgestaltung des prinzipiell Konstruierten" verfolgt und damit die „Bewegungen, die es [das Geld] auf seinen reinen Begriff zu und von seiner Fesselung an bestimmte Substanzen abführen" (199). Die Differenz zwischen der tatsächlichen Funktionsweise und der idealen Funktion des Geldes fungiert somit nur noch als Vorbehalt der folgenden Betrachtung ihrer zunehmenden Annäherung: „Jene Einschränkung also, daß es sich um einen nicht zu vollendenden Weg handelt, ein für allemal vorbehalten, behandle ich nun die Funktionsbedeutung des Geldes und ihr Steigen bis zur Verdeckung seiner Substanzbedeutung." (199)

Die Annäherung der tatsächlichen und idealen Funktion des Geldes und die damit einhergehende Auflösung seiner Substanz- zugunsten seiner Funktionswerte begreift Simmel dabei nicht als eine rein ökonomische Entwicklung. Einleitend situiert er sie vielmehr in einem umfassenderen Kontext von „kulturphilosophischen Zusammenhängen" und insbesondere des Strebens der Moderne, „das Substanzielle in freischwebende Prozesse aufzulösen" (199). Simmel greift damit dem synthetischen Teil der *Philosophie des Geldes* vor, betrachtet im dritten Abschnitt des zweiten Kapitels aber doch vor allem die sozialen Bedingungen und Folgen der Symbolwerdung des Geldes. Gemäß Simmels Generalthese, dass das Geld „ganz und gar eine soziologische Erscheinung ist, eine Form der Wechselwirkung unter den Menschen" (205), steht nämlich zu erwarten, dass die Entwicklung der Funktion des Geldes mit einem Wandel der sozialen Strukturen einhergeht. Für Simmels Gespür für die inhärente Komplexität von historischen Entwicklungen spricht dabei, dass er der Diskussion der sozialen Bedingungen der Symbolwerdung des Geldes eine methodische Prämisse vorausschickt, die für das Verständnis der folgenden Seiten wichtig ist. Simmel geht nämlich davon aus, dass unterschiedlichste Prozesse im Zuge ihrer Entwicklung eine „äußere Form" (202) ausbilden, die in Spannung geraten kann zum sich weiter entwickelnden Prozess. Hinsichtlich der Geldfunktion ist hier beispielsweise an „Konstellationen von Recht, Austauschformen, Herrschaftsverhältnissen usw." auf der einen Seite zu denken und der „Kräfte des sozialen Lebens" (202) auf der anderen. Als Beispiel nennt Simmel die Geldwirtschaft des 16. Jahrhunderts, in der Anton Fugger „modernen Weltbankiers vergleichbar" operierte, aber daran scheiterte, seine Kredite bei den königlichen und kaiserlichen Schuldnern wieder einzutreiben, da die „Kommunikationen, Sicherheiten und Usancen [. . .], die das notwendige Korrelat solcher Geschäfte sind" (203), noch nicht etabliert waren. Simmel macht damit präliminarisch deutlich, dass soziale Strukturverhältnisse und Symbolwerdung des Geldes sich zwar wechselseitig bedingen, dieser Zusammenhang jedoch stets problematisch ist: Spannungen, Sprünge und Asynchronizitäten werden zwischen ökonomischen und rechtlichen Formen, sozialen Strukturverhältnissen und der Symbolwerdung des Geldes wohl eher die Regel als die Ausnahme sein, auch wenn Simmel das nicht immer eigens betonen wird.

Simmel erörtert daher die „Strukturverhältnisse des Wirtschaftskreises", von denen es „abhängt, inwieweit es [das Geld] wirklich Geld ist, d. h. als Geld wirkt" (202). Es gilt dabei zu bedenken, dass zwischen der Funktion des Geldes und den sozialen Strukturverhältnissen keine einseitigen, sondern wechselseitige Abhängigkeiten herrschen, so dass sich mit Bezug auf die Vergesellschaftung „Ursache und Wirkung des Geldverkehrs" (213) kaum scharf unterscheiden lassen werden.

Der „soziologische Charakter des Geldes" (208) bildet so die Grundlage dafür, im dritten Abschnitt des zweiten Kapitels vor allem zwei soziale Aspekte der Symbolwerdung des Geldes herauszuarbeiten. Simmel stellt zuerst die „Kristallisation" vor, die beschreiben soll, wie der rein interpersonale Tausch im Geld ein „Gebilde" (208) oder eine „Form" (209) hervorbringt, die den Tausch fortan vermitteln und in sozialer Hinsicht grundsätzlich verändern wird (vgl. 208–212). Sodann zeigt er, dass diese Form und der „Entwicklungsgang von der Substanzbedeutung des Geldes zur Funktionsbedeutung" (206) eine „Festigkeit und Zuverlässigkeit der sozialen Wechselwirkungen" (204) voraussetzen, die in psychologischer wie sozialer Hinsicht zu gewährleisten sind (vgl. 218–229). Der Funktionswert des Geldes und dessen sozialer Charakter treten nämlich „um so reiner hervor, je kondensierter, zuverlässiger, leichter ansprechend die sozialen Verbindungen sind" (205).

Was Simmel unter „Kristallisation" versteht, erläutert er anhand dessen, wie das Tauschmittel Geld aus einem direkten Tausch von Waren gegen Waren entstehen kann. In seiner Schilderung, die man ähnlich auch in der Ökonomie der Zeit finden kann (vgl. z. B. Menger 1892, 732–737), geht Simmel davon aus, dass der Warentausch eine „Wechselwirkung von Person zu Person" ist und der Kategorie „einfachster und unmittelbarster Beziehung" angehöre, von der „auch heute noch unzählige gesellschaftliche Neubildungen ausgehen" (208). Insbesondere das Geld soll eine solche Neubildung darstellen. Simmel zufolge kommt nämlich der direkte Warentausch nicht aus ohne „Usancen, die sich im Verkehr der Gruppengenossen zunächst von Fall zu Fall entwickeln und sich schließlich fixieren" (209), wodurch Formen und Gebilde entstehen, die fortan die Tauschakte vermitteln. Sie stellen damit zugleich die direkte Interaktion im Tauschakt auf eine neue Grundlage, die der individuellen Willkür der Beteiligten entzogen ist, weshalb sie Simmel auch versteht als „höhere überpersönliche Gebilde, die als gesonderte Träger eben jener [wechselwirkenden] Kräfte auftreten und die Beziehung der Individuen untereinander durch sich hindurchleiten und vermitteln" (209; vgl. dazu auch Schlitte 2012, 260–272). In diesem Sinne stellt das Geld eine „Kristallisation" aus dem unmittelbaren Tausch von Waren dar: „In diese Kategorie substanzgewordener Sozialfunktion gehört das Geld. Die Funktion des Tausches, eine unmittelbare Wechselwirkung unter Individuen, ist mit ihm zu einem für sich bestehenden Gebilde kristallisiert." (209)

Die Rede von „Kristallisation" ist metaphorisch und scheint auch in Simmels eigenen Augen zu Missverständnissen einzuladen, die er sich beeilt auszuräumen. Er bezeichnet die kristallisierten „überpersönlichen Gebilde" so zwar zunächst in platonischer Reminiszenz als „ideale Erzeugnisse des menschlichen Vorstellens und Wertens, die nun für unser Denken ganz jenseits des einzelnen Wollens und Handelns stehen, gleichsam als dessen losgelöste ‚reine Formen'" (209). Einige Seiten später tritt Simmel aber jedem platonistischen Missverständnis dieser „reinen Formen" umso entschiedener entgegen und präzisiert, dass diese Formen zwar unabhängig sind von der persönlichen Willkür, aber keineswegs von der ökonomischen Wirklichkeit des Tauschs. Er versteht sie nämlich als „Abstraktionen", die als solche von den realen Phänomenen und also von den Tauschakten abhängig bleiben, auch wenn sie wie im Falle des Geldes im Sinne der „konkret gewordene[n], für sich bestehende[n], gleichsam erstarrte[n] Form" (211) des Tauschs eigens verkörpert werden. Kristallisation besteht so gesehen darin, „daß aus primären Erscheinungen, Substanzen, Vorgängen eine einzelne Seite, die nur an und mit ihnen existiert, wie die Eigenschaft an ihrer Substanz und die Tätigkeit an ihrem Subjekt, dennoch von ihnen losgelöst wird, indem sie sich mit einem eigenen Körper bekleidet: die Abstraktion wird eben dadurch vollzogen, daß sie zu einem konkreten Gebilde kristallisiert. Außerhalb des Tausches ist das Geld so wenig etwas [...] wie Priester und Tempel außerhalb der gemeinsamen Religiosität." (212)

Der Kristallisation des Geldes ist somit eine gewisse Ambivalenz zu eigen: Zum einen hat Geld keine Existenz außerhalb der Tauschakte, weil es eine Abstraktion ist und zudem in der Funktion besteht, Tauschakte zu ermöglichen, indem es Waren in Bewegung versetzt und zu diesem Zweck selbst zirkuliert. Zum anderen erfüllt es diese Aufgabe durch seine Verkörperung in materialisierten Geldzeichen, so dass ihm eine partielle Eigenständigkeit zukommt: „Die Doppelnatur des Geldes: zwar eine sehr konkrete und als solche geschätzte Substanz zu sein und doch seinen Sinn nur in der völligen Auflösung in Bewegung und Funktion zu besitzen – gründet sich darauf, daß es nur in der Hypostasierung, gleichsam in der Fleischwerdung einer reinen Funktion, des Tausches unter Menschen, besteht." (212) Die „Doppelnatur des Geldes" besteht so darin, dass Geld als aus dem Tausch heraus kristallisiertes „Gebilde" oder „Form" insbesondere durch seine Verkörperung eine gewisse Selbstständigkeit erlangt, jedoch keine Existenz unabhängig vom Vollzug der Tauschakte und der ökonomischen Wirklichkeit haben kann.

Durch die Kristallisation des Geldes erfahren der direkte Warentausch und zugleich die „Strukturverhältnisse des Wirtschaftskreises" eine grundlegende Transformation. Nun wird nicht mehr direkt Ware gegen Waren getauscht, sondern Waren gegen Geld oder Geld gegen Waren. In diesem Sinne vermittelt das Geld zwischen Waren. Zugleich deutet sich eine soziale Differenzierung an: Produzenten verkaufen ihre Waren nun Händlern, die sie an andere Akteure weiter verkaufen. Sowohl die Beziehung zwischen Waren als auch die zwischen Personen sind in der Geldwirtschaft vermittelt: „wie der Händler zwischen den tauschenden Subjekten steht, gerade so steht das Geld zwischen den Tauschobjekten. Statt daß deren Äquivalenz unmittelbar wirksam wird und ihre Bewegungen in sich beschlossen sein läßt, tritt nun jedes von ihnen für sich in ein Gleichungs- und Austauschverhältnis zum Geld. Wie der Händler die verkörperte Funktion des Austausches ist, so das Geld die verkörperte Funktion des Ausgetauschtwerdens: es ist [. . .] das zur Substanz gewordene bloße Verhältnis der Dinge zu einander, wie es in der wirtschaftlichen Bewegung zum Ausdruck kommt." (211) In der Geldwirtschaft findet der Tausch im Geld wie im Händler somit jeweils vermittelnde Instanzen, auf die sich Waren und wirtschaftliche Akteure beziehen müssen, bevor und damit ein Tauschakt vollzogen werden kann.

Die sozialen Bedingungen und Auswirkungen der Kristallisation des Geldes reichen aber weit über den Tauschakt hinaus. Die Kristallisation geht aus von „Usancen, die sich im Verkehr der Gruppengenossen zunächst von Fall zu Fall entwickeln und sich schließlich fixieren" (209), und stabilisiert sie in der Verkörperung des Geldes. Dessen eigene Funktion muss jedoch wiederum sichergestellt werden. Geld kann nämlich nur dann Tauschakte vermitteln, wenn der Verkäufer Grund hat anzunehmen, dass er für das Geld, das er für seine Waren erlöst, später wiederum die von ihm benötigten oder gewünschten Waren erhalten wird. In diesem Sinne ist allein die „Weiterverwertbarkeit des Geldes das Motiv seiner Annahme" (220). Sie ist anders gesagt die Bedingung dafür, dass Geld tatsächlich ein Tauschmittel ist, d. h. keine beliebige Ware, gegen die jemand seine eigene Ware tauscht, sondern ein Mittel, das in alle Waren zu tauschen ist und damit unzählige Tauschakte durchlaufen kann. Allein dadurch wird das Geld zum „Lebensnerv" (222) der modernen Ökonomie.

Wie die „Weiterverwertbarkeit des Geldes" realisiert wird und die Vergesellschaftung im Zusammenhang mit der Symbolwerdung des Geldes prägt, entfaltet Simmel mit Bezug auf ihre psychologischen und sozialen Aspekte. Der psychologische Aspekt ist mit dem „Motiv der Annahme" im obigen Zitat bereits angesprochen: Derjenige, der seine Waren verkauft, muss erwarten können, dass er für sein Geld wiederum Waren erhalten wird, sonst würde er kaum in den Verkauf einwilligen. Diese Erwartung basiert auf einem „Vertrauen", das Simmel scharf von jeder Form des Wissens zu unterscheiden sucht. Es handelt sich nämlich nicht um ein „abgeschwächtes induktives Wissen", das sich auf ein beobachtbares, wenn auch nur wahrscheinliches Ereignis beziehen würde. Vielmehr hat dieses Vertrauen den Charakter eines „übertheoretischen Glaubens" (216) und ähnelt gar dem religiösen Glauben, weil es mit Erkenntnis und Wissen nichts zu tun hat. Es handelt sich um eine praktische Prämisse, die unser Handeln bedingt und durchdringt. Denn es ist zum einen eine praktische Bedingung der Funktion des Geldes, denn niemand würde seine Waren verkaufen ohne das „Vertrauen auf die Allgemeinheit, daß sie uns für die symbolischen Zeichen, für die wir die Produkte unserer Arbeit hingegeben haben, die konkreten Gegenwerte gewähren wird" (216). Das Vertrauen bezeichnet zum anderen aber auch eine psychische Gemütslage, das unsere Handlungen durchdringt: „Das Gefühl der persönlichen Sicherheit, das der Geldbesitz gewährt, ist vielleicht die konzentrierteste und zugespitzteste Form und Äußerung des Vertrauens auf die staatlich-gesellschaftliche Organisation und Ordnung." (216) Wenn der Geldbesitz ein Gefühl der Sicherheit vermittelt, dann spitzt sich darin eine Gemütslage des Vertrauens zu, die den Geldverkehr letztlich trägt, ohne für gewöhnlich selbst auffällig zu werden.

Diesem psychologischen Aspekt der „Weiterverwertbarkeit des Geldes" (217) stellt Simmel einen sozialen und normativen Aspekt zur Seite. Zu diesem Zweck greift er auf den Begriff der Anweisung zurück, der bis auf das Römische Recht zurückgeht (vgl. Köbler 2010, 308 f.). „Anweisung" bezeichnet dabei ein Verhältnis zwischen drei Personen: Eine Person (Anweisender) weist eine zweite Person (Angewiesener) an, einer dritten Person (Anweisungsempfänger) eine Zahlung zu leisten. Es handelt sich um einen Begriff aus dem Privatrecht, den Simmel jedoch auf eine gesellschaftliche Ebene überträgt: Es ist die Weiterverwertbarkeit des Geldes, die durch „eine Anweisung auf die Leistungen anderer" (463) sichergestellt werden soll. Angewiesen wird hier folglich keine Zahlung, sondern die Akzeptanz des Geldes im Tausch für Leistungen oder Waren. Als Angewiesener fungiert keine Bank, die die Zahlung vornimmt, sondern jede Person, die am Geld- und Warenverkehr teilnimmt und als Gegenwert für ihre Waren Geld akzeptieren soll. Anweisungsempfänger ist nicht der Empfänger der Zahlung, sondern derjenige, der für sein Geld die gewünschten Waren erhält. Mit dieser Anverwandlung des privatrechtlichen Begriffs der Anweisung beschreibt Simmel somit die von jedem geldwirtschaftlichen Tausch vorausgesetzte und mitgeführte normative Forderung, Geld als Äquivalent von Waren zu akzeptieren. Zusammenfassend formuliert er, dass „alles Geld nur eine Anweisung auf die Gesellschaft ist; es erscheint gleichsam als ein Wechsel, in dem der Name des Bezogenen nicht ausgefüllt ist, oder auch: in dem die Prägung die Stelle des Akzeptes vertritt." (213) Diese Beschreibung findet bis in Formulierungen hinein Vorbilder in der ökonomischen Literatur der Zeit (vgl. in der Kritik an Macleod Knies 1885, 218). Wenn Simmel von einer „Anweisung auf die Gesellschaft" spricht, dann interessieren ihn aber über die normative Forderung nach der Akzeptanz des Geldes hinaus die mit ihr verbundenen Impulse zur Vergesellschaftung.

Simmels Erörterungen der „Anweisung auf die Gesellschaft" erweisen sich als entscheidend für sein Verständnis der Form der Vergesellschaftung im Zusammenhang mit der Symbolwerdung des Geldes. Wenn das Geld sich einer reinen Funktion nähern soll und seine Verkörperungen mehr und mehr reine Symbole werden, dann muss sich nämlich eine „soziologische Konstellation" etablieren, in der die Akteure, noch bevor und während sie in Tauschakten miteinander interagieren, über das sie tragende Vertrauen und in der an sie ergehenden Anweisung auf den Wirtschaftskreis selbst bezogen sind: „Das gemeinsame Verhältnis von Geldbesitzer und Verkäufer zu einem sozialen Kreise – der Anspruch jenes an eine in diesem Kreise zu prästierende Leistung und das Vertrauen des anderen, daß dieser Anspruch honoriert werden wird – ist die soziologische Konstellation, in der sich der Geldverkehr im Gegensatz zum Naturalverkehr vollzieht." (214) Für das genaue Verständnis dieser soziologischen Konstellation der Symbolwerdung des Geldes ist aber die Antwort auf die Frage entscheidend, was unter diesem „sozialen Kreise" zu verstehen sei.

Im Zusammenhang mit der „Garantie für die Weiterverwertbarkeit des Geldes" bezieht sich Simmel zwar gelegentlich auf die „Gesamtgruppe" (217) oder „soziale Gesamtheit" (213). Da er jedoch stets strikt vermeidet, die Gesellschaft als eigene Entität zu hypostasieren, kommt es für Simmel kaum in Frage, solche Gesamtheiten verantwortlich zu machen für die Anweisung, Geld als Äquivalent für Waren zu akzeptieren. Die Rede von Anweisung lässt jedoch unwahrscheinlich erscheinen, dass es eines Anweisenden gar nicht bedarf (weil zum Beispiel mit dem Geld auch die normative Forderung seiner Akzeptanz zirkuliert und die Teilnahme am Geldverkehr zugleich die Fügung in diese Forderung bedeutet). Simmel lässt deshalb an der Stelle fragwürdiger „Gesamtheiten" ihre „Vertreter" oder „Herrscher" (218) die Anweisung aussprechen, die für den Geldverkehr unabdingbar ist, und bezieht sich ebenso auf die „Regierung" (213), „politische Zentralgewalt" (225) oder ein „objektives Organ", das „wirklich den Interessenkreis in sich vertritt oder zum Ausdruck bringt" (222). Anders gesagt erfordert die Funktion des Geldes eine „Zentralmacht" (213), die allein Geld emittieren und zugleich die Anweisung erteilen kann, die seine Weiterverwertbarkeit garantieren soll.

Infolgedessen zeichnet sich die soziologische Konstellation der Symbolwerdung des Geldes durch ihre Zentralisierung aus, da alle Akteure im sozialen Kreise der Geldwirtschaft zuallererst auf eine Zentralmacht bezogen sind: „das Fundament und der soziologische Träger jenes Verhältnisses zwischen den Objekten und dem Gelde ist das Verhältnis der wirtschaftenden Individuen zu der Zentralmacht, die das Geld ausgibt oder garantiert." (213) Da es Simmel nicht um eine fixe soziologische Konstellation geht, die einem „idealen Geld" entsprechen würde, sondern um den Prozess der Symbolwerdung des Geldes und dem gleichzeitigen Wandel der Vergesellschaftung, ist dieser Befund allerdings dahingehend zu präzisieren, dass Geld eine solche Zentralisierung ebenso sehr fortwährend hervorbringt, wie es sie voraussetzt. So „ergibt sich unmittelbar als Ursache wie als Wirkung der soziologischen Stellung des Geldes, daß es die Beziehungen zwischen der Zentralgewalt der Gruppe und ihrer einzelnen Elemente zahlreicher, stärker und enger machen muß, weil eben jetzt die Beziehungen dieser Elemente untereinander gleichsam durch jenes hindurchgeleitet werden." (225) Wohin auch immer Geld vordringt, trägt es demnach zu einer Zentralisierung der sozialen Strukturen bei.

Es bleibt anzumerken, dass sich diese Beschreibung der Symbolwerdung des Geldes und der mit ihr einhergehenden Vergesellschaftung zunächst auf einen „Wirtschaftskreis" bezieht. Jenseits dieses Kreises, wo die „Wiederverwertbarkeit" des Geldes wie zum Beispiel im Außenhandel nicht garantiert werden kann, kann der Substanzwert der Geldzeichen daher durchaus erforderlich bleiben (vgl. 218–221). Jedoch sieht Simmel darin lediglich einen vorläufigen Zustand. Denn er geht davon aus, dass die Geldwirtschaft prinzipiell auf eine „Vergrößerung des Wirtschaftskreises" (220) abzielt und der Substanzwert daher auch seine Bedeutung für den Verkehr zwischen verschiedenen Wirtschaftskreisen verlieren wird: Die „immer wachsende Verbindung und Vereinheitlichung immer größerer Kreise ist die Grundlage dafür, daß der Substanzwert des Geldes immer geringer werden und immer vollständiger durch seinen Funktionswert ersetzt werden kann" (221). Die Vergesellschaftung, die nach Simmel mit der Symbolwerdung des Geldes einhergeht, macht somit nicht Halt an den Grenzen eines Wirtschaftskreises. Simmel scheint so auf das vorzugreifen, was heute unter dem Schlagwort der Globalisierung diskutiert wird. Jedoch sollten anders als bei Hankel (vgl. Hankel 2003) beispielsweise umso mehr die Differenzen im Auge behalten werden. Simmels „Globalisierung" besteht nämlich wesentlich in einer Zentralisierung: „Die aufwärts gehende Entwicklung strebt in Wirklichkeit auf eine Vergrößerung – und was hier unmittelbar dazu gehört, auf eine Zentralisierung – der Organe und Potenzen, die die Geldwerte garantieren." (223) Anders gesagt sollen Simmels „immer größere Kreise" des Geldverkehrs einen „zentralisierten größten Sozialkreise" (224) hervorbringen und jedem „sehr vergrößerten, schließlich internationalen Kreis" sollen „die Züge" zukommen, „die ursprünglich nur geschlossene Gruppen charakterisierten" (220). Diese „Globalisierung" zeigt somit andere und überraschende Züge, weil Simmel die Vergrößerung des Wirtschaftskreises im Zusammenhang der Symbolwerdung des Geldes diskutiert und die mit ihr verbundene Vergesellschaftung vorrangig die Weiterverwertbarkeit des Geldes sicherstellen soll.

3 Die Dienste des Geldes und ihre Bedeutung für die Ökonomie (Kapitel 2.III)

Simmel hat im zweiten Kapitel zunächst die allgemeine Funktion des Geldes diskutiert, die er grundsätzlich als die des Tauschmittels versteht. Schließlich bezieht er im dritten Abschnitt aber auch andere spezifische Funktionen oder „Dienste" (vgl. 229) des Geldes ein, vom „Verkehrszweck" (vgl. 230–232) und der erhofften „Wertbeständigkeit" (vgl. 232–235) des Geldes über seinen „Meßdienst" (vgl. 235–237) bis hin zur „Mobilisierung" (vgl. 237–242) und „Kondensation" (vgl. 242–246) der Werte. Die Erläuterungen sind dabei reich an historischen Beispielen und können den Eindruck erwecken, Simmel ginge es vor allem darum, alle Funktionen des Geldes zu ergänzen, die in der ökonomischen Literatur behandelt und hinsichtlich ihrer geldtheoretischen Bedeutung kontrovers diskutiert wurden. Bei genauerer Betrachtung zeigt sich jedoch, dass Simmel anhand dieser Funktionen nicht nur die „steigende Bedeutung der Geldfunktion" (229) für die moderne Ökonomie nachzuweisen sucht. Er erweitert auch den Funktionswert um die „Funktionsbedeutung des Geldes" (232), die sich unter anderem in der Diskussion des Verkehrszwecks und der Wertbeständigkeit statt auf die ideale Funktion auf die praktische Bedeutung des Geldes für das alltägliche Wirtschaftsleben bezieht. Diese Verschiebung des Werts des Geldes ins Pragmatische verdient umso mehr Aufmerksamkeit, als Simmel ihr letztlich eine idealistische

Wendung zu geben versucht, wie ich im Schlussteil dieses Beitrags vor allem mit Blick auf Simmels Behandlung der Mobilisierung und Kondensation der Werte zu zeigen versuchen werde.

Die Verschiebung des Begriffs des Funktionswerts zeigt sich besonders deutlich in der Diskussion des Verkehrszwecks des Geldes, also der Aufgabe, Tauschakte zu ermöglichen und Waren in Verkehr zu bringen. Wie Simmel herausarbeitet, spielt dabei die Stückelung von Münzen und Scheinen eine wesentliche Rolle, weil nur die einfache Verfügbarkeit von Einheiten mit geringem Nominalwert sicherstellt, dass „das Tauschmittel für die kleineren Bedürfnisse des Tages" (231) stets zur Hand ist. Die praktische Bedeutung von kleinen Münzen kann so dazu führen, dass ihr Wert sich vom Substanzwert weitestgehend entkoppelt, wie Simmel an eindrücklichen historischen Beispielen illustriert. Dass der Wert des Geldes dabei weit über den Substanzwert hinaus steigen kann, spitzt Simmel in Formulierungen wie der „Umkehrung" oder „Überwucherung" (231) des Substanzwerts zu: „Die funktionelle Zweckmäßigkeit des Geldes ist hier über seinen Substanzwert bis zur Umkehrung seiner Bedeutung hinausgewachsen." (231)

Es mag an dieser Stelle bereits altvertraut klingen, dass es nicht der Substanzwert ist, der den Wert des Geldzeichens bestimmt. Deshalb soll eigens unterstrichen werden, dass Simmel dies aber nicht wie zuvor mit dem Bezug auf die ideale Funktion, sondern die „funktionelle Zweckmäßigkeit des Geldes" (231) begründet. Wenn es aber die praktischen Relevanzen des alltäglichen Verkehrs sind, die eine Steigerung des Werts herbeiführen, dann überformen sie sowohl den Substanzwert als auch den rein symbolischen Wert der Geldzeichen: „die geringste Münze ist eben für den Verkehr die wichtigste und wird ausschließlich nach dieser Wichtigkeit gewertet" (231). Ähnlich zeigt Simmel anhand der „Wertbeständigkeit", dass gewisse Münzen ihren Substanzwert „umkehren" können, weil sie als beständig gelten (vgl. 232f.). Auch hier wird der Funktionswert eines Geldzeichens mit Bezug auf ihre praktische Bedeutung und Wichtigkeit für die in die Praxis des Wirtschaftens involvierten Akteure bestimmt. Der Wert des Geldes begründet sich in der ökonomischen Wirklichkeit somit nicht allein in seiner idealen Funktion und theoretischen Verhältnissen von Teil und Ganzem von Waren und Geld, sondern in den praktischen Erfordernissen der alltäglichen Tauschakte und den praktischen Belangen der beteiligten Akteure.

Diese pragmatische Auffassung des Funktionswerts vollzieht sich in erster Linie in der Diskussion des „Verkehrszwecks" (230) und der „Wertbeständigkeit" (232) des Geldes. Sie bleibt aber keineswegs eine Episode, da sie am Ende des Kapitels wieder aufgegriffen wird. Das zeigt sich insbesondere an den dort gebildeten Analogien. Das Geld scheint wie eine Eisenbahn den „Austausch von Objekten" (249) zur Aufgabe zu haben und soll wie das Litermaß die „Funktion des

Messens" (251) erfüllen. Simmel legt so nah, vom „‚Gebrauchswert'" (251) des Geldes oder seiner „Nützlichkeit" (249) zu sprechen. Er greift damit seine pragmatische Auffassung des Werts des Geldes auf, die er in der Diskussion des Verkehrszwecks eingeführt hatte, stellt sie nun jedoch ins Zentrum, wenn er beispielsweise behauptet, dass Geld wie eine Eisenbahn unabhängig vom Wert seiner Substanz oder des Materials einen „reellen Wert" (248) habe. Denn diese Analogie zielt doch kaum auf den rein funktionalen Wert von Geldzeichen ab, den die Eisenbahn nicht hat. Vielmehr scheint sie zu besagen, dass die Geldfunktion wie die Eisenbahn eine „reellen Wert" in dem Sinne hat, dass sie die Ökonomie befördert und sie sich in der Praxis des Wirtschaftens als „nützlich" und „wertvoll" erweist.

Es drängt sich daher förmlich auf, zwei Auffassungen des Werts des Geldes zu unterscheiden, die beide unabhängig sind vom Substanzwert der Geldzeichen und den praktischen Nutzen der Geldfunktionen für die Ökonomie oder den theoretischen Wert von Geldzeichen auf der Grundlage der idealen Funktion des Geldes bezeichnen. Eine solche begriffliche Unterscheidung bedeutet nicht, die Abhängigkeiten der beiden Begriffe in der Funktion des Geldes zu leugnen. Anders als bei der Eisenbahn oder beim Litermaß hängt der praktische Nutzen der Geldfunktion nämlich davon ab, dass die Geldzeichen einen funktionalen Wert haben und dadurch zuallererst den „Austausch von Objekten" (249) bewirken können. Simmels viel zitierter Satz: „Freilich kann es [das Geld] zunächst die Geldfunktion ausüben, weil es ein Wert ist; dann aber wird es ein Wert, weil es sie übt." (248 f.) lässt sich durchaus in dieser Hinsicht verstehen. Zwar scheint er sich prima facie auf den idealen Funktions- und den Substanzwert der Geldzeichen zu beziehen und also lediglich zu wiederholen, dass sich die Geldfunktion in ihren Anfängen nur mit Hilfe des Substanzwerts etablieren konnte, der Wert der Geldzeichen sich aber schließlich durch ihre ideale Funktion bestimmt. Er kann jedoch auch auf das Verhältnis von idealer Funktion des Geldes und ihrem pragmatischen Nutzen bezogen werden und wäre dann wie folgt zu reformulieren: Geld kann seine Funktionen (wie den Austausch von Waren) nur erfüllen, insofern sich der Wert der Geldzeichen funktional bestimmt, dann zeigt sich sein praktischer Nutzen jedoch umso mehr, als seine Funktionen das Wirtschaftsleben durchdringen und die Geldwirtschaft ausweiten. Diese Interpretation mag gewagt sein, es zeichnet sich aber auch an anderen Stellen ab, dass Simmel den funktionalen Wert der Geldzeichen als Bedingung des praktischen Nutzens der Geldfunktion betrachtet.

Besonders deutlich wird dies in seiner Argumentation, dass der gesteigerte Nutzen des Geldes in der modernen Ökonomie abhängt von der Verringerung des funktionalen Werts der Geldzeichen. Simmel beobachtet nämlich, dass der Wert einzelner Geldeinheiten immer weiter gefallen sei (beispielsweise verringerten sich die Nominalbeträge von Münzen und die Zinssätze), und sieht darin eine „unmittelbare Bedingung" oder gar „direkte Versursachung" (248) dafür, dass die Geldfunktion den Alltag immer mehr durchdringen und sie damit ihren praktischen Nutzen unter Beweis stellen kann. In diesem Sinne ist auch die viel zitierte Formulierung zu verstehen: „je weniger das einzelne Geldquantum wert ist, desto wertvoller ist das Geld überhaupt. Denn nur dadurch, daß das Geld so billig, jede bestimmte Summe seiner so viel wertloser geworden ist, kann es diejenige allgemeine Verbreitung, rasche Zirkulation, überall hindringende Verwendbarkeit gewinnen, die ihm seine jetzige Rolle sichert." (236) Um diese Abhängigkeit zu formulieren, bietet es sich an, zwei Begriffe des Werts zu unterscheiden, da der *praktische Nutzen der Geldfunktionen* offenbar im Zuge der Verringerung des *funktionalen Werts der einzelnen Geldzeichen* steigen soll. Simmel führt diese Unterscheidung aber zumindest explizit nicht ein und es spricht einiges dafür, dass er sie auch implizit keineswegs vornimmt, was einige begriffliche Unschärfen zur Folge hat. Signifikant ist in dieser Hinsicht, wie Simmel die erwähnte Abhängigkeit mit Hilfe einer anderen Unterscheidung fasst: Er unterscheidet das Ganze, d.i. die Geldfunktion, und seine Teile, d.i. die Geldzeichen. Ihre Abhängigkeit soll dann ein Beispiel für den „sehr weit erstreckten Typus" sein, bei dem „der Wert eines Ganzen sich in demselben Verhältnisse hebt, in dem der seiner individuellen Teile sinkt" (247). Diese Gesetzlichkeit scheint mir allerdings irreführend, solange nicht deutlich gemacht wird, dass der Wert des Einzelnen und der Wert des Ganzen zwei unterschiedliche Begriffe des Werts voraussetzen.

Simmel unterscheidet diese verschiedenen Begriffe des Werts nicht, sondern überlagert sie einander und identifiziert sie mitunter geradezu: „die Funktionen, in die das Geld sich auflöst, [sind] selbst wertvolle [. . .], wodurch ihm ein Wert zuwächst, der beim Metallgeld ein additioneller, beim Zeichengeld der einzige ist" (248). Eine solche Behauptung scheint zumindest irreführend. Denn der Wert, der „beim Zeichengeld der einzige ist", sollte doch der funktionale Wert des „bloßen Zeichens und Symbols" (139) sein. Und insofern das „Metallgeld" anders als das „Zeichengeld" über einen Substanzwert verfügt, mag man in diesem Fall auch eher unpräzise davon sprechen, dass hier der funktionale Wert lediglich hinzukomme. Als „wertvoll" bezeichnet Simmel die Funktionen des Geldes auf den letzten Seiten des Kapitels dagegen in dieser Hinsicht, dass sie sich als praktisch nützlich erweisen, dass sie Tausch anregen, Waren in Verkehr bringen und durch die feinporige Durchdringung des Alltagslebens zu einer umfassenden Durchsetzung der Geldwirtschaft beitragen. Das Geld mag wertvoll in diesem Sinne sein können, weil es den Wert seiner Zeichen rein funktional bestimmt. Sein pragmatischer Wert ist deshalb jedoch nicht gleichzusetzen mit dem funktionalen Wert der Geldzeichen.

Indem Simmel diese beiden Begriffe des Werts überlagert, statt sie zu unterscheiden, nimmt er unter der Hand eine Verschiebung des Funktionswerts des Geldes vor, die in der theoretischen Bestimmung des rein funktionalen Werts von Geldzeichen zu Beginn des Kapitels ihren Ausgangspunkt hat und in dem pragmatischen Wert der Geldfunktionen am Ende des Kapitels ihr Ziel. Es stellt sich jedoch die Frage, worin diese Verschiebung des Funktionswerts des Geldes ins Pragmatische ihre Pointe hat. Einen wichtigen Hinweis bietet Simmels Rede von den „wertvollen" Funktionen des Geldes. Als wertvoll hatte Simmel im ersten Kapitel nämlich zuallererst die Gegenstände bezeichnet, die einem Subjekt wegen seiner Bedürfnisse und Begehren als wertvoll erscheinen (vgl. 32–35). Am Ende des zweiten Kapitels geht es Simmel um einen ähnlichen Prozess, nun jedoch mit Bezug auf den praktischen Wert der Geldfunktionen. Simmel behauptet nämlich, dass dieser praktische Nutzen unser „Wertempfinden" (252) erregt und einen Anlass bietet für unsere „Wertung" (253) und „Schätzung" (253) der Geldfunktion. Die Verschiebung des Werts des Geldes ins Pragmatische findet ihre Pointe folglich darin, unser „Wertempfinden" zu wecken und es statt einzelnen Objekten der allgemeinen Funktion des Geldes zuzuwenden.

Nach Simmels Einschätzung trägt das Geld damit zu der bedeutsamen „geistesgeschichtlichen Tendenz" (251) bei, dass sich unser „Wertempfinden" vermehrt auf allgemeine Formen und Funktionen bezieht, wie die „religiösen Stimmung", die „Kunstform", die „Erkenntnis" (252) – oder eben die Funktion des Geldes: „Die Schätzung, welche anfangs den in bestimmter Weise funktionierenden Stoff als Einheit betraf, differenziert sich, und während das Edelmetall als solches immer weiter geschätzt wird, gewinnt nun auch seine Funktion [...] eine besondere und selbständige Wertung." (253) „Wertung" ist hier somit nicht wie im ersten Kapitel ein psychologischer Prozess, der auf der Grundlage von Bedürfnissen und Begehren Objekte auszeichnet, sondern bezieht sich wie im Vorwort der *Philosophie des Geldes* auf das „geistige Leben" und sein Bemühen um ein „Weltbild" (9). Entsprechend sieht Simmel in dem Prozess, dass „die Form oder Funktion sich zu einem selbständigen Werte für uns entwickel[t]" (253), nichts weniger als eine kritische Wendung gegen den „modernen naturalistischen Geist" sowie seine „Betonung des Einzelnen" (252). Mehr noch wähnt er hier eine Tendenz zur Wiederbelebung des „Gefühls für die Bedeutsamkeit des Allgemeinen, das einst in Plato seinen Höhepunkt erreichte" (252). Die Wendung des Werts des Geldes ins Pragmatische hat ihre Pointe so in einer positiven Wertung und Einsicht in die Bedeutung des Allgemeinen, die in Platon ihren Patron finden soll und im Idealismus ihren Ausdruck findet. Diese Pointe kann durchaus überraschen, stellt aber in gewisser Weise den Schlusspunkt einer Auseinandersetzung mit Platonismus und Idealismus dar, die das zweite Kapitel geradezu durchzieht. Da diese Auseinandersetzung insbesondere für die Frage nach der

Funktion des Geldes und ihres symbolischen Charakters von wesentlicher Bedeutung ist, soll sie abschließend behandelt werden.

4 Schluss: Simmels Auseinandersetzung mit dem Idealismus – Geld und Symbol

Die Auseinandersetzung mit Platonismus und Idealismus im zweiten Kapitel der *Philosophie des Geldes* lässt sich grob in drei Stationen nachzeichnen und in Schlagworten charakterisieren: Sie geht von der Kritik an einem theoretischen Idealismus der Werte aus, gewinnt daraus einen regulativen Idealismus der Geldfunktion und gelangt schließlich zu einem praktischen Idealismus der ökonomischen Wirklichkeit.

Ein erstes Mal bezieht sich Simmel auf den Platonismus, nachdem er argumentiert hat, dass der Wert eines Geldzeichens schon deshalb niemals rein funktional ist, weil der Verzicht auf den Gebrauchswert seiner Substanz in ihn eingeht. Es ist diese Verflechtung der Funktion des Geldes und des Gebrauchswerts der Dinge, die Simmel durch die Kritik am Platonismus unterstreichen möchte. Er glaubt nämlich eine Art wert- und geldtheoretischen Wiedergänger der „höchst merkwürdigen Vorstellung [. . .], die der platonischen Ideenlehre zum Grunde liegt" (180), zu erkennen, wo zweierlei angenommen wird: Erstens bilden „ökonomische Werte" nach dem Vorbild von Platons Ideenlehre eine „Welt für sich, die die Konkretheit der Objekte nach eigenen, in diesen selbst nicht gelegenen Normen gliedert und rangiert" (181); zweitens hätte das Geld dann lediglich zur Aufgabe, die schon ideell bestimmten „Werte" wiederzuspiegeln: „Die Welt der Werte, die über der wirklichen Welt, scheinbar zusammenhangslos und doch unbedingt beherrschend, schwebt, würde im Geld die ‚reine Form' ihrer Darstellung gefunden haben." (181)

Einen solchen Idealismus des Werts hält Simmel für falsch. Die „ökonomischen Werte" aus der ökonomischen Wirklichkeit herauszulösen, um sie ihr als ein unabhängiges Reich vorzuordnen, und zudem die Funktion des Geldes darauf zu reduzieren, diese Werte lediglich wiederzuspiegeln, blendet aus, dass auch die ideale Funktion des Geldes verflochten ist mit dem Gebrauchswert der Dinge. Ein solcher Idealismus verkehrt die ökonomische Wirklichkeit in ihre theoretische Idealisierung und lässt vergessen, was diese Wirklichkeit ausmacht (vgl. 181). Denn ökonomische Werte bilden und objektivieren sich durch den Tausch von Dingen, die wir im Bezug zu unseren Bedürfnissen oder Begehren als wertvoll erachten. Die Tauschakte werden dabei durch die Funktion des Geldes vermittelt und befördert, wozu die Geldzeichen der „Koordination mit den Dingen, die an und für sich wertvoll" (180) sind, bedürfen. Dinge, Geldzeichen und ökonomische Werte sind in der Praxis des Wirtschaftens unauflösbar verflochten, so dass die ökonomische Wirklichkeit und die tatsächliche Funktionsweise des Geldes aus dem Blick geraten, wenn diese Verflechtungen gewaltsam zerschnitten werden.

Simmels Auseinandersetzung mit Platonismus und Idealismus endet jedoch nicht mit dieser Kritik, letztere bildet vielmehr den Ausgangspunkt für eine komplexe Anverwandlung von idealistischen Positionen. Ein erster wichtiger Schritt ist, dass Simmel den theoretischen Idealismus des Werts zwar ablehnt, ihn aber in einen regulativen Idealismus überführt und in dieser Gestalt übernimmt. Was Simmel als theoretische Grundlage der Geldfunktion verwirft, stellt er nämlich im direkten Anschluss als sinnvolles regulatives „Ideal" der Entwicklung der Geldfunktion dar: „Dieser Charakter des reinen Symbols der ökonomischen Werte ist das Ideal, dem die Entwicklung des Geldes zustrebt, ohne ihn je völlig zu erreichen" (181f.). Dieses Ideal spielt in Simmels Erörterungen in der Folge jedoch eine doppelte Rolle, die genauer betrachtet werden muss. Simmel nutzt es nicht nur als historiographisches Schema, um die Richtung der Entwicklung der Geldfunktion anzugeben und das historische Material in eine schlüssige Ordnung zu bringen. Das Ideal des „reinen Symbols" hat bei Simmel auch eine erkenntnistheoretische Funktion. Sie besteht zum einen darin, falsche Verständnisse von Geld auszuräumen und einen Begriff des Geldes festzulegen, der die ökonomische Wirklichkeit zu erschließen hilft. Zum anderen dient Simmel das Ideal ganz im Sinne seiner Kritik am theoretischen Idealismus der Werte aber auch als eine Kontrastfolie, vor der die Praxis des Wirtschaftens in der ihr eigenen Wirklichkeit scharf hervortreten kann. In diesem Sinne hatte er darauf beharrt, dass der Substanzwert der Geldzeichen niemals gänzlich zugunsten ihres Funktionswerts aufgelöst werden darf, weil die Funktion des Geldes in der Praxis ohne den Substanzwert nicht sicherzustellen wäre. Das regulative Ideal der Symbolwerdung des Geldes hat also die erkenntnistheoretische Pointe, dass die ökonomische Wirklichkeit als solche nur im Kontrast zum Ideal des reinen Geldes hervortreten kann: „So bleibt der reine Begriff des Geldes: als der bloße, jedem Eigenwert fremde Ausdruck des gegenseitig gemessenen Wertes der Dinge – völlig gerechtfertigt, obgleich die historische Wirklichkeit immer nur als Herabsetzung dieses Begriffs vermittels des entgegengesetzten, des Eigenwertbegriffes des Geldes, auftritt. Unser Intellekt kann nun einmal das Maß der Realität nur als Einschränkung reiner Begriffe ergreifen und begreifen, die sich, wie sie auch von der Wirklichkeit abweichen, durch den Dienst legitimieren, den sie der Deutung dieser leisten." (197f.) Anders gesagt muss die Differenz zwischen der idealen Funktion und der Funktionsweise des Geldes in der ökonomischen Wirklichkeit auch deshalb aufrechterhalten werden, weil die Rolle des Geldes in der Praxis des Wirtschaftens sich gerade dort zeigt, wo es von seinem reinen Funktionsbegriff und sein tatsächlicher Wert von seinem rein funktionalen Wert abweicht.

Die dritte Station von Simmels Auseinandersetzung mit Platonismus und Idealismus besteht nun darin, die Differenz von Ideal und Wirklichkeit nicht nur erkenntnistheoretisch zu verstehen, sondern auch als Herausforderung der Wirklichkeit und ihrer Entwicklung. Denn auch wenn Geld in der Praxis des Wirtschaftens oft anders funktioniert, als es seine ideale Funktion vorsieht, soll es sich in seiner Entwicklung doch diesem regulativen Ideal annähern. In diesem Sinne sieht Simmel in der Abweichung der ökonomischen Wirklichkeit vom Ideal des reinen Geldes auch den Ort, wo „das Ideal überhaupt erst in die Wirklichkeit eintreten kann" (197). Das Ideal des Geldes ist so nicht nur eine erkenntnistheoretische Kontrastfolie zur Erfassung der Wirklichkeit, sondern bezeichnet den Ausgangspunkt eines praktisch gewendeten Idealismus, der das Ideal als Impuls und Prozess einer Idealisierung begreift, der in der ökonomischen Wirklichkeit seinen Ort haben und in ihr zugleich sein Material finden soll.

Ein solch praktisches Verständnis des regulativen Ideals und seiner Entwicklung in der Wirklichkeit selbst erinnert nicht so sehr an Platon als an den Deutschen Idealismus. Es ist vor diesem Hintergrund daher weniger überraschend als bei der ersten Lektüre, dass Simmel vor allem in seiner Diskussion der verschiedenen Funktionen oder „Dienste" des Geldes Anleihen an den Deutschen Idealismus erkennen lässt. Er lässt seine materialreichen und mitunter recht abschweifenden Ausführungen zu den Funktionen des „Meßdiensts" (vgl. 235–237), der „Mobilisierung" (vgl. 237–242) und der „Kondensation" der Werte (vgl. 242–246) nämlich auf eine „steigende Vergeistigung des Geldes" (246) hinauslaufen, die an den Deutschen Idealismus erinnert. Ein zentraler Aspekt dieser Vergeistigung des Geldes ist die teilweise oder vollständige Loslösung seiner Funktionen von ihrer Verkörperung und der materiellen Präsenz einzelner Geldzeichen. Diese Loslösung bahnt Simmels Deutung der Aufgabe der „Mobilisierung der Werte" (237) an. Denn diese Funktion hängt in verschiedenen Hinsichten nicht primär von materiellen Geldträgern ab. Wie Simmel betont, ergänzen moderne Formen von „Geldsurrogaten" wie „Checks, Wechsel, Warrants, Giro" (238) das an materielle Träger gebundene Geld und tragen wesentlich zu seiner Mobilisierung bei. Entscheidend ist jedoch, dass Geld mehr und mehr Werte umzusetzen vermag, je reibungsloser es zirkuliert, was aber nicht zuallererst durch die „Vermehrung" (240) der materiellen Träger des Geldes zu erreichen ist, sondern durch die „Vermehrung seiner Umlaufgeschwindigkeit" (240). Somit mobilisiert Geld durch seine Geschwindigkeit und gewinnt dabei eine Präsenz jenseits seiner substantiellen Träger: „In normalen Zeiten läßt die Schnelligkeit der Zirkulation seine Substanz viel ausgedehnter erscheinen, als sie in Wirklichkeit ist – wie ein glühendes Fünkchen, das im Dunkeln rasch im Kreise bewegt wird, als ein ganzer glühender Kreis erscheint, – um in dem Augenblick, wo seine Bewegung aufhört, sofort wieder in seine substanzielle Minimität zusammenzuschmelzen." (240) Wie dieser Vergleich deutlich macht, werden Werte auch durch eine virtuelle Präsenz des Geldes mobilisiert, die nahezu unabhängig scheint von der Fassbarkeit seiner materiellen Träger. Diese virtuelle Präsenz erfüllt die Funktion der Mobilisierung der Werte so gut, dass es schließlich möglich scheint, das zirkulierende Geldquantum vollkommen „durch seine Bewegung zu ersetzen" (240f.).

Dieses spannungsvolle Verhältnis zwischen der Funktion des Geldes und der Präsenz seiner Verkörperungen scheint geradezu gewaltsam aufgelöst zu werden, wenn Simmel in seiner Deutung der Funktionen der Kondensation und des Messens ökonomischer Werte die Möglichkeit ins Auge fasst, dass sie unabhängig von der Materialität der Geldzeichen werden können. Unter „Kondensation" versteht Simmel die Aufgabe, die „ökonomische Bedeutung" (242) jedes noch so komplexen Objekts durch seinen Preis zu bestimmen und damit beispielsweise den Wert eines Landguts mitsamt seinem räumlich wie zeitlich erstreckten Nutzen in einem einheitlichen und verdichteten Ausdruck zu fassen. Diese Funktion scheint auf den ersten Blick nicht sonderlich aufsehenerregend, Simmel verleiht ihr aber eine große historische Tragweite und eine erhebliche philosophische Bedeutung, wenn er sie mit der Funktion des Begriffs vergleicht (vgl. 242–246). Mit Blick auf die „Vergeistigung des Geldes" ist entscheidend, dass Simmel dabei die Ansicht vertritt, die „grundlegende Funktion" der Kondensation habe „gar keine innere Beziehung zu dem Gebundensein des Geldes an eine Substanz" (245) und sei „dem Wesen der Substanz heterogen" (242). Ähnlich hatte er schon zuvor anhand des Meßdiensts hervorgehoben, dass diese Funktion auch von reinen „Meßwährungen" (236f.) erfüllt werden könne, die ausschließlich der Bestimmung und Berechnung von Werten dienten, ohne gemünzt oder gedruckt zu werden. Hier wie in der Kondensation soll die „steigende Vergeistigung des Geldes" (246) wohl bedeuten, dass die Funktion des Geldes sich als Leistung eines Geistes erweisen soll, der in idealistischer Tradition für die Einheit des Begriffs verantwortlich zeichnet und sie gegen die Mannigfaltigkeit des Sinnlichen zur Geltung bringt. Jedenfalls formuliert Simmel dies für die Objektivierung der Werte im Tausch: „Den Werten bereitet die Wechselwirkung im Tausche diese geistige Einheit. Darum kann das Geld, die Abstraktion der Wechselwirkung, an allem Räumlich-Substanziellen nur ein Symbol finden, denn das sinnliche Außereinander desselben widerstrebt seinem Wesen. Erst in dem Maß, in dem die Substanz zurücktritt, wird das Geld wirklich Geld, d. h. wird es zu jenem wirklichen Ineinander und Einheitspunkte wechselwirkender Werteelemente, der nur die Tat des Geistes sein kann." (246)

Ausgehend von seiner Kritik am Platonismus scheint Simmel damit schließlich bei einem Idealismus von eher bescheidenem Reflexionsniveau angekommen zu sein. Denn die These einer reinen „Tat des Geistes", die im wirklichen Geld nur ihr äußerliches und ein ihr fremdes „Symbol" fände, erinnert an den Deutschen Idealismus und legt zugleich ein eher schlichtes Verständnis seiner Argumentationsfiguren nah. Mehr noch stellt sie einen Fremdkörper dar, der kaum in die *Philosophie des Geldes* integrierbar scheint. Wenn wir uns an das Ende des zweiten Kapitels und die dort behauptete Wertschätzung von allgemeinen Funktionen erinnern, dann lassen sich Simmels Anleihen an den Deutschen Idealismus vielleicht aber dahingehend interpretieren, dass sie dieser Wertschätzung Ausdruck geben sollen. Die höchste Wertschätzung der Formen drückt sich dann darin aus, dass wir die Funktion des Geldes als „Tat des Geistes" wahrnehmen. Sie weckt in uns gar die idealistische Hoffnung, dass sie letztlich „die stoffliche Realität des Singulären mit der Tiefe und Weite des Formal-Allgemeinen versöhne" (252). Diese Anleihen an den Deutschen Idealismus wären so vor dem Hintergrund von Simmels idealistischer Wendung des pragmatischen Werts der Funktionen des Geldes zu sehen. Denn es geht Simmel um nichts weniger als einen neuen „Sinn" für allgemeine Formen und Funktionen, der im philosophischen Idealismus durchaus einen angemessenen Repräsentanten findet. Dieser „Sinn" ist bei Simmel allerdings ein kulturphilosophisches Resultat der tatsächlichen Funktionen des Geldes, weil sie sich in der Praxis des Wirtschaftens als „wertvoll" erwiesen, unser „Wertempfinden" (252) eingenommen und unseren „Sinn" fürs Allgemeine wiedererweckt haben.

Eine solche Deutung von Simmels Auseinandersetzung mit dem Idealismus ist für das Verständnis der *Philosophie des Geldes* auch mit Blick auf den symbolischen Charakter des Geldes wichtig. Denn das Geld in der eigentümlich negativen Wendung der bereits zitierten Stelle lediglich als „nur ein Symbol" für die „Tat des Geistes" im „sinnlichen Außereinander" zu verstehen, will nicht so recht dazu passen, wie Simmel den Begriff des Symbols sonst gebraucht. Simmel versteht nämlich nicht nur einzelne Geldzeichen nach dem Paradigma der Rechenmarke als Symbole, was oben ausführlich diskutiert wurde. Er begreift in einem anderen Sinne auch die Funktion des Geldes selbst als ein Symbol. In der Vorrede hatte er die Bedeutung des Geldes bereits dahingehend erläutert, dass diese „Einzelheit sich nicht nur in den ganzen Umfang der geistigen Welt, tragend und getragen, verwebt, sondern sich als Symbol der wesentlichen Bewegungsformen derselben offenbart" (12). Auf den letzten Zeilen der *Philosophie des Geldes* greift er dieses Versprechen auf, wenn er Geld als „real wirksamen Träger wie das abspiegelnde Symbol" der „Formen und Bewegungen" des „sozialen und des subjektiven Lebens" (716) bezeichnet.

Dieser anspruchsvolle Begriff des Symbols, der um 1900 oft mit der enthusiastischen Rezeption Goethes verbunden ist, hat mehrere Aspekte (vgl. auch Schlitte 2012, 202–211, 335–337). Ein solches Symbol bezeichnet nicht auf der Grundlage seiner eigenen Funktionalität etwas, mit dem es selbst nichts zu tun hat. Vielmehr soll es insofern ein umfassenderes und sich entwickelndes Ganzes zum Ausdruck bringen können, als es daran Teil hat. Es soll so meist in sich anschaulich werden lassen, was wie jenes umfassende Ganze selbst nicht erfahrbar ist. Es ist dieser Symbolbegriff, der Simmels eigenen Zugriff auf das Phänomen des Geldes beschreibt. Geld ist nicht „nur ein Symbol" für die „Tat des Geistes". Es hat Teil an den „kulturphilosophischen Zusammenhängen" (199) der Moderne und lässt sie in sich erfahrbar und anschaulich werden. Jedoch ist es entscheidend für Simmel, dass das Geld diese sich entwickelnden Zusammenhänge nicht allein wiederspiegelt. Es hat nämlich auch dahingehend Anteil an ihnen, dass es zugleich ihr „real wirksamer Träger wie das abspiegelnde Symbol" (716) ist. Es zeigt sich somit als reale Kraft zur Idealisierung der Wirklichkeit, die sich keineswegs auf die Ökonomie beschränkt. Vielmehr soll sie charakteristisch sein für die Tendenzen der Moderne und einen neu zu erweckenden Sinn für das Allgemeine. Geld ist damit ein Symbol für eine Idealisierung, die in ihrer Wirklichkeit nur dann fassbar ist, wenn die Wirklichkeit nicht von vornherein mit ihrer Idealität verwechselt wird.

Literatur

Frerichs, Klaus (1993): Die Dreigliedrigkeit der Repräsentanz. Ein Beitrag Georg Simmels zur Semiotik des Geldes. In: Jeff Kintzelé/ Peter Schneider (Hrsg.): Georg Simmels Philosophie des Geldes. Frankfurt a. M., 264–276.

Haesler, Aldo J. (1993): Das Ende der Wechselwirkung – Prolegomena zur einer „Philosophie des (unsichtbaren) Geldes". In: Jeff Kintzelé/ Peter Schneider (Hrsg.): Georg Simmels Philosophie des Geldes. Frankfurt a. M., 221–263.

Hankel, Wilhelm (2003): Simmel und das moderne Geldwesen. In: Otthein Rammstedt (Hrsg.): Georg Simmels Philosophie des Geldes. Aufsätze und Materialien. Frankfurt a. M., 245–264.

Knies, Karl (1885): Das Geld. Darlegung der Grundlehren von dem Gelde, insbesondere der wirtschaftlichen und rechtsgiltigen Function des Geldes. Zweite verbesserte und vermehrte Auflage. Berlin.

Köbler, Ulrike (2010): Werden, Wandel und Wesen des deutschen Privatrechtswortschatzes. Frankfurt a. M.

Konersmann, Ralf (2003): Kulturphilosophie zur Einführung. Hamburg.

Menger, Carl (1892): Geld. In: Johann Conrad/ Ludwig Elster/ Wilhelm Lexis/ Edgar Leoning (Hrsg.): Handwörterbuch der Staatswissenschaften, Bd. 3: Edelmetalle – Gewerkschaft. Jena, 730–757.

Annika Schlitte
Kapitel 7
Die neue Kategorienlehre: Mittel und Zweck [Kap. 3.I und 3.II]

Das dritte Kapitel des analytischen Teils greift besonders viele Gedanken auf, die Simmel bereits in seinem frühen Text über die *Psychologie des Geldes* (1908; GSG 2, 49–65) entfaltet hat, der gewissermaßen die Keimzelle des späteren Buches darstellt. Der Text geht auf einen Vortrag zurück, den er 1889 in Gustav Schmollers staatswissenschaftlichem Seminar hielt und der ihm, so Schmoller in seiner Rezension (vgl. Schmoller 2003 [1901], 282), den Anstoß gab, das Projekt einer Monographie zum Geld zu verfolgen, die bis 1897 in den Briefen auch noch unter dem Titel einer „Psychologie des Geldes" firmierte. In einem Brief Simmels an Célestin Bouglé vom 22. Juni 1895 (GSG 22, 150) ist von der „Psychologie" die Rede, während er in einem weiteren Brief vom 07. Juni 1897 (GSG 22, 244) von einer „Philosophie des Geldes" spricht.

Durch die Arbeit an seiner Werttheorie ändert sich jedoch der Kontext, in den die psychologischen Überlegungen eingebettet sind. Wie Natàlia Cantó i Milà herausgearbeitet hat, sind so zwar die Themen der *Psychologie des Geldes* in der *Philosophie des Geldes* noch präsent, und auch die inhaltlichen Aussagen zu diesen Themen haben sich nicht wesentlich geändert, aber der methodologische Rahmen ist ein anderer geworden (vgl. Cantó i Milà 2005, 97–109). So finden wir fast alle in diesem Kapitel angesprochenen Punkte bereits in der *Psychologie des Geldes* – die Überlegungen zum geänderten Verhältnis von Mittel und Zweck, zu Geiz und Verschwendung als pathologische Folgen dieses geänderten Verhältnisses, zu den Kategorien Qualität und Quantität sowie zur Parallele zwischen dem Geld und der Gottesvorstellung. Dabei ist der frühere Text aber noch stärker evolutionistisch und psychologisch ausgerichtet und verfolgt einen subjektiven Ansatz in der Werttheorie, der später zugunsten einer Theorie der Herausbildung kultureller Formen mit objektiver Geltung relativiert wird. Schließlich ist auch ein bereits 1899 veröffentlichter Aufsatz *Ueber Geiz, Verschwendung und Armut* (1899; GSG 5, 529–542) in dieses Kapitel eingegangen.

Das dritte Kapitel schließt nun den analytischen Teil ab, der gemäß der von Simmel in der Vorrede entfalteten doppelten Aufgabe der Philosophie als Erkenntnistheorie und Metaphysik „das Geld aus denjenigen Bedingungen entwickeln [soll], die sein Wesen und den Sinn seines Daseins tragen" (10). Diese für das Verständnis des Geldes wesentlichen Voraussetzungen und Bedingungen sucht er insgesamt „in der seelischen Verfassung, in den sozialen Beziehungen, in der logischen Struktur der Wirklichkeiten und der Werte" (10). Nach den grundlegenden Überlegungen zu Wert und Wirklichkeit, zur Bildung des ökonomischen Wertes, der sozialen Funktion des Tausches und der theoretischen Entfaltung des relativistischen Weltbildes steht nun die Rolle des Geldes in praktischen Zusammenhängen im Zentrum, die durch Zweck-Mittel-Beziehungen charakterisiert werden. Das Geld wird hier aber auch in allgemeine kulturelle Entwicklungen eingeordnet, die sich für Simmel aus der Struktur des menschlichen Handelns ergeben. Auch wenn es im analytischen Teil eigentlich um die Voraussetzungen und Bedingungen geht, die das Geld ermöglichen, leitet das dritte Kapitel doch bereits zum synthetischen Teil über, indem es nicht nur die Voraussetzungen, sondern auch die psychologischen *Folgen* des Umgangs mit Geld erläutert. Auf diese Weise bildet es ein Scharnier zwischen dem analytischen und synthetischen Teil, weshalb auch manche der hier angesprochenen Phänomene im sechsten Kapitel über den *Stil des Lebens* wieder auftauchen.

Simmel geht in diesem Kapitel zuerst ganz allgemein vom „Gegensatz der kausalen und der teleologischen Denkrichtung" (254) aus. Wenn hier von Teleologie die Rede ist, meint Simmel zunächst die praktische Teleologie als Struktur des menschlichen Handelns, die er bereits einige Jahre zuvor in der *Einleitung in die Moralwissenschaft* (1892/1893) thematisiert hatte (vgl. das 7. Kapitel „Einheit und Widerstreit der Zwecke" in GSG 4, 284–389, bes. 284–331) und nicht die Frage nach Zwecken in der Natur. Jedoch erhält die Verbindung von Mittel und Zweck bei ihm neben der handlungstheoretischen auch eine kulturelle Dimension, wenn er – wie schon in der *Psychologie des Geldes* – das „Zweckbewußtsein der Menschheit" (GSG 2, 49) zum Gradmesser der Kultur erklärt.

Im Folgenden soll der Gedankengang des Kapitels systematisch in sechs Schritten rekonstruiert werden. Nach der Rolle der Zweck-Mittel-Zusammenhänge im menschlichen Handeln (1) steht eine kulturelle Entwicklung im Zentrum von Simmels Überlegungen (2), bei der erst die Zweck-Mittel-Ketten immer länger und komplexer werden und sich dann eine Verschiebung ereignet, im Zuge derer die Mittel zu Zwecken aufsteigen. Das paradigmatische Beispiel für diese Entwicklung ist das Geld, welches vom absoluten Mittel zum absoluten Zweck wird und so an die Stelle eines möglichen Endzwecks des Handelns tritt (3). Dass es dazu kommt, erläutert Simmel mit Blick auf die „Charakterlosigkeit" des Geldes und die reine Potentialität, die ihm einen Wert verleiht, der gerade aus seiner Funktion als scheinbar neutrales Tauschmittel erwächst. Indem es von den qualitativen Differenzen zwischen den Dingen ablenkt und diese auf quantitative reduziert, führt es insgesamt auch zu einer Fokussierung auf die Quantität, die für Simmel ein Kennzeichen der Moderne ist (4). Aus der aus diesen Merkmalen erklärlichen Attraktivität des Geldes lassen sich schließlich eine

Reihe von Pathologien im Umgang mit dem Geld ableiten, die in der Moderne besonders hervortreten (5). Am Schluss wird nach einer Zusammenfassung der Blick noch einmal auf die Relevanz der in diesem Kapitel entfalteten Gedanken für das weitere Werk ausgeweitet (6).

1 Zweck und Mittel als Struktur des Handelns: Kausalität, Teleologie und die Frage nach dem Endzweck

Im Bereich der Praxis zeigt sich der Gegensatz von Kausalität und Teleologie als Unterschied zwischen einfacher Triebbefriedigung und der bewussten Willenshandlung, bei der sich Zwischenstufen zwischen das Bedürfnis und seine Befriedigung schieben. Der Mensch ist für Simmel (ähnlich wie für Kant) als Naturwesen der natürlichen Kausalität unterworfen. Diese äußert sich in seinem Inneren in Form von Trieben, die auf die direkte Befriedigung eines Bedürfnisses abzielen, welche ohne Zwischenglieder erreicht wird. Anders verhält es sich beim Zweckhandeln: Hier motiviert die Vorstellung eines zu erreichenden Zwecks die Handlung, die aus der Beschaffung der geeigneten Mittel zur Herbeiführung des gewünschten Zwecks besteht (vgl. GSG 4, 326). Die kausale Denkrichtung bezeichnet in psychologischer Hinsicht also ein Handeln aus bloßem Trieb, die teleologische ein Handeln auf einen bestimmten Zweck hin.

Dabei ist die zeitliche Perspektive im Fall des Zweckhandelns eine andere als bei der Befriedigung des Triebs: „Wir empfinden uns hier gleichsam nicht von hinten getrieben, sondern von vorn gezogen." (254) Simmel spricht von einem „Kompetenzstreit zwischen Kausalität und Teleologie innerhalb unseres Handelns" (255), meint aber, dass beide Erklärungen miteinander vereinbar seien, insofern der Vorstellungsinhalt, der den Zweck ausmacht, selbst nicht direkt handlungsmotivierend wirkt, sondern die „reale [. . .] Kraft der Vorstellung bzw. ihres physischen Korrelats" (255), die von ihrem Inhalt zu trennen sei. Die Inhalte werden also zu Energien, die kausal wirksam werden, auch wenn Simmel die Kraft, die dabei am Werke ist, als „wissenschaftlich nicht näher formulierbare" (255) beschreibt. Er räumt daher die Möglichkeit ein, dass der Gegensatz zwischen kausaler und teleologischer Handlungsmotivation „nur ein solcher der Betrachtungsweise, sozusagen ein methodologischer ist" (257).

Im Gegensatz zur Kausalbeziehung, die aus Ursache und Wirkung besteht, fordert die Zweckbeziehung immer eine Vermittlung; sie ist „dreigliedrig", wo der Mechanismus nur „zweigliedrig" (258) ist. Das Mittelglied zwischen der Vorstellung eines Zwecks und seiner Verwirklichung ist das Mittel, weshalb Simmel sagen kann: „Der Zweck ist seinem Wesen nach an die Tatsache des Mittels gebunden" (257). Auf das Setzen eines Zwecks folgt also immer die Wahl der Mittel zur Erreichung dieses Zwecks, wobei die Auswahl der geeigneten Mittel auf das Wissen über Ursache-Wirkungs-Zusammenhänge angewiesen ist. An diesem Punkt sind schließlich Theorie und Praxis verknüpft: Ich muss wissen, was ein Mittel bewirkt, um es zu einem bestimmten Zweck einsetzen zu können.

Die dreigliedrige Reihe – Vorstellung eines Zwecks – Mittel zum Erreichen dieses Zwecks – Erreichen des Zwecks – ist nun dadurch beliebig erweiterbar, dass der erreichte Zweck selbst wieder das Mittel zum Erreichen eines weiteren Zwecks werden kann usw. Zweck und Mittel sind also relative Begriffe, weshalb man sagen kann, „daß es nur auf den Standpunkt ankommt, ob man ein teleologisches Moment als Mittel oder als Zweck gelten lassen will" (304).

Aus dieser Struktur ergibt sich nun die Frage, inwiefern diese Reihe jemals zum Abschluss kommt, und ob es Zwecke gibt, die ihrerseits nicht mehr Mittel werden können, also „Endzweck" sind. Der Begriff des Endzwecks, der in der Moralphilosophie traditionell eine wichtige Rolle gespielt hat, taucht schon in Simmels früheren moralwissenschaftlichen Überlegungen auf. Dort wie hier in der *Philosophie des Geldes* versteht er den Endzweck jedoch eher psychologisch-formal als definitiven Haltepunkt der teleologischen Reihe von Zweck-Mittel-Ketten, anstatt an klassische Überlegungen zur Bestimmung des Menschen anzuknüpfen. Simmel wendet sich in der *Einleitung in die Moralwissenschaft* schließlich gegen die Vorstellung, dass es im Moralischen nur *einen* berechtigten Endzweck geben könne. Anders als die wissenschaftliche Kausalität, bei der für den Einzelfall nur eine Deutung richtig sein könne, erlaube die Kategorie des Zwecks eine größere Variabilität der Zuordnung, weshalb es kein Widerspruch sei, mehrere mögliche Endzwecke anzunehmen (vgl. GSG 4, 319). Simmel spricht dort – ähnlich wie auch in *Die Probleme der Geschichtsphilosophie* (1892; 2./3. Aufl. 1895/1907) – davon, dass es nicht möglich sei, ein für alle Mal feststehende, objektive Kategorien des Denkens den subjektiven Elementen gegenüberzustellen, so dass man eher von einer „Stufenleiter der Denkarten" (GSG 4, 319; vgl. auch GSG 9, 238) ausgehen müsse. Auf einer solchen Skala befinde sich der Zweckbegriff dann näher am subjektiven Ende, wohingegen der Begriff der Kausalität näher am objektiven Ende einzuordnen sei, weswegen der Zweckbegriff eine größere Varianz bei der Anwendung erlaube.

Die Idee eines Endzwecks der teleologischen Reihen betrachtet Simmel nun lediglich als ein regulatives Prinzip, weil der Weg des menschlichen Wollens und Wertens ins Unendliche führt. Der Endzweck entpuppt sich so geradezu als Fiktion, die möglicherweise nicht nur „unerreichbar" sei, „sondern [...] eine überhaupt nicht mit einem Inhalt zu erfüllende Vorstellungsform" (303). Ähnlich hatte Simmel schon in der *Einleitung in die Moralwissenschaft* argumentiert, dass der moralische Wert sich vielleicht eher aus der bloßen Funktion der Zwecksetzung speise anstatt aus einem inhaltlich bestimmten Endzweck.

„Alle Endzwecke wären dann nur Verfestigungen und Hypostasirungen des teleologischen Prozesses als solchen, und die den ganzen Verlauf der Ethik beherrschende Ahnung, dass all die unendliche Mannigfaltigkeit der sittlichen Zwecksetzungen doch irgendwo zur Einheit zusammengehen müsste, erfüllte sich dann in der Form der Zwecksetzung überhaupt und in dem weiteren ihnen ebenso gemeinsamen Prozess, der den Werth dieser Funktion auf ihren Inhalt, ihr Objekt überträgt." (GSG 4, 331)

In der *Psychologie des Geldes* ist die Frage nach der Abschließbarkeit der Zweck-Mittel-Ketten und die Frage nach einem Endzweck noch von einem ökonomischen Standpunkt aus betrachtet worden, indem „nur der Genuß aus dem Gebrauch des Gegenstandes" als „vernünftiger Endzweck" (GSG 2, 52) zugelassen wurde. Demgegenüber hat sich die Perspektive hier auf allgemeine kulturelle Zusammenhänge ausgeweitet. Doch bevor diese Zusammenhänge näher erläutert werden, soll zunächst die Frage beantwortet werden, was das Zweckhandeln überhaupt zu einem kulturellen Vorgang macht.

2 Zweck und Mittel als kulturelle Kategorien: die Länge der teleologischen Reihen und die Rolle des Werkzeugs

Auch wenn im Umfeld der Wertphilosophie Ende des 19. Jahrhunderts das Sprechen von den Werten die Rede von Zwecken zunehmend überlagert (vgl. Schnädelbach 2004, 242–265), werden beide Begriffe auch bei Simmels Zeitgenossen häufig in einen engen Zusammenhang gebracht, wenn es um die kulturelle Welt geht. Für Dilthey z. B. unterscheidet sich der „Wirkungszusammenhang" der geistigen Welt vom „Kausalzusammenhang der Natur dadurch, daß er nach der Struktur des Seelenlebens *Werte* erzeugt und *Zwecke* realisiert" (Dilthey 1981, 187).

Wie ein Blick auf Simmels Text *Vom Wesen der Kultur* von 1908 zeigt, ist auch für Simmel der Begriff der Kultur eng mit teleologischen Überlegungen verknüpft, und zwar so sehr, dass, wie er schreibt, auf den ersten Blick „der Kulturbegriff [. . .] mit dem der menschlichen Zwecktätigkeit überhaupt zusammenzufallen scheint" (GSG 8, 365). Schauen wir uns an, wie Simmel in der *Philosophie des Geldes* diesen Bezug herausarbeitet. Laut Simmel stiftet das Zweckhandeln eine Wechselwirkung zwischen Subjekt und Objekt, während das Triebhandeln als Vorgang im Inneren des Subjekts verbleibt. Im Zuge des

Zweckhandelns distanziert sich das Subjekt von seiner natürlichen Umgebung: „Als Naturwesen betrachtet sind wir in fortwährender Wechselwirkung mit dem natürlichen Dasein um uns herum, aber in völliger Koordination mit diesem; erst im Zweckhandeln differenziert sich das Ich als Persönlichkeit von den Naturelementen außerhalb (und innerhalb) seiner" (256).

Der Distanzierung von den Objekten kam schon in Simmels Werttheorie eine tragende Rolle zu, sie ist aber auch ein entscheidendes Moment der Kultur als solcher. Kultur vollzieht sich nämlich als eine Bewegung, die vom Subjekt ausgeht, zum Objekt führt, und dann wieder zum Subjekt zurückgeht. Diese Bewegung wird in diesem Abschnitt als Kennzeichen des Zweckhandelns eingeführt, denn aus der Perspektive des Zwecks „stellt sich unser Verhältnis zur Welt gleichsam als eine Kurve dar, die vom Subjekt aus auf das Objekt geht, es in sich einbezieht und wieder zum Subjekt zurückkehrt" (256). Der Zweckprozess ist somit „eine Wechselwirkung zwischen dem persönlich wollenden Ich und der ihm äußeren Natur" (258).

Auf diese Weise zeichnet die teleologische Struktur Kultur als solche aus. Zudem gibt es laut Simmel aber in der historischen Kulturentwicklung eine Tendenz zu immer umfangreicheren Zweck-Mittel-Zusammenhängen. Der von Simmel sogenannte „primitive Mensch" (260) ist in seinen Zwecksetzungen deshalb beschränkt, weil er nur unzureichende Kenntnis über Kausalzusammenhänge hat. Diese ist aber für die Wahl der Mittel notwendig, wie wir gesehen haben. Durch die Möglichkeit, differenziertere Mittel einzusetzen und bessere Kenntnis der Kausalzusammenhänge kommt es in der historischen Kulturentwicklung zur Ausbildung längerer, komplizierterer Zweckreihen. Im synthetischen Teil heißt es dazu später: „Was jede höhere Kultur von den niederen scheidet, ist sowohl die Vielfachheit wie die Länge der teleologischen Reihen." (489) In diese Entwicklung fügt sich auch das Werkzeug ein, das in der fortgeschrittenen Kultur zwischen Subjekt und Objekt tritt. Es erleichtert die Indienstnahme der objektiven Welt für das Subjekt und stellt sie auf Dauer. Das Werkzeug ist so „das absolute Mittel" (262). Anders als ein situativ als Mittel verwendetes Ding ist das Werkzeug von vornherein ganz durch den Zweck determiniert: „Das Werkzeug ist das potenzierte Mittel, denn seine Form und sein Dasein ist schon durch den Zweck bestimmt, während bei dem primären teleologischen Prozeß die natürlichen Existenzen erst nachträglich in den Dienst des Zwecks gestellt werden." (261)

Beim Gebrauch eines Gartenwerkzeugs wie einer Hacke verschiebt sich der Punkt, an dem die teleologische Bestimmung auf die natürlichen Prozesse trifft, von der menschlichen Hand auf die Spitze der Hacke, „das subjektiv bestimmte Moment ist dem objektiven gegenüber verlagert" (261). Simmel betont hier die anthropologische Tragweite dieser Vorgänge: Dass sich der Mensch eines Werkzeugs bedienen kann, zeichnet ihn als Gattungswesen aus und bildet seine Art des Weltbezugs, die zwischen dem Tierischen und dem Göttlichen liegt. Simmel verweist auf die Bestimmung des Menschen als das „‚werkzeugmachende Tier'" (264) durch Benjamin Franklin. Die Zwischenstellung des Menschen zwischen Tierischem und Göttlichem macht Simmel gerade an diesem Punkt fest. Für Gott gibt es keine Zwecke, weil nichts zwischen seinem Willen und dessen Verwirklichung liegt. „Oder anders ausgedrückt: für Gott kann es keinen Zweck geben, weil es für ihn keine Mittel gibt" (258). Am Mittel spüren wir daher sowohl die Distanz zur außerseelischen Wirklichkeit, als auch unsere Macht, diese Distanz zu überwinden. Der Mensch wird von Simmel daher auch als „das indirekte Wesen" (265) bezeichnet – Überlegungen, die an die spätere philosophische Anthropologie erinnern. Die Gedanken zur Rolle der Mittel im Fortschreiten der kulturellen Entwicklung verweisen zudem auf die Frage nach der Technik, die z. B. von Max Weber als „Inbegriff der verwendeten Mittel" (Weber 2002 [1921/1922], 32) beschrieben wird.

Simmel betrachtet nun auch gesellschaftliche Institutionen als Werkzeuge, die Zwecke verwirklichen, die ein Einzelner nicht alleine bewirken könnte. Dabei beruft er sich auf die Herausbildung sozialer Formen aus der Wechselwirkung zwischen den Individuen, die er bereits vorher in der *Philosophie des Geldes* thematisiert hatte, wo es um den Tausch als überpersönliches Medium der Wertbestimmung geht (zum Tausch als „substanzgewordener Sozialfunktion" vgl. 208–212): „Aus den Wechselwirkungen der Vielen entstehen, indem das Zufällige sich gegenseitig abschleift und die Gleichmäßigkeit der Interessen eine Summierung der Beiträge gestattet, objektive Einrichtungen, die gleichsam die Zentralstation für unzählige teleologische Kurven der Individuen bilden und diesen ein völlig zweckmäßiges Werkzeug für die Erstreckung derselben auf sonst Unerreichbares bieten." (262)

Zu diesen sozialen Einrichtungen gehört auch das Geld, das als „die reinste Form des Werkzeugs" (263) bestimmt wird, weil es nämlich ein Mittel ist, das universal einsetzbar ist, unabhängig davon, welche Zwecke verfolgt werden. Simmel vergleicht es hier mit der Sprache als Medium der Gedanken. „Im Geld aber hat das Mittel seine reinste Wirklichkeit erhalten, es ist dasjenige konkrete Mittel, das sich mit dem abstrakten Begriffe desselben ohne Abzug deckt: es ist das Mittel schlechthin." (265) Hierin liegt „die ungeheure Bedeutung des Geldes für das Verständnis der Grundmotive des Lebens", nämlich darin, „daß es als solches die praktische Stellung des Menschen [...] zu seinen Willensinhalten, seine Macht und Ohnmacht ihnen gegenüber verkörpert, aufgipfelt, sublimiert" (265).

Am Geld wird aber auch eine Eigendynamik der Mittel augenfällig, welche ihre Unterordnung unter die Zwecke in Frage stellt. Denn die Mittel, deren Vollendung das Werkzeug darstellt, erfüllen nicht immer nur einen bereits feststehenden Zweck, sondern sie selbst bedingen auch die Wahl mancher Zwecke. Simmel betont, dass „die Verfügung über Substanzen und Kräfte uns oft genug erst dazu anregt, uns gewisse, durch sie vermittelbare Zwecke zu setzen: nachdem der Zweck den Gedanken des Mittels geschaffen hat, schafft das Mittel den Gedanken des Zweckes" (266). Dieses Verhältnis sei im Werkzeug „chronisch" (266) geworden, denn es verschwindet nicht mit dem Erreichen des einzelnen Zweckes, sondern steht zu weiteren Anwendungen bereit. Dieser Charakterzug des Werkzeugs, „zu einer im voraus überhaupt nicht feststellbaren Anzahl von Diensten berufen zu sein" (266) gilt nun für das Geld ganz besonders, und daraus erwächst ihm eine spezifische Anziehungskraft, die gerade auf seiner Mittlerfunktion beruht.

3 Wert und Zweck: Geld als absolutes Mittel und absoluter Zweck

Im Folgenden geht es nun um die Frage, wie man die Attraktivität, die das Geld als absolutes Mittel gewinnt, psychologisch erklären und mit den teleologischen Überlegungen verbinden kann. Simmel liefert dabei eine psychologische Erklärung des in der philosophischen Geldkritik seit Aristoteles gängigen Topos, dass das Geld vom Mittel zum Zweck wird (vgl. Aristoteles 1973, 1258a). Dazu zieht Simmel eine Verbindung von der teleologischen Struktur des Handelns zur Werttheorie zurück. Denn in den vorigen Kapiteln war ja herausgearbeitet worden, dass das Geld eben selbst keinen substanziellen Wert hat, sondern nur ein völlig indifferentes Tauschmittel ist, das den Wert anderer Gegenstände in ein quantitatives Verhältnis zueinander bringt.

Wert und Zweck werden von Simmel hier eng miteinander verknüpft, er spricht auch davon, in diesem Kontext seien beide „nur verschiedene Seiten ein und derselben Erscheinung: die Sachvorstellung, die nach ihrer theoretisch-gefühlsmäßigen Bedeutung ein Wert ist, ist nach ihrer praktisch-willensmäßigen ein Zweck" (294). Simmel unterscheidet nun zwischen relativem und absolutem Wert und verknüpft diese mit Mittel und Zweck. Absolut ist der Wert derjenigen Dinge, „an denen ein Willensprozess definitiv Halt macht" (293), also der Endzweck einer teleologischen Reihe. Die Mittel haben dagegen nur einen relativen Wert in Bezug auf ihren Beitrag zum Erreichen dieses Zwecks. Die Setzung eines Endzwecks ist Sache des Willens, während die theoretische Erkenntnis den Wert der Mittel beurteilt.

Simmel spricht nun über ein Phänomen, das er die „psychologische Expansion der Qualitäten" (292) nennt: Der Wert eines Gliedes einer sachlichen Reihe von Gegenständen überträgt sich auf die anderen Glieder. Bei Zweckreihen werden so auch die Mittel wertvoll, weil sie einen wertvollen Zweck verwirklichen helfen. Das ist zunächst ein psychologischer Vorgang, der nach Simmel durchaus nützlich ist, obwohl diese Wertübertragung zunächst irrational erscheint: Schon weil man bei langen Vermittlungsoperationen nicht permanent den Endzweck im Auge behalten kann, ist es dann zweckmäßig, seine Energie auf das jeweils folgende Mittel so zu richten, als handle es sich bereits um den Endzweck. Im Alltag beschäftigen wir uns deswegen meistens nur mit den Mitteln, die dorthin führen, und das ist laut Simmel auch sinnvoll, weil es dem Prinzip der Kraftersparnis folgt (vgl. 296 f.) – „man kann für den Endzweck nichts Besseres tun, als das Mittel zu ihm so zu behandeln, als wäre es er selbst" (297).

In der modernen Gesellschaft verselbständigt sich jedoch der Wert der Mittel derart, dass das Interesse an den Mitteln das an ihrem eigentlichen Zweck überwiegt. Weil das Individuum in ein System hineingeboren wird, in dem die Zwecke bereits feststehen, richtet es seine Aufmerksamkeit hauptsächlich auf die Realisierung der Mittel. Dies führt zur besagten Verselbständigung der Mittel gegenüber dem Zweck, bei welcher der Wert des Zwecks auf die Mittel übergeht. Mit dem Begriff „Metempsychose" („Seelenwanderung") wird diese Wertverschiebung von Simmel beschrieben, die für ihn explizit mit der modernen Kultur zusammenhängt: „Es liegt auf der Hand, daß diese Metempsychose des Endzwecks um so häufiger und gründlicher stattfinden muß, je komplizierter die Technik des Lebens wird. Mit steigendem Wettbewerbe und steigender Arbeitsleistung werden die Zwecke des Lebens immer schwerer zu erreichen, d. h. es bedarf für sie eines immer höheren Unterbaues von Mitteln. Ein ungeheurer Prozentsatz der Kulturmenschen bleibt ihr Leben lang in dem Interesse an der Technik, in jedem Sinne des Wortes, befangen; die Bedingungen, die die Verwirklichung ihrer Endabsichten tragen, beanspruchen ihre Aufmerksamkeit, konzentrieren ihre Kräfte derart auf sich, daß jene wirklichen Ziele dem Bewußtsein völlig entschwinden, ja, oft genug schließlich in Abrede gestellt werden." (297)

„[D]ie psychologische Steigerung der Mittel zu Zwecken" (302) zeigt sich besonders im Hinblick auf das Verhältnis der Mittel zu einem Endzweck. Historisch habe man Verschiedenes als Endzweck angenommen. Simmel fügt hier einen historischen Exkurs ein, der belegen soll, dass die antike Wirtschaft durch die agrarische Prägung stärker auf Konsumtion als auf Produktion ausgerichtet war, weshalb das Geld keine so große Bedeutung als Mittel erlangen konnte und auch die Wertverschiebung vom Zweck auf das Mittel sich nicht in gleichem Maße entwickelt habe (vgl. 299–302).

In späteren Zeiten wurde die Frage nach dem Endzweck besonders von christlicher Seite beantwortet, weshalb Simmel das Geld im synthetischen Teil insbesondere in Konkurrenz zu religiösen Vorstellungen des Endzwecks sieht (vgl. dazu und zur Idee eines absoluten Wertes des Menschen 489–493) und es als eine „Tatsache" bezeichnet, „daß dem modernen Menschen der Endzweck abhanden gekommen ist" (492). Nun weiß Simmel auch, dass Geldgier kein neues Phänomen ist (vgl. 304), und doch ist die Moderne für ihn stärker als andere Epochen „durch das Geldinteresse gefärbt" (305). Da die religiöse Vorstellung des jenseitigen Seelenheils kaum noch Überzeugungskraft habe und so kein inhaltlich bestimmter Endzweck mehr zur Verfügung stehe, trete in der modernen Kultur vielfach das Geld als absolutes Mittel an seine Stelle: „Indem sein Wert als Mittel steigt, steigt sein Wert als Mittel, und zwar so hoch, daß es als Wert schlechthin gilt und das Zweckbewußtsein an ihm definitiv Halt macht. Die innere Polarität im Wesen des Geldes: das absolute Mittel zu sein und eben dadurch psychologisch für die meisten Menschen zum absoluten Zweck zu werden, macht es in eigentümlicher Weise zu einem Sinnbild, in dem die großen Regulative des praktischen Lebens gleichsam erstarrt sind" (298 f.).

Das kann man vielleicht so verstehen: Wenn ich nicht weiß, was ich eigentlich will, kann ich erst einmal versuchen, an Geld zu kommen, das mir bei jedem beliebigen Zweck weiterhilft. So kann die Entscheidung über weitergehende Zwecke immer weiter aufgeschoben werden, bis sie schließlich keine Rolle mehr spielt und das Geld sozusagen unter der Hand zu dem Zweck geworden ist, der allen meinen Handlungen als vereinheitlichender zugrunde liegt. Dadurch übernimmt das Geld nach Simmel in der Moderne sogar die Vereinheitlichungsfunktion, die vormals der Gottesbegriff geleistet hat (vgl. 305).

In gewisser Weise tritt so das Geld gerade als Verkörperung der Relativität an die Stelle des Absoluten, und zwar deshalb, „weil es nicht die Auflösung in Relatives zu fürchten hat, derentwegen so viele, von vornherein substanzielle Werte den Anspruch auf Absolutheit nicht aufrechterhalten konnten" (307) – weil es nämlich ohnehin nichts anderes als pure Relativität *ist*. Simmel führt daher den Gedanken an, „das einzig Absolute sei die Relativität der Dinge; und dafür allerdings ist das Geld das stärkste und unmittelbarste Symbol" (307).

4 Facetten der Charakterlosigkeit des Geldes

Die Überlegungen, die Simmel hier zur Wertverschiebung vom Mittel zum Zweck anstellt, haben Konsequenzen für die Rolle des Geldes im Bereich der Ökonomie. Zunächst war das Geld in den vorangegangenen Kapiteln als universales Tauschmittel eingeführt worden, das die Wertbeziehungen zwischen begehrten Objekten in einem quantitativen Verhältnis ausdrückt. Simmel hat betont, dass es dabei nicht auf die Substanz des Geldes, z. B. als Edelmetall, ankommt, sondern auf seine Funktion. Diese Funktion ist es aber, die es nun seinerseits zu einem Objekt des Begehrens macht, nicht *obwohl*, sondern *gerade weil* es nicht durch qualitative Bestimmungen ausgezeichnet ist. Als Verkörperung der Relativität hat das Geld selbst keine qualitativen Bestimmungen, sondern es bleibt „charakterlos". Diese Charakterlosigkeit wird nun in diesem Kapitel als das paradoxe Wesen des Geldes bestimmt. Geld, „das völlig indifferente Werkzeug der ökonomischen Bewegung" (272), so schreibt Simmel, „hat jene sehr positive Eigenschaft, die man mit dem negativen Begriffe der Charakterlosigkeit bezeichnet" (273).

4.1 Das Wertplus des Geldes

Die Attraktivität des Geldes erläutert er mithilfe der Annahme eines „Wertplus" (268) des Geldes, das er wie folgt herleitet: Als universales Tauschmittel dient das Geld keinem bestimmten Zweck, sondern ist ein Werkzeug, dass für alle möglichen Zwecke nützlich ist. Durch diese universelle Einsetzbarkeit zu allen möglichen Zwecken ermöglicht es nicht nur (in seiner Funktion als Tauschmittel) den Austausch von begehrten Gütern, deren Wert es zudem (in seiner Funktion als Wertmaßstab) ausdrückt, sondern es wird gemäß der „Metempsychose des Endzwecks" selbst zu einem begehrten Gut.

Der Gedanke des „Wertplus" des Geldes besagt, dass dieses gerade durch seinen scheinbar neutralen Werkzeugcharakter immer mehr wert ist als der einzelne Gegenstand, dem sein Wert im Tausch entspricht. Zum einen weist der Wert einer bestimmten Geldmenge gegenüber jedem für sie eintauschbaren Gegenstand ein gewisses Plus auf, weil das Geld anders als die einzelne Ware zusätzlich eine unbegrenzte Wahlmöglichkeit gewährt. Die „bloße Möglichkeit unbegrenzter Verwendung" (267) macht das Geld so wertvoll. Der Wert des Geldes steigert sich zweitens auch dadurch, dass eine größere Wahlfreiheit hinsichtlich des Zeitpunktes seines Konsums besteht. „Dasjenige Gut ist – alles übrige gleichgesetzt – das wertvollere, das ich sogleich verwenden kann, aber nicht sogleich verwenden muß." (269) Derjenige, der das Geld besitzt, ist daher immer im Vorteil gegenüber dem Warenbesitzer, weshalb der ‚Kunde König' ist, wie wir heute sagen, dem der Verkäufer mit Kulanz begegnet (vgl. 271). Wie Christoph Deutschmann schreibt, ermöglicht das Geld so „nicht nur die Option auf dieses oder jenes Gut, sondern eine Option höherer Ordnung, eine Option auf Optionen" (Deutschmann 2004, 76).

4.2 Das Superadditum des Reichtums

So wird auch ersichtlich, dass mit dem Besitz von Geld Macht verbunden ist, da es dem Besitzenden mehr Möglichkeiten eröffnet. Im Ausdruck „vermögend" spiegelt sich daher der potentielle Charakter des Geldes wider, der die Macht, die dem Geld innewohnt, auf seinen Besitzer überträgt: „Die reine Potentialität, die das Geld darstellt, insofern es bloß Mittel ist, verdichtet sich zu einer einheitlichen Macht- und Bedeutungsvorstellung, die auch als konkrete Macht und Bedeutung zugunsten des Geldbesitzers wirksam ist." (276)

Aus dieser Erscheinung erwächst ein Phänomen, das Simmel „Superadditum des Reichtums" (274) nennt: „Der Reiche genießt Vorteile, noch über den Genuss desjenigen hinaus, was er sich für sein Geld konkret beschaffen kann" (274). Mit dem Geldbesitz sind neben den Kaufoptionen noch weitere Annehmlichkeiten verbunden, die mit diesen Optionen nicht direkt zu tun haben, wie soziales Ansehen und politischer Einfluss. Der Reiche ist in besonderer Weise „bemittelt" (278), weil er sich nicht so sehr auf den Zweck der Beschaffung des Lebensnotwendigen konzentrieren muss wie der Arme, dessen Möglichkeiten durch eine geringe Geldmenge nur begrenzte sind.

Ob sich aus Simmels Überlegungen hier eine Kritik am liberalen Paradigma der Neutralität des Geldes ablesen lässt und inwiefern diese Passagen ein Verständnis von Geld als Kapital andeuten, wird in der ökonomischen Literatur zu Simmel unterschiedlich bewertet.[1] Simmel wertet seine Beobachtungen selbst jedenfalls nicht im Hinblick auf eine Kritik der bestehenden ökonomischen Verhältnisse aus, sondern denkt über die allgemeine Beziehung des Geldes zur Kategorie der Möglichkeit nach und formuliert: „Das Superadditum des Geldbesitzes ist nichts als eine einzelne Erscheinung dieses, man möchte sagen, metaphysischen Wesens des Geldes, daß es über jede Einzelverwendung seiner hinausreicht und, weil es das absolute Mittel ist, die Möglichkeit aller Werte als den Wert aller Möglichkeiten zur Geltung bringt." (281)

4.3 Geld und Macht

Das Geld ist Potentialität, es ist das „Können, das im Gelde gleichsam geronnen und zur Substanz geworden ist" (314). Es verbürgt die unbegrenzten Möglichkeiten der Zukunft durch seinen Besitz in der Gegenwart. Das Geld kann uns in der Zukunft kaum überraschen, weil wir von ihm selbst keine Befriedigung erwarten, sondern nur die Möglichkeit der Befriedigung, durch anderes uns eine Befriedigung zu verschaffen. Die Geldgier, die sich tatsächlich auf

---

[1] Paschen von Flotow sieht im Gedanken des Wertplus einen Hinweis darauf, „daß Simmel in der Rolle des Geldes *innerhalb* der Wirtschaftsreihe eine Rolle sieht, die das Geld über seine Bedeutung als Zeichen des relativen Wertes hinaushebt" (Flotow 1995, 107). Axel T. Paul bringt das Wertplus mit Keynes' Liquiditätsprämie in Verbindung (vgl. Paul 2004, 109).

den Geldbesitz richtet, überwindet daher die oft schmerzhafte Diskrepanz zwischen Wunsch und Erfüllung, denn im Gegensatz zu anderen Gegenständen kann der Besitz des Geldes gegenüber dem bloßen Wunsch des Besitzes nie als Enttäuschung wirken – es kann über den Besitz hinaus nicht konsumiert werden. „Das Geld als solches kennen wir genauer, als wir irgendeinen Gegenstand sonst kennen; weil nämlich überhaupt nichts an ihm zu kennen ist, so kann es uns auch nichts verbergen. Als absolut qualitätloses Ding kann es nicht, was doch sonst das armseligste Objekt kann: Überraschungen oder Enttäuschungen in seinem Schoße bergen. Wer also wirklich und definitiv nur Geld will, ist vor diesen absolut sicher." (316)

4.4 Qualität und Quantität

Die Charakterlosigkeit, die Simmel mit dem Potentialitätscharakter des Geldes zusammenbringt, lässt sich nun schließlich auch noch mit der Kategorie der Quantität in Verbindung setzen. So kann man entweder sagen, das Geld sei völlig qualitätslos, oder – wiederum in einer paradoxen Formulierung – die Qualität des Geldes bestehe ausschließlich in seiner Quantität. Für Simmel steht es dadurch im Zusammenhang mit einer Entwicklung in der modernen Kultur und speziell der Wissenschaft, nämlich der „Reduktion qualitativer Bestimmungen auf quantitative" (366). Simmel sieht das Geld als „Beispiel, Ausdruck oder Symbol der modernen Betonung des Qualitätsmomentes" (369). Später wird er die Dominanz der Quantität auch mit der Herrschaft des Verstandes in Verbindung bringen, der dem Geld als psychologische Form deswegen entspricht, weil er selbst keinen Zweck setzen kann und immer im Bereich der Mittel verbleibt (vgl. 591–616). Das instrumentelle, berechnende Denken, das als „Verstand" oder „Intellekt" beschrieben wird, soll dann ebenso charakterlos sein wie das Geld (vgl. 594).

So wie die Verlagerung der Aufmerksamkeit von den Zwecken auf die Mittel ein Signum der modernen Kultur war, so gilt dies auch für die Überlagerung der Qualität durch die Quantität. In beiden Fällen kommt dem Geld die eigentümliche Rolle zu, diese Entwicklungen einerseits als Symbol auszudrücken, andererseits aber diese auch zu befördern. Im Umgang mit dem Geld gewöhnt man sich an, alles miteinander zu vergleichen und quantitativ zu bewerten, wodurch, wie Simmel später ausführen wird, eine Nivellierung der Qualitäten bewirkt wird. Am Schluss des Kapitels formuliert Simmel diesen Zusammenhang für das Quantitätsmoment wie folgt: „So erreicht auch hier eine der großen Tendenzen des Lebens – die Reduktion der Qualität auf die Quantität – im Geld ihre äußerste und allein restlose Darstellung; auch hier erscheint es als der Höhepunkt einer geistesgeschichtlichen Entwicklungsreihe, der die Richtung derselben erst unzweideutig festlegt" (371). So herrscht offenbar zwischen den Bedingungen, die das Geld ermöglichen, und den Folgen, die das Geld hervorbringt, eine durchgehende Wechselwirkung.

5 Pathologien im Umgang mit dem Geld

Da im vorherigen Abschnitt bereits erläutert wurde, wodurch das Geld zu einem begehrten Gut und damit von einem Mittel zum Zweck wird, ist der Weg für eine Untersuchung einiger psychologischer Auswüchse dieser Entwicklung bereitet. Simmel beschreibt verschiedene Pathologien im Umgang mit dem Geld (vgl. hierzu Cantó i Milà 2005, 193–198). Dass das Geld zu einem neuen Endzweck und zum absoluten Wert aufsteigt, schlägt sich in Geiz und Verschwendung nieder, während die Abwertung und Nivellierung aller anderen Werte zu Blasiertheit und Zynismus führt (vgl. 332 f.).

Simmel knüpft hier natürlich an eine lange Tradition der Geldkritik an. Es geht ihm aber weniger um eine moralische Bewertung der betreffenden Verhaltensweisen als um die Beschreibung ihrer inneren Verbindung mit der Logik des Geldes. Die konkreten Phänomene, die er beschreibt, lassen sich auf die Überlegungen zur teleologischen Struktur des Handelns zurückbeziehen (vgl. 323), wobei wir uns nun aber wieder im Bereich des im engeren Sinne ökonomischen Handelns bewegen (vgl. 312). Schon in der *Psychologie des Geldes* hat er dieses als eine Folge verschiedener Stufen beschrieben, von denen eine jede zum vorzeitigen Endpunkt des Zweckbewusstseins und damit zum Selbstzweck werden könne.[2] Die Zweckreihe des Geldes beginnt beim Begehren (Vorstellung eines Zwecks), geht über die Stufen Geldbesitz – Geldausgeben (Mittel) zum Genuss des Objekts, das durch Geld erworben wurde (Zweck). Man kann sie vereinfacht wie folgt darstellen:

Begehren eines Objekts (1) → Geld besitzen (2) → Geld ausgeben (3) → Genuss eines Objekts (4)

An den mittleren Stufen kann nun der Wille vorzeitig Halt machen, und dadurch entstehen die psychologischen Phänomene von Geiz und Verschwendung.

---

[2] Die „Stufen des teleologischen Prozesses" richten sich auf den „Genuß aus dem Gebrauch des Gegenstandes" als Endzweck, „die Mittel dazu sind: 1. daß man Geld habe, 2. daß man es ausgebe, 3. daß man den Gegenstand besitze" (GSG 2, 52 f.).

5.1 Geiz, Verschwendung und Armut

Geiz wird von Simmel zunächst als eine Form der Geldgier verstanden. In dem Wunsch, viel Geld zu besitzen, zeigt sich „eine Gestaltung des Willens zur Macht" (318) jenseits ihrer Ausübung. Es geht hier um den sehr abstrakten Reiz des Geldbesitzes, der sich nicht in die Form des Genusses umsetzt. Für den Geizigen in diesem Sinne ist das Geld vielmehr „ein Gegenstand scheuer Achtung, der für ihn selbst tabu ist" (313).

Während den Geizigen im zuvor beschriebenen Sinne die Dinge selbst gleichgültig sind und sie über das Mittel (den Geldbesitz) den Zweck (den Genuss der Güter) vergessen, wird mit Geiz bisweilen auch die umgekehrte Form der Sparsamkeit bezeichnet, für welche der Zweck der Dinge so sehr im Vordergrund steht, dass manche Menschen z. B. „ein abgebranntes Streichholz nochmals benutzen" (319) oder nichts wegwerfen können, weil sie nicht daran denken, dass ihnen das Geld als Mittel diese Dinge jederzeit wieder beschaffen könnte. Außerdem beschreibt Simmel eine perverse Verkehrung der Zweck-Mittel-Relationen, die sich in der Angewohnheit zeigt, Dinge nur deshalb zu verbrauchen, *weil* sie Geld gekostet haben, selbst wenn sie nicht angenehm sind. Dies sei „vielleicht der extremste Ausdruck für die Überwucherung der wirklichen Endzwecke durch die Mittelinstanz des Geldes" (321). So zeigt sich ein weiterer Beleg für Simmels Beobachtung, „daß unser Wertgefühl den Dingen gegenüber sein Maß an ihrem Geldwert zu finden pflegt" (274).

Während der Geizige die erste Mittelstufe zum Selbstzweck macht, tut es der Verschwenderische bei der zweiten, der den Reiz des Geldes im Moment des Ausgebens zelebriert. Beide sind maßlos und ihre Dynamik führt ins Unendliche, weil sie die Konsumtion des Objektes als Halt und Grenze der Zweckreihe ablehnen. Beiden, Geizigem und Verschwender, fehlt der Bezug zum Genuss der Objekte, aus dem der ökonomische Wert ursprünglich erwächst.

Simmel versucht sich nun noch an einer Erklärung der Pleonexie – des unstillbaren Verlangens nach Mehr, das gerade am Geld so häufig zu beobachten ist. Dabei argumentiert er wie folgt: Wünsche werden einerseits stärker, je lebensnotwendiger ein Gut ist. Andererseits gilt gerade für notwendige Güter das Gesetz des abnehmenden Grenznutzens – irgendwann ist das Bedürfnis endgültig gestillt und eine weitere Portion desselben Gutes bringt kaum noch zusätzliche Befriedigung. Der Wunsch nach Luxusgütern dagegen ist zwar nicht so dringend, aber prinzipiell nie restlos gestillt. Im Geld vereinigen sich nun beide Extreme – Notwendigkeit und Unstillbarkeit; deshalb hört der Geldhunger niemals auf (vgl. 326f., 444f.). Schließlich interpretiert Simmel die Armut als Lebenszweck, wie sie sich in asketischen Lebensformen ausprägt, als negativen Reflex der Geldwirtschaft (vgl. 328–332).

5.2 Zynismus und Blasiertheit

Wenn Geiz und Verschwendung beide das Geld als Mittel aufwerten und zum absoluten Zweck erhöhen, vernachlässigen sie die Zwecke, die jenseits des Geldes liegen. Personen, die zwar diese „traditionellen" Zwecke unter dem Eindruck der Gleich-Gültigkeit, die das Geld vermittelt, abwerten, ohne aber das Geld selbst oder irgendetwas anderes an ihre Stelle treten zu lassen, nennt Simmel „Zyniker" und „Blasierte". Der Zyniker wertet alles ab, er belegt „Werte, die ihrem Wesen nach jede Schätzung außer der an ihren eigenen Kategorien und Idealen ablehnen", mit einem „Marktpreis" (334). Der Blasierte kennt schließlich überhaupt keine Wertunterschiede mehr; die Nivellierung der qualitativen Unterschiede, die das Geld herbeiführt, wächst sich bei ihm zu einer Gleichgültigkeit gegenüber allen Wertunterschieden aus. Der Zyniker wie der Blasierte vernachlässigen die qualitativen Differenzen der Dinge, weil diese bei durch Geld vermittelten Beziehungen gegenüber quantitativen Differenzen in den Hintergrund treten. Die Reduktion aller Werte auf quantitative Größen und damit auf den Geldpreis zeigt sich hier in „subjektivem Reflex" (334). Die Zyniker und die Blasierten hält Simmel für spezifisch moderne Charaktere, die erst mit der entwickelten Geldwirtschaft auftreten und besonders in der Großstadt anzutreffen sind (vgl. die Ausführungen dazu in *Die Großstädte und das Geistesleben* (1903) in GSG 7, 116–131). Am Schluss sollen nun die wesentlichen Ergebnisse der Analyse noch einmal zusammengefasst und in die Argumentation des gesamten Buches eingeordnet werden.

6 Zusammenfassung und Ausblick auf den synthetischen Teil

Erstens: Auf der Gegenstandsebene verfolgt Simmel in diesem Kapitel also die Spur weiter, die sich bereits im vorherigen Kapitel andeutete, nämlich den Gedanken, dass das Geld nicht nur Werte ausdrückt, sondern auch selbst ein Wert wird, indem es Gegenstand eines Begehrens wird, das sich aber gerade nicht auf seine Substanz, sondern seine Funktion als Tauschmittel richtet. Wie Simmel sagt: „nicht was das Geld ist, sondern wozu es ist, verleiht ihm seinen Wert" (251). Inwiefern die Attraktivität des Geldes dabei gerade in seiner Charakterlosigkeit und seinem bloßen Werkezugcharakter besteht, verdeutlicht dieses Kapitel an einer Reihe von psychologischen Beobachtungen, die eingebettet sind in die Überlegungen zur Stellung des Geldes in der teleologischen Struktur der Kultur.

Damit wird der Wert, den das Geld erhält, zu einem kulturellen und historischen Phänomen, welches über die Psychologie hinaus relevant wird. Geiz und Geldgier sind auch kulturelle Deformationen des modernen Menschen und nicht eine individuelle Charakterschwäche.

Der scheinbar neutrale Charakter des Geldes, ökonomische Werte nur zu repräsentieren, aber für die Sphäre der Wertbildung selbst keine Bedeutung zu haben, wird noch von einem zweiten Aspekt in Frage gestellt. So zeigt sich am Beispiel von Zynismus und Blasiertheit, dass sich unsere Wahrnehmung der Werte durch den Umgang mit Geld ändern kann, wenn wir uns dadurch gewissermaßen eine quantitative Brille angewöhnen, durch die wir die Welt sehen. Wie sich an diesen Punkten zeigt, entfaltet das Geld also eine Eigendynamik, die im synthetischen Teil noch weiter entfaltet wird.

Zweitens: Methodologisch lässt sich beobachten, dass Simmel hier Zweck und Mittel als variable Größen betrachtet, die zwar unser Nachdenken über praktische Handlungszusammenhänge strukturieren, aber historisch variieren. Damit fügen sich diese Überlegungen in Simmels Anliegen ein, die Bedingungen der Möglichkeiten des Geldes herauszuarbeiten und damit gewissermaßen ein Apriori der modernen Geldwirtschaft freizulegen. Dabei zeigt sich jedoch – wie an anderen Stellen in Simmels Werk –, dass er den von Kant übernommenen Begriff des Apriori dynamisiert und historisiert. So sind Mittel und Zweck Kategorien, die einer kulturellen Entwicklung unterworfen sind. Ähnliches gilt für Qualität und Quantität, die hier ebenfalls mit einem historischen Index versehen werden.

Drittens: Das Thema der Teleologie ist schließlich von zentraler Bedeutung auch für die Entwicklung von Simmels Verständnis von Kultur. Diese wird in *Vom Wesen der Kultur* bestimmt als Entwicklung des Subjekts, die nur über den Umweg der Einbeziehung äußerer Objekte erreicht werden kann, wobei diese äußeren kulturellen Objekte (die objektive Kultur) als Mittel zum Zweck der Vervollkommnung des Individuums (der subjektiven Kultur) fungieren (vgl. GSG 8, 368). Insofern auch die Kultur eine Richtung und ein Ziel hat, das verfehlt werden kann, liegt in diesem teleologischen Zug von Simmels Kulturverständnis der Ansatzpunkt für seine Kulturkritik; er birgt aber auch einige Probleme.[3]

Viertens: Unter dem Terminus „Übergewicht der Mittel über die Zwecke" (672) wird der Gedanke einer Verselbständigung der Mittel im synthetischen Teil der *Philosophie des Geldes* aufgegriffen und kulturkritisch gewendet. Be-

---

3 Wenn die subjektive Kultur dergestalt als „der dominierende Endzweck" (GSG 8, 372) der Kultur bestimmt wird, steckt darin noch der alte Kulturbegriff, der teleologisch an der Kultivierung von etwas oder jemandem orientiert ist. Zur Kritik an Simmels Kulturbegriff vgl. Busche 2000 sowie als Überblick Geßner 2012.

sonders deutlich wird die Überschätzung der Mittel gegenüber den Zwecken dann am Beispiel der Technik entfaltet, wenn Simmel beispielsweise polemisch bemerkt, der Enthusiasmus über das elektrische Licht lasse manchmal vergessen, dass es eigentlich auf das ankomme, was es uns besser sichtbar macht. „Dieses Übergewicht der Mittel über die Zwecke", so Simmel, „findet seine Zusammenfassung und Aufgipfelung in der Tatsache, daß die Peripherie des Lebens, die Dinge außerhalb seiner Geistigkeit, zu Herren über sein Zentrum geworden sind, über uns selbst" (671 f.).

Fünftens: In späteren kulturkritischen Texten tritt das „Übergewicht der Mittel über die Zwecke" zugunsten der „Diskrepanz zwischen subjektiver und objektiver Kultur" tendenziell zurück. Das Auswachsen der Mittel zu Zwecken, „wie fortgeschrittene Kulturen es auf Schritt und Tritt zeigen", wird dann als „etwas rein Psychologisches" (GSG 12, 218) bezeichnet, während die Dominanz der objektiven Kultur über die subjektive „die eigentliche Tragödie der Kultur" (GSG 12, 219) darstelle. Bei Simmels späteren Überlegungen zur Herausbildung eigengesetzlicher kultureller Welten werden teleologische Überlegungen weniger wichtig (vgl. Geßner 2003, 158–164). Während der Kulturbegriff zur Zeit der *Philosophie des Geldes* noch eng mit der teleologischen Denkweise verknüpft ist, führt Simmel in der *Lebensanschauung* mit der „Achsendrehung", welche die Evolution eigengesetzlicher kultureller Formen aus dem Leben beschreiben soll, explizit ein Konzept ein, das die kulturellen Formen gänzlich aus den Zweck-Mittel-Zusammenhängen herausführen soll. Er betont daher explizit, dass dieser Prozess der Kulturentwicklung etwas anderes sei als die Metempsychose des Endzwecks, die Simmel selbst beim Geld beobachtet hatte (vgl. GSG 16, 246 f.).

Literatur

Aristoteles (1973): Politik. Übers. von Olof Gigon. München.
Deutschmann, Christoph (2004): Transzendenz im Diesseits. Zur religiösen Natur des Kapitalismus. In: Christof Gestrich (Hrsg.): Gott, Geld und Gabe. Zur Geldförmigkeit des Denkens in Religion und Gesellschaft. Berlin, 70–87.
Dilthey, Wilhelm (1981): Der Aufbau der geschichtlichen Welt in den Geisteswissenschaften [1910]. Hrsg. v. Manfred Riedel. Frankfurt a. M.
Geßner, Willfried (2012): Georg Simmel. In: Ralf Konersmann (Hrsg.): Handbuch Kulturphilosophie. Stuttgart, 101–109.
Paul, Axel T. (2004): Die Gesellschaft des Geldes. Entwurf einer monetären Theorie der Moderne. Wiesbaden.

Schmoller, Gustav (2003): Simmels Philosophie des Geldes [1901]. In: Otthein Rammstedt (Hrsg.): Georg Simmels Philosophie des Geldes. Aufsätze und Materialien. Frankfurt a. M., 282–299.

Schnädelbach, Herbert (2004): Werte und Wertungen. In: ders.: Analytische und postanalytische Philosophie. Frankfurt a. M., 242–265.

Weber, Max (2002): Wirtschaft und Gesellschaft: Grundriß der Verstehenden Soziologie [1921/1922]. Studienausgabe. 5. Auflage. Tübingen.

Tilo Wesche
Kapitel 8
Eigentum an Geld.
Die eigentumstheoretische Analyse der Geldwirtschaft [Kap. 4.I und 4.II]

> „So erklärt es sich, daß unsere Zeit, die, als Ganzes betrachtet, trotz allem, was noch zu wünschen bleibt, sicher mehr Freiheit besitzt als irgend eine frühere, dieser Freiheit doch so wenig froh wird." (723)

Simmels *Philosophie des Geldes* reiht sich in die Gesellschaftsanalysen ein, die an der Moderne ihre Ambivalenz hervorheben. Im modernen Prozess der Individualisierung gehen mit den Freiheitszugewinnen unvermeidlich Freiheitseinbußen und Solidaritätsauflösungen einher. Im vierten Kapitel über *Die individuelle Freiheit* wird der Grund hierfür aus einer eigentumstheoretischen Perspektive nachgezeichnet. Als Grund wird von Simmel die Eigentumsförmigkeit des Geldes ausgemacht. Das Eigentum an Geld stellt die Grundlage dar, auf der in der Moderne sowohl die individuelle Freiheit sich zunehmend ausbildet als auch andere Freiheiten und Solidarität eingebüßt werden.

Simmels eigentumstheoretische Erklärung des ambivalenten Individualisierungsprozesses soll in vier Schritten erläutert werden. Zunächst ist dazustellen, weshalb sich individuelle Freiheit insbesondere in Gestalt von Eigentum verwirklicht (1). Anschließend wird Simmels Annahme erläutert, dass sich das Geldeigentum in der intensivierten und ausgeweiteten Geldwirtschaft zu einem Selbstzweck verselbstständigt (2); diese Verselbstständigung wird durch den Umstand angetrieben, dass Geldeigentum die Form des Imaginären besitzt. Sodann soll dargelegt werden, warum mit dieser Verselbstständigung nicht nur individuelle Freiheit ausgebildet, sondern zugleich andere Freiheiten eingebüßt und Solidarbeziehungen aufgelöst werden (3). Schließlich werden die Einsichten, aber auch die Grenzen von Simmels Eigentumstheorie bilanziert (4).

1 Eigentumsfreiheit

Die Begriffe Besitz und Eigentum werden von Simmel gleichbedeutend verwendet. Er gebraucht dabei den Besitzbegriff in der Bedeutung des Eigentums, nicht aber umgekehrt diese in der Bedeutung von jenem. Die Bedeutungen von

Besitz (*possessio*) und Eigentum (*dominium*) lassen sich historisch und sachlich unterscheiden, während hingegen der Begriff *proprietas* beides, sowohl Besitz als auch Eigentum, bedeuten kann. Beide sind zunächst Rechtsbegriffe. Besitzrechte und Eigentumsrechte garantieren eine Befugnis darüber, Güter – das heißt Sachen und Immaterialgüter – zu gebrauchen. Die Reichweite der Freiheit eines solchen Gebrauchs macht den Unterschied zwischen Eigentum und Besitz aus. Man kann etwas besitzen, ohne dessen Eigentümer zu sein; etwa eine Mietwohnung. Besitzer haben zwar ein gewisses Recht, solche Güter zu gebrauchen; dieser Gebrauch wird aber durch die Eigentumsrechte anderer beschränkt. Besitzer dürfen etwa eine Mietwohnung nicht verkaufen, weil sie fremdes Eigentum ist. Eigentum zeichnet sich also gegenüber dem Besitz durch ein höheres Maß der Freiheit aus, über die entsprechenden Güter zu bestimmen.

Auf diese Freiheit des Eigentums – kurz: Eigentumsfreiheit – hat es Simmel abgesehen. Angesichts des sachlichen Bedeutungsunterschieds ist es deshalb sinnvoll, sich am Eigentumsbegriff zu orientieren. Im Folgenden wird also der Eigentumsbegriff auch dort verwendet, wo Simmel den Begriff des Besitzes gebraucht. Es geht Simmel um die Rekonstruktion der Eigentumsfreiheit und ihrer Grenzen. Obwohl Eigentum mehr Freiheitsrechte als der Besitz einschließt, bedeutet dieser graduelle Unterschied – dies zu zeigen ist ein Hauptanliegen von Simmel – keineswegs, dass das Eigentum zu einer absoluten Freiheit befugt. Eigentümer verfügen nicht in einem uneingeschränkten Sinn über ihre Güter. Ein normativ belastbares Eigentumsverständnis hängt deshalb davon ab, ein angemessenes Verhältnis zwischen Eigentumsfreiheit und ihren Grenzen zu bestimmen. Zu Simmels Einsichten gehört die Erkenntnis, dass solche Grenzen dem Eigentum selbst innewohnen. Die Eigentumsfreiheit muss nicht erst moralisch durch äußere Verbote von außen beschränkt werden, sondern wird bereits durch Grenzen eingehegt, die ihr durch die Güter des Eigentums gesetzt werden. Ebenso wie Eigentum Freiheit verwirklicht, setzt es selbst seiner Freiheit wiederum Grenzen.

Zunächst also zur Frage nach dem Zusammenhang von Eigentum und Freiheit. Freiheit konkretisiert sich mitunter als Eigentum. Eigentum ist insoweit weder nur ein rechtliches Zuordnungsmittel (dies ist deins, jenes meins . . .) noch bloß ein Gebrauchsrecht, sondern ein Entscheidungsrecht. Eigentümer dürfen frei über ihre Güter entscheiden. Ohne ein solches Freiheitsrecht ist Eigentum nicht denkbar. „Daß man mit einer Sache ‚machen kann, was man will', das ist nicht erst eine Folge des Besitzens, sondern das eben heißt es, sie zu besitzen." (432)[1] Durch

---

[1] Vgl. „Der Eigentümer einer Sache kann, soweit nicht das Gesetz oder Rechte Dritter entgegenstehen, mit der Sache nach Belieben verfahren und andere von jeder Einwirkung ausschließen." (§ 903, Abs. 1 BGB).

Eigentumsrechte wird die Verfügungsfreiheit (*dominium*) ausgeübt, über bestimmte Güter für einen Zweck zu verfügen, den man selbst bestimmt (vgl. Hayek 2011 [1960]; Friedman 1962, 7–21). Über Güter kann in drei Hinsichten bestimmt werden: über ihre Nutzung, Verwertung und Übertragung. Die Verfügungsfreiheit differenziert sich demnach in Nutzungsrechte (*usus*), Verwertungsrechte (*usus fructus*) und Übertragungsrechte (*ius abutendi*) aus, demzufolge Güter für einen Zweck genutzt, verwertet und übertragen werden, den die Eigentümer festlegen. Dabei sind für Simmel die Übertragungsrechte, das heißt das „Fortgeben" (432) und „der Akt des Kaufens" (439) die grundlegende Verfügungsgewalt über eine Sache, weil sie von den Nutzungs- und Verwertungsrechten vorausgesetzt werden. Denn man kann nur das nutzen und verwerten, was zuvor erworben wurde; ebenso erlöscht mit dem Fortgeben das Recht auf Nutzung und Verwertung. Diese standardisierten Verfügungsrechte sind von begrenzter Anzahl (Typenzwang, Numerus clausus) und für jedermann erkennbar (Publizitätsprinzip), weil sie gegen Dritte wirken, die den beschränkten Umfang der proprietären Schutzreichweite erkennen können müssen (vgl. Merrill et al. 2001; Akkermans 2008). Zudem werden sie als Exklusionsrechte ausgeübt (dieses macht für Penner das Wesensmerkmal des Eigentums aus, vgl. Penner 1997): Prima facie befugen sie Eigentümer dazu, als „Gatekeeper" aufzutreten, die anderen die Nutzung, Verwertung und Übertragung bestimmter Güter vorenthalten dürfen (Smith 2002, 454; Merrill et al. 2001, 65).

Eigentum ist ein Entscheidungsrecht in Sinne der positiven Freiheit; kollektives Eigentum ist demnach ein Mitentscheidung- oder Mitbestimmungsrecht. Simmel greift zunächst die traditionelle Unterscheidung zwischen negativer und positiver Freiheit auf (vgl. 431, 722; GSG 4, 130–195). Negative Freiheit bedeutet Unabhängigkeit und realisiert sich darin, ‚frei von etwas' zu sein. Positive Freiheit bedeutet hingegen Selbstbestimmung oder Autonomie und wird durch das Vermögen ausgeübt, Zwecke zu setzen; also indem man ‚frei zu etwas' ist. Eigentum ist eine Gestalt der positiven Freiheit, weil es das Recht ist, Güter für einen Zweck zu nutzen, zu verwerten oder zu übertragen, den die Eigentümer selbst bestimmen.

Simmel betont, dass das Eigentum als „ein Tun" (405, 431) zu begreifen ist. Das Tun bedeutet die Ausübung der Freiheit, das heißt deren Verwirklichung. Freiheit ist nicht bloß ein Begriff, ein Vermögen oder eine Möglichkeit, sondern eine Wirklichkeit. Freiheit als ein Tun bedeutet, dass Selbstbestimmung tatsächlich ausgeübt wird. Ausgeübt wird die Selbstbestimmung, und das ist entscheidend, durch eine Weltbeziehung; und diese Ausübung von Selbstbestimmung in Bezug zur Welt konkretisiert sich mitunter in Gestalt von Eigentum. Dieser Grundgedanke Simmels soll im Folgenden aufgehellt werden.

Eigentum stellt also eine Weltbeziehung her, durch die Selbstbestimmung auszuüben möglich wird. Doch warum ist diese Weltbeziehung eine Bedingung für Selbstbestimmung? Um Selbstbestimmung auszuüben, bedarf es etwas, über das eine Person bestimmt. Es reicht allerdings nicht aus, dass sie über ihren Körper und ihre Gedanken bestimmt. Denn Menschen beziehen sich immer schon auf eine Welt, in der sie sich bewegen, die sie umgibt oder die sich ihnen entzieht. Die Weltbeziehung kommt ihren Absichten und Handlungen zuvor; sie sind in eine vorgängige Weltbeziehung unhintergehbar eingebettet. Um Freiheit zu verwirklichen, müssen sie also nicht nur über ihren Körper und ihre Gedanken, sondern auch über etwas in der Welt bestimmen können. Dieses Bestimmen wird als das Eigentum an konkreten Gütern ausgeübt. Simmel beschreibt Selbstbestimmung in Beziehung auf die Welt als „eine Erweiterung" (432, 434, 443), „die Expansion" (439f., 442, 445) und „Ausdehnung des Ich" (439). Freiheit wird als ein Bestimmen verwirklicht, das über das Ich hinausgeht und die Güter in der Welt einbezieht. „So wird das Ich von seinem gesamten ‚Besitz' wie von einem Bereich umgeben, in dem seine Tendenzen und Charakterzüge sichtbare Wirklichkeit gewinnen." (432) Das „Ich würde gleichsam ausdehnungslos in einen Punkt zusammenfallen, wenn es nicht äußere Objekte um sich herum hätte, die seine Tendenzen, Kraft und individuelle Art an sich ausprägen lassen, weil sie ihm gehorchen, d. h. *gehören*" (433, Hervorhebung T.W.). Das Ich bestimmt sich selbst, indem es über äußere Objekte bestimmt; wobei diese Objektverfügung durch die Ausübung von Eigentumsrechten an ihnen vollzogen wird.

Freiheit verwirklicht sich demnach auch als Eigentum, welches es Personen erlaubt, über Güter in der Welt zu bestimmen. Denn „der Besitz als solcher [bedeutet] nichts anderes, als daß die Persönlichkeit sich in jene [Objekte] hinein erstreckt und in der Herrschaft über sie ihre Ausdehnungssphäre gewinnt" (435). Selbstbestimmung wird also in Bezug auf die Welt in der Gestalt von Eigentum ausgeübt. Selbstbestimmung und Weltbestimmung verschmelzen im Eigentum miteinander. Freiheit hängt (nur scheinbar paradox) von einer Weltbeziehung ab. Eigentum setzt die Weltbeziehung voraus, welche für die Selbstbestimmung benötigt wird, sofern Selbstbestimmung das Vermögen einschließt, über Güter in der Welt zu verfügen.

Für Simmel nun ermöglicht das Geldeigentum ein Maximum an individueller Freiheit. Dafür ist die Maßstabfunktion des Gelds verantwortlich. Geld besitzt unter anderem die ökonomische Funktion eines Maßstabs des Werts, der eine allgemeine Berechnungseinheit bietet. Geld macht alle Güter miteinander vergleichbar und dadurch überhaupt erst miteinander tauschbar. Diese Maßstabfunktion lässt die Eigentumsfreiheit in zwei Richtungen anwachsen: hinsichtlich erstens der Wahlfreiheit und zweitens des Freiheitgefühls. Geldeigentum steigert die Wahlfreiheit zwischen dem Erwerb verschiedener Güter. Weil mit Geld jedes handelbare Gut erworben werden kann, ermöglicht es, aus der Gesamtheit der erwerbbaren Güter bestimmte auszuwählen. Zudem steigert es das „Gefühl" (433) des Verfügens. Simmel versteht unter diesem Gefühl die unmittelbare Wahrnehmung der eigenen Verfügungsmacht. Geldeigentum verleiht dem Eigentümer die gefühlte Gewissheit, jederzeit Güter erwerben und damit über diese Güter bestimmen zu können. Geldeigentum macht somit eine entgrenzte Selbstbestimmung erfahrbar, die sich nicht auf einzelne Güter beschränkt.

2 Entwicklung von Geldwirtschaft und individueller Freiheit

Laut Simmel sind die Entwicklungen der Geldwirtschaft und der Prozess der Individualisierung miteinander verknüpft. Geldwirtschaft und individuelle Freiheit bilden sich in der Moderne gleichzeitig aus. Einerseits bildet sich die Geldwirtschaft im Verlauf der gesellschaftlichen Ausdifferenzierung zu einem eigenständigen Bereich aus, der seinen eigenen Regeln folgt. Andererseits wird die entwickelte Geldwirtschaft als ein fortgeschrittener Stand individueller Freiheit wahrgenommen. Für diesen Zusammenhang gibt Simmel eine eigentumstheoretische Erklärung. Ihm zufolge bildet das Geldeigentum das Scharnier, das beide miteinander verbindet.

Die Geldwirtschaft entwickelt sich im gesellschaftlichen Differenzierungsprozess zu einem selbständigen Bereich mit eigenen Gesetzen. „Geld überhaupt [nimmt] in spezifischen ‚Geldgeschäften' ein ganz besonderes Wesen an, das heißt, wenn es nicht als Tauschmittel in Bezug auf andere Objekte, sondern als zentraler Inhalt, als für jetzt nicht über sich hinausweisendes Objekt der Transaktion fungiert. In dem rein zweiseitigen Finanzgeschäft ist das Geld nicht nur in dem Sinne Selbstzweck, daß es ein zu einem solchen ausgewachsenes Mittel wäre, sondern es ist von vornherein das auf nichts anderes hinweisende Interessenzentrum, das also auch ganz eigene Normen ausbildet, gleichsam ganz autochtone Qualitäten entfaltet und eine nur von diesen abhängige Technik erzeugt." (412) Insbesondere im Aktienhandel drückt sich diese Differenzierung der Geldwirtschaft zu einem eigenständigen Bereich aus. Hier „kristallisiert [...] sich die Geldwirtschaft [...] zu einem selbständigen Gebilde" (437).

Simmels Beschreibungen dieses Prozesses monetärer Verselbstständigung weisen Ähnlichkeiten, aber auch deutliche Unterschiede zu den Kapitalismusanalysen von Karl Marx und Max Weber auf. Alle verbindet zunächst die gemeinsame Ansicht, dass sich die moderne Gesellschaftsform durch einen sozioökonomischen Prozess der Verselbstständigung auszeichnet. Aufgrund der „Selbstverwertung des Kapitals" entwickeln sich laut Marx das Profitstreben und damit die Kommodifizierung zu Selbstzwecken, denen zunehmend Tätigkeiten, Eigenschaften und Natur unterworfen werden (Marx 1979 [1867], 532; vgl. 169). Für Weber stellt die gesellschaftliche Rationalisierung einen fortschreitenden Prozess dar, der die Institutionen, Lebensformen und Wertvorstellungen zunehmend prägt. „Der Mensch ist auf das Erwerben als Zweck seines Lebens, nicht mehr das Erwerben auf den Menschen als Mittel zum Zweck der Befriedigung seiner materiellen Lebensbedürfnisse bezogen." (Weber 2013 [1904/1905], 35 f.) Im Unterschied zu Simmel richtet Marx jedoch seine Aufmerksamkeit auf die notwendigen Dynamiken der Steigerung, des Wachstums und der Maximierung. Weber betrachtet wiederum die Unvermeidbarkeit einer Ausweitung der Rationalisierung, die alle Lebensbereiche unentrinnbar durchdringt. Simmels Gesellschaftsanalyse ist hingegen auf die Betrachtung des Geldeigentums und hier auf zwei Gesichtspunkte beschränkt: erstens der Befund, dass sich Geld zum wichtigsten Medium gesellschaftlicher Interaktion verselbstständigt; und zweitens die Tatsache, dass sich dieses gesellschaftliche Medium in Gestalt von Eigentum verselbstständigt. Das Eigentum an Geld entwickelt sich zu einem gesellschaftlichen Leitmedium, in dem die soziale Reproduktion weitgehend erfolgt. Selbstwertschätzung, soziale Anerkennung und gesellschaftliche Stabilität hängen zunehmend davon ab, dass Eigentum an Geld gesichert, verwaltet und vermehrt wird.

Simmel erklärt diese monetäre Verselbstständigung mithilfe einer Eigentumstheorie. Mit Geldeigentum wird Eigentum nicht an konkreten Gütern, sondern an symbolischen Werten gehalten. Geld besitzt einen symbolischen Wert. Als Eigentum an einem symbolischen Wert hat das Geldeigentum wiederum eine imaginäre Form. Das Imaginäre des Geldeigentums stellt laut Simmel den Grund dafür dar, dass das Geldeigentum sich verselbstständigt und damit die Geldwirtschaft sich zunehmend ausdifferenziert. Geldeigentum verselbstständigt sich aufgrund seiner imaginären Form, die es von anderen Eigentumsarten unterscheidet. Die Geldwirtschaft differenziert sich deshalb zu einer eigenständigen Wirtschaftssphäre aus; im Unterschied zu anderen Marktbereichen, in denen Eigentum an konkreten Gütern (an beispielsweise Gebrauchsgütern) gehalten wird und somit Eigentum hier keine imaginäre Form annimmt. Simmels Argument für diese Deutung lässt sich folgendermaßen rekonstruieren.

Mit Eigentum an Geld wird über symbolische Werte verfügt, die dazu dienen, Eigentum an konkreten Gütern zu bilden. Insoweit bietet es die *Möglichkeit*, Güter anzueignen. Selbstbestimmung aber wird durch Eigentum ausgeübt, wenn über Güter in der Welt bestimmt wird (siehe oben). Ohne eine solche Weltbeziehung ist das Geldeigentum lediglich „die absolute Flüssigkeit und bloße Potenzialität" (442). Diese Form der Möglichkeit wird von Simmel als die Form des Imaginären beschrieben, durch die sich das Geldeigentum gegenüber anderen Eigentumsarten auszeichnet. Das Imaginäre beruht nicht auf dem bloß symbolischen Wert von Geld, sondern besteht darin, dass seine Freiheit imaginär, das heißt in der Vorstellung ausgeübt wird. Geldeigentum erlaubt die Vorstellung eines möglichen Eigentums an Gütern in der Welt und insofern von Selbstbestimmung. Eine Selbstbestimmung, die ausgeübt werden könnte, falls das Eigentum an solchen Gütern bestünde, ist eine vorgestellte, nicht aber verwirklichte Freiheit. Geldeigentum erlaubt insoweit eine imaginierte Ausübung von Freiheit. Geldeigentum und seine Freiheit verharren also im Bereich der Möglichkeit und des Imaginären.

Das Imaginäre des Geldeigentums und seiner Freiheiten bilden nun den Grund, der Simmels These von der gesellschaftlichen Ausdifferenzierung einer autonomen Geldwirtschaft erklärt. Geldeigentum verselbstständigt sich, indem es sich von der Weltbeziehung löst. Und es löst sich von ihr, weil durch Geldeigentum auf eine bloß imaginative Weise über Güter verfügt und somit nur eine imaginäre Freiheit ausgeübt wird. Weil also nicht über konkrete Güter in der Welt bestimmt wird, kann sich die Geldwirtschaft zu einem autonomen Bereich entwickeln und von der Realwirtschaft entkoppeln, in der Eigentum an konkreten Gütern gehandelt wird.

Die Grundlage, auf der sich das Geldeigentum verselbstständigt, stellt demnach seine imaginative Form dar. Den Kapitalismusanalysen von Marx und Weber wird somit von Simmel eine eigentumstheoretische Analyse an die Seite gestellt, die den sozioökonomischen Verselbstständigungsprozess auf die Eigentumsförmigkeit von Geld zurückführt. Aus Simmels Sicht wird die soziökonomische Verselbstständigung weder durch die Dynamik der Gewinnmaximierung (Marx) noch durch den fortschreitenden Prozess der Rationalisierung (Weber), sondern durch die proprietäre Eigenschaft des Gelds angetrieben. Die Geldwirtschaft bildet sich zunehmend zu einem autonomen Bereich heraus, weil sich das Geldeigentum von der Weltbeziehung löst. Und es löst sich von ihr aufgrund seiner imaginativen Form.

3 Freiheitseinbußen und Entsolidarisierung

Simmel entwirft von der Moderne ein zwiespältiges Bild. In dem janusköpfigen Prozess der Individualisierung gehen den Freiheitszugewinnen unvermeidlich näher zu bestimmende Verluste einher. Vorteile und Nachteile, Stärken und Schwächen, Fortschritt und Regression nehmen im Prozess der Individualisierung gleichermaßen zu. Für diese Ambivalenz der Moderne macht Simmel das Geldeigentum verantwortlich. Geld ermöglicht aufgrund seiner Eigentumsförmigkeit Freiheitszugewinne. Als Eigentum ohne konkrete Güter lässt das Geldeigentum jedoch dieselben Gewinne in Verluste umschlagen. „Wir haben am Geld das formal nachgiebigste, aber, aus eben dem Grunde, der es dazu macht, nämlich durch seine völlige Leerheit, zugleich unnachgiebigste Objekt: indem das Geld, das wir besitzen, uns von vornherein und wie mit einem Schlage auch wirklich absolut und vorbehaltlos gehört, können wir ihm nun auch sozusagen nichts weiter entlocken. Im allgemeinen muß man sagen: nur indem ein Objekt etwas für sich ist, kann es etwas für uns sein; nur also, indem *es unserer Freiheit eine Grenze setzt*, gibt es ihr Raum. Diese logische Entgegengesetztheit, in deren Spannung sich dennoch die Einheit unseres Verhaltens zu den Dingen realisiert, erreicht am Gelde ihr Maximum: es ist mehr für uns, als irgend ein Besitzstück, weil es ohne Reserve gehorcht – und es ist weniger für uns, als irgend eines, weil ihm *jeglicher Inhalt fehlt, der über die bloße Form des Besitzes hinaus aneigenbar wäre*. Wir haben es mehr als alles andere, aber wir haben weniger an ihm, als an allem andern." (437, Hervorhebung T.W.) Das Weniger und das Mehr sind untrennbar miteinander verbunden. Den Zugewinnen gehen in der Individualisierung zugleich unvermeidlich Verluste einher. Einerseits führt die Entwicklung des Geldeigentums zu einem Zuwachs an individueller Freiheit. Andererseits erzeugt sie Verluste, die in Widerspruch zu den Freiheitszuwächsen treten.

Das letzte Zitat gibt nicht nur über Simmels Kritik am Geldeigentum Aufschluss, sondern auch über die eigentumstheoretische Grundlage, auf der diese Kritik steht. Simmels Eigentumstheorie zeichnet sich durch ihre Orientierung an den Gütern aus. Mit diesem objektbasierten Ansatz setzt er sich von den traditionellen Eigentumstheorien ab, die sich vorwiegend am Subjekt des Eigentums orientieren. Unter dem Subjekt des Eigentums wird das Rechtssubjekt verstanden, das Eigentumsrechte besitzt. Im Fall des individuellen Eigentums oder Privateigentum, auf das sich Simmels Überlegungen beschränken, ist die Einzelperson das Subjekt der Eigentumsrechte. Traditionelle Eigentumstheorien untersuchen dabei vor allem die normative Frage, welche Rechte genau vom Subjekt ausgeübt werden dürfen. Naturrechtstheorien gehen dabei von dem moralischen Status der Person aus, weshalb Eigentumsrechte in dieser Traditionslinie als moralische Ansprüche erscheinen. Simmels Interesse hingegen gilt der Frage, was unter Eigentum zu verstehen ist, wenn es von dessen Objekt, das heißt von den Gütern her betrachtet wird, an denen Eigentum gehalten wird. Objektbasierte Eigentumstheorien gehen von der Annahme aus, dass der normative Gehalt des Eigentums durch die verschiedenen Arten von Gütern unterschiedlich bestimmt wird. Es macht für die Frage, welche Rechte und Pflichten Eigentümer besitzen, einen Unterschied, ob sie Eigentum an Gebrauchsgütern wie Kleidung, Möbel und Bücher halten oder an Wirtschaftsgütern wie Unternehmen, Wertpapiere und Patentrechte oder an natürlichen Ressourcen wie Öl, Pflanzen und Land oder an Basisgütern wie Wohnraum, Infrastrukturen oder Bildungsinstitutionen – oder eben Eigentum an Geld.

Für Simmels objektbasierte Eigentumstheorie sind die Güter in zwei Hinsichten bedeutsam. Zum einen wird die Eigentumsfreiheit als eine Weltbeziehung ausgeübt, in der über Güter verfügt wird. Freiheit realisiert sich mitunter als Eigentumsfreiheit, sofern Freiheit das Vermögen, über Güter in der Welt zu bestimmen, einschließt und dieses Vermögen kraft von Eigentum ausgeübt wird (siehe oben). Objekte sind, wie es im letzten Zitat heißt, „nachgiebig", indem sie vom Willen gestaltet, geformt und bearbeitet werden. Denn „das eben heißt eine Sache besitzen, daß sie meinem Willen keinen Widerstand entgegensetzt, daß er sich ihr gegenüber durchsetzen kann" (431). Zum anderen fehlt dem Geld jedoch eine solche gestaltbare Materialität. Es ist zugleich das „unnachgiebigste Objekt" (437). Denn Geldeigentum erschöpft sich im Eigentum an einem symbolischen Wert und damit in der imaginierten Verfügung über konkrete Güter. Der objektbasierte Eigentumsansatz bietet also die Grundlage für Simmels Kritik am Geldeigentum, das zwar wie keinem anderen Eigentum ein Freiheitsversprechen innewohnt, aber zugleich dieses Versprechen unerfüllt lässt.

Simmels Kritik am Geldeigentum nimmt die einseitige Individualisierung ins Visier, die der geldwirtschaftlichen Entwicklung einhergeht. Die Stärke der *Philosophie des Geldes* besteht dabei in Simmels methodischem Vorgehen, den Maßstab der Kritik deren Gegenstand selbst zu entnehmen. Anstatt ein Gemeinschaftsideal oder moralische Verbote wie Gebote von außen gegen die Individualisierung in Anschlag zu bringen, wird die individuelle Freiheit an ihren eigenen Widersprüchen gemessen. Maßstab von Simmels Kritik sind die Widersprüche, in die sich die Individualisierung selbst verstrickt.

Der Grundwiderspruch des Geldeigentums besteht darin, dass es Freiheit erzeugt und zugleich verhindert. Einerseits garantiert Geldeigentum individuelle Freiheit. Andererseits löst es sich von der Weltbeziehung und damit von der Bedingung für Selbstbestimmung (siehe oben). Indem Geldeigentum sich zu einem absoluten Wert verselbstständigt und damit von der Weltbeziehung löst (*absolvere* – loslösen), ist es frei selbst noch von derjenigen Bedingung, die Selbstbestimmung ermöglicht. Geldeigentum schließt nicht, wie anderes Eigentum, eine Weltbeziehung ein, sondern erschöpft sich in der Unabhängigkeit von ihr. Zwar wird Geldeigentum somit zum Garanten von Unabhängigkeit, weil die Möglichkeit, Güter erwerben zu können, frei von konkreten Gütern macht, an die man gebunden wäre. Zugleich aber verhindert Geldeigentum Selbstbestimmung, indem mit der Weltbeziehung ihre eigene Bedingung untergraben wird.

Dieser Widerspruch des Geldeigentums führt zu zwei Verlusten. In der Individualisierung gehen erstens Freiheiten (a) und zweitens Solidarbeziehungen (b) verloren.

a. Zunächst zu den Freiheitsverlusten, die den Freiheitszugewinnen einhergehen. Das Freiheitsgefühl, das durch Geldeigentum gestiftet wird, beruht auf einem imaginären Grund. Zwar wird das Freiheitsgefühl tatsächlich erfahren; sein Gegenstand, Freiheit, ist jedoch nur vorgestellt. Simmel vergleicht es deshalb mit dem ästhetischen Gefühl, das durch die Einbildungskraft hervorgerufen wird und sich einem Kunstwerk, nicht aber der Realität verdankt. „Daher das Gefühl der Befreiung, das die ästhetische Stimmung mit sich führt, die Erlösung von dem dumpfen Druck der Dinge, die Expansion des Ich mit all seiner Freude und Freiheit in die Dinge hinein, von deren Realität es sonst vergewaltigt wurde. Das muß die psychologische Färbung der Freude am bloßen Geldbesitz sein. Die eigentümliche Verdichtung, Abstraktion, Antizipation des Sachbesitzes, die er bedeutet, läßt dem Bewußtsein eben jenen freien Spielraum, jenes ahnungsvolle Sicherstrecken durch ein widerstandsloses Medium hindurch, jenes In-Sich-Einziehen aller Möglichkeiten, ohne Vergewaltigungen und Dementierungen durch die Wirklichkeit." (442) Das Freiheitsgefühl erschöpft sich hier in einer Vorstellung möglicher Welten, die von den Zwängen, Schattenseiten und Endlichkeiten der realen Welt entlastet.

Der Reiz des imaginären Freiheitsgefühls liegt darin, dass es der betroffenen Person eine unerschütterliche Gewissheit ihrer Freiheit verschafft. Im gefühlten Erleben der Freiheit ist sich die Person ihrer Freiheit unmittelbar gewiss. Das Gefühl der Freiheit gibt ihr die Gewissheit, dass sie frei nicht nur sein könnte, sondern frei *ist*. Das Gefühl der Freiheit ermöglicht demnach eine subjektive Vergewisserung von Freiheit und leistet somit einen Beitrag zum Prozess der epistemischen Rationalisierung, als den die Moderne auch von Max Weber beschrieben wird. Das Freiheitsgefühl ermöglicht es zwar, dass sich aus der Betroffenenperspektive der ersten Person eine solche Gewissheit der Freiheit einstellt. Aus der Beobachterperspektive zeigt sich hingegen, dass diese Freiheit bloß in der Vorstellung ausgeübt wird und der Selbstbestimmung nicht gerecht wird, welche die Idee des Eigentums ausmacht.

Selbstbestimmung geht damit im Geldeigentum verloren. Sie ist „ein Tun" (405, 431), indem sie kraft Eigentum als eine Weltbeziehung ausgeübt wird. Stattdessen erschöpft sich das Geldeigentum in einem „passivische[m] Eigentumsbegriff", der eine „Fiktion" (405) ist. Dieser „ruhende Eigentumsbegriff ist nichts als das in latenten Zustand überführte aktive Genießen oder Behandeln des Objektes und die Garantie dafür, daß man es jederzeit genießen oder etwas mit ihm tun kann" (406). Der Prozess der Individualisierung fällt also in der Geldwirtschaft hinter den eigenen Anspruch zurück, Freiheit zu verwirklichen.

b. Die Individualisierung wird in der Moderne zweitens mit dem Zerschneiden des sozialen Bandes bezahlt. In der Geldwirtschaft wird, wie oben dargelegt, die Weltbeziehung aufgelöst. Ohne Weltbeziehung fehlt jedoch auch eine Beziehung zur sozialen Welt. Die Akteure der Geldwirtschaft beziehen sich deshalb aufeinander zunehmend in der einseitigen Rolle von Wirtschaftsakteuren, denen es vorwiegend um ihr Geldeigentum geht. Diese verengte Sichtweise verschließt ihnen die Möglichkeit, sich wechselseitig auch als Mitglieder einer Solidargemeinschaft wahrzunehmen. Geldeigentum löst deshalb Fürsorgebeziehungen auf und treibt somit eine soziale Desintegration voran.

Jede Gestalt individuellen Eigentums leistet zunächst der sozialen Desintegration Vorschub. Denn ihre Eigentumsfreiheit erlaubt es den Eigentümern, selbst und das heißt unabhängig von der Zustimmung anderer über ihre Güter zu bestimmen. Sie schulden niemandem Rechenschaft über die Nutzung, Verwertung und Übertragung ihres Hab und Gut. Deshalb beziehen sich Eigentümer im Verhältnis der Indifferenz zueinander. In einer solchen Beziehung der Beziehungslosigkeit müssen sie sich ihre Entscheidungen wechselseitig nicht rechtfertigen. Geldeigentum befördert jedoch die soziale Desintegration stärker als jede andere Gestalt des Eigentums. Denn mit ihm kommt eine Abstraktion von der sozialen Welt hinzu. Ohne Weltbeziehung ermöglicht das Geldeigentum, sich zur sozialen Welt insgesamt indifferent zu verhalten. Das Geld begünstigt „durch sein indifferentes und objektives Wesen die Entfernung des personalen Elementes aus den Beziehungen zwischen Menschen" (395). Nicht nur entkoppelt sich die intensivierte und ausgeweitete Geldwirtschaft aufgrund ihrer Imaginationslogik von der Realwirtschaft. Die Eigendynamik des Geldeigentums erlaubt es zudem, von den Prozessen der Vergesellschaftung abzusehen. Indem sich das Geldeigentum von der Weltbeziehung löst, werden auch die Beziehungen zu den gesellschaftlichen Akteuren gekappt. Vom Standpunkt des Geldeigentums aus betrachtet geraten die tatsächlichen Kooperationszusammenhänge, in denen die soziale Reproduktion erfolgt, ebenso aus den Blick wie die realen Interaktionen, die für eine politische Öffentlichkeit und demokratische Partizipation erforderlich sind.

4 Schlussbemerkungen

Simmel hebt, wie gezeigt wurde, zwei Schwächen geldförmigen Eigentums hervor. Zum einen wird Freiheit in der Geldwirtschaft nur simuliert, anstatt sie wirksam zu verwirklichen. Zum anderen individualisieren sich Personen in ihr auf Kosten der Gemeinschaft. Ausgehend von Simmels Eigentumsdiagnose eröffnet sich damit der Ausblick auf ein angemessenes Eigentumsverständnis. Eigentumsgesellschaften wohnt der Anspruch inne, dass Freiheit von ihren Mitgliedern wirksam ausgeübt werden kann und mit Fürsorgebeziehungen vereinbar sein muss; keine individuelle Freiheit ohne solidarische Fürsorge. Eigentumsgesellschaften werden ihrem Selbstverständnis deshalb nur dann gerecht, wenn in ihnen Individualisierung und Vergemeinschaftung Hand in Hand gehen. Die Individualisierung kann demnach nicht durch eine Vergemeinschaftung rückgängig gemacht werden, die auf Kosten individueller Freiheiten geht. In Eigentumsgesellschaften ist vielmehr individueller Freiheit und sozialem Füreinander gleichermaßen Rechnung zu tragen.

Simmels Eigentumstheorie bietet demnach eine Grundlage dafür, eine zentrale Herausforderung herauszuarbeiten, vor der moderne Eigentumsgesellschaften stehen. Es stellt sich die Frage nach einer Eigentumsordnung, die Freiheit und Solidarität gleichermaßen gerecht wird. Welche Gestalt muss Eigentum annehmen, um beide miteinander zu vereinbaren? Simmel weist zwar nach, weshalb moderne Geldwirtschaften diesen Anspruch verfehlen. Seine eigene Eigentumstheorie bleibt jedoch nicht minder eine Antwort schuldig. Innerhalb des Rahmens von Simmels Eigentumstheorie lässt sich die Herausforderung moderner Eigentumsgesellschaften nicht meistern.

Der Grund für die begrenzte Erklärungskraft von Simmels Theorie des Geldeigentums liegt darin, dass Eigentum von ihm auf individuelles Eigentum reduziert wird. Denn Eigentum wird ausschließlich von der individuellen Freiheit her betrachtet und somit auf individuelles Eigentum verkürzt. Sie ist deshalb nicht in der Lage, die ganze Breite von Eigentumspraktiken auszuschöpfen und die Formen des gemeinschaftlichen und des öffentlichen Eigentums zu berücksichtigen. Im Fall von gemeinschaftlichem Eigentum üben die Mitglieder einer Gemeinschaft gemeinsam die Rechte des Eigentums aus, das sie miteinander teilen; wie etwa die Mitglieder von Genossenschaften oder von Gütergemeinden der Commons oder der Allmende. Mit gemeinschaftlichem Eigentum wird eine soziale Freiheit verwirklicht, die von Personen in ihrer Rolle als Gemeinschaftsmitgliedern ausgeübt wird. Öffentliches Eigentum wiederum wird von den Mitgliedern einer Gesellschaft bzw. ihren politischen Repräsentanten gehalten. Ihre politischen Freiheiten werden direkt oder repräsentativ als Eigentumsrechte an beispielsweise Basisgütern wie Bildungsinstitutionen ausgeübt. Beide Eigentumsformen, gemeinschaftliches und öffentliches Eigentum, sind demnach besser geeignet, Freiheit mit der Solidarität zwischen den Mitgliedern einer Gemeinschaft oder Gesellschaft zu vereinbaren.[2] Freiheit wird von Simmel stattdessen auf individuelle Freiheit und damit Eigentum überhaupt auf individuelles Eigentum verengt.

Literatur

Akkermans, Bram (2008): The Principles of Numerus Clausus in European Property Law. Cambridge MA.
Friedman, Milton (1962): Capitalism and Freedom. Chicago IL.
Hayek, Friedrich A. (2011): The Constitution of Liberty, the Definitive Edition. Chicago IL [1960].
Marx, Karl (1979): Das Kapital. Kritik der politischen Ökonomie. Erster Band, Buch I: der Produktionsprozeß des Kapitals [1867] (Marx-Engels-Werke, Bd. 23). 13. Auflage. Berlin.
Merrill, Thomas W./ Smith, Henry E. (2001): Optimal Standardization in the Law of Property: The Numerus Clausus Principle. In: Yale Law Journal 110, 1–70.
Penner, James (1997): The Idea of Property in Law. Oxford.
Smith Henry E. (2002): Exclusion versus Governance: Two Strategies for delineating Property Rights. In: Journal of Legal Studies 31, 453–487.
Weber, Max (2013): Die protestantische Ethik und der Geist des Kapitalismus [1904/1905]. Auflage. München.
Wesche, Tilo/ Rosa, Hartmut (2018): Die demokratische Differenz zwischen besitzindividualistischen und wirtschaftsdemokratischen Eigentumsordnungen. In: Berliner Journal für Soziologie 1–2, 67–92.

---

2 Die Solidarbeziehungen in kommunitären Eigentumsgesellschaften werden demokratietheoretisch näher erläutert in Wesche et al. 2018.

Christian Thies
Kapitel 9
Die materielle Wertlehre: Personale Werte und individuelle Freiheit [Kap. 5.I, 5.II und 5.III]

Die *Philosophie des Geldes* ist wohl Simmels wichtigste Schrift. Das Buch ist voller glänzender Beobachtungen, tiefgründiger Analysen und großartiger Formulierungen. Nicht so überzeugend ist freilich seine Architektonik. Das hier zu interpretierende fünfte Kapitel ist besonders verworren. Simmels Stärke liegt nicht in dem großen systematischen Wurf, der beispielsweise mit Karl Marx' *Das Kapital* (1867/²1873) oder mit Max Webers *Wirtschaft und Gesellschaft* (1920) vergleichbar wäre, sondern in kleineren Formaten, vor allem in Essays. Weil er das wohl selbst bemerkte, hat er in sein zweites großes Werk, die *Soziologie* (1908), mehrere Exkurse eingebaut, die philosophisch beeindruckender sind als der Haupttext. Man denke nur an den *Exkurs über das Problem: Wie ist Gesellschaft möglich?* und an den *Exkurs über den Fremden*. So lässt sich auch schon die *Philosophie des Geldes* lesen: ein großer Kuchen mit sehr vielen Rosinen, aus denen man sich einige herauspicken kann.

1 Strafen und Frauen

Das fünfte Kapitel trägt die Überschrift *Das Geldäquivalent personaler Werte*. Einfacher gesagt: Wie lassen sich Geld und Mensch evaluativ in Beziehung setzen?

Dass das Geld sich zum beherrschenden Wertmaßstab für alle Dinge entwickelt hat, wird von Simmel in früheren Kapiteln dargestellt. Aber in welchem Verhältnis steht das Geld zur Sphäre des Menschen? Kann man Tätigkeiten, Leistungen, Ämter und Beziehungen in Geld umrechnen? Was sind insbesondere die monetären Äquivalente für Verbrechen, Sex und Arbeit? Diese Fragen sind für eine Gesellschaft, in der sich die Geldwirtschaft durchgesetzt hat, viel wichtiger als zu früheren Zeiten, wie auch historische Vergleiche und ethnologische Beispiele belegen sollen.

Simmel liebt es, die Kapitel an einem abwegigen Punkt zu beginnen und von diesem in schlingernden Bewegungen zum Kern vorzustoßen. Am Anfang

Danksagung: Für kritische Hinweise danke ich Maurizio Bach.

stehen hier Ausführungen zum germanischen Wergeld, aus dem sich die Geldstrafe entwickelte (vgl. 482). Wenn jemand etwas Unrechtes getan hat, kann diese Person das mit Geld kompensieren oder büßen. Erstaunlicherweise wurden in früheren Zeiten auch schwerste Verbrechen, etwa die Ermordung des Monarchen, mit Geld gesühnt. In diesem Zusammenhang rekapituliert Simmel kurz zwei Strafzwecke: Schutz der Gesellschaft und Entschädigung (vgl. 494). Insbesondere für die zweite Funktion eigne sich die Geldstrafe. Als deren Vorzüge werden genannt: Sie sei fast stufenlos graduierbar und fast immer reversibel; zudem schließe sie den Delinquenten nicht aus der Gesellschaft aus, sondern stachele sogar seine Arbeitskraft an (vgl. 495). Vor allem aber könne man sie genau auf die Person des jeweiligen Straffälligen beziehen, nämlich prozentual auf sein Einkommen berechnen (vgl. 496). Im Lauf der Jahrhunderte kommt es deshalb, wie Simmel beobachtet, zu einer Zunahme von Geldstrafen (vgl. 497). Auch Themen wie Betrug (vgl. 500), Bestechung (vgl. 526) und Diebstahl (vgl. 530) werden in diesem Kontext erörtert.

Das zweite große Thema des ersten Abschnitts ist das Verhältnis von Geld und Frauen. Simmel beschäftigt sich unter anderem mit dem Frauentausch (vgl. 504–510), der Mitgift (vgl. 511 f.) und der Geldheirat (vgl. 520–524). Die geschlechtliche Arbeitsteilung ist seiner Ansicht nach erst im Zuge der Monetarisierung entstanden (vgl. 512). Simmel konstatiert aber eine überraschende Dialektik: Wenn man Frauen einen Geldwert zuschreibt, erniedrige man sie nicht, sondern hebe ihren sozialen Status, sowohl individuell als auch allgemein (vgl. 508). Auf die Einzelheiten dieser Passagen, die deutlich aus einer männlichen und zeitbedingten Sicht geschrieben wurden, muss man nicht eingehen. Die entsprechenden Überlegungen wären mit Simmels anderen Aufsätzen zur Philosophie der Weiblichkeit zu vergleichen.

Bemerkenswert sind aber die Ausführungen zur Prostitution (vgl. 513–519). Zu diesem Thema hatte sich Simmel schon 1891/92 in zwei Artikeln geäußert, allerdings anonym: *Ex malis minima! Reflexionen zur Prostitutionsfrage* (GSG 17, 251–260) und *Einiges über die Prostitution in Gegenwart und Zukunft* (GSG 17, 261–273, vgl. den editorischen Bericht 494–496). Dort macht er auch konkrete Vorschläge: Er plädiert nämlich für „die rücksichtslose Ausrottung der Straßenprostitution" und deren Ersatz durch eine „kasernirte Prostitution" (GSG 17, 258). Philosophisch ist aber wichtiger, dass Simmel in käuflichen Sexualakten den „Tiefpunkt der Menschenwürde" (514) erreicht sieht. Die zentralen Sätze, die das Phänomen der Prostitution mit der Ethik von Immanuel Kant zusammenbringen, seien in Gänze zitiert: „So empfindet man [. . .] am Wesen des Geldes selbst etwas vom Wesen der Prostitution. Die Indifferenz, in der es sich jeder Verwendung darbietet, die Treulosigkeit, mit der es sich von jedem Subjekt löst, weil es mit keinem eigentlich verbunden war, die jede Herzensbeziehung ausschließende Sachlichkeit, die ihm als reines Mittel eignet – alles dies stiftet eine verhängnisvolle Analogie zwischen ihm und der Prostitution. Wenn Kant als Moralgebot aufstellt, man solle niemals einen Menschen als bloßes Mittel gebrauchen, sondern ihn jederzeit zugleich als Zweck anerkennen und behandeln – so zeigt die Prostitution das absolut entgegengesetzte Verhalten, und zwar auf beiden beteiligten Seiten. So ist sie von allen Verhältnissen der Menschen untereinander vielleicht der prägnanteste Fall einer gegenseitigen Herabdrückung zum bloßen Mittel; und dies mag das stärkste und tiefste Moment sein, das sie in so enge historische Verbindung mit der Geldwirtschaft, der Wirtschaft mit ‚Mitteln' im striktesten Sinne, setzt." (514; vgl. ebd., 468, 537)

Nirgendwo, so kann man zusammenfassen, zeige sich die wechselseitige Instrumentalisierung von Menschen so deutlich wie im sexuellen Akt zwischen Prostituierter und Freier; nirgendwo werde drastischer gegen die zweite Formel von Kants kategorischem Imperativs verstoßen. Mehr noch: In der Prostitution offenbare sich das Wesen des Geldes – sie sei die große Hure der modernen Gesellschaft, die allen ihre Dienste anbietet. Das ist sicher eine Zuspitzung. Aber Simmel spricht doch zum einen dem Geld, zum anderen dem Menschen bestimmte Merkmale zu, die sich in folgende Tabelle bringen lassen:

Geld	Mensch
quantitativ	qualitativ
abstrakt	konkret
relativ	absolut
Mittel	Zweck
indifferent	different
objektiv	subjektiv
generell	individuell

Diese Entgegensetzung hat sich historisch herausgebildet (vgl. 496–499). In früheren Epochen war einerseits Geld keineswegs so objektiv und abstrakt, es hatte auch symbolischen Wert, galt manchmal gar nicht als Ware (deshalb die Zinsverbote). Andererseits wurden Menschen nicht so absolut gesetzt, einige wurden sogar als Waren angesehen (deshalb die Sklaverei). Simmel konstatiert folgende Divergenz: Auf Seiten des Geldes wachsen Quantifizierbarkeit und Indifferenz, auf Seiten des Menschen steigern sich Qualität und Differenz (vgl. 519). Aus heutiger Sicht wäre zu überlegen, inwiefern sich diese Tendenzen fortsetzen zum einen durch die Virtualisierung des Geldes, gesteigert noch durch Internetwährungen, zum anderen durch die säkulare Religion individueller Menschenrechte.

Diese beiden Entwicklungen können positiv bewertet werden, auch wenn die Gefahr besteht, dass sich das verallgemeinerte Mittel des Geldes zum alleinigen Zweck aufschwingt, zu einer Art neuer Gottheit und zum Absoluten (vgl. 298, 307, 562 u.ö.). In diesem Kontext nennt Simmel weitere negative Auswirkungen der Monetarisierung, von denen ich nur zwei erörtern möchte.

2 Sinnverlust und Nivellierung

Erwähnenswert ist als erstes die Diagnose eines allgemeinen Sinnverlustes. Eine der wichtigsten Wirkungen der Geldwirtschaft, so betont Simmel immer wieder, ist die Verlängerung der Zweckreihen. Weil die Handlungsketten immer weiter, verwickelter und intransparenter werden, wird verdunkelt, welchen Zwecken eigentlich eine Tätigkeit dient. Unzählige Mittel schieben sich zwischen unsere Absichten und unsere Ziele. Vor allem aber wissen wir Menschen selbst nicht mehr, was überhaupt das höchste Ziel sein soll, der „Endzweck" (vgl. 490–492). Dieser hätte früher alles überwölbt. In der Moderne aber gebe es mehrere, ja viele Endzwecke – das ist schon 1892/1893 eine der wichtigsten Thesen von Simmels *Einleitung in die Moralwissenschaft*. Mit dem Endzweck sei uns aber die Einheit, die Substanz und der Sinn unseres Lebens abhandengekommen (vgl. 490, 555, 560). Deswegen hält Simmel die Ethik, wie übrigens auch die Geschichtsphilosophie, für irreversibel obsolet. Nach der Epoche des Endzwecks seien wir in die Epoche des absoluten Mittels eingetreten, in das Zeitalter des Geldes.

Die Idee des einen höchsten Endzwecks führt Simmel auf das Christentum zurück. Denn dieses habe dem Menschen, jedem Menschen, einen „absoluten Wert" (489) gegeben. So wurde auch die Frage nach dem Sinn des Lebens beantwortet – denn jedem Menschen konnte ein Endzweck genannt werden, der dem bedrohten Leben in einer unübersichtlichen Gesellschaft den notwendigen Halt bot. Damit wäre auch Sklaverei normativ diskreditiert, wenn auch noch nicht real abgeschafft. Der Glaube an ein Absolutes dieser Art sei in der Neuzeit verlorengegangen, aber seine lange Vorherrschaft habe uns Heutigen „das leere Sehnen nach einem definitiven Zweck" (491) hinterlassen. Die Frage nach dem Sinn des Lebens ist also wie eine von Aby Warburgs „Pathosformeln", die Nachwirkung eines vergangenen Zeitalters.

Zu dieser Diagnose der modernen Sinnkrise seien zwei kritische Bemerkungen gemacht. Erstens hat Simmel einen Ausweg nicht gesehen, nämlich denjenigen, den die aristotelische Unterscheidung zweier Handlungstypen bietet. Er ignoriert nämlich, dass es neben den zweckorientierten Tätigkeiten auch vollzugsorientierte gibt, also Handlungen, deren Ziel nicht außerhalb dieser, sondern in diesen selbst liegt. Solche Handlungen nennt Aristoteles *praxis*, im Unterschied zur *poiesis*. Hannah Arendt macht daraus später den Gegensatz von Handeln und Herstellen. Beispiele für Tätigkeiten, die ihren Sinn in sich selbst haben, gibt es genug. Im Alltag sind es die Liebe, das Spiel und die Geselligkeit. Hinzu kommt der Bereich der Kunst, sowohl in produktiver wie in rezeptiver Ausrichtung. In seinen kulturphilosophischen Aufsätzen spricht auch Simmel immer wieder, in Anlehnung an Arthur Schopenhauer, von der erlösenden Kraft der Kunst. Ebenfalls nicht in das Zweck-Mittel-Schema fügen sich religiöse Erfahrungen, wie der späte Simmel andeutet (vgl. Joas 1997, 122–126). Aber systematische Konsequenzen für eine komplexere Handlungstheorie werden daraus nicht gezogen.

Zweitens fehlt in seiner Diagnose des modernen Sinnverlustes die metaphysische Dimension. Denn wodurch wird die Sinnfrage bei uns Menschen ausgelöst? Simmel betont die allgemeine Orientierungslosigkeit des Einzelnen. Bedeutsamer scheinen mir aber negative Erfahrungen zu sein: Angst, Schmerz, Trauer, Verzweiflung, Langeweile. Eine wichtige Rolle spielt auf jeden Fall die Begegnung mit dem Tod. Das hat auch Simmel wenige Jahre später erkannt. Bereits 1910 entwickelt er in *Zur Metaphysik des Todes* (GSG 12, 81–96) die weitreichende These, dass der Tod nicht im Gegensatz zum Leben stehe, sondern diesem überhaupt erst eine Form gebe. Diese Ausführungen hat er fast wörtlich als drittes Kapitel in sein Spätwerk *Lebensanschauung* von 1918 eingefügt (vgl. GSG 16, 297–345) – als sein Vermächtnis, das vor allem Martin Heidegger aufgreift (vgl. Großheim 1991; Thies 2008, 255 f.).

Als eine weitere negative Folge der allgemeinen Monetarisierung erörtert Simmel am Ende des ersten Abschnitts die Nivellierung (vgl. 537–541). Weil das Geld alles miteinander vergleichbar, austauschbar und verrechenbar macht, werde auch alles immer ähnlicher. Jedoch meint Simmel, dass eine solch Angleichung nur in eine Richtung erfolge: nach unten. Es sei „die tragische Folge jeder Nivellierung [...]: daß sie das Hohe mehr herunterzieht, als sie das Niedrige erhöhen kann" (537). An dieser Stelle bezieht sich Simmel auf Waren und Handelsgüter: Die Dinge würden in der Massenproduktion einer Geldwirtschaft ihre individuelle Gestalt verlieren, so dass wir mit ihnen keine Gefühle mehr verbinden, wie es in früheren Zeiten gewesen sei (vgl. 554, 584). Im Umgang mit den Dingen käme es zu „Lieblosigkeit und Frivolität" (540). Ein Beispiel Simmels sind die Fünfzig-Pfennig-Läden: „die Produktion der billigen Schundware ist gleichsam die Rache der Objekte dafür, daß sie sich durch ein bloßes indifferentes Mittel aus dem Brennpunkte des Interesses mußten verdrängen lassen." (541) Dadurch entstehe aber auch eine neue Sehnsucht nach der Bedeutsamkeit der Dinge (vgl. 555). Für einen Ausweg steht später, stellvertretend für die von ihm inspirierte Arts-and-Crafts-Bewegung, der Name von John Ruskin: die Abkehr von industrieller Arbeitsteilung durch niveauvolle handwerkliche Produktion, oft verbunden mit dem Rückzug aus der Großstadt aufs Land (vgl. GSG 12, 222; GSG 7, 120).

Aus heutiger Sicht ist Simmels Nivellierungsdiagnose wohl überholt. Ramschläden gibt es zwar noch immer; die Fünfzig-Pfennig-Läden sind bloß zu 1-Euro-Shops geworden. Aber trotz mancher Monopolisierungstendenzen wurden die Sortimente und Marken vielfältiger. Die wirtschaftliche Entwicklung der letzten Jahrzehnte hat die Produktion ausdifferenziert und eine unüberschaubare Warenansammlung auf unterschiedlichste Konsumbedürfnisse zugeschnitten; das wird durch die digitale Ökonomie weiter vorangetrieben. Nicht nur die menschlichen Lebensstile werden individualisiert, sondern neben Zeiten, Räumen und Kollektiven auch die Objekte bzw. Dinge (vgl. Reckwitz 2017, 37–41, 126–132 u.ö.).

3 Negative und positive Freiheit

Die zentrale zeitdiagnostische These des gesamten Buches ist, dass Geld alles verändert, aber mit ambivalenten Folgen. Einen guten Beleg für diese Entwicklung liefert Simmel im zweiten Abschnitt (542–562). Dieser korrespondiert, wie er selbst sagt, eher mit dem Kapitel 4 über individuelle Freiheit (vgl. 542). Dort hat er dargestellt, dass die Umwandlung von Verpflichtungen in Geldleistungen überwiegend erfreuliche Folgen habe, nämlich einen Zuwachs an Freiheit. Jetzt soll es um die Kehrseite gehen. Interessant an diesem undurchsichtigen Abschnitt ist vor allem die von Simmel eingeführte Unterscheidung von negativer und positiver Freiheit (vgl. 548–556). Wie wichtig dies für ihn ist, zeigt sich daran, dass er diese Passage für seine „Selbstanzeige" zusammengefasst hat (vgl. 722 f.).

Negative Freiheit ist die Freiheit von etwas, vor allem von Zwängen. Außer von Zwängen kann man auch von Bindungen, Einschränkungen, Hindernissen, Pflichten usw. sprechen. Dass sich die Freiheit, von der hier die Rede ist, nur im Gegensatz zu Bindungen verstehen lasse, hat Simmel bereits zu Beginn des vierten Kapitels behauptet (vgl. 375). Je weniger Bindungen wir haben, desto freier seien wir also. Die wichtigste Wirkung der Monetarisierung wäre es, die Menschen aus ihren traditionellen Verpflichtungen herauszulösen, also aus Ständen, Zünften, Familien und Nationen. Insofern besitzen wir in einer durch Geldwirtschaft bestimmten Gesellschaft mehr Freiheiten.

Aber das ist, wie wir mit Simmel sagen können, nur die halbe Wahrheit, die Seite der negativen Freiheit. Dem korrespondiert die positive Freiheit, die Freiheit zu etwas. Diese sei verbunden mit Besitz und Macht (vgl. 550); man kann sagen: mit Vermögen, aber im doppelten Sinne, physisch und psychisch. An die Stelle der Hindernisse, die die negative Freiheit einschränken, treten Treppenstufen, die wir hinaufsteigen können. Friedrich Nietzsche sah die positive Freiheit in der Stiftung neuer Werte. Normalerweise zeigt sich positive Freiheit aber schon in sinnvollen Zwecksetzungen unseres Handelns. Im Sozialen werden die traditionellen, meist hierarchischen Bindungen ersetzt durch freie Zusammenschlüsse und die Mitwirkung an gemeinsamen Projekten.

Simmels diagnostische These ist nun, dass die Monetarisierung unsere negative Freiheit vergrößere, aber nicht gleichermaßen unsere positive Freiheit fördere. Die meisten Menschen könnten mit dem Freiheitszuwachs nichts anfangen. „Die Freiheit ist eben an sich eine leere Form, die erst mit und an einer Steigerung anderweitiger Lebensinhalte wirksam, lebendig, wertvoll wird." (551) Diese Dialektik zeige sich auch bei der Ruhe, die wir wie die Freiheit erstreben: Die Ruhe vor bestimmten Dingen, Ereignissen, Personen sei nur etwas wert, wenn sie die Ruhe zu etwas Bestimmtem werde (vgl. 553). Wichtiger sind jedoch die sozialen Auswirkungen: In einer geldwirtschaftlichen Gesellschaft lösen sich die Bindungen, der Einzelne werde unabhängiger – dadurch aber auch isolierter. Simmel verwendet den Begriff der „Entwurzelung" (554, 556; vgl. ebd., 597, 723). Ebenso ist von „Entpersonalisierung" (560) und einem „Substanzverlust des individuellen Lebens" (560) die Rede. Wie Substanzen generell zu Funktionen werden (199–208, 385 u.ö.), verkommen Menschen zu Rollenbündeln. Insgesamt gebe es zwar in der Moderne ein „außerordentliches Gesamtmaß von Freiheit" (554), das aber auch seine Schattenseiten habe. Deshalb werde man seiner „Freiheit doch so wenig froh" (555; vgl. ebd., 723).

Die Unterscheidung von negativer und positiver Freiheit ist von der Sache nicht neu, wohl aber in dieser Terminologie. In der ersten Hälfte des 20. Jahrhundert wurde diese kaum verwendet. Seit dem berühmten Vortrag, den Isaiah Berlin am 31. Oktober 1958 in Oxford gehalten hat, handelt es sich jedoch um eines der zentralen Themen der praktischen Philosophie. Simmel wird von Berlin nicht namentlich erwähnt, aber inzwischen weiß man, dass er in frühen Jahren sehr von ihm beeindruckt war (Cherniss 2013, 31f.). Berlin selbst bevorzugte die negative Freiheit; aber Charles Taylor, der die Diskussion nach einigen Jahren wiederaufnahm, kehrte die Wertung um (vgl. Taylor 1988 [1985]). Die gesamte Liberalismus-Kommunitarismus-Kontroverse lässt sich auf diesen Gegensatz zurückführen. Sozialphilosophisch am fruchtbarsten scheint mir weiterhin Ralf Dahrendorfs Syntheseversuch zu sein: Negative Freiheit zeigt sich in Optionen, genauer in Anrechten und Angeboten, hingegen positive Freiheit in Ligaturen, die vor allem als soziokulturelle Bindungen wichtig sind. Besteht eine Balance von Optionen und Ligaturen, verbessert dies unsere Lebenschancen (Dahrendorf 1979, 50–55; Dahrendorf 1994 [1992], 25–31, 41–45 u.ö.; vgl. Thies 1997, 118–122).

Insgesamt ist zu betonen, dass Simmels Zeitdiagnose immer noch anregend ist. Kein anderer Autor seiner Epoche hat die nichtökonomischen Auswirkungen der Geldwirtschaft so scharfsichtig und eindringlich beschrieben. Daraus kann man heute noch sehr viel lernen (vgl. Lautmann et al. 2018; Lichtblau 2019 [1997]; Müller et al. 2018). Einige Phänomene werden jedoch vernachlässigt: harte Arbeit, materielles Elend, Klassenkämpfe – also das, was der Marxismus in den Mittelpunkt stellt.

4 Arbeit und Sozialismus

Der dritte Abschnitt (563–590) wirkt zunächst wie ein Fremdkörper. Tatsächlich handelt es sich um einen bereits 1899 veröffentlichten Aufsatz namens *Zur Philosophie der Arbeit* (GSG 5, 420–444), der nur unwesentlich verändert wurde. Es besteht aber insofern ein Zusammenhang mit den vorangegangenen Abschnitten, als hier die Frage verhandelt wird, ob sich alle Arbeitsleistungen in modernen Gesellschaften mit demselben Maßstab messen und damit quantifizieren lassen. Wenn Geld alles miteinander verrechenbar macht, können dann auch alle menschlichen Leistungen auf einen Nenner gebracht werden? Ist Arbeit also „der Wert schlechthin" (563)? Wenn Geld das abstrakte Prinzip der Moderne sei, ist dann Arbeit das konkrete Prinzip?

Diese Frage nutzt Simmel, um sich mit der Arbeitswerttheorie von Karl Marx auseinanderzusetzen. Nirgendwo sonst hat sich Simmel so sehr auf dessen Werk eingelassen. Man muss allerdings wissen, dass 1900 die Frühschriften von Marx und auch die *Grundrisse* mit ihrer berühmten „Einleitung" noch nicht bekannt waren. Immerhin ist Simmel dafür zu loben, dass er sich an Marx' wissenschaftliches Hauptwerk, *Das Kapital*, hält und nicht an die eher weltanschaulich ausgerichteten Schriften von Friedrich Engels. Tatsächlich ist die Arbeitswerttheorie grundlegend für Marx' kritische Darstellung der klassischen Nationalökonomie. Zu Beginn des *Kapitals* behauptet er, dass die kapitalistische Produktionsweise darauf beruht, alle konkrete Arbeit auf abstrakte Arbeit zu reduzieren. Diese Realabstraktion erlaubt es, die entstandenen Produkte aufeinander zu beziehen. Allerdings erhält der Arbeiter nie den vollen Wert seiner Arbeit, sondern nur das, was er zum Leben braucht; darüber hinaus leistet er, vertraglich abgesichert, Mehrarbeit für das Kapital.

Kommunismus – wie auch Anarchismus (vgl. 453–455) – ist für Simmel das instinktive Verlangen nach absoluter Gleichheit (vgl. 329, 469). Eine solche Gleichheit ist aber, so scheint Simmel zu denken, weder gerecht noch vernünftig; gegen Über- und Unterordnungen hat er gar keine prinzipiellen Einwände (vgl. GSG 11, 160–283). Auch die politisch-rechtliche Gleichheit in einer Demokratie wird eher mit dem negativen Phänomen der Nivellierung assoziiert (vgl. 562, 611). Mit Sozialismus verbindet Simmel hingegen die Idee, die gesamte Gesellschaft nach rationalen Nützlichkeiten zu gestalten, also eine durch den Staat vorgenommene objektive wissenschaftliche Verwaltung der Sachen (vgl. 369, 394, 478 f., 568, 587–589). Sozialismus sei also eine Art sozialer Hyperrationalismus. Vielleicht wird im Laufe des 21. Jahrhunderts in China mit digitalen Mitteln so etwas erreicht.

Für die Jahre um 1900, so meint Simmel, sei jedenfalls der Marxismus mit seiner Arbeitswertlehre die wissenschaftliche Grundlage eines solchen Sozialismus. Interessant ist, dass Simmel die Ähnlichkeiten mit dem quantitativen Utilitarismus eines Bentham sieht, der nicht die abstrakte Arbeit, sondern das gequantelte Glück als Währung nimmt (vgl. 569). Auf jeden Fall erfordert die Arbeitswertlehre, dass sich sehr unterschiedliche Tätigkeiten miteinander verrechnen lassen. Simmel fragt sich vor allem, ob man auch hochgeistige Aktivitäten auf körperliche Verrichtungen, ja auf Muskelarbeit reduzieren könne (vgl. 576–587). Wenn dies möglich wäre, so könne man den sozialistischen Bestrebungen nicht mehr entgegenhalten, dass sie nicht zu verwirklichen seien. Das ist aber dennoch Simmels Auffassung. Denn die Arbeitswertlehre scheitert seiner Ansicht nach. Aus den relativ dunklen Überlegungen Simmels greife ich zwei Argumente heraus.

Erstens: Bei körperlichen Verrichtungen und Routinetätigkeiten dürfte es keine Probleme geben, diese auf abstrakte Arbeit zurückzuführen. Diese können ohnehin von jedem übernommen werden. Geistige Tätigkeiten sind jedoch so unterschiedlich und so voraussetzungsreich, dass auch eine Angleichung der sozialen Milieus nichts bewirkt. Es verfügt einfach nicht jeder Mensch über die entsprechenden kognitiven Kompetenzen, was auch an unterschiedlichen Begabungen liegt; die „Vererbungshypothese" (571) ist nicht falsch. Soziale Gerechtigkeit ist auf diese Weise nicht herzustellen; erzwungene Gleichheit schadet der Gesellschaft (vgl. 580 f.). Insofern ist der Sozialismus „bedrohlicher" (590) als der Kapitalismus.

Zweitens ist es seiner Auffassung nach zwar prinzipiell möglich, körperliche und geistige Tätigkeiten miteinander zu vergleichen. Es gibt aber einen „gemeinsamen, – man könnte sagen: moralischen – wertbegründenden Unterbau", nämlich „ein Tun der Seele" (585), das aber letztlich doch ein Geheimnis bleibt (vgl. GSG 5, 195). Die seelische Tätigkeit bildet „gleichsam das Ding-an-sich hinter der Erscheinung der Arbeit" (585). Das widerlegt den praktischen Materialismus. Ähnlich lässt sich der ontologische Materialismus, so der Postkantianer Simmel, durch den Nachweis widerlegen, dass auch Materie nur eine „Vorstellung" (586) ist. Daraus macht Simmel später folgende Behauptung: „selbst der historische Materialismus ist nichts als eine psychologische Hypothese" (641).

Bereits in der „Vorrede" zur *Philosophie des Geldes* hat Simmel angekündigt, dem Historischen Materialismus „ein Stockwerk unterzubauen, derart, daß der Einbeziehung des wirtschaftlichen Lebens in die Ursachen der geistigen Kultur ihr Erklärungswert gewahrt wird, aber eben jene wirtschaftlichen Formen selbst als das Ergebnis tieferer Wertungen und Strömungen, psychologischer, ja, metaphysischer Voraussetzungen erkannt werden." (13). Dieser Unterbau ist also, so können wir jetzt feststellen, das allgemeine Seelenleben. Die ganze Ökonomie, so heißt es auch in der „Selbstanzeige", sei „der Ausdruck tiefergelegener Strömungen des individuellen und des gesellschaftlichen Geistes" (719). Dazu passt auch die Bemerkung aus dem berühmten Aufsatz *Der Begriff und die Tragödie der Kultur* (1911), der von Marx analysierte Fetischcharakter der Ware sei „nur ein besonders modifizierter Fall dieses allgemeinen Schicksals unserer Kulturinhalte" (GSG 12, 217).

Und in der *Philosophie des Geldes* schreibt Simmel: „Das Ware-Werden der Arbeit ist also auch nur eine Seite des weitausgreifenden Differenzierungsprozesses, der aus der Persönlichkeit ihre einzelnen Inhalte herauslöst, um sie ihr als Objekte, mit selbständiger Bestimmtheit und Bewegung, gegenüberzustellen." (632) Die Monetarisierung ist zwar die Basis, auf die sich das gesamte soziale Leben als Überbau stützt. Aber die Basis selbst hat noch ein Fundament, nämlich das allgemeine Seelenleben. Der späte Simmel hat dieses Fundament metaphysisch gedeutet – als „Leben". Damit sei, so meint er (wie einige andere Denker seiner Zeit), die alte Materialismus-Idealismus-Alternative überwunden und gleichsam ein neuer dritter Weg gefunden.

5 Das normative Prinzip: die Persönlichkeit

Am Anfang wurde ein Defizit von Simmels Schriften genannt: die fehlende Systematik, die er aber durch seinen großartigen essayistischen Stil wettmachen kann. Stärker ins Gewicht fällt deshalb ein zweites Defizit: ungeklärte normative Hintergründe.

Simmel spricht oft über Werte; die gesamte *Philosophie des Geldes* lässt sich als Auseinandersetzung mit dem Wertproblem lesen. Aber es fehlt die reflexive Wendung: Wie wertet Simmel selbst die von ihm analysierten Phänomene? Versagt er sich jedes Werturteil? Das wäre Max Webers Strategie, das

Postulat der Werturteilsfreiheit. Aber Simmel ist weder so diszipliniert noch so nüchtern wie Weber. Oft entzieht er sich der normativen Stellungnahmen, indem er die Ambivalenz bestimmter Entwicklungen aufzeigt. Dazu passt auch seine Kategorie der Wechselwirkung (vgl. 208–212). Es gebe immer, so seine Zeitdiagnose, zwei Seiten der Monetarisierung. Das wurde eben an der Dialektik von negativer und positiver Freiheit dargestellt. Insofern ist Simmel kein Pessimist, kein Prophet des Niedergangs, aber auch kein Optimist, kein Verkünder des Fortschritts. Aber gerade in dem hier referierten Kapitel kann Simmel seine moralische Wertung nicht verbergen. Sie findet sich in seiner Beschreibung der Phänomene, die sich nicht quantifizieren lassen. Sicher, die Geldwirtschaft will uns weismachen, letztlich lasse sich alles in Geld ausdrücken (vgl. 556). Aber für bestimmte Vergehen seien Geldstrafen unpassend (vgl. 496–499). Liebe ist niemals in Geldäquivalenten darstellbar (vgl. 513, 558). Nicht alle menschlichen Leistungen lassen sich in Geld verrechnen; vor allem Künstler, die gleichsam mit Leib und Seele in ihr Schaffen verquickt seien, verlangten persönliche Anerkennung (vgl. 557).

Aus solchen und vielen anderen Textstellen wird deutlich, dass Simmel sehr wohl ein normatives Prinzip hat, aus dem sich seine einzelnen Stellungnahmen ergeben. Es ist der Begriff der Persönlichkeit, der bereits im vierten Kapitel eingeführt worden war. Dort heißt es in einer wunderbaren Formulierung: „Nicht daß er dieses oder jenes ist, macht den Menschen zu einer unverwechselbaren Persönlichkeit, sondern daß er dieses und jenes ist. Die rätselhafte Einheit der Seele ist in unserem Vorstellen nicht unmittelbar zugänglich, sondern nur, wenn sie sich in eine Vielzahl von Strahlen gebrochen hat, durch deren Synthese sie dann erst wieder als diese eine und bestimmte bezeichenbar wird." (393) Vom „rätselhaften Ich-Mittelpunkt" (533) ist auch später die Rede.

In einem kleinen Exkurs innerhalb des ersten Abschnitts macht Simmel zum Begriff der Persönlichkeit sehr interessante historische Bemerkungen (vgl. 492f.). Er unterscheidet dort auf eine Weise, die Max Weber idealtypisch genannt hätte, drei Arten von Persönlichkeit.

Erstens könne man den Begriff der Persönlichkeit auf „den Menschen als Menschen" (492) beziehen, der sich durch bestimmte Qualitäten auszeichne. Weil aber nicht alle Menschen in gleicher Weise diese artspezifische Differenz besitzen, werden drastische Abstufungen innerhalb der Menschheit abgeleitet. Die so konstruierte Auffassung bezeichne ich als aristokratischen Humanismus. Ein Beispiel wäre die klassische Definition des Menschen als *animal rationale*, die prominent von Aristoteles für Frauen, Kinder und Nichtgriechen relativiert wird. Überraschenderweise meint Simmel, dass auch moderne Individualisten eine solche Auffassung vertreten, was man wohl als Anspielung auf Friedrich Nietzsche verstehen muss. Dieser hatte beispielsweise behauptet, dass das Leiden und die Unterdrückung zahlreicher Menschen sehr wohl gerechtfertigt wären, wenn dadurch große vornehme Männer hervortreten könnten (vgl. GSG 10, 388).

Die andere Möglichkeit sei es, den Wert der Persönlichkeit gleichermaßen auf alle Menschen als Individuen zu beziehen. Man müsse aber zwei Formen des Individualismus unterscheiden (vgl. 493). Ich sollte daran erinnern, dass wir jetzt auf der normativen Ebene sind; die empirischen Tendenzen der Individualisierung führen gemäß Simmels Zeitdiagnose zu einer Spielart des homo oeconomicus, die uns hier nicht interessiert, weil es um normative Leitbilder geht.

Zum einen gibt es den quantitativen oder abstrakten Individualismus. Dieser entstand im 18. Jahrhundert und wurde vertreten von den wichtigsten Aufklärern, namentlich von Rousseau und Kant. Eine Weiterentwicklung ist der „ethische Sozialismus" (493). Alle Individuen sind gleichermaßen frei und verwirklichen so die Menschheit in ihrer Person. Man denke an den Kategorischen Imperativ, aber auch an die Maximen des Gemeinsinns, aus denen man folgern kann, dass Kant die bruchlose Harmonie des Besonderen mit dem Allgemeinen voraussetzt. Daraus erwachsen auch, wie Simmel richtig erkennt, Menschenwürde und Menschenrechte, wobei er beide Ausdrücke in Anführungszeichen setzt (vgl. 493).

Zum anderen nennt Simmel einen qualitativen oder konkreten Individualismus. Die entsprechende Idee wurde von der deutschen Romantik entwickelt und setzt sich im 19. Jahrhundert gegen die Aufklärung durch (vgl. 606). Die Verschiedenheit der Individuen soll zum Tragen kommen; zwar mögen die vertikalen Differenzen, die der aristokratische Humanismus hervorhebt, nicht so wichtig sein, aber die horizontalen Differenzen ließen sich nicht leugnen. Jedes Individuum soll seine Einzigartigkeit auf eigene Weise in seinem Leben ausdrücken.

Die philosophische Begründung für den qualitativen Individualismus findet sich bei Friedrich Schleiermacher, auf den Simmel später mehrfach verweist, ohne dies genauer zu belegen. Dessen berühmten Reden *Über die Religion* (1799) folgten 1800 die *Monologen. Eine Neujahrsgabe*, in denen diese Ethik der besonderen Individualität am besten dargelegt wird. Schleiermacher kritisiert die Kantische Ethik, die sich nur an Pflicht und allgemeiner Menschlichkeit orientiert. Dies kann zwar nicht schaden, aber so bleiben die individuellen Besonderheiten unberücksichtigt. Kant hat behauptet, dass jeder in sich die Menschheit trägt; Schleiermacher möchte aber, dass „jeder Mensch auf eigne Art die Menschheit darstellen soll, in einer eignen Mischung ihrer Elemente" (Schleiermacher 1996 [1800], 164). Auch das christliche Ideal der Nächstenliebe muss weiterentwickelt werden: „Nur wenn der Mensch im gegenwärtigen Handeln sich seiner Eigenheit bewußt ist, kann er sicher sein, sie auch im Nächsten nicht zu verletzen." (Schleiermacher 1996 [1800], 168). Eine solche Sittlichkeit finde sich vor allem in Gemeinschaftsformen wie der Liebe und der Freundschaft.

Die Unterscheidung der beiden Typen eines normativen Individualismus hat Simmel schon ein Jahr nach der *Philosophie des Geldes* in einem kleinen Aufsatz ausgeführt: *Die beiden Formen des Individualismus* (1901; GSG 7, 49–56). Auch in anderen Schriften hat er diesen Dualismus immer wieder umkreist. Später, mitten im Weltkrieg, hat Simmel daraus den Gegensatz einer romanischen und einer germanischen Idee des Individuums gemacht (vgl. GSG 13, 299–312). Beide würden jedoch aus der europäischen Kultur entspringen (vgl. 306). Hingegen greift er im vierten Kapitel der *Grundfragen der Soziologie* (1917) auf die ursprüngliche Version zurück, deutet allerdings am Ende an, dass vielleicht das 20. Jahrhundert noch etwas Neues hervorbringen könnte: „Lieber aber möchte ich glauben, daß die Idee der schlechthin freien Persönlichkeit und die der schlechthin einzigartigen Persönlichkeit noch nicht die letzten Worte des Individualismus sind" (GSG 16, 149).

Entscheidend für unseren Zusammenhang ist die Frage, was denn Simmel aus welchen Gründen bevorzugt: den aristokratischen Humanismus von Nietzsche, den quantitativen Individualismus von Kant oder den qualitativen Individualismus des frühen Schleiermacher? Der quantitative Individualismus genießt die geringste Sympathie, obwohl oder gerade weil die Monetarisierung ihn zu fördern scheint. Immer wieder arbeitet Simmel die vermeintlichen Schwächen von Kants Ethik heraus: die Menschen werden isoliert; Freiheit und Gleichheit ließen sich nicht zugleich verwirklichen; das Moralgesetz sei, ähnlich wie das Geld, indifferent gegenüber individuellen Persönlichkeitsmerkmalen. Hingegen konvergieren der aristokratische Humanismus und der qualitative Individualismus in einigen Aspekten. An manchen Stellen deutet Simmel sogar die Lehren Nietzsches als Weiterentwicklung der Romantik. Die treffendste Formulierung hat Simmels Ideal später im Begriff des individuellen Gesetzes gefunden (1912; GSG 12, 417–470). Die aus dem Leben hervorgehende Persönlichkeit gibt sich ihre eigenen Gesetze, in denen ihr Wesen zum Ausdruck kommt. Die beste Darlegung, was damit gemeint sein soll, sind wohl Simmels philosophische Porträts großer Künstler, von Michelangelo und Rembrandt, vor allem aber von Goethe, immer wieder Goethe, dem er viele Texte widmet. Schon in der *Philosophie des Geldes* dienen Nietzsche und Goethe, neben Carlyle, als paradigmatische Gegner der Geldwirtschaft (vgl. 616).

Eine wichtige Eigenschaft müsse die Persönlichkeit in jedem Fall besitzen: Vornehmheit (vgl. 534–537). Damit greift Simmel auf Nietzsche zurück; auch in der Schrift *Schopenhauer und Nietzsche* (1907) wird dessen „Moral der Vornehmheit" in den Mittelpunkt gerückt (GSG 10, 381–408). Tatsächlich hat Nietzsche in seiner Schrift *Jenseits von Gut und Böse* (1886) nach einer radikalen Kritik aller bisherigen Moralkonzepte im letzten Abschnitt das Ideal der Vornehmheit ins Spiel gebracht. Nietzsche zählt eine Reihe von Tugenden auf, die teilweise an die antike Ethik erinnern, teilweise an Künstler und Kriegshelden. Eine der wichtigsten Eigenschaften des Vornehmen ist die Einsamkeit, die aber von Nietzsche positiv gewendet wird zum „Pathos der Distanz" (Nietzsche 1999 [1886], 205). Dieses Syntagma ist beim späten Nietzsche ein durchgehendes Motiv.

Simmel schreibt: „Der vornehme Mensch ist der ganz Persönliche, der seine Persönlichkeit doch ganz reserviert. Die Vornehmheit repräsentiert eine ganz einzigartige Kombination von Unterschiedsgefühlen, die auf Vergleichung beruhen, und stolzem Ablehnen jeder Vergleichung überhaupt." (535) Während das Geld alles instrumentalisiert und nivelliert, vor allem jede Distanz vernichtet, verknüpft die Persönlichkeit diese geradezu. Sie steht damit im Gegensatz zur Geldwirtschaft und zur Massengesellschaft, allerdings keineswegs als Rudiment früherer Epochen. Vielmehr erlaubt gerade die totale Versachlichung der äußeren Welt die Entwicklung einer subtilen Innerlichkeit (vgl. 652). Der späte Georg Lukács hat diesen Aspekt, wohl aus inniger Vertrautheit mit dem Denken seines früheren Lehrers Simmel, schön herausgearbeitet (vgl. Lukács 1974 [1954], 397 f.). Je mehr Geld, desto mehr Seele, aber nur bei wenigen Auserwählten. Denn auch die elitären Züge gehören zum Wesen der Persönlichkeit, selbst wenn sie nicht zu einer Verachtung der „Masse" führen, wozu Stefan George neigt, der zeitweise mit Simmel befreundet war (vgl. Breuer 1995, 169–183).

Simmels Persönlichkeitsideal mag rhetorisch glänzen, ist aber argumentativ wenig überzeugend. In einem moralphilosophischen Rahmen wäre dieses am ehesten einer perfektionistischen Tugendethik zuzurechnen. Aber auch aus dieser Perspektive sind Simmels Überlegungen wenig ergiebig; welche Tugenden für welche Lebensbereiche angemessen sein könnten, vor allem für den Umgang mit Geld, wird nicht hinreichend deutlich. Gewiss, er wollte auch keine Ethik entwickeln, hielt diese sogar fälschlicherweise für überholt. Damit ist er zu seiner Zeit in Deutschland in guter Gesellschaft, während in Großbritannien die Moralphilosophie durchgängig weiterentwickelt wird, was einflussreiche Werke wie *Methods of Ethics* ($1874/^71907$) von Henry Sidgwick und *Principia Ethica* (1903) von G.E. Moore belegen.

Literatur

Berlin, Isaiah (1969): Two concepts of liberty [1958]. In: ders.: Four essays on liberty. Oxford, 118–172.

Breuer, Stefan (1995): Ästhetischer Fundamentalismus. Stefan George und der deutsche Antimodernismus. Darmstadt.

Cherniss, Joshua L. (2013): A Mind and Its Time. The Development of Isaiah Berlin's Political Thought. Oxford.

Dahrendorf, Ralf (1979): Lebenschancen. Anläufe zur sozialen und politischen Theorie. Frankfurt a. M.
Dahrendorf, Ralf (1994): Der moderne soziale Konflikt. Essay zur Politik der Freiheit [1992]. München.
Joas, Hans (1997): Die Entstehung der Werte. Frankfurt a. M.
Lukács, Georg (1974): Die Zerstörung der Vernunft [1954]. In: ders.: Werke, Bd. 9. Hrsg. v. Frank Benseler. Darmstadt, Neuwied.
Nietzsche, Friedrich (1999): Jenseits von Gut und Böse. Vorspiel einer Philosophie der Zukunft [1886]. In: ders.: Kritische Studienausgabe, Bd. 5. Hrsg. v. Girogio Colli/ Mazzino Montinari. München, 9–243.
Reckwitz, Andreas (2017): Die Gesellschaft der Singularitäten. Zum Strukturwandel der Moderne. Berlin.
Schleiermacher, Friedrich Daniel Ernst (1996): Monologen. Eine Neujahrsgabe [1800]. In: ders.: Schriften. Hrsg. v. Andreas Arndt. Frankfurt a. M., 149–212.
Taylor, Charles (1988): Der Irrtum der negativen Freiheit [1985]. In: ders.: Negative Freiheit? Zur Kritik des neuzeitlichen Individualismus. Frankfurt a. M., 118–144.
Thies, Christian (1997): Die Krise des Individuums. Zur Kritik der Moderne bei Adorno und Gehlen. Reinbek.
Thies, Christian (2008): Der Sinn der Sinnfrage. Metaphysische Reflexionen auf kantianischer Grundlage. Freiburg, München.

Oliver Müller
Kapitel 10
Subjektive und objektive Kultur: der Stil des Lebens [Kap. 6.I und 6.II]

Das sechste Kapitel der *Philosophie des Geldes* schließt das Werk fulminant ab. Schon in den vorigen Kapiteln hat Simmel einzulösen versucht, was er im Vorwort angekündigt hat, nämlich die Auswirkungen des Geldes „auf das Lebensgefühl der Individuen, auf die Verkettung ihrer Schicksale, auf die allgemeine Kultur" (10) zu untersuchen. Doch mit dem titelgebenden *Stil des Lebens* hat Simmel in diesem Kapitel das Stichwort gefunden, das seine Analysen der modernen Gesellschaft in neuer Weise bündelt. Am Leitfaden des Lebensstilbegriffs will er die „Formel unseres Lebens überhaupt" (624; überblickshaft zum Begriff des Lebensstils vgl. Papilloud et al. 2003) finden sowie die Dynamiken, Spannungen, Fragmentierungen, Widersprüchlichkeiten unserer modernen Existenz beschreiben und analysieren. Dieses sechste Kapitel ist schon daher bedeutsam, weil es die *Philosophie des Geldes* zu einem Klassiker der „Lebensstilsoziologie" gemacht hat (vgl. etwa Soeffner et al. 2003; Garhammer 2000).

Das Kapitel ist in drei Unterkapitel gegliedert. Im Folgenden werden die ersten beiden Unterkapitel besprochen, die das dritte und finale Unterkapitel des Buches mit Differenzierungen zum Lebensstilbegriff und zum Kulturbegriff vorbereiten. Die ersten beiden Unterkapitel sind weniger intensiv rezipiert worden als das dritte mit seinen zentralen Begriffen wie der „Distanz", der „Rhythmik" und des „Tempos des Lebens". Doch finden sich hier nicht nur einige markante Thesen, wie etwa diejenige von der „Charakterlosigkeit" des Geldes, sondern auch differenzierte Analysen zum Begriff des Intellekts und der „Objektivität" des Lebensstils und nicht zuletzt auch die Formulierung der berühmten Gedankenfigur, dass es das diskrepante Verhältnis zwischen subjektiver und objektiver Kultur ist, das den modernen Lebensstil grundlegend prägt.

Die Themen, die hier verhandelt werden, lassen sich überblickshaft wie folgt gliedern: Das erste Unterkapitel behandelt den Verstand und den Mittelcharakter des Geldes (591–594), die Charakterbestimmungen des Geldes (594–600), die Objektivität des Lebensstils (600–602), Lebensstil, Individualismus und Egoismus (602–609), die Beziehung zu anderen Formen des Rationalismus (609–612) sowie das Rechnen als dominante Rationalitätsform (612–616). Das zweite Unterkapitel hat den Begriff der Kultur im Allgemeinen (617–620), die Diskrepanz zwischen subjektiver und objektiver Kultur (620–628), die Arbeitsteilung (628–639), die Mode und die Vielheit der Stile (639–651) und abschließend den Stil des Lebens mit Blick auf das Geld zum Thema (651–654).

1 Der Mittelcharakter des Geldes und die Objektivität des Lebensstils (Kapitel 6.I)

Simmel beginnt seine Ausführungen mit der Unterscheidung zwischen Verstand und Gefühl und der These, dass die Geldwirtschaft durch Verstandesleistungen möglich werde. Dies liege vor allem am „Mittelcharakter des Geldes" (591), denn der Verstand – synonym verwendet Simmel auch den Begriff des Intellekts – ist das geistige Vermögen, Mittelreihen zu überblicken und zu organisieren. Hierbei handelt es sich um Relationen, die Kausalverbindungen vergleichbar sind. Mittelreihen dienen der Erreichung eines Zweckes (hier schließt Simmel an das dritte Kapitel an); die richtigen Mittel für Zwecke zu finden, ist ein rein logisches Kalkül. Das Problem sei allerdings, dass der Verstand grundsätzlich keine Zwecke setzen kann. Wenn Simmel dem Verstand diese Funktion abspricht, bewegt er sich konzeptionell in kantischer Tradition (Zwecke setzen kann nur die Vernunft bzw. der durch die Vernunft „angeleitete" Wille; der Verstand ist die Fähigkeit, das Gegebene in logischen Regeln zu verknüpfen). Bei Simmel werden die Zwecke durch den Willen gesetzt; allerdings ohne einen direkten Bezug zur (praktischen) Vernunft im kantischen Sinne. Der Inhalt der Zwecke liegt außerhalb des Willens und stellt einen „ideellen Gehalt der Welt" dar, der uns eine „praktische Bedeutung" (592) gibt. Dass Simmel sich, auch ohne den Vernunftbegriff zu verwenden, immer noch an Kant orientiert, zeigt sich daran, dass er die Leistung des Verstandes, die entsprechenden Mittel zu berechnen, rein *theoretisch* und *nicht praktisch* verstehen will. Denn wenn die Zwecksetzung einmal erfolgt ist, dann operiert der Verstand seiner Ansicht nach ganz logisch, sachgesetzlich, um die entsprechenden Mittel für diesen Zweck zu finden: „Überall, wo der Intellekt uns führt, sind wir schlechthin abhängig, denn er führt uns nur durch die sachlichen Zusammenhänge der Dinge, er ist die Vermittlung, durch die das Wollen sich dem selbständigen Sein anpaßt. Fassen wir den Begriff der Mittelberechnung in voller Schärfe, so sind wir, in ihr verweilend, rein theoretische, absolut nicht-praktische Wesen." (592)

Der prägnant gewählte Begriff der „Mittelberechnung" weist schon auf die späteren Passagen voraus, in denen Simmel sich dem Rechnen als eine in der Neuzeit dominant werdende Rationalitätsform widmet (vgl. 612–616). Mit diesen Überlegungen bewegt sich Simmel auch nah an dem von Max Weber entwickelten Begriff der Zweckrationalität (Weber 1964 [1920/1921], 22), der dann von der Frankfurter Schule ideologiekritisch aufgegriffen wurde (s. z. B. Habermas 1969).

In *Die Großstädte und das Geistesleben* (1903) wird Simmel selbst bereits die Herrschaftsförmigkeit dieses Rationalitätstyps formulieren: „Geldwirtschaft aber und Verstandesherrschaft stehen im tiefsten Zusammenhange. Ihnen ist gemeinsam die reine Sachlichkeit in der Behandlung von Menschen und Dingen, in der sich formale Gerechtigkeit oft nur mit rücksichtsloser Härte paart." (GSG 7, 118).

Nach der Bestimmung des Verstandesbegriffs und der mit ihm verbundenen Rationalitätsform der effektiven Mittelberechnung entwickelt Simmel in der *Philosophie des Geldes* ein bemerkenswertes Argument, das man die *Quasi-Naturalisierung* des Geldwesens nennen könnte. Simmel sieht einen Zusammenhang zwischen der Länge der Mittelreihen und der Dominanz verstandesmäßiger Rationalitätsformen in einer Gesellschaft. Da Emotionen nur an die Zwecke gebunden seien, aber nicht an die Mittel, unterscheidet er Gesellschaften mit einer stärkeren „Gefühlsfunktion gegenüber der Intellektfunktion" (592); Beispiele sind ihm hier „Naturvölker[]" und das „Mittelalter" (593), in denen die Zwecke mit weniger Mitteln erreicht werden konnten, was zu einem größeren Affektivitätspotential geführt hatte. Dies ändert sich nach Simmel in der Moderne, in der die Mittelreihen immer länger werden, ja ins „Endlose" (593) wachsen können. Grund dafür ist die Dynamik der Geldwirtschaft. Denn da Geld immer für weitere Zwecke eingesetzt werden kann, wird es permanent zu einem neuen Mittel für das übergeordnete Interesse des Gelderwerbs. Das Entscheidende an diesem Vorgang ist die dialektische Wende, die Simmel schon zuvor beschrieben hatte (292–337), nämlich „daß das Geld allenthalben als Zweck empfunden wird und damit außerordentlich viele Dinge, die eigentlich den Charakter des Selbstzwecks haben, zu bloßen Mitteln herabdrückt" (593). Diese „Verkehrung" der Mittel und Zwecke wird zu einem kulturkritischen Topos werden, der seinen Reflex zum Beispiel noch bei Hannah Arendt findet (Arendt 2008 [1958], 171). Aus dem Befund der immer länger werdenden Mittelreihen entwickelt Simmel nun seine These von der *Quasi-Naturalisierung*: „Indem nun aber das Geld selbst überall und zu allem Mittel ist, werden dadurch die Inhalte des Daseins in einen ungeheuren teleologischen Zusammenhang eingestellt, in dem keiner der erste und letzte ist. Und da das Geld alle Dinge mit unbarmherziger Objektivität mißt und ihr Wertmaß, das sich so herausstellt, ihre Verbindungen bestimmt – so ergibt sich ein Gewebe sachlicher und persönlicher Lebensinhalte, das sich an ununterbrochener Verknüpftheit und strenger Kausalität dem naturgesetzlichen Kosmos nähert." (593 f.)

Die Geldwirtschaft funktioniert also ähnlich wie eine streng physikalisch verstandene Natur. Es herrschen unbedingte, Naturgesetzen vergleichbare ökonomische Gesetze, die das Handeln der Individuen vorgeben, weil es logisch zwingend erscheint, immer die besten Mittel zu eruieren. Alle „Gefühlsbetonungen" werden verdrängt, da sie sich nur an den „teleologischen *End*punkten"

(594) einstellen. Mit dieser Überlegung schließt Simmel erneut an sein drittes Kapitel an und bewegt sich letztlich vor einem naturphilosophischen Horizont, der besonders prominent von Kant in der *Kritik der Urteilskraft* (1790) zum Thema gemacht wurde, nämlich die Differenz des kausal-mechanischen und des teleologischen Naturverständnisses. Auch wenn Simmel eine andere Fragestellung verfolgt und auch wenn sein Zweckbegriff von dem kantischen deutlich zu unterscheiden ist, orientiert er sich in seiner Analogie an dem bloß mechanistischen Naturbegriff, wie ihn Kant im Anschluss an Newton herausgearbeitet hatte. In Simmels Analogie folgt die moderne Geldwirtschaft wie die physikalische Natur streng kausalen Regeln; und durch diese „berechenbaren, rationellen Verbindungen" werden die „gefühlsmäßigen Betonungen und Entscheidungen" (594) immer weiter marginalisiert.

An diese Überlegungen schließt Simmel nun ein Theoriestück an, das als typisch für seinen originellen hermeneutischen Zugriff gelten kann, wenn er das durch Geld veränderte Lebensgefühl und die seelische Verfassung der Menschen zu verstehen sucht. Die durch den Intellekt organisierte Geldwirtschaft ist nämlich seiner Auffassung nach durch „eine gewisse Charakterlosigkeit" (594) gekennzeichnet, da der Intellekt nur der „indifferente Spiegel der Wirklichkeit" (595) ist. Weil er nur effizient die Mittelreihen zu organisieren braucht, um die Geldwirtschaft am Laufen zu halten, führe dies zu einer „Abflachung des Gefühlslebens" (595), da der Intellekt dem Gefühlsleben ja entgegengesetzt war. „Charakter" ist für Simmel definiert als die Ausbildung von Individualität, mit der man sich von anderen unterscheidet (vgl. 594 f.). Die allgemeingültige Logik des Intellekts bildet in diesem Sinne keinen Charakter heraus; in den als zwingend notwendig verstandenen Leistungen des Intellekts gleichen sich die Individuen. Das ist der Grund, warum Simmel hier von der Charakterlosigkeit von Intellekt und Geld spricht. Auch wenn Simmel mit der Charakterlosigkeit einen markanten Begriff wählt, ist diese kulturkritische Bemerkung vermutlich durchaus zeittypisch lebensphilosophisch.

Doch im Folgenden macht Simmel eine durchaus ungewöhnliche Volte: Über die rein negative Bestimmung der Charakterlosigkeit hinaus beobachtet er einige „positive" Phänomene, mit denen sich insgesamt auch eine deutliche Liberalismus-Kritik verbindet. Aus der kalkulierenden Gleichgültigkeit des Intellekts würden nämlich eine „Tendenz zur Versöhnlichkeit" (596) sowie „Verständigung" und „Rücksichten, Gutmütigkeit, Zartheiten" (598) und letztlich sogar die „Idee des Weltfriedens" (596) resultieren. Das kann man sich folgendermaßen verständlich machen: Wer auf kluge Weise Geldgeschäfte machen will, der muss mit seinem Geschäftspartner kooperieren, muss Dinge entsprechend aushandeln, muss sich auf einen Rahmen von „Vertrauen" verlassen können. Der Handel braucht eine friedliche Ordnung (etwa im Sinne des späteren – falschen – Diktums, dass zwei Länder, in denen es McDonald's-Restaurants gibt, keinen Krieg gegeneinander führen, gemeint). Die dialektische Kehrseite dieser liberalen Tendenzen ist aber, dass in den modernen Großstädten eine Reihe von Berufen entstehe, die keinen anderen Inhalt als das Geldverdienen haben und eine spezifische Schlauheit entwickeln („lives by cheating his fellow-creatures"): „Zu diesen ‚Berufen' – denen gerade das ‚Berufensein' d. h. die feste ideelle Linie zwischen der Person und seinem Lebensinhalt fehlt – sind begreiflicherweise die überhaupt entwurzelten Menschen disponiert" (597). Überdies würde es der „rein geldmäßig interessierte Mensch" gar nicht begreifen können, „wenn man ihnen Grausamkeit und Brutalität vorwirft, da er sich einer bloßen Folgerichtigkeit und reinen Sachlichkeit seines Verfahrens, ohne irgend einen bösen Willen, bewußt ist." (598 f.)

Nach dieser Beschreibung der am Geld orientierten Intelligenz führt Simmel seinen Begriff der „Objektivität des Lebensstils" (599) ein. Einem geschlossenen philosophischen System à la Spinoza vergleichbar, formt der geldrechnende Verstand den Lebensstil der Moderne in einer Weise, dass er die maßgebliche und sogar „einzig zugängige Art" (599) wird, in dem Menschen ein Verhältnis zur Welt entwickeln können. Die Differenzierung individuellen Verhaltens erfolgt daher nach sachlichen Bezügen und einer „objektiven Angemessenheit" (600). Da der Typus des „reine[n] Verstandesmensch[en]" (602) erfolgreicher in der ökonomischen Sphäre operieren kann, gibt dieser den Lebensstil vor, an dem sich Individuen orientieren. Dieser „Verstandesmensch" ist vergleichbar mit Sartres Typus des „Mittelmenschen", der sich, so Sartre, „absichtlich im Unendlichen der Mittel" verliere, „um dem Zweck nicht ins Gesicht zu sehen" und damit insgesamt die „Welt als Mittel" (Sartre 2005 [1983], 49 f.) betrachtet. Die These von der Objektivität des Lebensstils besagt, dass die ökonomische Rationalität, unabhängig von anderen persönlichen Einstellungen und charakterlichen Ausprägungen, auch die maßgeblichen Subjektivierungsformen einer Zeit vorgibt. Die „unpersönliche Sachlichkeit" (602), mit der der ökonomisch orientierte Verstand operiert, wird zum „Standard" rationalen Verhaltens.

Simmels Pointe ist nun, dass diese „unpersönliche Sachlichkeit" des Verstandes gerade zur Ausbildung des modernen Individualismus führt; sie ist die „Pflanzstätte des wirtschaftlichen Individualismus und Egoismus" (602). Um diesen Zusammenhang zu verdeutlichen, und damit den modernen Lebensstil genauer zu fassen, unterscheidet Simmel zwischen dem *Wesen* (bzw. „Inhalt"), also den operationalen Strukturen des Intellekts und der Logik, die die Geldwirtschaft charakterisieren, und der *Funktion*, die diese für die Individuen haben (vgl. 603). Das *Wesen* der ökonomischen Rationalitätsform lässt sich als das Mittelreihen-Kalkül fassen, das Simmel anhand des Begriffs des Intellekts expliziert hatte. Dieses ist allgemeinverständlich und von einer großen Überzeugungskraft, weil im Prinzip jede Akteurin und jeder Akteur die Logik des Geldwirtschaftens verstehen kann. Simmel sagt daher auch, dass man das Wesen des Intellekts geradezu „kommunistisch" (603) nennen könnte. Mit *Funktion* wiederum ist das Phänomen bezeichnet, dass sich Individuen diese effizient kalkulierende verstandesmäßige Logik zu eigen machen können. Besonders kluge Personen können diese Form von Rationalität besonders gut für sich nutzen und ihre Intelligenz gegenüber anderen ausspielen (vgl. 604). Gerade durch die Allgemeingültigkeit der wirtschaftlichen Logik, die ein Recht für alle (vgl. 604) impliziert – denn jede und jeder kann sie sich grundsätzlich zu eigen machen –, kann sich individuelles Verhalten, das sich an dieser Form von Rationalität orientiert, besonders gut in der Gesellschaft behaupten. Dies führt zu einem „rücksichtslose[n] Durchsetzen[] der Individualität", die im Sinne des sachlogisch und im eigenen Interesse handelnden Individuums verstanden wird – weil dies eben der „objektiven" Ordnung am deutlichsten entspricht, oder, wie Simmel pointiert: „Diese absolute Möglichkeit, die Kräfte des Geldes bis aufs Letzte auszunutzen, erscheint nicht nur als Rechtfertigung, sondern sozusagen als logisch-begriffliche Notwendigkeit, es auch wirklich zu tun." (608) Historisch entspricht dies nach Simmels Ansicht auch den Rationalisierungsprozessen ab dem 18. Jahrhundert. Die Orientierung an den logischen Regeln des Intellekts fungiert als eine Art principium individuationis im Gegensatz zu „überindividuellen Gefühlspotenzen des Lebens" (606), wie sie sich beispielsweise in der Romantik finden. Diesen Prozess der Individualisierung, der auch mit der Auflösung traditioneller Bindungen einhergeht, erfasst Simmel mit dem wirkmächtigen Begriff der „Atomisierung der Gesellschaft" (606).

In diese Überlegungen sind immer wieder giftige Bemerkungen gegenüber „liberalistische[n] Doktrinen" (606), insbesondere gegenüber der nur scheinbar egalitären liberalen Bildungspolitik (vgl. 606 f.), eingeflochten. Insgesamt betont Simmel in diesem Zusammenhang auch die Strukturverwandtschaft von Rechtsgleichheit, ökonomischer Rationalität und Geldwirtschaft. In diesen gesellschaftlichen Subsystemen würden sich formale Normen bilden, die in einen Widerspruch zum individuellen Leben treten können: das „logisch-inhaltlich" und das „sozialpraktische" (611) Allgemeine treten auseinander. Simmel macht das Problem im Vergleich zu Kunst, Religion und (kantischer) Moral deutlich: In diesen kulturellen Formen spiegelt sich das Menschliche, was einzelne Individuen erfahren können, in einem Allgemein-Menschlichen wider, sei es in einer künstlerischen Darstellung, in religiösen Praktiken und Dogmen oder in Form des Begriffs „Menschheit" im Sinne Kants. Wir können uns als einzelne Menschen in Kunst, Religion und Moral wiedererkennen, weil etwas Allgemeines zum Ausdruck gebracht wird, das alle Individuen verbindet. Die formale Allgemeinheit der modernen Gesellschaft mit ihrer nivellierenden Funktion ist zwar die Grundlage für eine demokratische Ordnung, in der im Prinzip alle gleich sind und auch vor dem Recht eine Gleichbehandlung erwarten dürfen. Die Kehrseite ist aber, dass sich in der Orientierung an der Logik des Intellekts vor allem jener „Egoismus" (609) ausprägt, der die intensivste Vermehrung des Geldes verfolgt. Damit bildet sich eine Persönlichkeitsstruktur als Maßstab aus, in der sich zentrale Momente des Menschseins nicht mehr abbilden. Diese dialektische Wendung wird nach Simmel als ein „geheime[r] Selbstwiderspruch[]" (612) gespürt.

Das erste Unterkapitel endet mit einer Explikation der modernen Rationalität als konstitutiv *rechnerische*. Den geistesgeschichtlichen Hintergrund bildet das neuzeitliche Erkenntnisideal, das, wie Simmel pointiert schreibt, davon geleitet sei, „die Welt als ein großes Rechenexempel zu begreifen" (612), womit er die rationalistische Tradition von Leibniz bis Kant meint. Aber erst die Geldwirtschaft hat „in das praktische Leben – und wer weiß, ob nicht auch in das theoretische – das Ideal zahlenmäßiger Berechenbarkeit gebracht" (614). Hier sei an die zuvor erwähnte „Mittelberechnung" (592) erinnert, die sich in der Moderne immer mehr durchsetzt. Der Geldverkehr forciert dabei das alltägliche Rechnen: „Das Leben vieler Menschen wird von solchem Bestimmen, Abwägen, Rechnen, Reduzieren qualitativer Werte auf quantitative ausgefüllt" (614). Die Verbreitung des rechnerischen Denkens lasse sich auch an den immer präziseren Zeitregimen ablesen, die sich an der Verbreitung der Taschenuhren zeige (vgl. 615). Der Verweis auf die Taschenuhren kann als symptomatisch für Simmels Denken gelten, an einem Gegenstand seiner Zeit die gesamte Tendenz der Moderne abzulesen. – Die Kritik des rechnerischen Denkens wird zu einem Topos der Modernekritik und von verschiedenen Denkern aufgegriffen; am prominentesten und traurigsten sicher von Martin Heidegger, der das rechnerische Denken zwar prägnant analysiert (etwa Heidegger 1989, 119), allerdings mit einem antisemitischen Unterton, wie wir spätestens aus den sog. *Schwarzen Heften* wissen (Heidegger 2014, 46).

2 Die objektive Kultur und die Vielfalt der Lebensstile (Kapitel 6.II)

Das zweite Unterkapitel beginnt Simmel mit der Explikation seines Begriffs der Kultur (vgl. insgesamt zu Simmels Kulturbegriff Geßner 2003). Die Kultur sei ganz grundsätzlich eine „Verfeinerung", eine „vergeistigte Form" (617) des Lebens. Damit formuliert Simmel eine Kontinuitätsthese: *Kultur* ist kein Gegenbegriff zu *Natur*, Kultur entsteht vielmehr aus der (lebendigen) Natur. Es sind „natürliche Keime und Tendenzen" (617), die die Voraussetzung für den Begriff der Kultur bilden. Damit antizipiert Simmel die spätere anthropologische Konzeption des „paradoxalen" anthropologischen Grundgesetzes der „natürlichen Künstlichkeit" (vgl. Plessner 1975 [1928], 309–321). Gleichzeitig formuliert er damit den kantisch-aufklärerischen Begriff der Kultivierung lebensphilosophisch um; die Norm der „Verfeinerung" liegt nicht mehr in der Vernunft, sondern im Leben selbst (vgl. dazu auch Simmels Auseinandersetzung mit Nietzsche in GSG 10, 167–408). Vor diesem Hintergrund entwickelt Simmel auf den ersten Seiten dieses Unterkapitels eine „ideale" Form von Selbstkultivierung, bei der die „transnaturale" Entfaltung der Energien im „Kulturprozess" mit der Entfaltung *unserer Energien*" (619) korrespondiert. Wir können uns als natürlich-leibliche Wesen in der Kultur ausdrücken und in der Kultur wiedererkennen. Die Kultur spiegelt unsere seelisch-körperlichen Energien wider. Diese „ideale" Form der Kultivierung terminologisiert Simmel dann als „subjektive Kultur" (621).

Dieser subjektiven Kultur setzt Simmel nun eine *objektive Kultur* gegenüber. Die objektive Kultur ist die Vermehrung von Kulturobjekten, Wissensformen, Technologien, die den Individuen immer massiver entgegentreten – aber immer weniger verstanden, immer weniger in den individuellen Lebensvollzug integriert werden können. Eines der vielen Beispiele, das Simmel hier anführt, ist insofern bemerkenswert als es die heutigen Debatten um Künstliche Intelligenz vorwegzunehmen scheint: Simmel beobachtet, dass der moderne Arbeiter nicht mehr in der Lage zu sein scheint, „den in der Maschine investierten Geist zu verstehen" (621). Während Werkzeuge und einfache Maschinen in ihrer Funktionsweise noch unmittelbar begriffen werden können, gilt das für komplexere Maschinerien nicht mehr – ein Problem des Weltverhältnisses, das sich derzeit angesichts „lernender Algorithmen" mit neuer Dringlichkeit stellt.

Aber zurück ins 19. Jahrhundert. Simmel macht den Unterschied zwischen subjektiver und objektiver Kultur anhand eines bildungspolitischen Paradigmenwechsels deutlich: „Gewissermaßen faßt sich das Übergewicht, das die objektive über die subjektive Kultur im 19. Jahrhundert gewonnen hat, darin zusammen, daß das Erziehungsideal des 18. Jahrhunderts auf eine Bildung des Menschen, also einen persönlichen inneren Wert ging, aber im 19. Jahrhundert durch den Begriff der ‚Bildung' im Sinne einer Summe objektiver Kenntnisse und Verhaltensweisen verdrängt wurde." (621) Die hier exemplarisch auftretende Diskrepanz zwischen subjektiver und objektiver Kultur spielt Simmel im Folgenden in verschiedenen Variationen durch. Da Simmel hier das 19. Jahrhundert als Umbruchszeit markiert, ist es vielleicht wenig überraschend, dass er den Begriff der objektiven Kultur mit dem Begriff des „objektiven Geistes" (627) in Verbindung bringt. Ohne Hegel explizit zu nennen, dürfte Simmel hier an dessen Begriffsbildung anschließen, der den objektiven Geist (in der wohl kürzesten Variante) als *„äußerliche* vorgefundene Objektivität" bezeichnet hatte (vgl. Hegel 1991 [1830], § 483). Denn Simmel spricht in diesem Zusammenhang von einer „Vergegenständlichung des Geistes in Worten und Werken, Organisationen und Traditionen", die „dem Menschen erst seine Welt, ja: eine Welt schenkt" (627).

Und diese objektiv gewordene Kultur führt nun zu einem Problem, denn Simmel fragt: „was bedeutet jene Entwicklung, Ausgestaltung, Vergeistigung der Objekte, die sich wie aus eigenen Kräften und Normen heraus vollzieht und ohne daß sich einzelne Seelen darin oder daran entsprechend entfalteten?" (622). Diese Frage wird Simmel später vor dem Hintergrund folgender These diskutieren: „Der ganze Stil des Lebens einer Gemeinschaft hängt von dem Verhältnis ab, in dem die objektiv gewordene Kultur zu der Kultur der Subjekte steht" (628). Und entsprechend arbeitet er in diesen Passagen das „diskrepante Verhältnis" der objektiven und der subjektiven Kultur als das „eigentliche[] Problem" (622) in der Analyse des modernen Lebensstils heraus. Mit dieser Ausrichtung der Fragestellung wird die *Philosophie des Geldes* zu einem der Gründungstexte der sich später etablierenden „Kultursoziologie" (vgl. Lichtblau 1996).

Simmel hat das „diskrepante Verhältnis" zwischen subjektiver und objektiver Kultur bekanntlich in seinem berühmten Aufsatz *Der Begriff und die Tragödie der Kultur* von 1911 auf die Figur des Tragischen hin zugespitzt. Dort heißt es: „Der Geist erzeugt unzählige Gebilde, die in einer eigentümlichen Selbständigkeit fortexistieren, unabhängig von der Seele, die sie geschaffen hat", das Subjekt sieht sich „der Kunst wie dem Recht gegenüber, der Religion wie der Technik, der Wissenschaft wie der Sitte" (GSG 12, 194). Die Diskrepanz resultiert aus der „Form der Festigkeit, des Geronnenseins, der beharrenden Existenz, mit der der Geist, so zum Objekt geworden, sich der strömenden Lebendigkeit, der inneren Selbstverantwortung, der wechselnden Spannungen der subjektiven Seele entgegenstellt" (GSG 12, 194). Die daraus entspringende „eigentliche Tragödie der Kultur" (GSG 12, 219) ist, dass die Subjekte der selbst geschaffenen Kultur des objektiven Geistes gegenüberstehen, die sie in den Lebensvollzug nicht mehr integrieren können, oder, wie Simmel in eindringlichen Worten schreibt: „Der ins Unabsehbare wachsende Vorrat des objektivierten Geistes stellt Ansprüche an das Subjekt, weckt Velleitäten in ihm, schlägt es mit Gefühlen von eigener Unzulänglichkeit und Hilflosigkeit, spinnt es in Gesamtverhältnisse, deren Ganzheit es sich nicht entziehen kann, ohne doch ihre Einzelinhalte bewältigen zu können. So entsteht die typische problematische Lage des modernen Menschen: das Gefühl, von einer Unzahl von Kulturelementen umgeben zu sein, die für ihn nicht bedeutungslos sind, aber im tiefsten Grunde auch nicht bedeutungsvoll" (GSG 12, 220). Die Rede von der Tragödie der Kultur findet sich in der *Philosophie des Geldes* noch nicht, in der Sache formuliert Simmel aber bereits diese vielzitierte Kulturdiagnose, die als Stichwort der Zeit auch kritisch diskutiert wurde, wie z. B. von Simmels ehemaligem Schüler Ernst Cassirer (vgl. Cassirer 2007 [1942]).

Mit der *Philosophie des Geldes* setzt Simmel allerdings auch Akzente, die über den Aufsatz zu Begriff und Tragödie der Kultur hinausgehen. Der zentrale Begriff, mit dem Simmel die Spannung zwischen subjektiver und objektiver Kultur ausführlich diskutiert, ist hier der der *Arbeitsteilung* (vgl. 628–639). Der Grund liegt darin, dass sich an der arbeitsteiligen Gesellschaft ein Aspekt der Diskrepanz zwischen subjektiver und objektiver Kultur besonders deutlich zeigen lässt: Der spezialisierte individuelle Beitrag zu einem Produkt spiegelt nicht mehr die „Gesamtpersönlichkeit" (628) des oder der Produzierenden wider. Die zu produzierenden Produkte werden vorgegeben, der Beitrag ist nur noch fragmentarischen Charakters; daher fehlt ihm die „Seelenhaftigkeit" (629), die sonst in das Arbeitsprodukt einfließt. Indirekt greift Simmel in der Diskussion der Arbeitsteilung die Überlegungen zum Intellekt wieder auf: Denn auch die Arbeitsteilung ist sachlich überzeugend und so „logisch", dass sie auch den Arbeitenden plausibel erscheint, selbst wenn diese Arbeitsform sich nicht mehr in ihr „Gesamtlebenssystem" (630) integrieren lässt. Die „schaffende Persönlichkeit" wird von dem „geschaffenen Werk" (633) abgetrennt, das dem Produzierenden in einer objektiven Selbstständigkeit als etwas Fremdes gegenübertritt. Diese Dynamik beschreibt Simmel wie folgt: „Je vollständiger ein Ganzes aus subjektiven Beiträgen den Teil in sich einsaugt, je mehr es der Charakter jedes Teiles ist, wirklich nur als Teil dieses Ganzen zu gelten und zu wirken, desto objektiver ist das Ganze, desto mehr lebt es im Jenseits aller Subjekte, die es produzieren." (630) Die objektive Kultur spiegelt sich daher auch in der Konsumgesellschaft wider: „Die Erweiterung der Konsumtion hängt an dem Wachsen der objektiven Kultur, denn je sachlicher, unpersönlicher ein Produkt ist, für desto mehr Menschen ist es geeignet." (631) Insofern verliert auch der Konsument sein „persönliches Verhältnis" (633) zur Ware. Die Waren werden immer mehr nach den „objektiven" Mustern gefertigt, die die Waren für möglichst viele Käufer attraktiv machen.

Simmel beobachtet die Arbeitsteilung übrigens nicht nur in den kapitalistischen Arbeitsverhältnissen der Warenproduktion (vgl. 631), sondern auch im Kontext der Wissenschaft (vgl. 623 f.), in dem die einzelne Wissenschaftlerin oder der einzelne Wissenschaftler auf Vorarbeiten, Material und Methoden zurückgreift, die sie oder er selbst nicht entwickelt hat, und somit Teil eines „Wissenschaftsbetriebs" (633) wird. Simmel dürfte den Begriff des Wissenschaftsbetriebs für die moderne Organisation der Forschung (wie sie später auch Max Weber analysiert) als erster geprägt und als Teil von umfangreicheren Modernisierungsprozessen beschrieben haben (Simmel attestiert seiner eigenen Disziplin, der Philosophie, allerdings, dass sie das Fach mit der geringsten Arbeitsteilung sei).

Besonders eindringlich setzt sich Simmel mit der technisierten und maschinisierten Produktionsweise auseinander. Die Technik erlaubt seiner Ansicht nach

Formen von Spezialisierung, die die klassischen Berufe und Kompetenzen grundlegend ändern (vgl. 635f.). Simmel stilisiert die Maschine zum Inbegriff der Objektivität der durch den Intellekt geprägten Rationalität: „Indem die Maschine aber zur Totalität wird, einen immer größeren Teil der Arbeit auf sich nimmt, steht sie ebenso dem Arbeiter als eine autonome Macht gegenüber, wie er ihr gegenüber nicht als individualisierte Persönlichkeit, sondern als Ausführer einer sachlich vorgeschriebenen Leistung wirkt." (637) Simmel formuliert schon früh die These der Autonomie der Technik, die die Arbeitsweise vorgibt und die Arbeitenden zu einem „Gerät für Geräte" macht, zu einem „Werkstück innerhalb bereits gebauter Maschinerien oder innerhalb bereits festgelegter technischer Entwürfe" (Anders 1956, 32), wie Günther Anders später schreiben wird. Eine Technikphilosophie im engeren Sinne hat Simmel zwar nie geschrieben, aber es finden sich über sein Werk verstreut Bemerkungen ähnlich dieser (wie in der *Philosophie des Geldes* etwa auch die Anmerkung zur Selbstversklavung des Menschen durch die Maschine, vgl. 673), die zumindest zeigen, dass Simmel die Technik als philosophisches Thema erkannt hatte. In einer für Simmel typischen Verdichtung seiner Überlegungen an einzelnen Objekten verdeutlicht er die Mechanisierung der modernen Wirtschaft am Beispiel des „Warenapparats": „Das restlose Beispiel für diesen mechanischen Charakter der modernen Wirtschaft ist der Warenautomat; mit ihm wird nun auch aus dem Detailverkauf, in dem noch am längsten der Umsatz durch Beziehung von Person zu Person getragen worden ist, die menschliche Vermittlung völlig ausgeschaltet und das Geldäquivalent maschinenartig in die Ware umgesetzt." (639)

Simmel analysiert die Veränderungen der modernen Gesellschaft immer auch mit dem Begriff der „Differenziertheit" oder der „sozialen Differenzierung" (vgl. dazu Renn 2018), an seine früh verwendete Begrifflichkeit anschließend (vgl. GSG 2, 109–295). Simmel hat damit neben Émile Durkheim und Max Weber einen der wichtigsten Begriffe der Soziologie geprägt (vgl. Schimank 1996 und Müller 2011). In der *Philosophie des Geldes* ist seine Theorie der sozialen Differenzierung an die Unterscheidung zwischen subjektiver und objektiver Kultur geknüpft. Denn „[j]e entschiedener diese Differenzierung ist" (647), desto objektiver ist sie und daher von dem individuellen Seelenleben abgehoben. Die sachgerechte, verstandesmäßig organisierte Staats- und Wirtschaftswelt – immer wieder knüpft Simmel an seine Analysen zum Begriff des Intellekts an – ist zwar enorm leistungsfähig, doch „empfinden wir" diese Organisation „in demselben Maße, in dem die Differenziertheit und Anteil der arbeitsteiligen Elemente zunimmt, als bloßen Mechanismus, dem die Seele fehlt" (647). Der Begriff der Seele taucht hier nicht zufällig auf. Simmel sieht den Unterschied zwischen Geist und Seele als korrespondierend mit dem Unterschied zwischen objektiver und subjektiver Kultur. Er verdeutlicht dies in einer (letztlich nicht haltbaren)

Platon-Deutung. So wie die Ideen Platons zwar in schöner idealer Reinheit konzipiert sind, sind sie von der individuellen Seele doch abgekoppelt; „die plastische Klarheit und logische Formbestimmtheit" (648) ist nicht der einzige Maßstab, weder für unsere Ideale noch für unseren Wirklichkeitsbegriff. Der Begriff der Seele ist verwandt mit dem eine Einheit bildenden Begriff des Organismus; das Geistige kann in der Seele „lebendig" (647) werden. Die Ideenlehre ist für Simmel ein Beispiel dafür, wie abstrakte Formen zwar der Erkenntnis zugänglich sind, aber nicht ganz in das Seelenleben integriert werden können, das auch emotionale und affektive Momente umfasst, die Simmel an einer Stelle recht poetisch als „dunkle Wärmestrahlen des Gemüts" (648) bezeichnet. Entsprechend fehlt dem „objektiven Geist durch die moderne Differenziertheit seines Zustandekommens eben diese Form von Seelenhaftigkeit" (648). In diesem Kontext verwendet Simmel eine bemerkenswerte Formulierung, die angesichts des Erscheinungsjahres vielleicht nicht ganz überraschend ist, denn im Jahr 1900 ist auch die *Traumdeutung* von Sigmund Freud erschienen: Es stellt sich die Frage, schreibt er, „ob die Seele sozusagen Herr im eigenen Hause ist" (649). Freud wird dann später im Kontext seiner Darstellung der drei narzisstischen Kränkungen die berühmt gewordene Wendung prägen, dass das Ich nicht Herr im eigenen Hause ist (vgl. Freud 1969 [1917], 137). Diese Paterfamilias-Metaphorik scheint in der Luft zu liegen.

An diese Überlegungen zur sozialen Differenzierung schließt Simmel auch einen Teil zur Mode an, motiviert mit folgender systematisierender Überleitung: „Auf den gleichen Erfolg wie diese Differenzierung im Nebeneinander, führt die im Nacheinander" (639). Der Wechsel der Mode ist seiner Auffassung nach ebenfalls ein Ausdruck der Diskrepanz zwischen subjektiver und objektiver Kultur. Das Charakteristikum der Mode ist, dass sie sowohl dem individuellen Differenzierungsbedürfnis entspricht, aber auch Gleichförmigkeit verspricht. In der Mode will man sich unterscheiden, aber gleichzeitig dazugehören. Schon vor der *Philosophie des Geldes* hat sich Simmel dem Phänomen der Mode gewidmet, insbesondere 1895 in dem Aufsatz *Zur Psychologie der Mode* (GSG 5, 105–114), 1905 hat er dann eine kleine *Philosophie der Mode* nachgelegt (GSG 10, 7–37). Simmel beschreibt die Dynamik der Mode als eine Beschleunigung im Wechsel der Stile, der auch mit gesellschaftlichen Distinktionen und dem „Auflösen der klassenmäßigen Schranken" (640) zu tun hat. Durch das große Tempo im Wechsel der Modeerscheinungen erscheint die Mode als „objektive, durch eigene Kräfte entwickelte Macht, die ihren Weg unabhängig von jedem Einzelnen geht" (640). Daher bekommt die Orientierung an der Mode eine gewisse Beliebigkeit. Sie wird zum Maßstab für die individuelle Entwicklung, doch fehlt eine wirkliche Bindung an die entsprechende Kleiderordnung. Dieses Phänomen beobachtet er auch in den täglichen Objekten, „vom Häuserbau bis zu Buchausstattungen, von Bildwerken bis zu Gartenanlagen und Zimmereinrichtungen, in denen Renaissance und Japonismus, Barock und Empire, Präraffaelitentum und realistische Zweckmäßigkeit sich nebeneinander bauen", was insgesamt zu einer „verwirrenden Mannigfaltigkeit der Stile" (641f.) führe. Diesen Ausdifferenzierungsprozess passt Simmel in seine Gedankenfigur der Diskrepanz zwischen subjektiver und objektiver Kultur ein: „In dem Maß, in dem diese Objektivation vorschreitet, wird die wunderliche Erscheinung begreiflicher, von der wir ausgingen: daß die kulturelle Steigerung der Individuen hinter der der Dinge – greifbarer wie funktioneller wie geistiger – merkbar zurückbleiben kann." (643) Persönlichkeitsbildung oder eine „Kultivierung des Selbst" werden durch die objektive Kultur, die sich in schnellwechselnden Moden und einer unübersichtlichen Stilvielfalt niederschlagen kann, erschwert. In der Moderne stellt sich die Frage, „ob der Einzelne sein Innenleben in Nähe oder in Fremdheit zu der objektiven Kulturbewegung seiner Zeit weiß" (649).

Ein Beispiel, an dem Simmel dies deutlich macht, ist die Situation von Frauen in der modernen Gesellschaft: Die Technik wird auch die Aufgaben und Möglichkeiten von Frauen grundlegend ändern. Simmel diskutiert dies unter dem Begriff der „Unbefriedigtheit" (644) der modernen Frauen, was in seiner Tonlage unter heutigen Standards der Gender-Diskussion vielleicht missverstanden werden könnte (vgl. 644). Wohlwollend interpretiert, sucht Simmel hier vorurteilsfrei eine Umbruchssituation zu erfassen, die die Identität und die beruflichen Erwerbs- und Entfaltungsmöglichkeiten von Frauen verändert. Wenn er sagt, dass der „objektive Geist der Ehe" hinter den „subjektiven Geistern an Entwicklung" (644) zurückgeblieben sei, dann kann man das durchaus so verstehen, dass er hier Transformationsprozesse benennt, ohne sie bewerten zu wollen. Allerdings sind manche Ausdrucksweisen, etwa, dass es bei Frauen eine „gesunde" und eine „krankhafte" (644) Form der Suche nach beruflicher Tätigkeit gibt, mehr als problematisch (vgl. kritisch zu Simmels Kulturbegriff in Bezug auf die Geschlechterdifferenz Menzer 1992).

Insgesamt kommt Simmel zu dem Fazit, dass das Verhältnis zwischen subjektiver und objektiver Kultur den Stil des Lebens bestimmt (vgl. 650). Bei diesen Ausführungen konnte man zwischendurch den Eindruck haben, Simmel habe sein Thema des Geldes aus den Augen verloren hat und eine generelle Modernetheorie vorgelegt. Er kommt am Ende selbst darauf zu sprechen und unterstreicht: Am Geld zeigt sich in seinen Augen das Verhältnis von subjektiver und objektiver Kultur besonders deutlich. Denn einerseits trägt die Geldwirtschaft zur Etablierung der objektiven Kultur bei, die „wie ein Kosmos mit festen, sozusagen logischen Bestimmtheiten und Entwicklungen" dem „Individuum gegenübersteht" (651). Doch ermöglicht das Geld Individuen auch einen Zugang zur objektiven Kultur. Um die Funktion des Geldes in der modernen Gesellschaft deutlich zu machen, verwendet Simmel eine erstaunliche Metaphorik, Geld mit einem Gelenksystem und dem Blutkreislauf vergleichend (vgl. zum Zusammenhang zwischen Geld und Leben in „metaphorologischer" Hinsicht allgemein Blumenberg 1976): „[Das] Geld funktioniert einerseits als das Gelenksystem dieses Organismus; es macht seine Elemente gegeneinander verschiebbar, stellt ein Verhältnis gegenseitiger Abhängigkeit und Fortsetzbarkeit zwischen ihnen her. Es ist andererseits dem Blute vergleichbar, dessen kontinuierliche Strömung alle Verästelungen der Glieder durchdringt, und alle gleichmäßig ernährend, die Einheit ihrer Funktionen trägt." (652) Da das Geld sowohl die objektive Kultur gesellschaftlicher Differenzierung repräsentiert, als auch gleichzeitig subjektive Entfaltung mit Zugang zur objektiven Kultur ermöglicht, durchdringt es die gesamte Gesellschaft, ist es das bedeutsamste Medium im Spannungsfeld der subjektiven und objektiven Kultur, an dem man den Lebensstil der Moderne besonders gut ablesen kann. Wenn man gedacht hatte, der Vergleich mit dem Blut lässt sich kaum überbieten, steigert Simmel seine Metaphorik wenige Seiten später sogar noch: nun ist es die Sprache, mit der er das Geld zu vergleichen sucht, die ebenfalls überindividuell vorgegeben ist und gleichzeitig den subjektiven Ausdruck von Individuen prägt (vgl. 653f.).

Wie in einer musikalischen Stretta verdichtet Simmel auf den letzten Seiten des zweiten Unterkapitels noch einmal seine Argumentation: Wenn er zuvor herausgearbeitet hatte, dass das Geld für die objektive Kultur von sozialen Ausdifferenzierungsprozessen steht, die dem einzelnen Individuum fremd und seelenlos gegenüberstehen, so betont er hier, dass das Geld auch die Entwicklung von „Innerlichkeit" ermöglicht, weil Geld uns auch in Distanz zu den Dingen bringen kann. Und vor diesem Hintergrund formuliert Simmel nun seine zentrale These (eine der wenigen Stellen in diesen Unterkapiteln, an der er den Symbolbegriff verwendet; zu Simmels Symboltheorie vgl. Schlitte 2012): „Indem das Geld ebenso Symbol wie Ursache der Vergleichgültigung und Veräußerlichung alles dessen ist, was sich überhaupt vergleichgültigen und veräußerlichen läßt, wird es doch auch zum Torhüter des Innerlichsten, das sich nun in eigensten Gesetzen ausbauen kann. Inwieweit dies nun freilich zu einer Verfeinerung, Besonderheit und Verinnerlichung des Subjekts führt, oder ob es umgekehrt die unterworfenen Objekte gerade durch die Leichtigkeit ihrer Erlangung zu Herrschern über den Menschen werden läßt – das hängt nicht mehr vom Gelde, sondern eben vom Menschen ab" (653).

Auch wenn Simmel viele Formen der Entfremdung in der Moderne beschrieben hat (zur Frage, ob Simmel Entfremdungstheoretiker ist oder nicht, vgl. Nedelmann 1993), wird hier deutlich, dass es ihm vor allem darum geht, die Dynamiken der Moderne zu beschreiben, um, pathetisch formuliert, das „Menschliche" retten zu können. Wir sind es, die den modernen Lebensstil leben und die wählen können, ob und wie wir unsere subjektive Kultur behalten und ausprägen wollen. Zweifelsohne ist das „Geld wohl am wirksamsten an denjenigen Seiten unseres Lebens, deren Stil durch das Übergewicht der objektiven Kultur über die subjektive bestimmt wird" (653). Doch gibt es für Simmel offenbar immerhin einen Spielraum, innerhalb dessen wir uns in der Moderne bewegen können. Wir sind durch diese Dynamiken nicht komplett determiniert, sondern haben einen gewissen (Selbst-)Gestaltungsspielraum. Das bloß Formale, Funktionelle und Quantitative trifft dabei auf qualitative Lebensinhalte und „weitere Zeugungen qualitativ neuer Bildungen" (654) werden ermöglicht. Das Geld unterbindet also nicht nur die subjektive Kultur, sondern gibt ihr auch neue Richtungen und Möglichkeiten der Entfaltung.

Dieses zweite Unterkapitel wird dann mit einer antihegelianischen Wendung beschlossen: Die Bedeutung des Geldes „für den Stil des Lebens wird dadurch, daß es beiden möglichen Verhältnissen zwischen dem objektiven und dem subjektiven Geist zur Steigerung und Reife hilft, nicht aufgehoben, sondern gesteigert, nicht widerlegt, sondern erwiesen" (654). Subjektiver und objektiver Geist stehen in einem diskrepanten Verhältnis zueinander, entwickeln sich aber weiter, bleiben in einer Spannung. Eine Aufhebung in einen absoluten Geist ist in Simmels Philosophie nicht mehr vorgesehen.

Literatur

Anders, Günther (1956): Die Antiquiertheit des Menschen I. Über die Seele im Zeitalter der zweiten industriellen Revolution. München.
Arendt, Hannah (2008): Vita activa oder Vom tätigen Leben [1958]. München.
Cassirer, Ernst (2007): Zur Logik der Kulturwissenschaften [1942]. In: ders.: Gesammelte Werke. Hamburger Ausgabe, Bd. 24. Hrsg. v. Birgit Recki. Hamburg, 355–486.
Freud, Sigmund (1969): Eine Schwierigkeit der Psychoanalyse [1917]. In: ders.: Darstellungen der Psychoanalyse. Frankfurt a. M., 130–138.
Garhammer, Manfred (2000): Das Leben, eine Stilfrage. Life-Style-Forschung hundert Jahre nach Simmels ‚Stil des Lebens'. In: Soziologische Revue 23, 296–312.
Habermas, Jürgen (1969): Technik und Wissenschaft als ‚Ideologie'. In: ders.: Technik und Wissenschaft als ‚Ideologie'. Frankfurt a. M., 48–103.
Hegel, Georg Wilhelm Friedrich (1991): Enzyklopädie der philosophischen Wissenschaften im Grundrisse [1830]. Hamburg.
Heidegger, Martin (1989): Beiträge zur Philosophie (Vom Ereignis). In: ders.: Gesamtausgabe, Bd. 65. Hrsg. v. Friedrich-Wilhelm v. Herrmann. Frankfurt a. M.
Heidegger, Martin (2014): Überlegungen XII-XV (Schwarze Hefte 1939–1941). In: ders.: Gesamtausgabe, Bd. 96. Hrsg. v. Friedrich-Wilhelm v. Herrmann. Frankfurt a. M.
Lichtblau, Klaus (1996): Kulturkrise und Soziologie um die Jahrhundertwende. Zur Genealogie der Kultursoziologie in Deutschland. Frankfurt a. M.

Müller, Hans-Peter (2011): Soziale Differenzierung und Individualität. Georg Simmels Gesellschafts- und Zeitdiagnose. In: Harald A. Mieg/ Astrid O. Sundsboe/ Majken Bieniok (Hrsg.): Georg Simmel und die aktuelle Stadtforschung. Wiesbaden.

Papilloud, Christian/ Rol, Cécile (2003): Lebensstil. In: Otthein Rammstedt (Hrsg.): Georg Simmels Philosophie des Geldes. Aufsätze und Materialien. Frankfurt a. M., 179–188.

Plessner, Helmuth (1975): Die Stufen des Organischen und der Mensch. Einleitung in die philosophische Anthropologie [1928]. Berlin, New York.

Renn, Joachim (2018): Differenzierung, soziale. In: Hans-Peter Müller/ Tilman Reitz (Hrsg.): Simmel-Handbuch. Begriffe, Hauptwerke, Aktualität. Frankfurt a. M., 152–156.

Sartre, Jean-Paul (2005): Entwürfe für eine Moralphilosophie [1983]. Reinbek.

Schimank, Uwe (1996): Theorien gesellschaftlicher Differenzierung. München.

Soeffner, Hans-Georg/ Raab, Jürgen (2003): Soziologie der Lebensstile. In: Karlheinz Barck (Hrsg.): Ästhetische Grundbegriffe, Bd. 4. Stuttgart, Weimar, 688–703.

Weber, Max (1964): Wirtschaft und Gesellschaft [1920/1921]. Hrsg. v. Johannes Winckelmann. Tübingen.

Tim-Florian Steinbach
Kapitel 11
Die Theorie der modernen Kultur [Kap. 6.III]

Simmel gilt mitunter als ein klassischer Theoretiker der Moderne (vgl. Köhnke 1990, 329). Seine Theorie der Moderne konzipiert er als eine Theorie der modernen Kultur, deren umfangreichsten Entwurf er mit der *Philosophie des Geldes* vorgelegt hat, in der er ein ambivalentes Bild der modernen Kultur zeichnet: Auf der einen Seite gewährt die moderne Geldwirtschaft, aus der sie hervorgeht, ein Mehr an persönlicher Freiheit; auf der anderen Seite verliert das Subjekt aufgrund der modernen Arbeitsteilung jedoch das Objekt persönlicher Betätigung, das der Freiheit allererst ihren Wert gibt (vgl. Köhnke 1990; Schlitte 2012, 285–301). Diese Ambivalenz prägt die moderne Kultur durchgehend und resultiert im Kern aus folgenden Aspekten: erstens aus Entsubstanzialisierungsprozessen, d. h. aus der Verdrängung des Substanzdenkens durch ein Denken in Funktionen und Relationen, zweitens aus der Vertiefung und Verlängerung teleologischer Zweckreihen, mit der Konsequenz, dass die Endzwecke verloren gehen, sowie drittens aus dem von Simmel entwickelten Relativismus, in dem die beiden erstgenannten Aspekte kulminieren (vgl. Lohmann 1985, 543 f. sowie zu den genannten Aspekten Schlitte 2012, 231–236, 246–243, 272–279, 319–324).

Im ersten, analytischen Teil der *Philosophie des Geldes* untersucht Simmel die Bedingungen und Voraussetzungen „in der seelischen Verfassung, in den sozialen Beziehungen, in der logischen Struktur der Wirklichkeiten und der Werte" (10), die ermöglicht haben, dass die Geldwirtschaft ins Zentrum der Selbst- und Weltauslegung der modernen Kultur aufsteigen konnte. Im zweiten, synthetischen Teil zeigt Simmel auf, welche Konsequenzen diese Prozesse für das Subjekt mit sich bringen. Subjekt und Objekt gehen laut Simmel ursprünglich aus einem Akt der Distanzierung hervor (vgl. 32; Papilloud et al. 2003, 179–181). Diese Grunderfahrung der menschlichen Existenz ist ein Differenzierungsprozess, in dem Subjekt und Objekt erstmals auseinandertreten, der das Verhältnis des Menschen zu seiner Welt jedoch weit über diesen ersten Akt der Differenzierung hinaus bestimmt. Da es Simmel zufolge keine Form der Objektivierung ohne einen „subjektiven Reflex" (334; vgl. ebd., 380) gibt, bleibt die Grunderfahrung der Differenzierung nicht ohne Folgen für das Subjekt. Diese „nach innen schlagende Bedeutung" (673), die aus jedem Akt der Objektivierung folgt, bildet den Untersuchungsgegenstand des zweiten synthetischen Teils der *Philosophie des Geldes*.

Die Differenzierung innerhalb der modernen Kultur ist laut Simmel ganz „an die Alleinherrschaft des Geldes" (651) gebunden. Dies stellt zunächst zwar lediglich eine Steigerung bereits bekannter Verhältnisse zwischen subjektivem und objektivem Geist resp. subjektiver und objektiver Kultur dar (vgl. 651), schon die Differenzierungsprozesse früherer Zeiten wurden durch das Geld bestimmt. Doch diese Form der Potenzierung in der Moderne führt aufgrund der Geldwirtschaft zu einer neuen Synthese: Der Stil der modernen Kultur ist unweigerlich an den Geldverkehr gebunden, der nicht nur „das Übergewicht des objektiven Geistes über den subjektiven" (651) trägt – im Nebeneinander, Nacheinander und in der Verschiedenheit und Pluralität der Stile (vgl. 637–641 sowie hierzu Geßner 2003, 158–170; Schlitte 2012, 295–301) –, sondern darüber hinaus auch dessen Eigenlogik, dessen „Reserve, unabhängige Steigerung und Eigenentwicklung" (651), wie Simmel sagt. In den ersten beiden Teilkapiteln des letzten Kapitels zeigt Simmel zwar durchaus, inwieweit die Eigenlogik der modernen, zunehmend versachlichten objektiven Kultur im Subjekt Entfremdungsmomente hervorrufen kann. Mit dem Begriff des Lebensstils entwickelt er jedoch bereits die Möglichkeit, dieser Entfremdungstendenz zumindest partiell entgegen zu wirken. Was Simmel als Lebensstil bezeichnet, sucht damit der zunehmenden Komplexität der modernen Kultur zu begegnen (vgl. Papilloud et al. 2003, 182) und einen Ausgleich der Diskrepanz zwischen subjektiver und objektiver Kultur zu schaffen.

Im letzten und abschließenden Teilkapitel der *Philosophie des Geldes* geht es Simmel um eine deskriptive Erfassung „innerer Kulturerscheinungen" (657), die aus dem zuvor beschriebenen Lebensstil resultieren. In Frage steht die „Funktion des Geldes für den Lebensstil" (665), die Simmel mittels drei Analogien darzustellen sucht und bei denen es sich um Differenzierungsphänomene handelt, die aus der Rückwirkung der Objektwelt der modernen Kultur auf das Subjekt resultieren.

Das letzte Teilkapitel gliedert sich in fünf Sinnabschnitte, an denen sich die folgende Darstellung orientiert: Erstens bespricht Simmel die Analogie der räumlichen Distanzierung, die Symmetrie (655–676), zweitens die Analogie der zeitlichen Rhythmisierung (676–681), drittens sind beide Analogien aufeinander zu beziehen (681–696) und kulminieren viertens in der Analogie des Lebenstempos (696–771). Die Antwort auf die Frage, welche Bedeutung das Geld für den modernen Lebensstil hat, gibt abschließend Simmels Darstellung des relativistischen Weltbildes der modernen Kultur (711–716).

Zu Beginn führt Simmel einen Gedanken aus, der zunächst nur begründen soll, weshalb es die Leserinnen und Leser im Folgenden überhaupt mit Analogien zu tun bekommen. Zugleich ist dieser Gedanke für seine Theorie der modernen Kultur jedoch von nicht zu unterschätzender Tragweite: Bevor wir uns als Individuen eine Vorstellung von dem Innenleben anderer machen können, machen wir zunächst die „Beobachtung des Du" (655); suchen wir uns dann im Anschluss eine Vorstellung von den seelischen Prozessen anderer zu machen, gelingt uns dies laut Simmel nur mittels Analogien, von denen die erste, die er nennt, auf die räumliche Vorstellung zurückgeht.

Mit dieser scheinbar nebensächlichen Bemerkung kommen zwei Aspekte zum Tragen: Erstens besitzt der Mensch nicht nur keinen unmittelbaren Zugriff auf das Seelenleben anderer, sondern auch nicht auf sein eigenes. Zu Beginn steht die Wahrnehmung der Außenwelt, der Gemeinschaft, des Du. Um auch nur das eigene Seelenleben mitteilen zu können, müssen wir es ordnen. Dies gelingt nur über die Außenwelt. Wir kommen dadurch in einem ersten Schritt zu Begriffen, die primär auf die Objektwelt und nicht auf das seelische Innenleben gerichtet sind, die wir dann erst in einem zweiten Schritt als Analogien gebrauchen, um das seelische Innenleben anderer aber auch das eigene zum Ausdruck zu bringen. Der Mensch besitzt kein unmittelbares Selbstverhältnis, er ist von Beginn an ein Gemeinschaftswesen. Jeder Zugriff auf sein eigenes Inneres ist kulturell überformt.

Im Umkehrschluss bedeutet dies zweitens, dass unsere Vorstellungen „von den seelischen Prozessen bloß symbolische Bedeutung" (655) besitzen. Simmels Einschränkung, dass es sich „bloß" um symbolische Bedeutung handelt, mag darüber hinwegtäuschen, dass gerade diese symbolische Verweisung die Brücke zwischen der Außen- und der Innenwelt, dem Überindividuellen und dem Individuellen, dem objektiven und dem subjektiven Geist schlägt. Sie stiftet Isomorphie, jene „geheimnisvolle Formgleichheit innerer und äußerer Erscheinungen" (657), von der Simmel im Folgenden spricht. Gerade darin besteht die Brisanz der symbolischen Funktion des Geldes für die moderne Kultur: Nur deshalb, weil es in seiner symbolischen Funktion aus Prozessen menschlichen Wirkens hervorgegangen ist, ist es rückwirkend imstande, das Innenleben der Menschen in dem Maße zu bestimmen, wie es dem Geld in seiner symbolischen Funktion möglich ist. Es hält Teil und Ganzes zusammen und ermöglicht dadurch überhaupt erst eine Bestimmung beider, die wechselseitig aufeinander verwiesen sind (Schlitte sieht in dieser Vermittlungsleistung eine der zentralen Eigenschaften von Simmels Symbolbegriff, vgl. Schlitte 2012, 323 f., 331–338, 445–450 sowie zum Symbolbegriff im Werk Simmels über die *Philosophie des Geldes* hinaus ebd., 331–441).

Die Brücke zwischen Innen- und Außenwelt, subjektiver und objektiver Kultur schlägt die symbolische Beziehung. Laut Simmel leihen wir dem Gegenstand die „Einheitsform unseres Ich" (656), so dass, was in der Außenwelt ohne eine symbolische Deutung im bloß räumlichen Nebeneinander ewig zusammenhangslos bliebe, sich dadurch in seinem „Verbundensein" (657) zu einem Gesamtzusammenhang, zu einer Wirklichkeit als Ganzer fügt. Innen- und Außenwelt sind wechselseitig aufeinander angewiesen: Das Innere steht in symbolischer Beziehung zum Äußeren, das Äußere wird zum Symbol innerer Beziehungen. Simmels Diagnose, dass das Bedürfnis des Subjekts nach Geschlossenheit und Einheit, nach Symmetrie und einem harmonischen Rhythmus auf dem Umweg der Kultur nicht befriedigt wird – und dessen eigene Einheit bisweilen in der Eigenlogik der objektiven Kultur zu diffundieren droht –, führt im abschließenden Kapitel nicht nur auf den Begriff des Lebensstils, sondern darüber hinaus auf Simmels Verständnis der modernen Kultur.

Der Begriff des Lebensstils ermöglicht „eine beliebige Verschiedenheit von Inhalten sich formgleich ausdrücken zu lassen" (649), d. h. dem eigenen Dasein eine Form zu geben und so das eigene Innenleben als ein einheitliches Ganzes zu deuten; dem Begriff des Lebensstils korreliert der Begriff des Weltbildes. Ein Weltbild ist das Resultat philosophischer Anstrengungen, die Welt in ihrer Fragmentarität und Heterogenität in ein einheitliches Ganzes zu überführen, Teil und Ganzes in einer Form gelingend miteinander zu vermitteln. Zu diesem Zweck setzt ein Individuum das eigene innere Empfinden in Bezug zur Welt als Ganzer und objektiviert dieses Verhältnis, d. h. es prägt dieses Verhältnis laut Simmel zu einem sachlichen Bild der Welt aus (vgl. GSG 14, 32). Beschreibt Simmel in einem ersten Schritt die Rückwirkungen des Geldes auf das subjektive Empfinden anhand der genannten Analogien, so gilt es abschließend, dieses Empfinden als Relation von Innen- und Außenwelt zu objektivieren und in ein Weltbild zu überführen, das im Kern seine Theorie der modernen Kultur bestimmt: „Denn das Wesen der Moderne überhaupt ist Psychologismus, das Erleben und Deuten der Welt gemäß den Reaktionen unsres Inneren und eigentlich als einer Innenwelt, die Auflösung der festen Inhalte in das flüssige Element der Seele, aus der alle Substanz herausgeläutert ist, und deren Formen nur Formen von Bewegungen sind." (GSG 14, 346)

1 Die Analogie räumlicher Differenzierung: Symmetrie

Um uns eine Vorstellung von unserem eigenen Inneren zu machen, ziehen wir die Analogie räumlicher Wahrnehmung zu Rate. Wir übertragen diese auf das Verhältnis unseres eigenen Ich und die Inhalte, die uns im Bewusstsein gegeben sind. Ebenso wie jedes Individuum in der Wirklichkeit auf Distanz zu den Dingen steht, stellen wir uns das eigene Ich als Zentrum vor, um das herum die einzelnen Bewusstseinsinhalte angeordnet sind; je nach Interesse und Aufmerksamkeit rücken die Inhalte näher an das Zentrum oder an die Peripherie.

Diese Verhältnisse von Nähe und Distanz suchen wir laut Simmel möglichst symmetrisch zu gestalten.

Die Wirkung, die das Geld auf dieses Verhältnis von Nähe und Distanz hat, resultiert aus der „Fernwirkung" (449) des Geldes, deren Voraussetzung in der Trennung von Besitz und Besitzer, Sache und Person begründet liegt. Das Geld setzt einen Differenzierungsprozess in Gang, in dem Sachlichkeit und Persönlichkeit auf Distanz zueinander rücken und gegeneinander selbständig werden. Ist der persönliche Anteil erst einmal aus dem Besitz gestrichen, ist eine Übersetzung jeglichen Wertes in die Form des Geldes: den Geldwert möglich (vgl. 527, 663). Durch die Aufhebung der persönlichen Bindung an die Dinge und die Übersetzung in den Geldwert ermöglicht die Fernwirkung des Geldes eine Verknüpfung von Interessen über große Distanzen hinweg (vgl. 445, 704). Der Tausch setzt noch die persönliche Beziehung der Tauschenden voraus, Geld jedoch ermöglicht den unpersönlichen Erwerb versachlichter Waren, für den die räumliche Nähe zwischen den Interessenten vollkommen unerheblich ist. Aufgrund der Übersetzung aller Werte in die Geldform kann „ein deutscher Kapitalist, aber auch ein deutscher Arbeiter an einem spanischen Ministerwechsel, an dem Ertrage afrikanischer Goldfelder, an dem Ausgange einer südamerikanischen Revolution real beteiligt sein" (663 f.).

Geld ermöglicht die Distanzüberwindung in den äußeren Verhältnissen. Im Zuge der Rückwirkung des Geldes auf das subjektive Empfinden kommt es laut Simmel zu einer Inversion der Distanzüberwindung in den äußeren Verhältnissen: Die „Entwicklung auf eine Überwindung der Distanz in relativ äußerlicher Hinsicht, [geht] auf eine Vergrößerung derselben in innerlicher Hinsicht", so dass der moderne Mensch „seinen nächsten Kreisen ferner rückt, um sich den ferneren mehr zu nähern" (663). Das Geld in seiner symbolischen Funktion errichtet eine „innere Schranke" (664) zwischen den Menschen. Nehmen die Verhältnisse, die auf Geld abgestellt sind, insgesamt zu, so sieht sich auch der Verkehr der Menschen untereinander zunehmend öfter durch monetäre Interessen bestimmt. Die Tendenz zur Versachlichung und Objektivierung prägt auch die Verhältnisse der Menschen untereinander; weniger die Person ist dann von Interesse, vielmehr bemisst sich selbst der Wert eines Menschen noch am Maßstab des Geldes, so dass, wer mit Bargeld bezahlt, als gewöhnlich gilt, als Gentleman hingegen, wer mit einem Scheck bezahlt (vgl. 668 f. sowie bereits ebd., 274–277). Die dadurch geschaffene, „unsichtbare, funktionelle Distanz" (665) zwischen den Menschen ermöglicht Simmel zufolge allererst die „moderne Lebensform" (664 f.). Das Gedränge in der modernen Großstadt wäre anders nicht zu kompensieren möglich als durch innere Distanzierung (vgl. 660 f., 665).

Die beschriebenen Phänomene, die sich am gemeinsamen Miteinander im großstädtischen Leben entzünden, reichen jedoch tiefer. Die Pointe der räumlichen

Analogie liegt für Simmel darin, dass sich die Tendenz zur Verkehrung von Nähe-Distanz-Verhältnissen in potenzierter Form innerhalb des einzelnen Subjekts fortsetzt; die Distanzierung richtet sich in diesem Fall dann nicht mehr gegen andere Menschen, sondern gegen die „Sachgehalte des Lebens" (665) selbst. Die Ursache dafür sieht Simmel im Aussetzen bzw. in einer Verkehrung der teleologischen Reihen. Teleologisches Handeln setzt stets einen Bewusstseinsinhalt voraus, der idealiter einen Zweck vorgibt, der verfolgt wird, sowie ein Ziel in Aussicht stellt, das versucht wird zu realisieren (vgl. 254 f.). In der Moderne kann der Mensch seine Persönlichkeit nun jedoch nicht mehr in der unmittelbaren Auseinandersetzung mit den Dingen ausbilden, da alle Verhältnisse zunächst am Geld bemessen werden. Die Dinge werden nicht mehr als Mittel zum Zweck betrachtet, da ihr Geldwert ihren Mittelcharakter aus dem Bewusstsein verdrängt (vgl. 666). Zugleich übersteigt das Anwachsen der objektiven Kultur die Aufnahmekapazitäten des subjektiven Geistes; ein Anhäufen von Mitteln über Mitteln lässt jeden Endzweck aus dem Blick geraten. In letzter Konsequenz ist der Mensch dadurch nicht mehr imstande, zwischen Zweck und Mittel zu unterscheiden, auch da er selbst zu einem Mittel unter Mitteln im modernen Produktionsprozess geworden ist, in dem die Sachgehalte den Persönlichkeitswert verdrängt haben (vgl. 674).

Das Anwachsen der objektiven Kultur in Form einer Vermehrung der Dingwelt verdrängt den Menschen gleichsam aus seiner eigenen Mitte: „die Peripherie des Lebens, die Dinge außerhalb seiner Geistigkeit, [sind] zu Herren über sein Zentrum geworden" (672). Die Bewusstseinsinhalte können nicht mehr symmetrisch um das eigene Selbst angeordnet werden. Das Subjekt, selbst Mittel unter Mitteln, weiß nicht mehr zwischen Zweck und Mittel zu unterscheiden. Aus dem eigenen Zentrum vertrieben, ist es nicht mehr imstande, die teleologischen Reihen auf einen Endzweck zu konzentrieren: „Damit hat das Dominieren der Mittel nicht nur einzelne Zwecke, sondern den Sitz der Zwecke überhaupt ergriffen; den Punkt, in dem alle Zwecke zusammenlaufen, weil sie, soweit sie wirklich Endzwecke sind, nur aus ihm entspringen können." (674) Mit der Verdrängung des Subjekts aus seinem eigenen Zentrum geht der „Zentralpunkt des Lebens" (670) verloren. Sinn und Zweck des Lebens rücken auf unbestimmte Distanz. Geht es Simmel um die Frage nach der Rückwirkung der aufgezeigten Entwicklung auf das Subjekt, dann erblickt er diese in einer „wirre[n] Halt- und Rastlosigkeit" (675), in der permanenten Unruhe, in die sich der moderne Mensch aufgrund dessen versetzt sieht (vgl. 660 f., 675; zur Genealogie und Ideengeschichte der Unruhe vgl. Konersmann 2015).

Dem subjektiven Empfinden widerfährt in der Moderne ein „dumpfes Gefühl von Spannung und orientierter Sehnsucht", ein „Gefühl, als läge der ganze Sinn unserer Existenz in einer so weiten Ferne, daß wir ihn gar nicht lokalisieren können und so immer in Gefahr sind, uns von ihm fort, statt auf ihn hin zu bewegen – und dann wieder, als läge er von unseren Augen" (675). Der Mensch, eigentlich doch sich selbst Zweck, verliert sich selbst aus dem Blick. In der Abwägung von Zwecken und Mitteln bleibt er unentschieden und neigt dadurch zu den widersprüchlichsten Handlungen, „die sich bald als Tumult der Großstadt, bald als Reisemanie, bald als wilde Jagd der Konkurrenz, bald als spezifisch moderne Treulosigkeit auf den Gebieten des Geschmacks, der Stile, der Gesinnungen, der Beziehungen" (675) offenbaren. Gerade darin sieht Simmel den Antrieb der modernen Kultur: dass die kulturelle Dynamik auf keinen Endzweck mehr tendiert (vgl. 675) – und eben dies muss der moderne Lebensstil auffangen können, so chaotisch dieses Pendeln zwischen Sinn und Unsinn des Lebens sich ausnehmen mag (vgl. Nedelmann 1993, 412f.).

Diese Ambivalenz auf der Suche nach einem Ruhepol und einem Zentrum des Lebens wird von der von Simmel sog. Doppelrolle des Geldes hervorgetrieben: Das Geld ist zugleich Mittel und Zweck; es ist Mittel zum Zweck wie andere Mittel auch und wird zugleich zum Mittel aller Mittel, d. h. es trägt sämtliche Zweck-Mittel-Reihen und rückt dadurch ins Zentrum der modernen Kultur auf (675f.; vgl. bereits ebd., 126; Schlitte hat die Diskussion in der Forschung um die Doppelrolle des Geldes zusammengefasst, vgl. Schlitte 2012, 251–257). Mit der Explikation der Doppelrolle des Geldes löst Simmel zugleich die in der *Vorrede* gegebene Formel ein, die *Philosophie des Geldes* operiere „diesseits und jenseits der ökonomischen Wissenschaft", indem er im analytischen Teil die Voraussetzung „in der seelischen Verfassung, in den sozialen Beziehungen, in der logischen Struktur der Wirklichkeiten und der Werte" aufdeckt, die dazu geführt haben, dass das Geld zum Zentrum der modernen Kultur werden konnte, und im synthetischen Teil nach den Wirkungen fragt, die das Geld „auf die innere Welt: auf das Lebensgefühl der Individuen, auf die Verkettung ihrer Schicksale, auf die allgemeine Kultur" (10) hat. Die beiden Teile der *Philosophie des Geldes* entspringen dieser doppelten Funktion des Geldes, die sie zugleich explizieren, und finden dort zusammen, wo das Geld die Außen- und die Innenwelt, die Wirklichkeit als Ganze und das Innenleben jedes einzelnen Individuums gleichermaßen bestimmt.

2 Die Analogie zeitlicher Differenzierung: Rhythmus

Die zweite Analogie, die zur Veranschaulichung der Wirkung des Geldes auf den modernen Lebensstil dient, ist die zeitliche Analogie: der Rhythmus. Der Begriff des Rhythmus vereint in sich die Gleichmäßigkeit und Verschiedenheit (vgl. 680) mit bzw. in der die Lebensinhalte „auftreten und zurücktreten" (676).

Was Simmel als Rhythmus bezeichnet, steht für eine regelmäßige Periodik, für ein Schema, an das die menschliche Lebensform gewöhnt ist. Diese „Gewöhnung" an einen bestimmten Rhythmus dient der „Kraftersparnis"; ein ausgewogener Rhythmus sorgt für ausreichend Abwechslung sowie zugleich für Stabilität und dadurch für „Beruhigung" (677). Im Begriff des Rhythmus sehen sich Individuelles und Überindividuelles untrennbar aufeinander verwiesen, beide Pole bleiben in ihrer Verschiedenheit und Mannigfaltigkeit aufeinander bezogen und kommen in stetem Wechsel zu einem Ausgleich. Das Individuum ist damit stets einer „transindividuellen Periodizität" (680) unterworfen. Diese kann jedoch durchbrochen werden, so dass ein Differenzierungsprozess einsetzt, in dem Individuelles und Überindividuelles in ein Wechselspiel geraten, das sich dem als natürlich empfundenen natürlichen Rhythmus widersetzt. Kultur als ebendieses Wechselspiel aus subjektivem und objektivem Geist, Individuellem und Überindividuellem erscheint vor diesem Hintergrund als ein Prozess der De-Rhythmisierung. Die vormals rhythmischen Abläufe werden kulturell überformt und in Kontinuität oder Diskontinuität überführt (vgl. 678). So besitzt der Mensch z. B. keine bestimmte Paarungszeit mehr, da er sich zu weiten Teilen unabhängig von der Verfügbarkeit von Nahrung und den Wetterbedingungen gemacht hat. Diese Entbindung aus der Notwendigkeit einer transindividuellen Rhythmik hat eine Schwerpunktverlagerung aufseiten des Individuums zur Folge: Der Mensch ist nicht länger einem bestimmten Rhythmus unterworfen und kann ganz seinen „individuellen Impulsen" folgen; seine Sexualität ist „in ein mehr oder weniger fluktuierendes Kontinuum" (678) übergegangen. Kultur ist in diesem Sinne Nivellierung, „Ausgleichung" und „durchgängige[] Vergleichmäßigung" (679) eines als natürlich empfundenen Rhythmus. Gleichmäßigkeit und Verschiedenheit, im Rhythmus noch gemeinsam auftretend und periodisch wechselnd, treten im Zuge der kulturellen Entwicklung auseinander. Der zeitliche Differenzierungsprozess entbindet das Individuum aus dem Zwang überindividueller Abläufe und stellt das Individuum ganz auf die eigenen Bedürfnisse und die sachlich notwendigen Bedingungen zur Befriedigung ebendieser ab (vgl. 680).

Die Befreiung aus der Notwendigkeit rhythmischer Abläufe ermöglicht eine zunehmende Individualisierung der Bedürfnisstruktur, gewährt ein Mehr an Freiheit, bringt zugleich aber Unregelmäßigkeiten gegenüber einem als natürlich empfunden Rhythmus mit sich. Diese Unregelmäßigkeit kann durchaus als Diskontinuität auftreten, aber auch als Kontinuität – aus Perspektive des Kulturmenschen kann ein vormals als natürlich empfundener Rhythmus deshalb durchaus chaotisch erscheinen (vgl. 686). Erst die Kultur bringt Ordnung und Struktur mit sich. Diesen Aspekt veranschaulicht Simmel im Folgenden, indem er die beiden Analogien von Raum und Zeit, Symmetrie und Rhythmus aufeinander bezieht.

3 Zur Synthese aus Symmetrie und Rhythmus: Sinn und Ordnung der Kultur

Symmetrie und Rhythmus bilden zwei divergente Richtungen des Lebens, die sich Simmel zufolge dennoch problemlos aufeinander beziehen lassen, da, so Simmel in Anlehnung an die Hierarchie der reinen Anschauungsformen von Raum und Zeit bei Kant, der Raum zwar auf die äußeren Verhältnisse gerichtet ist, die Zeit jedoch die inneren und äußeren Verhältnisse gleichermaßen und damit auch den Raum umfasst (vgl. 676). Beiden Analogien ist gemeinsam, dass sie ein und demselben Bedürfnis entspringen, „Idee, Sinn, Harmonie" (681) in die Dinge hineinzutragen, die sich von sich aus nicht mitbringen. Dies gelingt dem Menschen aufgrund seiner Veranlagung zur Kultur: Seine „formgebende Macht" (681) schafft dort Ordnung, wo die ihn umgebenden Dinge keine erkennen lassen. Diese Leistung der menschlichen Rationalität folgt dem Bedürfnis, Teil und Ganzes in ein ausgeglichenes, harmonisches Verhältnis zu bringen und das bedeutet laut Simmel, die Teile des Ganzen gleichmäßig um ein Zentrum, symmetrisch, anzuordnen. Da Rhythmus und Symmetrie sich aufeinander beziehen lassen, unterliegt auch der Rhythmus der Tendenz zur Rationalisierung und folgt dem Bedürfnis nach einer geordneten Struktur; das Leben symmetrisch und rhythmisch harmonisch zu gestalten, ist laut Simmel der „erste Kraftbeweis" (681) der menschlichen Rationalität, um dem Leben einen Stil zu geben (vgl. 682). Anzumerken bleibt, dass das Leben für Simmel immer schon in diesem Wechselspiel aus Rhythmus und Symmetrie steht, beide werden von ihm lediglich zu heuristischen Zwecken unterschieden; Rhythmus ohne Symmetrie oder Symmetrie ohne Rhythmus kennt das Kulturwesen Mensch genau genommen nicht.

Da Individuelles und Überindividuelles sich in diesem Prozess wechselseitig aufeinander verwiesen sehen, verläuft dieser von Beginn an nicht konfliktfrei, denn die Lebensinhalte zeigen sich gegenüber dem Bedürfnis nach einer harmonisch und sinnvoll gestalteten, rhythmisch-symmetrischen Ordnung nicht minder widerständig als die Wirklichkeit gegenüber ihrer Aneignung durch den Prozess der menschlichen Formgebung. Individuelles und Überindividuelles, Teil und Ganzes geraten laut Simmel in Widerspruch, sobald versucht wird, beides zugleich rhythmisch und symmetrisch zu gestalten, insofern eine symmetrische Ordnung impliziert, dass jedes Teil relativ zu einem anderen sowie zugleich nur in Relation zu einem gemeinsamen Zentrum aller Teile „seine Stellung, sein Recht, seinen Sinn" (690) erhält. Das Bedürfnis des Individuums, sich selbst zu einem Ganzen auszubilden, als ein Zentrum, um das die Inhalte des Lebens symmetrisch angeordnet sind, widerstrebt dem Anspruch des Ganzen auf Symmetrie, allen Teilen unter sich seine Stellung zuzuweisen ohne Rücksicht auf individuelle Ausprägungen: „Die Totalität des Ganzen [. . .] steht in einem ewigen Kampfe gegen die Totalität des Individuums." (690)

Die Kultur mag Sinn und Harmonie in die rhythmisch-symmetrischen Verhältnisse bringen, aus einem als natürlich empfundenen Rhythmus entsteht ein sinnvoller, festerer Rhythmus, der bloßen Zufälligkeit widriger Bedingungen enthoben (vgl. 684). Dieser Stabilisierungsprozess der kulturellen Entwicklung kann jedoch von Kontinuität in Diskontinuität umschlagen und destabilisierend wirken. Eben diese Entwicklung zeigen selbst noch die erfolgreichsten menschlichen Zwecksysteme, Simmel nennt hier die Religion, den Staat oder die Metaphysik. Sie scheinen zunächst, wie das Geld auch, alle Aspekte des menschlichen Lebens relativ unter sich zu begreifen und gleichmäßig um einen ideellen Kern herum anzuordnen. Sie werden damit durchaus dem Anspruch symmetrischer Verhältnisse gerecht; doch tendieren selbst diese laut Simmel dazu, ihre Mittelpunktstellung und damit ihre Neutralität aufzugeben und sich der einen oder der anderen Partei zuzuschlagen. Sie geben in diesem Fall ihren Status als Indifferenzpunkt auf und werden von partikularen Interessen vereinnahmt. Einmal einem der Differenzpunkte zugeschlagen, die sie für gewöhnlich alle gleichmäßig unter sich zu subsumieren streben, schließen sie die jeweils anderen zwangsläufig aus (vgl. 690, 692).

Eben dies gilt laut Simmel für das Geld nicht. Während andere Zwecksysteme die Neutralität und Indifferenz ihrer „Doppelstellung" (693) früher oder später verlieren, bewahrt das Geld die Neutralität und Indifferenz seiner Doppelrolle, da es seine Form nur über Relationen ausbildet (vgl. 692–694). Es steht über den individuellen Inanspruchnahmen und wirkt zugleich mitten unter ihnen. Indem das Geld Teil und Ganzes miteinander vermittelt, stiftet es Zusammenhalt in Form der Wirklichkeit als Ganzer und bewirkt, dass sich die Ordnung des Ganzen, deren Rhythmus und Symmetrie auf das Individuum übertragen. Rhythmus und Symmetrie kulminieren zusammengenommen in einem dritten Differenzierungsprozess: dem Tempo des Lebens.

4 Die Analogie räumlich-zeitlicher Differenzierung: das Tempo des Lebens

Der moderne Lebensstil wird laut Simmel erstens von der räumlichen Distanzüberwindung in der Außenwelt, zweitens von der zeitlichen Distanzierung als Entbindung aus einem als natürlich empfunden Rhythmus bestimmt. Die räumliche Differenzierung bewirkt, dass wir im Kontext der modernen Geldwirtschaft immer mehr Dinge erwerben können und dies ganz unabhängig davon, wo sie hergestellt werden; in Entsprechung dazu entbindet die zeitliche Differenzierung das Individuum aus dem transindividuellen Rhythmus, so dass Erwerb und Konsum der Dinge ganz auf die „Regungen und Reizungen des Individuums" (680) abgestellt werden und jederzeit erfolgen können. Die Versachlichung der Objektssphäre bewirkt die Überwindung von Raum und Zeit (vgl. 680). Schlägt dieses äußere Verhältnis von Raum und Zeit nach Innen um, dann bewirkt es im Subjekt das Empfinden eines erhöhten Lebenstempos (Rosa hat die (pathologischen) Zeitstrukturen der Moderne unter dem Stichwort der Beschleunigung aus soziologischer Perspektive beschrieben, vgl. Rosa 2005).

Das Tempo des Lebens ist von zwei Dimensionen abhängig: Erstens wird es durch die Anzahl der Vorstellungsinhalte, zweitens durch die Differenz zwischen diesen bestimmt. Je mehr Inhalte das menschliche Bewusstsein zu verarbeiten sucht und desto heterogener diese sind, desto mehr stellt sich aufseiten des Subjekts das Gefühl ein, das Leben vollziehe sich mit zunehmend höherem Tempo: „Je tiefer die Unterschiede zwischen den Vorstellungsinhalten – selbst bei gleicher Zahl der Vorstellungen – in einer Zeiteinheit sind, desto mehr lebt man, eine desto größere Lebensstrecke wird gleichsam zurückgelegt. Was wir als Tempo des Lebens empfinden, ist das Produkt aus der Summe und der Tiefe seiner Veränderung." (696; vgl. Nedelmann 1984, 105–109). Was Simmel als Psychologismus und Wesen der Moderne bezeichnet, kulminiert an diesem Punkt in einer Phänomenologie, die der Phänomenologie seines Zeitgenossen Edmund Husserl diametral entgegensteht, insofern sie den Ausgangspunkt der Untersuchung nicht in ein reines Bewusstsein verlegt, das noch vor jeder möglichen Verunreinigung durch empirische Versatzstücke in den Blick genommen werden soll. Simmel fragt im Gegensatz dazu, inwieweit die historischen und kulturellen Bedingungen das Bewusstsein bestimmen. Ausgehend von objektiven Kriterien der modernen Kultur und Geldwirtschaft sucht Simmel das qualitative Empfinden aufseiten des Subjekts zu erfassen, das sich nicht objektivieren und quantifizieren lässt (vgl. Rosa 2018).

Die Ursache des gesteigerten Lebenstempos ist laut Simmel das Geld, denn dort, wo das Geld sich von seinem substanziellen Träger löst und zunehmend reiner als Funktion in Erscheinung tritt sowie zugleich zum Zentrum des allgemeinen Interesses wird, da es alle Waren und Werte auf den Geldwert reduziert, so dass das Geldquantum insgesamt zunimmt, kommt es in der Folge auch zu einem „gesteigerten Warenumsatz" und dadurch zu einer „Vermehrung, Beschleunigung und Vermannigfaltigung der ökonomischen Vorstellungen" (697). Die Vermehrung des Geldquantums zeigt seine Wirkung dort am deutlichsten, wo wir die Gewohnheit entwickeln, bestimmte Objekte mit einem bestimmten Geldquantum in Verbindung zu bringen. Da die Menge des Geldes sowie die der Ware sich im Kontext der modernen Geldwirtschaft jedoch permanent verändert, kommt es laut Simmel zur „Erschütterung und Desorientierung", zu „fortwährenden Differenzgefühlen und psychischen Chocs" (697), da wir die entstandenen Differenzen fortwährend versuchen auszugleichen. Dieses Unterschiedsempfinden kann bestimmte Waren betreffen, aber auch bestimmte soziale Schichten, so dass das Geld dort neue Differenzen hervorbringt, wo nur Einige von der Vermehrung des Geldquantums profitieren (vgl. 701–703). Durch „seine Vermehrung wie seine Verminderung" und „ungleichmäßige Ausbreitung" bestimmt das Geld das Tempo des Lebens: Es bringt „Differenzerscheinungen" hervor, „die sich psychisch als Unterbrechungen, Anreizungen, Zusammendrängungen des Vorstellungsverlaufs spiegeln" (703).

Die als Beschleunigung empfundene Erhöhung des Lebenstempos besteht in der Pluralisierung, Differenzierung und zeitgleich stattfindenden „Zusammendrängung der Lebensinhalte" (GSG 704). Symbolisch findet das erhöhte Lebenstempo seinen Ausdruck in der Börse, die es ermöglicht, dass „Werte in der kürzesten Zeit durch die größte Zahl von Händlern hindurchgejagt werden" (707; vgl. auch GSG 5, 223). Die „Zirkulationsbeschleunigung im Warenverkehr" (711) bestimmt unlängst Rhythmus und Symmetrie der modernen Kultur. Das Geld in seiner symbolischen Funktion verkörpert diese Entwicklung nicht nur, sondern trägt sie und bringt sie in dieser Form hervor. Laut Simmel lässt das Geld die Grundstruktur der modernen Kultur allererst Realität werden – das Geld gibt dem Sein, das uns stets relativ gegeben ist, seine Richtung, da es alle Bereiche der Wirklichkeit durchdringt.

5 Die Relativität des Seins: das Weltbild des Relativismus

Die *Philosophie des Geldes* kulminiert im Weltbild des Relativismus, das seiner Grundstruktur nach auf die Relativität des Seins zurückgeht (vgl. Steinbach 2020). Simmel bereitet diese Argumentation in zwei Schritten vor: In einem ersten Schritt verhandelt er die Doppelrolle des Geldes, die die Grundlage seiner Argumentation bildet und auf die Relativität des Seins führt; in einem zweiten Schritt bestimmt er das Geld als „Symbol [. . .] der unsagbaren Einheit des Seins" (695). Das Geld, diesseits und jenseits der Ökonomie, bildet das Fundament sowie zugleich den Gesamtzusammenhang unserer Wirklichkeit, es überführt das Sein in die Wirklichkeit und gibt so den Dingen ihre Realität (vgl. 695). Simmel deutet bereits an diesem Punkt an, dass es sich hierbei selbst nicht um einen zeitlichen Prozess handeln kann, wenn dieser die zeitlichen Prozesse bestimmen soll. Dies wird auch mit dem dritten Argumentationsschritt deutlich, mit dem Simmel am Schluss der *Philosophie des Geldes* den zuvor entwickelten Relativismus als Weltbild der modernen Kultur insgesamt auszuweisen sucht. Er schließt hier an die bereits in der Einleitung gegebene Formel von der „relativistischen Interpretation des Seins" (13) an.

Im letzten Sinnabschnitt möchte Simmel zunächst den Anteil bestimmen, den das Geld an der Steigerung des Lebenstempos hat. Die hier mitunter sprunghafte Argumentation Simmels kann als Heuristik verstanden werden, die der Veranschaulichung des relativistischen Weltbildes dienen soll. Zu einem besseren Verständnis ist diesem letzten Sinnabschnitt der *Philosophie des Geldes* das zweite Kapitel der *Hauptprobleme der Philosophie* (1910) an die Seite zu stellen, das vom *Sein und vom Werden* handelt. Simmels Anliegen in diesem zweiten Kapitel der *Hauptprobleme* ist eine Kritik des philosophischen Gebrauchs des Seinsbegriffs. Im Kern, so Simmel, gibt es in der Philosophie zwei Hauptströmungen, die vom Begriff des Seins Gebrauch machen: Auf der einen Seite steht das Sein für alles Seiende, für alles, was ist, auf der anderen Seite für das Allgemeine, das alles, was ist, umfasst und allererst begründet. Simmel zufolge neigt die erste Position zur Verabsolutierung alles Seienden, d. h. der Weltinhalte, die zweite zur Verabsolutierung der Form, die dem gesamten Inhalt der Welt ihre Form gibt (vgl. GSG 14, 45; vgl. Gebauer 2018, 708 f.). Entscheidend mit Blick auf die *Philosophie des Geldes* ist, dass Simmel zufolge die erste Position das Sein als Beharrungsbegriff, die zweite als Bewegungsbegriff fasst (vgl. GSG 14, 45–48, 62). Beide Positionen sind für Simmel Vereinseitigungen und Verabsolutierungen, die er mit dem Weltbild des Relativismus zu unterlaufen sucht, insofern beide Positionen zwar absolut zu denken, darin aber relativ aufeinander zu beziehen sind.

In der *Philosophie des Geldes* motiviert Simmel zwar die Unterscheidung zwischen dem Beharrungs- und dem Bewegungsbegriff, der Bezug zum Seinsbegriff lässt sich jedoch nur indirekt erschließen. Mit der Vermittlung beider Begriffe möchte Simmel abseits bisheriger Vereinseitigungen einen dritten Weg beschreiben und unterscheidet zu diesem Zweck drei Möglichkeiten, die beiden Begriffe aufeinander zu beziehen. Angewendet auf die Unterscheidung von Substanz und Form steht der Beharrungsbegriff erstens ganz aufseiten der Substanz, die ihm als unveränderlich gilt. Die Form hingegen untersteht in diesem Fall ganz dem Bewegungsbegriff und unterliegt fortwährenden Veränderungen. Bewegung und Beharrung stehen in dieser von Simmel sog. kosmologischen bzw. metaphysischen Deutung in Opposition zueinander. Ebenso verhält es sich mit Blick auf das zweite Anwendungsfeld, wenn auch unter umgekehrten Vorzeichen: Eine naturwissenschaftlich-empirische Perspektive erkennt in der Form das beharrende Moment, während die Elemente, aus denen die Form besteht, unaufhörlich Bewegungen ausgesetzt sind – so wahrt z. B. ein Organismus seine Form unter permanentem

Austausch der Stoffe, aus denen er sich zusammensetzt (vgl. 711 f.). Simmel möchte auf eine dritte Möglichkeit hinaus, die es ermöglichen soll, die Begriffe Bewegung und Beharrung als zeitlos zu denken, denn in der ersten sowie der zweiten Gegenüberstellung sieht sich jeweils eine der beiden Seiten – hier die Form gegenüber der Substanz, dort die Substanz bzw. Materie gegenüber der Form – der zeitlichen Veränderung unterworfen. Da Bewegung und Beharrung in diesen ersten beiden Möglichkeiten trotz einseitiger Verabsolutierung aufeinander bezogen sind, werden in beiden Fällen auch beide Begriffe verzeitlicht (vgl. analog dazu auch GSG 14, 62).

In der *Philosophie des Geldes* entwickelt Simmel eine dritte Möglichkeit, die Begriffe Beharrung und Bewegung aufeinander zu beziehen: Wenn nur beide Begriffe absolut gedacht werden, stehen sie diesseits und jenseits zeitlicher Erstreckung; dass keiner der Begriffe für sich verabsolutiert wird, sondern jeweils relativ auf den anderen bezogen bleibt, verhindert, dass das Geld, auf das Simmel beide Begriffe im Anschluss bezieht, wie andere menschliche Zwecksysteme der Vereinseitigung unterliegt. Zwischen absoluter Beharrung und absoluter Bewegung wahrt das Geld den Status seiner Indifferenz. Mit Blick auf den Begriff der Beharrung ermöglicht ihm dies die ideelle Fassung des Begriffs, der als solcher absolut gedacht wird und jenseits zeitlicher Dauer steht. Erneut motiviert Simmel eine Heuristik, die diesen Aspekt verständlich machen soll: Ebenso wie ein Naturgesetz idealiter besteht und dies ganz unabhängig davon, wie oft es in der empirischen Wirklichkeit überhaupt zu einer Realisierung gemäß diesem Gesetz kommt, ist ein Begriff der Beharrung von absoluter Gültigkeit vorstellbar. Die „Idee des Gesetzes, die über jeder einzelnen ihrer unvollkommenen Verwirklichungen steht, aus der diese aber doch ihr ganzes Recht und Bedeutung ziehen – beruht in einem Jenseits aller Bewegung, jenem Gelten, das von allen Gegebenheiten, weil sie veränderlich sind, unabhängig ist" (713). Komplementär dazu lässt sich der Bewegungsbegriff absolut denken, so dass auch diesem keine zeitliche Erstreckung mehr zukommt – hier die Beharrung als ewige Gültigkeit eines absoluten Gesetzes, dort die absolute Bewegung und Veränderung als „species aeternitatis mit umgekehrtem Vorzeichen" (713). Absolute Veränderung und Bewegung ist permanenter Übergang einer Form in die andere, fortwährende „Nicht-Dauer" (713) und als solche nicht zeitlich.

Das Weltbild der modernen Kultur erstreckt sich Simmel zufolge zwischen den Gesetzen der Wirklichkeit in ihrer Idealität und der Wirklichkeit als permanente Bewegung und Veränderung. Da die Gesetze in ihrer Idealität sich gleichgültig gegenüber ihrer Realisierung zeigen und unabhängig von dieser bestehen und die Realisierung dieser Gesetze in Form der Wirklichkeit restlos in Ursache-Wirkungs-Verhältnissen aufgeht, in denen, was eben noch Wirkung war, alsbald zur Ursache wird, somit in steter Wechselwirkung steht und sich aufgrund dessen nicht zur

Idealität der Gesetze aufschwingen kann, lassen sich Beharrung und Bewegung zusammendenken (vgl. GSG 713f.). Absolute Beharrung und absolute Bewegung bilden die beiden Pole zwischen denen sich laut Simmel das Weltbild der modernen Kultur erstreckt, die allein das Geld zu realisieren imstande ist.

Das Geld als Symbol stellt für Simmel den „absoluten Bewegungscharakter der Welt" dar, es ist „actus purus" (714), jedes Geldquantum ist in unablässiger Bewegung. Oft übersehen wird jedoch, dass Simmel mit seinem Weltbild des Relativismus nicht beim absoluten Bewegungscharakter der Welt stehen bleibt, denn das Geld in seiner symbolischen Funktion steigt zugleich zur Idealität des einen Gesetzes der Wirklichkeit auf, das diese im Ganzen bestimmt, insofern der Geldwert alle weiteren Werte auf den Geldwert reduziert und diese miteinander vermittelt. Der Geldwert wird zum Maßstab, an dem die Dinge der Wirklichkeit sich messen müssen, und damit zum Gesetz der modernen Wirklichkeit. Es steht jenseits aller Bewegungen und bestimmt diese zugleich. Implizit rekurriert Simmel an dieser Stelle erneut auf die Doppelrolle des Geldes, die in der Vermittlung von Idealismus und Realismus (vgl. auch 13) ihren Höhepunkt findet: Auf der einen Seite steht das Geld innerhalb der Realität und versetzt sie durch die ruhelose Vermittlung von Zwecken und Mitteln in „absolute[] Bewegtheit", auf der anderen Seite bildet sie ein „ideelle[s] System zeitlos gültiger Gesetzlichkeiten" (715). Nur in ihrer wechselseitigen und relativen Bezogenheit aufeinander finden Realität und Idealität ihren Sinn und nur deshalb fällt die Welt in ihrer absoluten Bewegtheit nicht „in ein unqualifizierbares Chaos" (715) auseinander. Das Geld umspannt die Sphäre der Idealität sowie der Realität gleichermaßen, bezieht beide relativ aufeinander, ohne in einem der beiden Pole aufzugehen, wird dadurch zum Symbol der „allgemeine[n] Relativität der Welt" (715) und Paradigma der modernen Kultur schlechthin (vgl. Geßner 2002), denn: „Je mehr das Leben der Gesellschaft ein geldwirtschaftliches wird, desto wirksamer und deutlicher prägt sich dem bewußten Leben der relativistische Charakter des Seins aus, da das Geld nichts anderes ist, als die in einem Sondergebilde verkörperte Relativität der wirtschaftlichen Gegenstände, die ihren Wert bedeutet." (716)

Geht es Simmel in einem ersten Schritt darum, die Rückwirkungen der modernen Kultur auf das Innenleben der Individuen deskriptiv zu erfassen, so in einem zweiten Schritt darum, aus diesem Innenleben heraus eine Gesamtdeutung der Wirklichkeit zu geben. Dem Lebensstil als das Vermögen des Subjekts, noch den heterogensten Inhalten eine Form zu geben, korreliert das Weltbild als eine Gesamtdeutung der Wirklichkeit, die die Form bereitstellt, in der die Inhalte der Welt sich fügen. Insofern die *Philosophie des Geldes* die Wirklichkeit als Ganze in den Blick nimmt, beansprucht sie *prima philosophia* zu sein (vgl. Orth 1991, 106) und hebt mit der Verschärfung des zuvor entwickelten Relativismus zur Relativität des Seins auf den Gegenstand der Philosophie schlechthin ab, ist doch das Sein, so Simmel, „der philosophischste aller Begriffe, er erfüllt am meisten die Vereinheitlichungsaufgabe des Geistes gegenüber der Ganzheit der Welt" (GSG 14, 45).

Wenngleich Simmels Theorie der modernen Kultur Ansätze zu einer soziologischen Theoriebildung enthält, die in der Rezeption weite Verbreitung gefunden hat (vgl. exemplarisch Frisby 1984; Fitzi 2019; mit Blick auf das abschließende Kapitel der *Philosophie des Geldes* vgl. Nedelmann 1984 sowie Nedelmann 1993), so ist sie doch philosophisch fundiert. Die zahlreichen, von Simmel gegebenen Beispiele, die die beschriebenen Differenzierungsphänomene veranschaulichen sollen, stammen aus den verschiedensten Bereichen der Kultur, die der soziologischen Beschreibungsebene nicht unter-, sondern beigeordnet sind. Gleichrangig zur soziologischen Beschreibungsebene (vgl. 663) rekurriert Simmel auf die ästhetische (vgl. 558–560, 677, 679), die wissenschaftliche (vgl. 662), politische (vgl. 681f.) oder auch die philosophische Beschreibungsebene (vgl. 661f.) – das relativistische Weltbild stellt laut Simmel vielleicht auch nur eine „bestimmte intellektuelle Entwicklungsstufe" (716) dar, lässt sich aber gerade deshalb in allen Bereichen der menschlichen Gestaltung der Wirklichkeit beobachten. Aus diesem Grund „scheint die relativistische [Weltansicht] das augenblickliche Anpassungsverhältnis unseres Intellekts auszudrücken oder, vielleicht richtiger: zu sein" (716; vgl. hierzu auch den Beitrag von Kusch im vorliegenden Band). Da wir Aufschluss über das seelische Innenleben nur über Analogien erhalten, die wir den Relationen der Außenwelt entlehnen, lässt uns das Weltbild des Relativismus die konstitutive Grundstruktur unseres Intellekts erkennen, die der modernen Kultur entspricht, da sie die moderne Kultur hervorgebracht hat – auch wenn der Mensch diese nicht immer in der Hand zu haben scheint.

Der Anspruch, den die moderne Kultur an die Philosophie stellt und der sie zugleich zu einer Theorie der modernen Kultur macht, mag darin bestehen, die Diskrepanz zwischen subjektivem und objektivem Geist nicht absolut werden zu lassen. Die Unterscheidung zwischen subjektivem und objektivem Geist bildet die Grundlage von Simmels Theorie der modernen Kultur (vgl. hierzu Geßner 2002; Geßner 2003; Makropoulos 2018). Anhand der diagnostizierten Diskrepanz zwischen beiden expliziert Simmel durchaus eine Entfremdungstheorie und doch bildet diese nicht den Kulminationspunkt der *Philosophie des Geldes* (vgl. Nedelmann 1993).

Vielmehr erhebt Simmel mit der *Philosophie des Geldes* den Anspruch, eine letzte Aporie zu denken, an der sich das philosophische Denken zu bewähren hat: die Relativität des Seins als Grundstruktur der modernen Kultur. Dieses Unterfangen kulminiert im Weltbild des Relativismus – und das Weltbild, so Simmel, ist nichts anderes als „die Reaktion des philosophischen Geistes auf den Gesamteindruck des Seins" (GSG 14, 34; zum Weltbild vgl. auch 9, 13). Dass uns im Kontext dieses Weltbildes die Endzwecke abhandengekommen sind, gesteht Simmel zu und die Folgen, die dies mit sich bringt, sind eindeutig, denn fehlt uns ein Zentralpunkt des Lebens, dann müssen wir in letzter Konsequenz mit dem Ausbleiben letzter Antworten rechnen. Simmels Bestimmung der modernen Kultur endet weder in der absoluten Entfremdung, noch verspricht sie die abschließende Aufhebung ebendieser. Vielmehr gilt es, Symmetrie und Rhythmus in der Spannung aus Nähe und Distanz sowie Gleichmäßigkeit und Verschiedenheit, Beharrung und Veränderung zusammenzudenken, um die Dinge dem eigenen Tempo und Rhythmus zu unterwerfen, während wir zugleich vom Tempo und Rhythmus der Dinge getragen werden. Diese Bewegung einer „Dialektik ohne Versöhnung" (Landmann 1987 [1968], 16; vgl. hierzu Hartung 2020 formuliert konzise den Anspruch von Simmels Theorie der modernen Kultur, der darin besteht, die Unversöhnlichkeit antagonistischer Kräfte und mitunter durchaus widersinniger Sinnversprechen aushalten zu können, liegt der Sinn des Lebens Simmel doch gerade nicht darin, „die Dauer versöhnter Zustände, nach der es strebt, auch wirklich zu erlangen" (674; vgl. Müller 2018, 357 f.).

Literatur

Frisby, David P. (1984): Georg Simmels Theorie der Moderne. In: Heinz-Jürgen Dahme/ Otthein Rammstedt (Hrsg.): Georg Simmel und die Moderne. Neue Interpretationen und Materialien. Frankfurt a. M., 9–79.
Gebauer, Gunter (2018): Hauptprobleme der Philosophie (1910). In: Hans-Peter Müller/ Tilmann Reitz (Hrsg.): Simmel-Handbuch. Begriffe, Hauptwerke, Aktualität. Berlin, 704–717.
Geßner, Willfried (2002): Das Geld als Paradigma der modernen Kulturphilosophie. In: ders./ Rüdiger Kramme (Hrsg.): Aspekte der Geldkultur. Neue Beiträge zu Georg Simmels Philosophie des Geldes. Magdeburg, 11–28.
Hartung, Gerald (2020): Der Philosoph Georg Simmel – zur Einleitung. In: ders./ Heike Koenig/ Tim-Florian Steinbach (Hrsg.): Der Philosoph Georg Simmel. Freiburg i. Br., 13–34.
Köhnke, Klaus Christian (1990): Die Verdrängung der Werte durch das Geld, in: Universitas 4, 328–333.
Konersmann, Ralf (2015): Die Unruhe der Welt. 3. Auflage. Frankfurt a. M.
Makropoulos, Michael (2018): Moderne und Modernität. In: Hans-Peter Müller/ Tilmann Reitz (Hrsg.): Simmel-Handbuch. Begriffe, Hauptwerke, Aktualität. Berlin, 374–382.
Müller, Hans-Peter (2018): Lebensstil. In: ders./ Tilman Reitz (Hrsg.): Simmel-Handbuch. Begriffe, Hauptwerke, Aktualität. Berlin, 353–358.
Nedelmann, Birgitta (1984): Georg Simmel als Klassiker soziologischer Prozeßanalysen. In: Heinz-Jürgen Dahme/ Otthein Rammstedt (Hrsg.): Georg Simmel und die Moderne. Neue Interpretationen und Materialien. Frankfurt a. M. 1984, 91–115.
Nedelmann, Birgitta (1993): Geld und Lebensstil. Georg Simmel – ein Entfremdungstheoretiker? In: Jeff Kintzelé/ Peter Schneider (Hrsg.): Georg Simmels Philosophie des Geldes. Frankfurt a. M., 398–418.

Papilloud, Christian/ Rol, Cécile (2003): Lebensstil. In: Otthein Rammstedt (Hrsg.): Georg Simmels Philosophie des Geldes. Aufsätze und Materialien. Frankfurt a. M., 179–188.

Rosa, Hartmut (2005): Beschleunigung. Die Veränderung der Zeitstrukturen in der Moderne. Frankfurt a. M.

Rosa, Hartmut (2018): Tempo des Lebens. In: Hans-Peter Müller/ Tilman Reitz (Hrsg.): Simmel-Handbuch. Begriffe, Hauptwerke, Aktualität. Berlin, 549–555.

Steinbach, Tim-Florian (2020): Die Relativität des Seins. Zur Grundstruktur von Simmels Relativismus. In: Gerald Hartung/ Heike Koenig/ ders. (Hrsg.): Der Philosoph Georg Simmel. Freiburg i. Br., 141–167.

Gérard Raulet
Kapitel 12
Systematischer und wirkungsgeschichtlicher Ausblick

Die Wirkungsgeschichte der *Philosophie des Geldes* ist zugleich immens und sehr diffus. Diese verstreute Präsenz ist überdies je nach dem Land sehr unterschiedlich gewesen. Die *Philosophie des Geldes* hat dabei keineswegs immer im Mittelpunkt der Rezeption gestanden. Es gilt vielmehr das Gegenteil: Sie wurde in der allgemeinen Regel als grundlegender Hintergrund stillschweigend vorausgesetzt, ohne als explizite Grundlage eingehend behandelt und diskutiert zu werden. Das macht öfters die Schwäche der kulturphilosophischen Ansätze aus, die sich zu Simmel bekennen. Ein weiteres Problem ist, dass man sich meistens sehr pauschal auf Simmel bezogen und fast nie bemüht hat, die Zugehörigkeit bestimmter Problemstellungen zu bestimmten Entwicklungsphasen zu unterscheiden. Insgesamt ist dies der Effekt einer unreifen Rezeption, die nach einer Zeit ungerechten Vergessens oder Unterschätzens Simmel in einem bestimmten historischen und kulturellen Kontext wieder zu einer Mode machte. Es herrscht deshalb in der Wirkungsgeschichte von Simmels Werk insgesamt und von der *Philosophie des Geldes* im Besonderen viel Unklarheit. Die Art und Weise, wie man sich auf das Werk gestürzt hat, nachdem man es lange Zeit vernachlässigt hatte, öffnete sehr kontroversen Interpretationen Tür und Tor. Je nach dem Rezeptionskontext waren es nämlich vorher eher die epistemologischen Aspekte, oder umgekehrt die mikrosoziologischen Aspekte gewesen, die in der ersten Rezeptionsphase (schon zu Simmels Lebenszeit) am meisten Resonanz gefunden hatten.

„Simmel ist wieder aktuell geworden", freute sich Julien Freund 1989 in seinem Vorwort zu François Légers Buch *La pensée de Georg Simmel*. Noch 2001 bedauert hingegen Frédéric Vandenberghe in seiner kritischen Geschichte der deutschen Soziologie, dass Simmels Werk in Frankreich sehr einseitig, ja vor allem weiterhin als eine Soziologie des Alltags wahrgenommen wurde. Ähnliches lässt sich in anderen Ländern feststellen: „Die italienische Rezeption bevorzugte den Essayisten und den Beobachter des kulturellen Lebens [...] während die angelsächsischen Länder sich eher für den Stadtsoziologen, für den Soziologen des Geldes und des modernen Lebens interessierten" (Fitzi et al. 2012, 8). Für Amerika ist in der frühen Rezeptionsphase die einzige Rezension der *Philosophie des Geldes* von einem Nationalökonomen, Samuel P. Altmann, verfasst worden. Sie erschien 1903 zugleich in Deutschland und in dem

American Journal of Sociology, das sich unter dem Einfluss von dessen Begründer Albion W. Small gegenüber Simmel sehr offen verhielt und die Rezeption durch die Chicagoer Schule einleitete. Nach Altmann ist die *Philosophie des Geldes* „the keystone of [Simmel's] social psychological investigations" (Altmann 1903, 48) – eine Ansicht, die keineswegs allgemein geteilt wurde.

Über die Wirkungsgeschichte bis zur Mitte des 20. Jahrhunderts gibt die Bibliographie, die 1958 dem *Buch des Dankes* angehängt wurde, einen fast ausführlichen Überblick. Die französische Rezeption setzte früh ein: Schon 1894 widmet Célestin Bouglé den Publikationen von Simmel einen langen Aufsatz, in dem er sowohl *Über sociale Differenzierung* (1890) als auch die *Einleitung in die Moralwissenschaft* (1892/1893) und *Die Probleme der Geschichtsphilosophie* (1892; 2./3. Aufl. 1905/1907) behandelt und den er zwei Jahre später in seinem Buch *Les sciences sociales en Allemagne. Les méthodes actuelles* (1896) fast vollständig wiederaufnimmt. Ein Blick auf die Liste der Rezensionen zeigt aber, dass die *Philosophie des Geldes* zunächst keine einzige französische Besprechung angeregt hat. 1907 geht es noch in der *Revue de synthèse historique* um eine Kritik der *Probleme der Geschichtsphilosophie* von 1892. Zwischen 1894 und der Jahrhundertwende hat sich das Interesse einerseits auf die epistemologischen Aspekte der soziologischen Erkenntnis, insbesondere das Problem der sozialen Formen, andererseits auf die soziale Differenzierung (*Revue internationale de sociologie* 2/1894) und den Zusammenhalt der Gesellschaften (*L'Année sociologique* 1/1896–97) konzentriert. Die *Soziologie* von 1908 bewegt Célestin Bouglé wiederum zu einer Diskussion in *L'Année sociologique* (11/1910). Sofort wird freilich klar, dass die philosophische und psychologische Ausrichtung von Simmels Fragestellungen für Durkheim und seine Schule ein Hindernis darstellt. In seiner Besprechung äußert Bouglé Zweifel über einen soziologischen Ansatz, der in seinen Augen dem Individuum vor der Gesellschaft den Vorrang gibt, so dass das soziale Leben ausschließlich unter dem Aspekt der Entscheidungen von Einzelnen erfasst wird. Den Höhepunkt der französischen Rezeption bilden 1912 die *Mélanges de philosophie relativiste*, die unter dem Stichwort der „philosophischen Kultur" stehen und Texte über Schopenhauer, Nietzsche, über Religion, Kunst, die Metaphysik des Todes etc. versammeln. Das für den französischen Erwartungshorizont so wichtige Problem des Individualismus wird in diesem Band lediglich im Zusammenhang mit der Philosophie Kants behandelt.

Danach verstummt die französische Rezeption für Jahrzehnte fast ganz. Es ist sogar äußerst merkwürdig, dass auf dieses erste Vorfühlen überhaupt nichts folgt, nicht einmal über Simmels wichtigen Bergson-Aufsatz (*Henri Bergson*, in *Die Güldenkammer* 4, 1913/1914) oder die Frankreichorientierten kulturphilosophischen Essais (*Erinnerung an Rodin*, in *Vossische Zeitung*, 27. November

1917). Zwei wichtige Ausnahmen sind aber erwähnenswert: 1914 hat Albert Mamelet als erster eine Gesamtdarstellung von Simmels Denken veröffentlicht, doch wiederum unter dem Aspekt des Relativismus: *Le relativisme philosophique chez Georg Simmel* (1914). Hingegen veröffentlicht Vladimir Jankélévitch 1925 in der *Revue de Métaphysique et de Morale* einen umfangreichen Aufsatz, der später, als in Frankreich die Simmel-Renaissance anhebt, als Einleitung zur *Tragödie der Kultur* (*La tragédie dans la culture*, Paris, 1988) wiederaufgenommen wird. Jankélévitch knüpft an die Relativismusdebatte an, er setzt sich auch mit dem Formalismusvorwurf auseinander und weist auf den Begriff der sozialen Interaktion hin, den Simmel selbst ins Zentrum seiner Autobiographie gestellt hat (vgl. Simmel 1993 [1958], 9). Aber er geht nicht soziologisch, sondern moralphilosophisch und metaphysisch darauf ein und er neigt sehr stark dazu, die Lebensmetaphysik des Spätwerks (vgl. *Lebensanschauung*, 1918) für den eigentlichen Kern von Simmels Denken zu halten. Im Endeffekt bleibt diese äußerst positive Besprechung auf philosophischem Boden und dient bestenfalls vor allem der Rezeption der kultursoziologischen Aspekte.

Raymond Aron gehört zu denjenigen, die an Simmel relativ unvoreingenommen herangegangen sind und dessen Werk von verschiedenen Seiten aus gewertet haben. So wie er die Bedeutung von Simmels Debatte mit der südwestdeutschen Schule des Neukantianismus berücksichtigt, erkennt er der *Philosophie des Geldes* eine Schlüsselrolle zu: Sie bilde den Übergang von der soziologischen Philosophie der Anfänge zur Lebensmetaphysik des Spätwerks (vgl. Aron 1969 [1938], 202 f.). Das stimmt insofern, als das Werk in der Tat parallel zu vielen kulturphilosophischen Aufsätzen konzipiert wurde, die dann 1908 in der *Soziologie* versammelt wurden. Wiederum bestätigt sich aber die Feststellung, dass es die Kultur- und Geschichtsphilosophie ist, die das Interesse auf sich gezogen hat, selbst dann, wenn der *Philosophie des Geldes* die ihr gebührende Rolle einer eigentlichen Begründung des ganzen philosophischen Unterfangens von Simmel zuerkannt wurde. In der darauffolgenden soziologischen Rezeptionsphase stellt Raymond Boudon, der für die französische Übersetzung der *Probleme der Geschichtsphilosophie* (1984) sorgt, den methodischen Individualismus in den Vordergrund und verbindet dadurch mit dem epistemologischen Ansatz eine implizite aber unverhohlene politische Lektüreoption (vgl. Boudon et al. 1994 [1982], XVII; vgl. auch Boudon 1979; Boudon 1990; Boudon 1998, 165–218).

Was für die Wirkungsgeschichte in Frankreich gilt, lässt sich fast ohne Ausnahme auf die gesamte internationale Rezeption erweitern. Die italienische Rezeption weist allerdings spezifische Merkmale auf (vgl. Portioli 2012). Sie konzentriert sich am Anfang auf die *Philosophie* Simmels, was wohl darauf zurückzuführen war, dass mehrere einflussreiche italienische Philosophen in Berlin bei Simmel gehört hatten. Übersetzt wurden zunächst die *Hauptprobleme der Philosophie* (1919), später die *Lebensanschauung* (1938). Isolierte Ausnahmen waren die beiden Aufsätze „Das Problem der Soziologie" und „Zur Soziologie der Armut" (1899 und 1906 übersetzt). Besondere Aufmerksamkeit verdient allerdings der in Deutschland gebildete italienische Soziologe Robert Michels, der 1934 einen Sammelband unter dem Titel *Politica ed economia* herausgab. Darin erschien u. a. eine Übersetzung des 6. Kapitels der *Soziologie* von 1908 („Die Kreuzung sozialer Kreise"). Insgesamt geht aus Michels Unternehmen die Bemühung hervor, über die rein philosophische Rezeption hinauszugehen und den Gesamtzusammenhang von Philosophie, Ökonomie und Soziologie, ja gar Politik, herauszurücken (vgl. Michels 1934, IX). Michels eröffnete sogar eine weitreichende Perspektive, indem er die „vielfältige Zugehörigkeit" des Menschen zu verschiedenen Lebensbereichen (Ökonomie, Religion etc.) in den Vordergrund stellte (vgl. Michels 1934, XLf.).

Wie in der ersten Phase der französischen Rezeption steht aber im Allgemeinen in der italienischen der Relativismus im Mittelpunkt der Diskussion; so bei Antonio Banfi, dem Übersetzer sowohl der *Hauptprobleme der Philosophie* als auch der *Lebensanschauung*, wobei Perticone und Morselli in der *Lebensanschauung* gerade eine Überwindung des Relativismus durch den metaphysischen Begriff des Lebens sehen (vgl. Perticone 1922; Perticone 1968; Morselli 1941). Um die Wende der 1980er Jahre schreibt sich dann die italienische Rezeption in den Gesamttrend ein.

Die Simmel-Renaissance der 1980er Jahre hat nämlich eindeutig im Zeichen der Kulturphilosophie oder -soziologie gestanden. Dennoch ist eine Wiederentdeckung der *Philosophie des Geldes* damit verbunden gewesen. In Italien wird diese 1984 übersetzt (*La filosofia del denaro*), neben grundlegenden soziologischen Werken wie *Über sociale Differenzierung* (*La differenziazione sociale*, 1982), *Grundfragen der Soziologie* (*Forme e giochi di società*, 1983) oder die *Soziologie* von 1908 (*Sociologia*, 1989). Italien zeichnet sich schließlich durch eine umfassende Rezeption aus, die Simmels Ansatz in seinem ganzen Umfang erfasst. Das trifft in Frankreich ebenfalls für die Studie von François Léger zu, die aus einer Habilitation über die *Philosophie des Geldes* hervorgegangen ist. Diese Ausnahmen bestätigen freilich die Regel. Sicher haben die kultursoziologischen oder gar kulturphilosophischen Ansätze nie die *Philosophie des Geldes* aus dem Blick verloren. Man mag aber durchaus den Eindruck haben, dass sie als marginale Rückendeckung gedient hat und dass es auf jeden Fall die kultursoziologischen Aspekte sind, die im Mittelpunkt gestanden haben. Diese Deutungsweise ist jedoch völlig legitim: Wie Habermas bemerkt hat, überträgt Simmel in seiner *Philosophie des Geldes* „den Begriff der Kultur von der Ebene geistiger Gebilde auf den gesellschaftlichen und materiellen Lebensprozeß im Ganzen" (Habermas 1983, 248). Umgekehrt hat das Geld für das Funktionieren der Kultur exemplarischen Charakter. Erst ab der *Philosophie des Geldes*, die in Simmels Denken eine Wende markiert, gewinnt die Kulturproblematik für ihn an Bedeutung.

Sicherlich wäre es wünschenswert, die Wirkungsgeschichte der *Philosophie des Geldes* gemäß ihrer Grundeinteilung zu behandeln. Der erste, aus den ersten drei Kapiteln bestehende „analytische" Teil rekonstruiert die Entstehung des Geldes als wirtschaftliches Medium, das alle Seiten der zunehmend auf Austausch ausgerichteten Gesellschaft durchdringt. Simmel zeigt, wie das Geld zu einem Tauschmedium wird. Entgegen der herrschenden damaligen Meinung vertritt er die Ansicht, dass das Geld kein bloßes wirtschaftliches Mittel, sondern zugleich ein psychologisches und anthropologisches Phänomen ist. Es ermöglicht die Objektivierung der Begierden und dadurch die gesellschaftliche Interaktion. Deshalb können nationalökonomische Erklärungen das Wesen des Geldes nie vollständig erklären. Der zweite, die folgenden drei Kapitel umfassende Teil befasst sich dann mit den Konsequenzen für die menschliche Freiheit (Kap. 4), für die Wertschätzung der individuellen Qualitäten (Kap. 5), für den modernen Lebensstil und die moderne Kultur (Kap. 6). Es ist freilich dieser zweite, „synthetische" Teil, der die Nachwelt vor allem inspiriert hat, so dass dem ersten „analytischen" Teil die Rolle einer Kulisse zugeteilt wurde. Es gibt bis auf einige antidogmatische ökonomische Ansätze (vielleicht könnte man von einem Neomarginalismus sprechen), auf die wir zum Schluss hinweisen werden, so gut wie keine kultursoziologische oder kulturphilosophische Reflexion, die sich etwa frontal mit der Frage auseinandersetzt, was die psychologische Grundlage des analytischen Teils überhaupt taugt und wie sie sich zur konkurrierenden ökonomischen Erklärung von Marx verhält.

In Frankreich, wo das marxistische Paradigma sein Heil durch ein Bündnis mit dem Strukturalismus erkauft hat, hatte man in den 1960er und 1970er Jahren wenig Interesse an Simmels Psychologie (Psychologie war vor allem als strukturalistisch formulierte Psychoanalyse im Schwange) und noch weniger an den Reflexionen über Entfremdung: Vielmehr war Entfremdung ein verfemter humanistischer Begriff, der nach Althusser im Werk des reifen Marx überhaupt keinen Platz hatte. Darauf führen Boudon und Bourricaud die verzögerte Widerentdeckung von Simmel zurück (vgl. Boudon et al. 1994 [1982], 522). Dieses Kapitel ist zweifelsohne zur Verkennung des Simmelschen Werkes zu zählen. Wäre man damals mit der strukturalistischen Losung weniger dogmatisch umgegangen, dann hätte man in Simmel auch einen Vorgänger des Strukturalismus sehen können (vgl. Freund 1986, 12), allerdings in dem Sinne, wie Cassirer mit seinem Gegensatz von Substanz und Funktion auch einer ist (vgl. Vandenberghe 2004, 125). Das macht freilich zugleich auf ein weiteres Hindernis aufmerksam, mit dem die Wirkungsgeschichte von Simmel kollidierte:

seine spannungsvolle Vereinbarkeit (i.a.W. Konkurrenz) mit dem Funktionalismus. Darauf gehen wir weiter unten ein.

Das wichtige Buch von François Léger (wie schon erwähnt ursprünglich eine auf 1979 zurückgehende Habilitationsschrift, die das Glück hatte, zum richtigen Zeitpunkt veröffentlicht zu werden) setzt sich dem allgemeinen Trend entgegen, indem es entschieden bei der *Philosophie des Geldes* ansetzt und sich bemüht, den Gesamtzusammenhang von Simmels Werk zu rekonstruieren. Léger trägt der vorgängigen Rezeption Rechnung, indem er seine Studie mit einer Diskussion des „Relativismus" eröffnet und daran erinnert, dass Simmel die epistemologische Bedeutung seines Relativismus in den Reflexionen der *Philosophie des Geldes* über den ökonomischen Wertbegriff erörtert hat, in welchen er den Substanzbegriff verabschiedet (Léger 1989, 23). Es sind gerade die Teile, die Simmel selbst in einem Brief an Rickert vom 10. Mai 1898 als den Schlüssel seines Unternehmens betrachtet hat (vgl. GSG 22, 291–292). Noch 1916 wird er in einem weiteren Brief an Rickert (15. April 1916) auf den Relativismus zurückkommen, der in der Rezeption zu einem Stein des Anstoßes geworden war (vgl. GSG 23, 636–639). Er rechtfertigt ihn damit, dass es sich keinesfalls um einen zersetzenden Skeptizismus handle, sondern um eine durchaus positive metaphysische Auffassung (vgl. Gassen et al. 1993 [1958], 118).

Es ist aber zunächst und vor allem ein erkenntnistheoretisches Prinzip, das zugleich darauf hinweist, dass wissenschaftliche Erkenntnis erst aus den wechselseitigen Bezügen von Sätzen entsteht, von denen keine, isoliert betrachtet, „wahr" ist, und darüber hinaus auf die Abhängigkeit der Erkenntnis von der physischen und psychischen Verfassung des erkennenden Menschen (vgl. 96–110). Léger weist darauf hin, dass der Simmelsche Relativismus von dem Begriff der sozialen Interaktion untrennbar ist. Somit schreibt er seinen Ansatz in eine Hauptlinie der französischen Rezeption ein, die auch für andere kulturnationale Kontexte gilt. Obwohl Parsons, wie noch zu zeigen ist, auf nordamerikanischem Boden der Soziologie Simmels alles andere als offen gegenüberstand, stimmt sein methodischer Pluralismus mit dem, was man bei Simmel als Relativismus bezeichnet, weitgehend überein. Für beide sind nämlich die methodischen Prämissen nur analytische Werkzeuge und dürfen auf keinen Fall mit empirischen Daten verwechselt werden, wie Parsons in *The Structure of Social Action* (Kap. XIX) betont. Weil die Wirklichkeit multidimensional ist, darf der methodische Ansatz nicht als ausschließlich angewendet werden.

Mit der Relativismusdebatte ist die kritische Rezeption von Simmels Formbegriff aufs Engste verbunden. Wenn sich Parsons' und Simmels methodischer Pluralismus einander annähern lassen, so erteilt Parsons in seinem kritischen Kapitel über Simmel, das er aus der letzten Fassung der *Structure of Social Action* offiziell „for reasons of space" (vgl. Parsons 1969 [1937/1961], Introduction to the Paperback Edition) entfernte, dem Simmelschen Formbegriff eine schroffe Absage, weil dieser zugleich synthetisch (wie die Formen bei Kant) und analytisch sei. Den Gründen dieser „Zensur" ist Donald N. Levine in seiner Dissertation *Simmel and Parsons: Two Approaches to the Study of Society* (PhD University of Chicago) nachgegangen. Levine fragt nach den grundlegenden methodischen Inkompatibilitäten. Der Stein des Anstoßes ist zunächst dieser: Im Gegensatz zur Naturerkenntnis, in der ein transzendentales Subjekt gleichsam von außen oder von oben das synthetische Vermögen ausübt, wird im sozialen Bereich die Synthese von den mitbeteiligten empirischen Subjekten selber vollzogen. Parsons gesteht dem Simmelschen Formalismus das Verdienst zu, die sozialen Verhältnisse in ihren Strukturen erfassen zu wollen: „form concepts are indispensable tools for sociological research" (Parsons 1998 [1936], 29). Aber „structure is [. . .] as such, not an explanatory category at all but a descriptive category. [. . .] Structure is something to be explained, not an explanation" (Parsons 1998 [1936], 26; vgl. ebd. 27 f.). Damit stimmt Gurvitchs Einwand gegen den Formbegriff überein. Nach ihm haben Simmel und die von ihm beeinflussten Soziologen – insbesondere Alfred Vierkandt und Leopold von Wiese (vgl. Liebersohn 1982, 123–149) – „die sozialen Formen zum einzigen Gegenstand der Soziologie erklärt und den übrigen Sozialwissenschaften die Aufgabe überlassen, sich mit den Inhalten oder der Materie des sozialen Lebens zu befassen" (Gurvitch 1950, 53). Dem Formalismusvorwurf hatte sich freilich Simmel ausgesetzt, indem er darauf insistierte, dass die Sozialisierungsformen trotz ihrer historischen Genese als solche eine überzeitliche Bedeutung besitzen. Schon 1903 hatten Durkheim und Fauconnet in der *Revue Philosophique* ihre Kritik auf diesen Aspekt konzentriert (vgl. Durkheim et al. 1903, 481; hierzu Léger 1989, 184 f.) Vierkandt und Leopold von Wiese wechselten schließlich von der formalen Soziologie zur „Beziehungslehre" über und neigten immer mehr dazu, den Bezug auf Simmel in den Hintergrund zu stellen. Auf amerikanischer Seite zeigte sich George Herbert Mead in seiner Rezension des Werkes nicht nur viel offener als Parsons, sondern er hob die Legitimität des „formalistischen" Ansatzes hervor, in dem er die Spezifität von Simmel im „Zugang zur Wirtschaftswissenschaft vom philosophischen Standpunkt aus" (Mead 1900, 304) sieht. Zentrales Anliegen einer Untersuchung der Wirtschaft nach ihren Formen und nicht nach ihren Inhalten sei eben eine Wertphilosophie. Auch er erschrickt zwar zunächst vor dem „etwas entmutigenden Umfang" des Werkes, aber er lobt den „gewaltigen Reichtum an psychologischen Illustrationen" und an „historische[m] Material" (Mead 1900, 303). Er zählt auf unmissverständliche Weise das Unternehmen zur Soziologie, da es ja dessen „oberstes Ziel [ist], [. . .] die Beziehung des einzelnen zur Gemeinschaft anhand des Geldes und seiner Verwendungen zu untersuchen" (Mead 1900, 303). Dass es dabei „viele Felder der politischen Ökonomie und des Finanzwesens" (Mead 1900, 303) berührt, erscheint ihm als ein Gewinn.

Meads Rezeption ist also insgesamt äußerst positiv, was nicht zuletzt daran festzustellen ist, dass er Simmels Ansatz für weit produktiver hält als „die nutzlosen psychologischen Berechnungen der Utilitaristen einerseits und der österreichischen Schule [Carl Menger und die Grenznutzenschule] andererseits" (Mead 1900, 302). Der Kern einer solchen philosophischen Werttheorie besteht nach ihm darin, dass „die Messung des Werts sich aus den Beziehungen von im Austausch stehenden Wirtschaftsgütern ergibt" (Mead 1900, 302). Auch hierin besteht in Meads Augen der eigentliche und brisante soziologische Beitrag von Simmels *Philosophie des Geldes*: Sie erfasse ein konstitutives Gesetz menschlicher Gesellschaftlichkeit, indem sie die Loslösung des Wertes von der intrinsischen Natur der Dinge als eine allgemeine Tendenz und geradezu als das „Ideal der Wirtschaftsorganisation" (Mead 1900, 303; so Mead nach Simmel) versteht. „Unter idealen Bedingungen würde es deshalb nicht notwendig sein, daß Geld überhaupt einen inneren Wert haben sollte. Es würde nur ein Ausdruck der Beziehung zwischen den Werten von Gütern sein [. . .]. Geld würde nur als reines Symbol existieren" (Mead 1900, 303). Dass dieses Ideal nicht verwirklicht werden konnte, ist das Zeichen und das Ergebnis „der Unfähigkeit der Gemeinschaft, die Gleichsetzung zwischen ihren verschiedenen Gütern und der Summe vollständig durchzuführen" (Mead 1900, 303). Das Symptom davon ist der Umstand, dass „der einzelne instinktiv, vor allem in Zeiten der Panik, zu einer Gleichsetzung zwischen einem Gut und einem Ding mit intrinsischem Wert zurück[kehrt]" (Mead 1900, 303): ein Symptom also des Scheiterns der Vergesellschaftung der Individuen – wobei anzumerken ist, dass in dieser Interpretation die fortschreitende Vergesellschaftung trotz der zunehmenden Abstraktion (des zunehmenden symbolischen Charakters des sozialen Bandes) in Meads Augen nicht zu weniger, sondern zu mehr Gemeinschaft führt. Diese optimistische Lektüre steht heute gerade zur Debatte. Simmels *Philosophie des Geldes* und die mit ihr verbundenen kulturphilosophischen Analysen haben sie damals schon mehr in der Schwebe gelassen, als Meads positive Rezeption es ausdrückt.

Es braucht hier nicht erst betont zu werden, dass die *Werttheorie* im Brennpunkt des Verhältnisses zwischen Simmel und dem Marxismus steht. Auch diesbezüglich erweist sich der Relativismus als ein Stein des Anstoßes: Für Simmel bedeutete er, wie er damals an Rickert schrieb, die Auflösung der inneren Widersprüche des Wertbegriffs, der subjektiv bedingt ist, aber zugleich gegenüber dem Subjekt eine Autonomie behauptet, die jedoch in keinerlei Weise auf substanzielle Eigenschaften der Dinge begründet werden kann (vgl. GSG 22, 292). Simmel legt deshalb den Akzent auf den Tausch, in dem die Werte aufeinander verweisen. Grundsätzlich geht er vom Austausch und von der Zirkulation aus, während Marx den Vorrang der Produktion betont und in der Zirkulation nur die Oberfläche des ökonomischen Systems sieht: „Unser nur noch als Kapitalistenraupe vorhandener Geldbesitzer muss die Waren zu ihrem Wert kaufen, zu ihrem Wert verkaufen, und dennoch am Ende des Prozesses mehr Wert herausziehen als er hineinwarf. Seine Schmetterlingsentfaltung muss in der Zirkulationssphäre und muss nicht in der Zirkulationssphäre vorgehen. Dies sind die Bedingungen des Problems" (Marx 1969 [1867], 126 f.). Insofern bricht Marx in Simmels Augen keineswegs mit der Tradition der Nationalökonomie, auch der liberalen, die den Wert auf das Quantum an Arbeit gründete.

Merkwürdigerweise ist dies aber nicht der Ansatz, den Lukács gewählt hat. Die innere Widersprüchlichkeit der Rezeption schlägt sich in der Aneignung durch Lukács (und daraufhin Adorno und die gesamte Kritische Theorie) auf eigentümliche Weise nieder. Man könnte diese Rezeptionslinie als das Lukács-Dilemma bezeichnen. In *Geschichte und Klassenbewusstsein* ist Lukács bereits fest entschlossen, sich von Simmel zu emanzipieren bzw. ihn zu materialisieren, oder gar in einer revolutionären Richtung zu verwenden. Im Kapitel über „Die Verdinglichung und das Bewußtsein des Proletariats" zielt er ausdrücklich auf die *Philosophie des Geldes*: „[. . .] genau so wie die Ökonomie des Kapitalismus in dieser ihrer selbst geschaffenen Unmittelbarkeit stehen bleibt, so auch die bürgerlichen Versuche, sich das ideologische Phänomen der Verdinglichung bewußt zu machen. Sogar Denker, die das Phänomen selbst keineswegs verleugnen oder verwischen wollen, ja mit seinen menschlich verheerenden Wirkungen mehr oder weniger im Klaren sind, bleiben bei der Analyse der Unmittelbarkeit der Verdinglichung stehen und machen keinen Versuch, von den objektiv abgeleitetsten, vom eigentlichen Lebensprozeß des Kapitalismus entferntesten, also von den am meisten veräußerlichten und entleerten Formen zu dem Urphänomen der Verdinglichung vorzudringen. Ja sie lösen diese entleerten Erscheinungsformen von ihrem kapitalistischen Naturboden ab, verselbständigen und verewigen sie als einen zeitlosen Typus menschlicher Beziehungsmöglichkeiten überhaupt. (Am deutlichsten zeigt sich diese Tendenz in dem in Einzelheiten sehr interessanten und scharfsinnigen Buch Simmels ‚Die Philosophie des Geldes'.)" (Lukács 1968a [1923], 296 f.) Indem Lukács aber seine Aufmerksamkeit auf das Verdinglichungsproblem konzentriert, knüpft er grundsätzlich an den zweiten, den synthetischen Hauptteil der *Philosophie des Geldes* an. Damit bürdet er sich zugleich den schweren Ballast der *Philosophie des Geldes* auf: Gegen *Geschichte und Klassenbewusstsein* wird derselbe Vorwurf der metaphysischen Verallgemeinerung des Verdinglichungsbegriffs erhoben werden wie gegen Simmels Werk. Hat Simmel die Verdinglichung aus der Geldökonomie erklären wollen, so ist ihre Erklärung aus dem Tausch und aus dem Umstand, dass die Arbeitsprodukte dem Fetischismus verfallen, sobald sie als Waren produziert werden, nicht weniger allgemein: Damit wird der Spezifität des Kapitalismus keineswegs Rechnung getragen und Lukács bleibt auf der Ebene des Marx'schen Frühwerks. Das hat er später selber zugegeben, indem er an der Allgemeinheit seiner Jugendphilosophie Kritik geübt hat. Wenn er in der Vorrede zum zweiten Band seiner Werke *Geschichte und Klassenbewusstsein* auf recht zweideutige Weise als „in bestimmtem Sinne die Zusammenfassung und de[n] Abschluß meiner 1918–19 beginnenden Entwicklungsperiode" (Lukács 1968b, 30) anspricht, so ist wohl damit gemeint, dass in diesem Buch der Denkrahmen seiner ersten Schriften noch fortwirkt.

Die laut proklamierte Distanzierung von Simmel gilt auch für seine früheren Produktionen, in denen gerade der Einfluss nicht nur der *Soziologie*, sondern auch der *Philosophie des Geldes* und insbesondere deren Kritik an der zunehmenden Künstlichkeit der kapitalistischen Kultur, wie sie sich im Großstadtleben auswirkt, spürbar ist. In seiner *Geschichte der Entwicklung des modernen Dramas* (2 Bände, 1908 geschrieben, zuerst 1911 in Budapest erschienen; Auszüge wurden 1914 im *Archiv für Sozialwissenschaft und Sozialpolitik* veröffentlicht) war diese Simmelsche Kulturkritik benutzt worden, um die soziologischen Voraussetzungen des modernen Dramas im Gegensatz zur Antike oder zum Renaissance-Drama zu charakterisieren. Solcher Literatursoziologie wirft er nun später die abstrakte Allgemeinheit ihrer soziologischen Bestimmungen und Kategorien vor (hier ist u. a. an den Gebrauch von Schillers Gegensatz des Naiven und Sentimentalen zu denken), die die Wirklichkeit durch eine weitgehend von Simmel und Max Weber bestimmte Brille sahen und ihrem Untersuchungsgegenstand äußerlich blieben (Lukács 1955 [1933], 226). Somit schließt er sich von marxistischer Seite aus dem allgemeinen Formalismus-Vorwurf an, auf eine harte Weise, die sich sicher aus dem Datum dieses Nachrufs (1933) erklären lässt und *Die Zerstörung der Vernunft* vorwegnimmt.

An den analytischen ersten Teil der *Philosophie des Geldes* hätte Lukács freilich nur schwer anknüpfen können, um einen Zusammenhang mit Marx' ökonomischer Grundlegung herzustellen. Was nämlich Simmel von Marx auf dieser Ebene unterscheidet, ist der entschiedene psychologische Ansatz. Ursprünglich hätte ja das Werk *Psychologie des Geldes* heißen sollen. Daher tut Lukács nur so, als könnte man umstandslos die Marx'sche ökonomische Begründung mit der Simmelschen psychologischen Analyse substituieren. Diese ist aber in der ganzen Rezeption von Anfang an ein Stein des Anstoßes gewesen. Lukács' Einwände und Fragen schreiben sich deshalb auch in den allgemeinen Trend der Kritik ein: Der individualistische Ansatz, den er von marxistischer Seite aus tadelt, ist sowohl in Frankreich bei Durkheim als auch auf amerikanischer Seite bei Parsons, ein Problem. Lukács zählt den Gegensatz von Individuum und Gesellschaft zu den Antinomien des bürgerlichen Denkens. In diesem Zusammenhang bezieht er sich wieder ausdrücklich auf die *Philosophie des Geldes*, in welcher Simmel das Problem zwar richtig erfasst habe, aber als unüberwindbar darstellt: „So sagt

z. B. Simmel gerade über die ideologische Bewußtseinsstruktur der Verdinglichung: ‚Und deshalb mögen diese Gegenrichtungen, da sie nun einmal eingeschlagen sind, auch einem Ideal absolut reinlicher Scheidung zustreben: indem aller Sachgehalt des Lebens immer sachlicher und unpersönlicher wird, damit der nicht zu verdinglichende Rest desselben um so persönlicher, ein um so unbestreitbareres Eigen des Ich werde.' Damit wird aber gerade daraus, was durch die Vermittlung abgeleitet und verstanden werden sollte, das hingenommene, ja als Wert verklärte Prinzip der Erklärung aller Phänomene: die unerklärte und unerklärbare Faktizität des Daseins und Soseins der bürgerlichen Gesellschaft erhält den Charakter eines ewigen Naturgesetzes oder eines zeitlos geltenden Kulturwertes" (Lukács 1968a [1923], 340).

In seinem Buch über die Verirrungen des bürgerlichen Denkens, *Die Zerstörung der Vernunft*, wird Lukács, wie nach ihm die Kritische Theorie, auf die bürgerliche Philosophie insgesamt und auch auf Simmel das Schimpfwort des Positivismus beziehen. Zwar handle es sich bei Simmel „um den Positivismus einer fortgeschritteneren Epoche, nicht mehr um Comte, Taine oder Buckle" (Lukács 1962 [1954], 386), sondern um die besondere Form der Akkommodation und Affirmation, die die Lebensphilosophie im Zeitalter des Imperialismus hervorgebracht hat. Dieser Positivismus ist gekennzeichnet durch eine „Depreziierung der Wissenschaftlichkeit" (Lukács 1962 [1954], 388), durch die Gefahren des Subjektivismus und des Relativismus und durch die Suche nach einer höheren und festeren Begründung durch das Leben, das über Sein und Bewusstsein steht.

Schon wegen des von so verschiedenen Seiten erhobenen Seiten Formalismus-Vorwurfs musste vieles in der *Philosophie des Geldes*, auch abgesehen von der politischen Frontstellung (wenn sie überhaupt von der Geschichte der epistemologischen Ansätze zu trennen ist), die damals erst entstehende Soziologie unmittelbar ansprechen bzw. herausfordern. Interesse hatten ja schon die ersten Arbeiten von Simmel geweckt. Aufgrund der Auffassung von der Gesellschaft, die aus der *Philosophie des Geldes* hervorging, musste es schon zu einer unmittelbaren Konfrontation über die Formen der Vergesellschaftung kommen. In *De la division du travail social* unterscheidet Durkheim zwei Typen von gesellschaftlicher Solidarität: die mechanische, die auf Verwandtschaft gründet, und die organische, die sich aus der Arbeitsteilung ergibt. In dem ersten Abschnitt des 5. Kapitels entwickelt Simmel sehr ähnliche Überlegungen. Im zweiten Abschnitt geht er auf die befreiende Wirkung des Geldes in politischer Hinsicht ein. Im 4. Kapitel zeigt er, dass die Möglichkeit, eine Schuld durch einen Geldbetrag zu tilgen, im Vergleich zur Zahlung in Naturalleistungen einen großen Fortschritt darstellt. Hier geht es nicht mehr um das Freiwerden von etwas, sondern um die positive Freiheit „zu etwas".

Kultursoziologische Themen des letzten Kapitels, das dem Lebensstil gewidmet ist, haben in Deutschland selbst nachhaltige Spuren in der Soziologie hinterlassen: so der Gedanke, dass der Einfluss der Geldes sich dadurch ausgewirkt hat, dass der Mensch immer mehr alles an einem quantitativen Maßstab misst. Werner Sombart und Max Weber haben dieses Thema des Kalküldenkens aufgegriffen und man findet es auch (obwohl ohne expliziten Bezug auf Simmel) an zentraler Stelle bei Ernst Bloch (Bloch 1959, 812), dann auch – aber eher über die Vermittlung von Max Weber – in der Kritischen Theorie (insbes. in der *Dialektik der Aufklärung*) wieder. Als Horkheimer und Adorno daran anknüpften, war aber das Thema fast schon zum Gemeinplatz geworden.

Dies macht darauf aufmerksam, dass schon der erste Teil der *Philosophie des Geldes* auf der Basis der Werttheorie in die Kultursoziologie übergeht, indem insbesondere die soziologisch-psychologischen Typen des Zynikers und des Blasierten charakterisiert werden, die sich durch ihr jeweiliges Verhältnis zu den Werten voneinander unterscheiden. Ihr Paar ist das Pendant desjenigen vom Geizigen und vom Verschwender: Führt für Letztere der Bezug des Wertes auf das Geld zur Valorisierung des Geldes, so führt sie umgekehrt für den Zyniker und den Blasierten zur Entwertung aller Werte (Léger 1989, 79). Es ist aber nur eines der zahlreichen Themen, die die *Philosophie des Geldes* zugleich zum Sammelbecken von Simmels vorherigen soziologischen Reflexionen und zu einem fast unerschöpflichen Vorrat an Ansätzen gemacht haben, die im späteren Werk wiederaufgegriffen und sowohl in der *Soziologie* als auch in zahlreichen Essays weiterentwickelt wurden. Ein Beispiel stellt der berühmte Aufsatz über *Die Großstädte und das Geistesleben* (GSG 7, 116–131) von 1903 dar, dessen Überlegungen über die Beschleunigung des Lebens dem Schlusskapitel der *Philosophie des Geldes* entnommen werden, auf welches Simmel sogar unverhohlen ausdrücklich verweist.

In diesem Zusammenhang muss auch ein kultursoziologisches Motiv angesprochen werden, das dann im Kapitel 4 der *Soziologie* im Mittelpunkt steht. Die *Soziologie des Konflikts* wurde bereits 1903 in die englische Sprache übersetzt und in Nordamerika publiziert (*The Sociology of conflict*, in *The American Journal of Sociology* 9/1903/1904). Die Prägnanz des Konfliktes im ökonomischen Tauschverkehr wird im Aufsatz *Der Streit* dargelegt, der als Kapitel 4 in die *Soziologie* von 1908 aufgenommen wurde und 1955 von Kurt H. Wolff übersetzt wurde. An dieser Publikation beteiligte sich auch der Soziologe Reinhard Bendix mit einer Übersetzung des Textes *Die Kreuzung sozialer Kreise* (*The web of group-affiliations*). Vom Standpunkt der Rezeption aus wirft dieses Thema die entscheidende Frage auf, auf welcher Seite der Trennlinie zwischen den Theorien des Konflikts und den Theorien der Integration Simmels Ansatz zu verorten ist (vgl. Tartler 1965). Die Frage ist insofern von Bedeutung, als sich daran zwei Tendenzen der nordamerikanischen Soziologie einander entgegensetzen lassen.

In seinem Hauptwerk *Structure of Social Action* geht Talcott Parsons auf Durkheim und Weber ein, die er als Vorläufer der Handlungstheorie betrachtet. Während die funktionalistischen Theorien – Talcott Parsons, Peter Blau, Alvin Gouldner – den Akzent auf Integration setzen und dazu neigen, die Ungleichgewichte in der sozialen Struktur und die daraus folgenden Konflikte herunterzuspielen, knüpft der amerikanische Soziologe Lewis A. Coser in seinem Buch *The Functions of Social Conflicts* (Coser 1956) ausdrücklich an Simmel an. Wie Heinz-Jürgen Dahme betont, hat Simmel von früh an eingesehen, dass die Handlungstheorie, indem sie von dem aktiv Handelnden und nicht bloß vom Individuum ausgeht, notwendigerweise bestimmte soziale Phänomene außer Acht lässt (vgl. Dahme 1986, 97), in erster Linie die sozial bedingte Passivität, die Ohnmacht, das Leiden, den Pessimismus – ebenso viele Phänomene, die sich vornehmlich auf der Ebene einer hochdifferenzierten, von einer hochentwickelten Geldwirtschaft durchzogenen Gesellschaft manifestieren.

Insofern lässt sich sagen, dass die *Philosophie* des Geldes für die *Soziologie* Simmels – und insofern auch für Ansätze, die nicht direkt bei der *Philosophie des Geldes* ansetzen – eine grundlegende Bedeutung besitzt. In diesem Sinn machte Karl-Siegbert Rehberg in seiner Besprechung der Veröffentlichung der großen *Soziologie* von 1908 wieder geltend, dass „die wahre Soziologie eine Philosophie des Geldes [ist]" (Rehberg 1994, 29). Denn sie enthält, so fährt Rehberg in seiner Besprechung fort, „Simmels bleibende Theorie der Moderne, in der die Logik der Geldform und deren Prozeßhaftigkeit miteinander verknüpft wurden: als Geschichte des Abstraktwerdens der menschlichen Vergesellschaftungen, samt den damit verbundenen Ästhetisierungs-, Beschleunigungs- und Intellektualisierungsprozessen" (Rehberg 1994, 29). Simmels Konzeption hat viele neue empirische Ansätze – von der Soziologie der kleinen Gruppen zur Soziologie der Austauschprozesse oder der Netzwerke – maßgeblich beeinflusst. Insofern hat die amerikanische Rezeption, dem normativen Druck der Handlungstheorie von Parsons zum Trotze, der tieferen Inspiration von Simmels Soziologie Rechnung getragen: Diese verstand sich ja als eine Theorie der Sozialisierungsformen, egal welchen Umfangs und welcher Dauerhaftigkeit, nämlich als Interaktionen aufgefasst, und nicht als eine Theorie „der Gesellschaft" als hypostasierter Entität. Carlo Mongardini hat völlig richtig bemerkt, dass Simmels Comeback damit zusammenhängt, dass die Soziologie sich immer mehr vom Fetisch „Gesellschaft" distanziert hat (vgl. Mongardini 1986, 122).

Indem Simmel dem Individuum gegenüber der Gesellschaft wieder Rechnung trug, verstand er dieses vor allem in Bezug auf seine Position in der Gesamtorganisation der Gesellschaft. Dadurch löste er es in eine Vielfalt von sozialen Verhältnissen auf. Im Mittelpunkt des Interesses stehen schließlich weder „die" Gesellschaft noch „das" Individuum, sondern die zahlreichen Prozesse, durch welche sie bestimmt und in Relation gesetzt werden. Daraus resultiert übrigens der formale Charakter der Soziologie Simmels: nämlich aus ihrem Verzicht auf substanzielle Identitäten zugunsten von Interaktionen oder funktionalen Verhältnissen.

Von einer ganz anderen Seite aus spielte auch in Frankreich die Soziologie des Konfliktes eine Rolle, nämlich bei Julien Freund, den man als den Begründer einer „Straßburger Schule" ansehen kann – wobei der Nachwuchs in dieser Schule weniger einseitige Interpretationen vertrat und sich vor allem für Simmel als Soziologen der Moderne, der zugleich das Hintergrundwissen in den Fokus des soziologischen Blicks gerückt hat (Watier 1986), oder als Soziologe der Erfahrung des Fremden (Raphaël 1986; Deroche-Gurcel 2002), interessierte. Freund entwickelte eine eigensinnige Interpretationsstrategie, die ganz offen rechtspolitisch orientiert war und die Rezeption Simmels zusammen mit derjenigen von Schmitt betrieb. Von 1965 an steht der Konflikt-Aufsatz im Mittelpunkt seiner Beschäftigung mit Simmel. Gerade das Problem des Dritten, das die Aufmerksamkeit der anderen Straßburger Simmelianer auf sich zog, erwies sich freilich als ein Stein des Anstoßes für diese Interpretationslinie (Freund 1983). Für die *Philosophie des Geldes* zeigte Freund wenig Interesse: Selbst in seinem letzten Buch *L'essence de l'économique* (1993) zitiert er sie ein einziges Mal (gegenüber ca. dreißig Bezügen auf Weber).

Sozialisierung ist Interaktion. Von früh an erkannte Simmel, dass die Dynamik des gesellschaftlichen Lebens und die sozialen Formen, die daraus entstehen, das eigentliche Problem der Soziologie bilden sollen. An die Stelle des Individuums setzte er das handelnde Subjekt. Er kann insofern zu den Begründern der Handlungssoziologie gezählt werden, wobei seine Rezeption in Konflikt geriet mit dem amerikanischen Interaktionismus. Nicht von ungefähr zeigte sich dieser sehr zurückhaltend: Simmels Ansatz weist ja darauf hin, dass die Ersetzung des Individuums durch den Akteur vieles außer Acht lässt, vor allem die sozial bedingte Ohnmacht und das daraus folgende Leiden. Beides sind die Folge einer sozialen Entfremdung, zu der die soziale Differenzierung und die ihr zugrundeliegende entwickelte Geldökonomie beigetragen haben. Dafür hat der amerikanische Ansatz wenig Verständnis – Axel Honneth, trotz seiner starken Orientierung an letzterem deutlich mehr. Ja, Honneth wagt die These, dass das Werk von Pierre Bourdieu eine Synthese von Durkheim und Simmel sei (Honneth 2012).

Im Mittelpunkt von Simmels Theorie, und zwar sowohl seiner Kultursoziologie als auch der *Philosophie des Geldes* steht das Phänomen, das Luhmann als Ausdifferenzierung von Wissens- und Lebensformen bezeichnet hat. Die

Ausdifferenzierung der objektiven Leistungen der Menschen in relativ autonome Welten ist zweifelsohne der folgenreichste Gedanke von Simmels Soziologie. Er bringt ihn wiederum in direkte Konkurrenz mit Parsons. Neben der oben schon erwähnten Formalismusproblematik spielte in Parsons' Rezeption von Simmel die Frage der sozialen Kohäsion (*the social cohesion problematic*) eine absolut wichtige Rolle (Jaworski 1990, 113). Wiederum stößt sich die Wirkung von Simmels Überlegungen an derselben Problematik wie in Frankreich: „Parsons' problem was to discover a way to move from the consideration of the action of a single individual to a consideration of ‚all the individuals in the community in relation to each other'" (Jaworski 1990, 115). Nicht von ungefähr ist Parsons immer wieder zu Durkheim zurückgekehrt (Parsons 1967 [1958], 3–5).

Zwischen den Teilsystemen vermitteln nach Parsons symbolisch generalisierende Medien: Macht als Medium des Teilsystems Politik, Geld für das Teilsystem der Wirtschaft, Einfluss für die Gesellschaft und Wertbindung für das Teilsystem der Kultur. Diese Medien erfüllen eine vierfache Funktion: Sie sorgen für Anpassung (*adaption*), Zielerreichung (*goal attainment*), Integration (*integration*) und Erhaltung kultureller Wertmuster (*latent pattern maintenance*). Dabei überwiegt offensichtlich die Sorge um den Zusammenhalt der Gesellschaft. Simmel selbst hat sich mehrfach mit dieser Problematik befasst. Zu den in Amerika wie in Frankreich früh rezipierten Abhandlungen zählt der Aufsatz von 1898 *Die Selbsterhaltung der sozialen Gruppe*, der in demselben Jahr im *American Journal of Sociology* veröffentlicht wurde. In der *Philosophie des Geldes* erscheint die Wirkung des Geldes als ambivalent: Für das Individuum ist es eindeutig ein Mittel zur Erlangung persönlicher Freiheit. Zugleich aber folgt aus dem Umstand, dass man mittels des Geldes seine Freiheit und Reserve aufrechterhalten kann (vgl. 465), dass die zwischenmenschlichen Verhältnisse zunehmend entpersonalisiert werden. Für das Kollektiv wirkt sich also die Durchdringung der ganzen Gesellschaft durch geldvermittelte Beziehungen negativ aus. Mit dieser Analyse stimmt Parsons' Gedanke überein, dass das Medium Geld den wirtschaftlichen Tausch von den kulturellen und gesellschaftlichen Normen unabhängig macht und darüber hinaus, indem es von der wirtschaftlichen auf die anderen Sphären des gesellschaftlichen Lebens übergreift, an deren inneren Normen zehrt. Habermas wird diesbezüglich von Kolonialisierung sprechen (vgl. u. a. Habermas 1981, Bd. 2, 293).

Wie bei Parsons läuft bei Luhmann das soziale Leben in parallelen, voneinander abgetrennten Systemen ab. Weniger als diesem geht es ihm aber um ein Gleichgewicht zwischen den Teilsystemen. Dies hat zur Folge, dass es statt Interaktion auf die Kommunikation zwischen ihnen ankommt. Nur da, wo unmittelbare Kommunikation Angesicht-zu-Angesicht stattfindet, spricht Luhmann von Interaktionssystemen (vgl. Luhmann 2005, 10). In allen anderen Fällen geht er davon aus, dass die Kommunikation zwischen den verselbständigten Teilsystemen problematisch ist. Um diese Unwahrscheinlichkeit zu reduzieren, sind Vermittlungsinstanzen nötig: die Sprache, sog. Verbreitungsmedien wie die Schrift und auch noch „Erfolgsmedien", die dafür sorgen, dass die Kommunikation erfolgreich wird, d. h. den Empfänger zu einem weiteren Kommunikationsakt bewegt. Dazu zählt das Geld (vgl. Luhmann 2013, 28). Das Geld ist der Code bzw. die Sprache des wirtschaftlichen Systems, wobei Luhmann, genauso wie Simmel, feststellt, dass die Wirtschaft ein „bis in die hintersten Winkel durchgreifendes Teilsystem" (Luhmann 2013, 401) ist.

Von einer Bedeutung Simmels für Habermas ist hingegen so gut wie keine Spur zu finden. Als Klassiker der Soziologie betrachtet er Weber, Mead, Durkheim und Parsons. Während die *Theorie des kommunikativen Handelns* Weber und Parsons einen maßgeblichen Einfluss einräumt, fehlt Simmel in der Bibliographie und er findet nirgendwo eine Erwähnung im Zusammenhang mit der Entgegensetzung der Herrschaftsparadigmata Macht und Geld. Erwähnt wird er kennzeichnenderweise nur an einer Stelle, wo Habermas Parsons' Handlungstheorie diskutiert und deren monologisches Handlungskonzept kritisiert, das auf Kants epistemologischem Modell des erkennenden Subjekts basiert: „Seit Simmel und Max Adler ist dieses Modell in die Gesellschaftstheorie eingedrungen und hat in den auf Rickert und Husserl zurückgehenden neukantianischen und phänomenologischen Spielarten der verstehenden Soziologie eher Verwirrung gestiftet" (Habermas 1981, Bd. 2, 381). Im Weber-Lukács-Kapitel („VI. Von Lukács zu Adorno. Rationalisierung als Verdinglichung") schlägt sich Habermas vorbehaltlos auf die Seite Lukács': „Bereits Weber hatte sich anhand von G. Simmels ‚Philosophie des Geldes' über den Szenenwechsel belehren lassen, der sich einstellt, sobald naturwüchsige kommunikative Beziehungen in die ‚universale Sprache des Geldes' übersetzt werden. Lukács greift nun hinter Simmel auf die originale Analyse von Marx zurück, um im kapitalistischen Tauschverkehr, der für Weber bloß exemplarischer Ausdruck eines allgemeineren Vorgangs ist, das Grundphänomen der gesellschaftlichen Rationalisierung dingfest zu machen" (Habermas 1981, Bd. 1, 479).

Diese Entscheidung gehört zu den strategischen Vorkehrungen Habermas', um die kommunikative Wende der Rationalität vor Zugeständnissen zu dem sich zeitgleich behauptenden „philosophischen Diskurs der Postmoderne" zu schützen. Habermas gesteht Simmel nur das Verdienst zu, ein Zeitdiagnostiker gewesen zu sein (vgl. Habermas 1983, 243). Dieses Lob, das sich freilich auf die Neuauflage von *Philosophische Kultur* 1983 bezog, ist genauso ambivalent wie die Urteile von Lukács oder Bloch. Habermas bemerkt jedoch, „daß Simmel seine erstaunliche, wenn auch vielfach anonyme Wirkung jener kulturphilosophisch begründeten Zeitdiagnose verdankt, die er zuerst im Schlußkapitel der *Philosophie des Geldes* entwickelt hat" (Habermas 1983, 246).

Immer wieder stellt man fest, wie einflussreich der für lange Zeit verkannte Simmel gewesen ist und wie viele Theorien der zeitgenössischen Soziologie und der Kulturwissenschaften er antizipiert oder gar bereits konkret vorbereitet hat. Das gilt sogar auf wirtschaftswissenschaftlichem Gebiet. Zwar ist Simmels Ansatz auch da, wo er anerkannt wurde, öfters missverstanden worden. So wurde er zu Unrecht mit der österreichischen Schule in Zusammenhang gebracht (vgl. Laidler et al. 1980), obwohl er sich ausdrücklich von dieser abgrenzt (vgl. Orléan 2017). David Frisby weist ebenfalls auf falsche Interpretationen der Arbeitswerttheorie hin, die sich nur auf das fünfte Kapitel gründen und das erste außer Acht lassen (vgl. Frisby 2004 [1978], 11, 25–27).

Wie Gustav Schmoller in seiner sofortigen und positiven Reaktion auf die Erscheinung der *Philosophie des Geldes* bemerkte, ging es nun Simmel nicht darum, eine neue ökonomische Theorie zu begründen (vgl. Schmoller 1901, 799 f.). Nichtdestotrotz lässt sich seine Wirkung auf diesem Gebiet belegen (vgl. Backhaus et al., 2000). Neuerdings hat sich der französische Ökonom André Orléan, der sich schon früher eingehend mit der *Philosophie des Geldes* beschäftigt hat (vgl. Orléan 1992) auf Simmel berufen, um angesichts der zeitgenössischen Finanzialisierung der Wirtschaft nicht mehr vom Arbeitswert oder gar vom Nutzen, sondern von dem auf der Währung beruhenden autonomisierten Tauschwert auszugehen (vgl. Orléan 2011). Diese Theorie stellt die extreme Konsequenz der monetär geprägten Wachstums- und Entwicklungstheorie dar, durch welche Joseph A. Schumpeter bereits 1911, also nur zehn Jahre nach Simmels Werk, die Wirtschaftswissenschaft revolutioniert hat. Schumpeter erwähnt Simmel en passant erst 30 Jahre später in seiner *Geschichte der Konjunkturzyklen* (1943). Ob er Simmel früher eingehend zur Kenntnis genommen hat, ist nicht bekannt (vgl. Hankel 2003, 252). Jedenfalls lässt sich nach Hankel eine weitere Übereinstimmung zwischen Simmels Philosophie des Geldes und den inneren Fortschritten der Wirtschaftswissenschaft feststellen. Für diese ist das Buch des schwedischen Ökonomen Knut Wicksell *Geldzins und Güterpreise* (1898), das sowohl Schumpeter und Keynes als auch später Hayek stark beeinflusst hat, entscheidend gewesen.

Aber gerade der Gedanke, dass das Neue und Entscheidende an der geldgesteuerten Wirtschaft die Zinsen sind, ist von Simmel vorweggenommen worden. Lange vor der banktechnischen Revolution am Ende des 20. Jahrhunderts und der Immaterialisierung des Finanzverkehrs (elektronische Ordererteilung, Zahlung per Handy etc.) hat Simmel mit dem Gedanken, dass es nicht auf die Substanz, aus der das Geld hergestellt wird (Gold, Blech oder Plastik), sondern auf die Funktion des Geldes ankommt, die zeitgenössische Herrschaft des Finanzkapitalismus antizipiert (vgl. auch Dembinski et al. 2000, 175–198). „Was Geld ist oder wird, bestimmt letztlich der Markt der Geldbenutzer und -anleger, die private Geld-Nachfrage" (Hankel 2003, 248). Wie Simmel gleich im Vorwort provokativ schreibt, kann die Analyse des Geldes niemals rein nationalökonomisch ansetzen. Schon damals widersprach diese Auffassung der herrschenden Meinung, nach welcher Geld eine hoheitliche Angelegenheit des Staates sei; angesichts der Entmachtung der Staaten durch das übernationale Finanzkapital ist dieser Gedanke heutzutage wahrer denn je. Keineswegs übertrieben ist daher Wilhelm Hankels Behauptung, dass mit Simmel „der Mythos der sog. Globalisierung" (Hankel 2003, 248) sich entschlüsseln lässt.

Literatur

Aron, Raymond (1969): La philosophie critique de l'histoire [1938]. Paris (Reprint).
Bloch, Ernst (1959): Das Prinzip Hoffnung. Frankfurt a. M.
Boudon, Raymond (1979): La logique du social: introduction à l'analyse sociologique. Paris.
Boudon, Raymond (1990): L'art de se persuader: des idées fausses, fragiles ou douteuses. Paris.
Boudon, Raymond (1998): Études sur les sociologues classiques. Paris.
Boudon, Raymond/ Bourricaud, François (1994): Dictionnaire critique de la sociologie [1982]. 2. Auflage. Paris.
Bouglé, Célestin (1896): Les sciences sociales en Allemagne. Les méthodes actuelles. Paris.
Coser, Lewis A. (1956): The Functions of Social Conflicts. London. – dt.: Coser, Lewis A. (1972): Theorie sozialer Konflikte. Neuwied, Berlin.
Dahme, Heinz-Jürgen (1986): „À propos de l'histoire des études simmelliennes en Allemagne et de l'actuelle redécouverte de sa sociologie et de sa philosophie". In: Patrick Watier (Hrsg.): Georg Simmel. La sociologie et l'expérience du monde moderne. Paris, 83–135.
Dembinski, Paul H./ Perritaz, Christophe (2000): Towards the Break-up of Money: When Reality – Driven by Information Technology – outshines Simmel's Vision. In: Jürgen G. Backhaus/ Hans-Joachim Stadermann (Hrsg.): Georg Simmel's Philosophy of Money: a Centenary Appraisal. Marburg, 175–198.
Durkheim, Emile/ Fauconnet, André (1903): Sociologie et sciences sociales. In: Revue Philosophique 55, 465–497.
Freund, Julien (1983): Sociologie du conflit. Paris.
Freund, Julien (1986): Préface. In: Patrick Watier (Hrsg.): Georg Simmel. La sociologie et l'expérience du monde moderne. Paris, 8–20.
Gurvitch, Georges (1950): La vocation actuelle de la sociologie, Bd. 1. Paris.
Hankel, Wilhelm (2003): Simmel und das moderne Geldwesen. In: Otthein Rammstedt/ Christian Papilloud (Hrsg.): Georg Simmels Philosophie des Geldes: Aufsätze und Materialien. Frankfurt a. M., 245–264.
Habermas, Jürgen (1981): Theorie des kommunikativen Handelns, 2 Bde. Frankfurt a. M.
Honneth, Axel (2012): Le savant et le politique. Contradiction et échecs d'une grande théorie critique. In: Le Monde, 24. Januar 2012.
Jaworski, Gary Dean (1990): Simmel's Contribution to Parsons' Action Theory and its Fate. In: Michael Kaern/ Bernard S. Phillips/ Robert S. Cohen (Hrsg.): Georg Simmel and Contemporary Sociology. Doordrecht, 109–130.

Laidler, David/ Rowe, Nicholas (1980): Georg Simmel's ‚Philosophy of Money': A Review Article for Economists. In: Journal of Economic Literature 18:1, 97–105.

Liebersohn, Harry (1982): Leopold von Wiese and the Ambivalence of Functionalist Sociology. In: European Journal of Sociology 23, 123–149.

Luhmann, Niklas (2005): Soziologische Aufklärung 2: Aufsätze zur Theorie der Gesellschaft. Wiesbaden.

Luhmann, Niklas (2013): Soziologische Aufklärung 3: Soziales System, Gesellschaft, Organisation. Wiesbaden.

Lukács, Georg (1955): Mein Weg zu Marx [1933]. In: Alexander Abusch (Hrsg.): Georg Lukács zum siebzigsten Geburtstag. Berlin, 225–231.

Lukács, Georg (1962): Die Zerstörung der Vernunft [1954]. In: ders.: Georg Lukács Werke, Bd. 9. Neuwied, Berlin.

Lukács, Georg (1968a): Geschichte und Klassenbewusstsein [1923]. In: ders.: Werke, Bd. 2: Frühschriften II. Neuwied, Berlin, 161–518.

Lukács, Georg (1968b): Werke, Bd. 2: Frühschriften II. Neuwied, Berlin.

Marx, Karl (1969): Das Kapital. Kritik der politischen Ökonomie. Erster Band, Buch I: der Produktionsprozeß des Kapitals [1867]. Stuttgart.

Michels, Robert (1934): Politica ed economia. Turin.

Mongardini, Carlo (1986): Georg Simmel et la sociologie contemporaine. In: Patrick Watier (Hrsg.): La sociologie et l'expérience du monde moderne. Paris, 121–135.

Morselli, Emilio (1941): La nostra inquietudine e altri scritti. Mailand.

Orléan, André (2011): L'empire de la valeur. Paris.

Orléan, André (2017): Georg Simmel, critique de la conception marginaliste de la valeur. In: Denis Thouard/ Bénédicte Zimmermann (Hrsg.): Simmel, le parti-pris du tiers. Paris, 225–245.

Parsons, Talcott (1969): The Structure of Social Action [1937]. New York [1961] (Paperback Edition).

Parsons, Talcott (1967): Durkheim's Contribution to the Theory of Integration of Social Systems [1958]. In: Talcott Parsons: Sociological Theory and Modern Society. New York, 3–34.

Perticone, Giacomo (1922): Introduzione. In: Georg Simmel: Il Relativismo. Lanciano.

Rehberg, Karl-Siegbert (1994): Die wahre Soziologie ist eine Philosophie des Geldes. Individualistische Gemeinschaftskunde: Georg Simmels ‚Untersuchungen über die Formen der Vergesellschaftung' in der Werkausgabe. In: Frankfurter Allgemeine Zeitung, 17. Januar 1994.

Tartler, Rudolf (1965): Georg Simmels Beitrag zur Integrations- und Konflikttheorie der Gesellschaft. In: Jahrbuch der Sozialwissenschaft und Bibliographie der Sozialwissenschaft 16, 1–12.

Auswahlbibliographie

Altmann, Samuel P. (1903): Simmel's Philosophy of Money. In: American Journal of Sociology 9, 46–68.
Backhaus, Jürgen G./ Stadermann, Hans-Joachim (Hrsg.): (2000), Georg Simmel's Philosophy of Money: a Centenary Appraisal. Marburg.
Blumenberg, Hans (1976): Geld oder Leben. Eine metaphorologische Studie zur Konsistenz der Philosophie Georg Simmels. In: Hannes Böhringer/ Karlfried Gründer (Hrsg.): Ästhetik und Soziologie um die Jahrhundertwende: Georg Simmel. Frankfurt a. M., 121–134.
Bohner, Hellmuth (1930): Untersuchungen zur Entwicklung der Philosophie Georg Simmels. Freiburg i.Br.
Busche, Hubertus (2000): Was ist Kultur? Zweiter Teil: Die dramatisierende Verknüpfung verschiedener Kulturbegriffe in Georg Simmels ‚Tragödie der Kultur'. In: Dialektik. Zeitschrift für Kulturphilosophie 2, 5–16.
Cantó i Milà, Natàlia (2005): A Sociological Theory of Value. Georg Simmel's Sociological Relationism. Bielefeld.
Dahme, Hans-Jürgen/ Rammstedt, Otthein (1984): (Hrsg.), Georg Simmel und die Moderne. Neue Interpretationen und Materialien. Frankfurt a. M.
Deroche-Gurcel, Lilyane/ Watier, Patrick (2002): (Hrsg.), La sociologie de Georg Simmel. (1908) – Eléments actuels de modélisation sociale. Paris.
Fitzi, Gregor (2019): The Challenge of Modernity. Simmel's Sociological Theory. London, New York.
Fitzi, Gregor/ Thouard, Denis (2012): Présentation: Réciprocités sociales. Lectures de Simmel. In: Sociologie et sociétés XLIV:2, 5–18.
Flotow, Paschen von (1995): Geld, Wirtschaft und Gesellschaft. Georg Simmels „Philosophie des Geldes". Frankfurt a. M.
Frisby, David (1985): Georg Simmel: First Sociologist of Modernity. In: Theory, Culture and Society 2:3, 49–67.
Frisby, David (2002): Georg Simmel. London, New York.
Frisby, David (2004): Introduction to the translation [1978]. In: Georg Simmel: The Philosophy of Money. 3rd Edition. Hrsg. v.David Frisby/ Tom Bottomore. London, 1–49.
Gassen, Kurt/ Landmann, Michael (1958): (Hrsg.), Buch des Dankes an Georg Simmel. Briefe, Erinnerungen, Bibliographie. Zu seinem 100. Geburtstag am 01. März 1958. Berlin.
Geßner, Willfried (2003): Der Schatz im Acker. Georg Simmels Philosophie der Kultur. Weilerswist.
Geßner, Willfried/ Kramme, Rüdiger (2002): (Hrsg.), Aspekte der Geldkultur. Neue Beiträge zu Georg Simmels *Philosophie des Geldes*. Magdeburg 2002.
Godin, Christian/ Weiss, Isabel (2016): (Hrsg.), Simmel philosophe. Paris.
Goodstein, Elizabeth (2017): Georg Simmel and the Disciplinary Imaginary. Stanford.
Großheim, Michael (1991): Von Georg Simmel zu Martin Heidegger. Philosophie zwischen Leben und Existenz. Bonn.
Habermas, Jürgen (1983): Simmel als Zeitdiagnostiker. In: Georg Simmel: Philosophische Kultur: Über das Abenteuer, die Geschlechter und die Krise der Moderne. Gesammelte Essais. Berlin, 243–253.

Hartung, Gerald (2019): Georg Simmel und die Zeitschrift für Völkerpsychologie und Sprachwissenschaft – Vorläufer einer interdisziplinären Anthropologie? In: Jahrbuch Interdisziplinäre Anthropologie 6. Wiesbaden, 251–270.

Hartung, Gerald/ Koenig, Heike / Steinbach, Tim-Florian (2020): (Hrsg.), Der Philosoph Georg Simmel (Kulturphilosophische Studien, Bd. 6). Freiburg i. Br.

Hein, Peter Ulrich (1990): (Hrsg.), Georg Simmel (Auslegungen, Bd. 1). Frankfurt a. M., Bern, New York, Paris.

Ikeda, Mitsuyoshi (2009): Der radikalrelativistische Wahrheitsbegriff in Simmels Erkenntnistheorie. In: Simmel Studies 19, 36–61.

Jankélévitch, Vladimir (1925): Georg Simmel, philosophe de la vie. In: Revue de Métaphysique et de Morale 32: 2, 213–257; 32: 3, 373–386.

Kintzelé, Jeff/ Schneider, Peter (1993): (Hrsg.), Georg Simmels Philosophie des Geldes. Frankfurt a. M.

Köhnke, Klaus Christian (1996): Der junge Simmel – in Theoriebeziehungen und sozialen Bewegungen. Frankfurt a. M.

Kusch, Martin/ Kinzel, Katherina/ Steizinger, Johannes/ Wildschut Niels (2019): (Hrsg.), The Emergence of Relativism. German Thought from the Enlightenment to National Socialism. London, New York.

Landmann, Michael (1987): Einleitung des Herausgebers [1968]. In: Georg Simmel: Das Individuelle Gesetz. Philosophische Exkurse. Hrsg. v. Michael Landmann. Frankfurt a. M. (Neuausgabe), 7–29.

Landmann, Michael (1976): Georg Simmel: Konturen seines Denkens. In: Hannes Böhringer/ Karlfried Gründer (Hrsg.): Ästhetik und Soziologie um die Jahrhundertwende: Georg Simmel. Frankfurt a. M., 3–11.

Lautmann, Rüdiger/ Wienold, Hanns (2018): (Hrsg.), Georg Simmel und das Leben in der Gegenwart. Wiesbaden.

Léger, François (1989): La pensée de Georg Simmel. Paris.

Levine, Donald N. (1980): Simmel and Parsons: Two Approaches to the Study of Society. New York.

Lichtblau, Klaus (2019): Zur Aktualität von Georg Simmel. Einführung in sein Werk. 2., neu bearbeitete und erweiterte Auflage. Wiesbaden.

Lohmann, Georg (1985): Die zögernde Begrüßung der Moderne. Zu Georg Simmels Diagnose moderner Lebensstile. In: Burkart Lutz (Hrsg.): Soziologie und gesellschaftliche Entwicklung. Verhandlungen des 22. Deutschen Soziologentages in Dortmund 1984. Frankfurt, New York, 543–548.

Mamelet, Albert (1914): Le relativisme philosophique chez Georg Simmel. Paris.

Mead, George Herbert (1900): Philosophie des Geldes. By Georg Simmel. In: Journal of Political Economy 9:1, 616–619. – wieder abgedruckt in Otthein Rammstedt/ Christian Papilloud (2003): (Hrsg.), Georg Simmels Philosophie des Geldes: Aufsätze und Materialien. Frankfurt a. M., 300–304.

Menzer, Ursula (1992): Subjektive und objektive Kultur. Georg Simmels Philosophie der Geschlechter vor dem Hintergrund seines Kulturbegriffs. Pfaffenweiler.

Millson, Jared A. (2009): The Reflexive Relativism of Georg Simmel. In: The Journal of Speculative Philosophy, N.S. 23, 180–207.

Müller, Hans-Peter/ Reitz, Tilman (2018): (Hrsg.), Simmel-Handbuch. Begriffe, Hauptwerke, Aktualität. Frankfurt a. M.

Nedelmann, Brigitta (2006): Georg Simmel (1858–1918). In: Dirk Kaesler (Hrsg.): Klassiker der Soziologie. Bd. 1.: Von Auguste Comte bis Alfred Schütz. München, 128–150.

Orléan, André (1992): La monnaie comme lien social. Étude de Philosophie de l'argent de Georg Simmel. In: Genèses 8: 1, 86–107.

Orth, Ernst Wolfgang (1991): Georg Simmel als Kulturphilosoph zwischen Lebensphilosophie und Neukantianismus. In: Reports on Philosophy 14, 105–120.

Parsons, Talcott (1998): Georg Simmel and Ferdinand Tönnies: Social Relationships and the Elements of Action [1936]. In: The American Sociologist 29:2, 21–30.

Perticone, Giacomo (1968): Ricordando Giorgio Simmel. In: Rivista internazionale du filosofia del diritto 3–4, 609–614.

Portioli, Claudia (2012): Les chemins de la pensée de G. Simmel en Italie. In: Sociologie et sociétés XLIV:2, 263–283.

Pyyhtinen, Olli (2017): The Simmelian Legacy: A Science of Relations. London.

Rammstedt, Otthein/ Christian Papilloud (2016): (Hrsg.), Georg Simmels Philosophie des Geldes: Aufsätze und Materialien [2003]. 2. Auflage. Frankfurt a. M.

Raphaël, Freddy (1986): L'étranger et le paria dans l'œuvre de Weber et Simmel. In: Archives des sciences sociales des religions 61:1, 63–81.

Schlitte, Annika (2012): Die Macht des Geldes und die Symbolik der Kultur: Georg Simmels Philosophie des Geldes. München.

Schlitte, Annika (2015): Simmels Philosophie des Geistes und die Folgen. In: Zeitschrift für Kulturphilosophie 9:1–2, 143–157.

Schmoller, Gustav (1901): Simmels Philosophie des Geldes. In: Jahrbuch für Gesetzgebung, Verwaltung und Volkswirtschaft im Deutschen Reich 25, 799–816 – wiederabgedruckt in: Otthein Rammstedt (2003): (Hrsg.), Georg Simmels Philosophie des Geldes. Aufsätze und Materialien. Frankfurt a. M., 282–299.

Thouard, Denis/ Bénédicte Zimmermann (2017): (Hrsg.), Simmel, le parti-pris du tiers. Paris.

Vandenberghe, Frédéric (2004): Une histoire critique de la sociologie allemande. Aliénation et réification, Bd. 1: Marx, Simmel, Weber, Lukács. Paris.

Watier, Patrick (1986): (Hrsg.), Georg Simmel. La sociologie et l'expérience du monde moderne. Paris.

Weber, Max (1991): Georg Simmel als Soziologe und Theoretiker der ‚Geldwirtschaft'. In: Simmel Newsletter 1, 9–13.

Hinweise zu den Autoren

Ralf Becker, Professor für Philosophie an der Universität Koblenz-Landau, Campus Landau. *Wichtigste Veröffentlichungen*: Sinn und Zeitlichkeit (2003), Der menschliche Standpunkt (2011). *Mitherausgeber*: Zeitschrift für Kulturphilosophie (zus. mit C. Bermes und D. Westerkamp, seit 2020). Zahlreiche Aufsätze zur philosophischen Anthropologie, Kulturphilosophie und Wissenschaftsphilosophie.

Gerald Hartung, Professor für Philosophie mit den Schwerpunkten Kulturphilosophie und Ästhetik an der Bergischen Universität Wuppertal. *Wichtigste Veröffentlichungen*: Beyond the Babylonian Trauma – Theories of Language and Modern Culture in the German-Jewish Context (2018). *Gesamtherausgeber*: Grundriss der Geschichte der Philosophie (zus. mit L. Cesalli, seit 2018). Zahlreiche Artikel zur Kulturphilosophie, philosophischen Anthropologie sowie zur Geschichte der Philosophie der Frühen Neuzeit und der Moderne.

Guido Kreis, Associate Professor für Philosophie an der Universität Aarhus. *Wichtigste Veröffentlichungen*: Cassirer und die Formen des Geistes (Berlin 2010), Negative Dialektik des Unendlichen: Kant, Hegel, Cantor (Berlin 2015). *Mitherausgeber*: Gottesbeweise (zus. mit J. Bromand, 2011). Zahlreiche Artikel zu Kant, Hegel, Kantianismus und Kritischer Theorie (Adorno) sowie zur Philosophie des objektiven Geistes und der Ästhetik.

Martin Kusch, Professor für Wissenschaftsphilosophie und Erkenntnistheorie an der Universität Wien. *Wichtigste Veröffentlichungen*: Language as Calculus versus Language as Universal Medium (1989), Foucault's Strata and Fields (1991), Psychologism (1995), Psychological Knowledge (1998), The Shape of Action (zus. mit H. M. Collins, 1999), Knowledge by Agreement (2002), A Sceptical Guide to Meaning and Rules (2006), Relativism in the Philosophy of Science (2020). Zahlreiche Herausgaben und Aufsätze zur Wissenschaftsphilosophie, Sprachphilosophie und Erkenntnistheorie sowie verschiedenen historischen Themen.

Oliver Müller, Professor für Philosophie mit dem Schwerpunkt Gegenwart und Technik an der Universität Freiburg (Heisenberg-Professur). *Wichtigste Veröffentlichungen*: Sorge um die Vernunft. Hans Blumenbergs phänomenologische Anthropologie (2005), Selbst, Welt und Technik. Eine anthropologische, geistesgeschichtliche und ethische Untersuchung (2014). *Mitherausgeber*: Mensch-Maschine-Interaktion (zus. mit K. Liggieri, 2019). Zahlreiche Artikel zu Fragen der philosophischen und phänomenologischen Anthropologie, der Technikphilosophie und der Ethik.

Christian Papilloud, Professor für soziologische Theorie an der Martin-Luther-Universität Halle-Wittenberg. Zahlreiche Bücher und Aufsätze zu relationalen Ansätzen in der deutsch-französischen Soziologie in historischer und theoretischer Perspektiven bes. zu Georg Simmel, Leopold von Wiese, der Durkheim-Schule und der Worms-Schule, Gaston Richard, Georges Gurvitch, Pierre Bourdieu und Bruno Latour.

Gérard Raulet, em. Professor für deutsche Ideengeschichte an der Universität Paris-Sorbonne. *Wichtigste Veröffentlichungen:* Positive Barbarei. Kulturphilosophie und Politik bei Walter Benjamin (2004), Das Zwischenreich der symbolischen Formen. Ernst Cassirers Erkenntnistheorie, Ethik und Politik im Spannungsfeld von Historismus und Neukantianismus (2005), La philosophie allemande depuis 1945 (2006), Republikanische Legitimität und politische Philosophie heute (2012), Das befristete Dasein der Gebildeten. Benjamin und die französische Intelligenz (2019).

Annika Schlitte, Juniorprofessorin für Sozial- und Kulturphilosophie an der Johannes Gutenberg-Universität Mainz. *Wichtigste Veröffentlichungen*: Die Macht des Geldes und die Symbolik der Kultur (2012). *Mitherausgeberin*: Philosophie des Ortes (zus. mit T. Hünefeldt, D. Romic und J. van Loon, 2014). Zahlreiche Artikel zu Georg Simmels Kulturphilosophie sowie zur Philosophie von Ort und Raum.

Arno Schubbach, Oberassistent an der ETH Zürich und Dozent an der FHNW HGK Basel. *Wichtigste Veröffentlichungen*: Die Genese des Symbolischen. Zu den Anfängen von Ernst Cassirers Kulturphilosophie (2016), Subjekt im Verzug. Zur Rekonzeption von Subjektivität mit Jacques Derrida (2007). *Herausgeber*: Denken mit dem Bild. Philosophische Einsätze des Bildbegriffs von Platon bis Hegel (zus. mit J. Grave, 2010). Zahlreiche Aufsätze zum Begriff der Darstellung um 1800 und die Reflexion auf das Vorgehen der Philosophie in Auseinandersetzung mit Praktiken des Darstellens in Wissenschaften und Künsten.

Tim-Florian Steinbach, Wissenschaftlicher Mitarbeiter an der Bergischen Universität Wuppertal. *Wichtigste Veröffentlichungen*: Gelebte Geschichte, narrative Identität. Zur Hermeneutik zwischen Rhetorik und Poetik bei Hans Blumenberg und Paul Ricœur (2020). *Mitherausgeber*: Der Philosoph Georg Simmel (zus. mit G. Hartung und H. Koenig, 2020), Studien zur Anthropologie und Kulturphilosophie (zus. mit A. Hand, seit 2018). Artikel zur Hermeneutik sowie zur Kultur- und Technikphilosophie.

Christian Thies, Professor für Philosophie an der Universität Passau. *Wichtigste Veröffentlichungen*: Die Krise des Individuums. Zur Kritik der Moderne bei Adorno und Gehlen (1997), Einführung in die philosophische Anthropologie (2004, [3]2013), Der Sinn der Sinnfrage. Metaphysische Reflexionen auf kantianischer Grundlage (2008). Alles Kultur? Eine kritische Bestandsaufnahme (2016), Philosophische Anthropologie auf neuen Wegen (2018).

Tilo Wesche, Professor für Praktische Philosophie an der Carl von Ossietzky Universität Oldenburg. *Wichtigste Veröffentlichungen*: Kierkegaard. Eine philosophische Einführung (2003), Wahrheit und Werturteil. Eine Theorie der praktischen Rationalität (2011), Adorno. Eine philosophische Einführung (2018). *Mitherausgeber*: Was ist Kritik? (zus. mit R. Jaeggi, 2009), Transformations of Democracy (zus. mit R. Celikates und R. Kreide, 2015).

Personenregister

Adler, Max 224
Adorno, Theodor Wiesengrund 217, 220, 224
Althusser, Louis 213
Altmann, Samuel Paul 209, 210
Anders, Günther 185
Arendt, Hannah 163, 177
Aron, Claude Ferdinand Raymond 211
Aristoteles 132, 163, 169

Banfi, Antonio 212
Bastian, Adolf 2
Bendix, Reinhard 220
Bentham, Jeremy 167
Bergson, Henri 5, 210
Berlin, Isaiah 165
Blau, Peter Michael 221
Bloch, Ernst 1, 220, 224
Boudon, Raymond 211, 213
Bouglé, Célestin 3, 125, 210
Bourdieu, Pierre Félix 222
Bourricaud, François 213
Buckle, Henry Thomas 219

Cantó i Milà, Natàlia 125
Carlyle, Thomas 171
Cassirer, Ernst 7, 39, 96–98, 183, 213
Comte, Auguste 11, 219
Coser, Lewis Alfred 221

Dahme, Heinz-Jürgen 221
Dahrendorf, Ralf 165
Deroche-Gurcel, Lilyane 222
Deutschmann, Christoph 16, 135
Dewey, John 37
Dilthey, Wilhelm 9, 11–15, 73, 129
Droysen, Johann Gustav Bernhard 2
Durkheim, Émile 185, 210, 215, 218, 219, 221–224

Engels, Friedrich 166
Erdmann, Benno 7

Fauconnet, André 215
Fechner, Gustav Theodor 5

Fichte, Johann Gottlieb 34
Flotow, Paschen von 85, 136
Franklin, Benjamin 131
Frege, Friedrich Ludwig Gottlob 22, 26
Freud, Sigmund 186
Freund, Julien 209, 213, 222
Frisby, David P. 225
Fugger, Anton 107

George, Stefan 172
Goethe, Johann Wolfgang von 123, 171
Gouldner, Alvin 221
Grimm, Jacob 2
Groethuysen, Bernhard 1
Gurvitch, Georges 215

Habermas, Jürgen 212, 224
Hankel, Wilhelm 113, 225, 226
Harms, Friedrich 2
Hayek, Friedrich August von 225
Hegel, Georg Wilhelm Friedrich 7, 38, 182
Heidegger, Martin 163, 181
Helmholtz, Herrmann von 2
Herbart, Johann Friedrich 7
Honneth, Axel 222
Horkheimer, Max 220
Husserl, Edmund 59, 69, 89, 201, 224

Jankélévitch, Vladimir 211

Kant, Immanuel V, 2, 3, 6, 10, 21–24, 30, 35, 38, 68, 71, 99, 127, 141, 160, 161, 170, 171, 176, 178, 180, 181, 199, 210, 215, 224
Keynes, John Maynard 136, 225
Krakauer, Siegfried 1
Kuhn, Thomas Samuel 73

Landmann, Michael 5, 6, 207
Lazarus, Moritz 2, 5, 7, 9, 12, 60
Léger, François 209, 212, 214
Leibniz, Gottfried Wilhelm 181
Levine, Donald Nathan / Levine, Donald N. 215

Lotze, Rudolf Hermann / Lotze, Hermann 26
Luhmann, Niklas 222–224
Lukács, Georg 1, 172, 217–219, 224

Mamelet, Albert 211
Mannheim, Karl 78
Marx, Karl 43, 45, 47, 149, 150, 151, 159, 166, 168, 213, 216–218, 224
Maxwell, James Clerk 95
McDowell, John 28
Mead, George Herbert 215, 216, 224
Menger von Wolfensgrün, Carl / Menger, Carl 71, 216
Michelangelo Buonarroti 171
Michels, Robert 212
Mommsen, Christian Matthias Theodor 2
Mongardini, Carlo 221
Moore, George Edward 172
Morselli, Emilio 212

Newton, Isaac 58, 178
Nietzsche, Friedrich / Nietzsche, Friedrich Wilhelm 11, 60, 165, 169, 171, 172, 182, 210

Orléan, André 225

Parsons, Talcott 96, 214, 215, 218, 221, 223, 224
Paul, Axel T. 136
Perticone, Giacomo 212
Platon V, 117, 118, 120, 186

Rehberg, Karl-Siegbert 14, 221
Rembrandt van Rijn 171
Rickert, Heinrich John 5, 26, 28, 29, 33, 36–39, 41, 214, 216, 224
Rosa, Hartmut 201
Rousseau, Jean-Jacques 170
Ruskin, John 164

Sartre, Jean-Paul 179
Say, John Baptiste 43

Scheler, Max Ferdinand 81
Schiller, Friedrich von 218
Schleiermacher, Friedrich Daniel Ernst 170, 171
Schmitt, Carl 222
Schopenhauer, Arthur 163, 210
Schmoller, Gustav von 3, 71, 125, 225
Schumpeter, Joseph Alois / Schumpeter, Joseph A. 225
Sidgwick, Henry 172
Sigwart, Christoph von 7, 10
Small, Albion Woodbury 210
Smith, Adam 43
Sombart, Werner 220
Spencer, Herbert 6
Spinoza, Baruch de 179
Steinthal, Heymann / Herrmann 5, 8, 9, 12, 60
Susman, Margarete 1, 2

Taine, Hippolyte Adolphe / Taine, Hippolyte 219
Taylor, Charles 165
Treitschke, Heinrich von 2

Vandenberghe, Frédéric 209, 213
Vaihinger, Hans 11, 71
Vierkandt, Alfred 215

Waitz, Georg 7
Warburg, Aby 162
Weber, Max 1, 131, 149, 150, 151, 154, 159, 168, 169, 176, 184, 185, 218, 220–222, 224
Wicksell, Knut Johan Gustav / Wicksell, Knut 225
Wiese, Leopold von 215
Windelband, Wilhelm 5, 9–11, 13, 14, 28, 33, 36, 37, 39, 59, 69
Wolff, Kurt Heinrich / Wolff, Kurt H. 220
Wundt, Wilhelm Maximilian 7

Zeller, Eduard Gottlob 2, 12

Sachregister

Absolutes/absolut 14, 33–35, 37, 41, 52, 58–62, 64, 66, 68–70, 72, 73, 75–77, 84, 85, 126, 130, 132–134, 136, 138, 140, 146, 150, 152, 153, 161, 162, 166, 180, 189, 203–207
Absolutismus 57–60, 69, 71, 72, 76, 77
Ambivalenz 109, 145, 152, 169, 191, 197
Analogie 21, 29, 46, 61, 64, 86, 101, 114, 115, 161, 178, 192–194, 196–200, 206
analytische Philosophie 57
Aporie 13, 206
Apriori/apriorisch 6, 7, 71, 141
Arbeit/Arbeiter 38, 45, 46, 57, 59, 93, 110, 125, 133, 159, 160, 166–168, 182, 184, 185, 195, 217, 219, 225
Arbeitsteilung 15, 16, 45, 160, 164, 175, 184, 185, 191, 219
Arbeitswerttheorie/-lehre 166, 167, 225
Armut 125, 139, 212
Ästhetik/ästhetisch 5, 7, 10, 13, 29, 34, 35, 154, 206, 221

Bedeutsamkeit 17, 31, 34, 117, 164
Bedeutung 16, 22, 23, 26, 32–34, 42–49, 54, 55, 59, 81, 83, 84, 90, 91, 93–97, 101, 105–107, 112–114, 117, 118, 121, 122, 131–133, 136, 141, 145, 146, 176, 183, 189, 191, 192, 204, 211, 213–215, 220, 221, 224
– symbolische 91, 193
Bedürfnisse 28, 34, 66, 68, 70, 86, 102, 103, 114, 117, 118, 127, 150, 164, 198
Begehren/Begehrtsein/Begehrtwerden 19, 21, 29–32, 34, 35, 48–51, 83, 85, 96, 102, 103, 117, 118, 134, 135, 138, 140
Begriff 4, 7, 8, 12, 16, 20–39, 41, 43–46, 50, 51, 64–66, 69, 73, 74, 76, 78, 81, 83, 88, 90, 94–100, 102, 106, 110, 111, 114–117, 119–123, 128, 129, 131, 133–135, 141, 142, 145–147, 154, 165, 168, 169, 171, 175–188, 192–194, 197, 198, 203, 204, 206, 211–217
Beharrung 203–205, 207

Beschleunigung 87, 88, 186, 201, 202, 220, 221
Besitz 34, 44, 46, 48, 49, 51, 53, 85, 88, 92, 102, 110, 135–139, 145, 146, 148, 150, 152–154, 164, 165, 195
Bewegung 5, 59, 61, 75, 82, 87, 95, 106, 109, 121, 122, 130, 135, 159, 164, 168, 187, 194, 203–205, 207
Bewusstsein 6, 7, 10, 11, 13, 32, 33, 36, 67, 138, 194, 196, 201, 217–219
Blasierte, der/Blasiertheit 138, 140, 141, 220

Charakter 2, 9, 16, 23, 27, 29–32, 44, 75, 82, 87, 89, 91, 104, 107, 110, 118, 119, 122, 123, 132, 135–137, 140, 141, 148, 168, 175–179, 184–186, 196, 205, 213, 216, 219, 220, 222
Charakterlosigkeit 126, 134, 135, 137, 140, 175, 178
Chicagoer Schule 210

Denken 1, 2, 9, 10, 13, 16, 24, 25, 58, 59, 66, 69, 70, 79, 108, 141, 172, 181, 206, 211, 213, 218–220
– berechnendes/rechnerisches 137, 181
– Funktionsdenken 96, 191
– Kategorien des Denkens 128
– Substanzdenken 191
Denkform/-stil 5, 7, 9–11, 15, 59, 94
Denkinhalt 8, 31
determiniert/deterministisch 21, 25, 130, 189
Deutscher Idealismus 120, 122
Dialektik/dialektisch 48, 71, 78, 90, 160, 165, 169, 177, 179, 181, 207, 220
Differenz 12, 13, 29, 39, 84, 85, 87, 97, 99, 106, 113, 119, 120, 126, 140, 161, 169, 170, 178, 201, 202
Differenzierung 109, 149, 175, 179, 185, 186, 188, 191, 192, 194, 197, 200–202, 206, 210, 212, 222
– Ausdifferenzierung 35, 149, 151, 187, 188, 222, 223
– im Nacheinander/im Nebeneinander 186, 192

- räumliche/zeitliche/räumlich-
  zeitliche 197, 198, 200, 201
- soziale 109, 210, 222

Differenzierungsprozess 149, 168, 187, 188,
  191, 192, 195, 198, 200

Distanz 34, 45, 48, 49, 53, 87, 131, 172, 175,
  188, 194–196, 200, 207
- Pathos der Distanz 172
- physische 48
- soziale 49

Doppelrolle des Geldes 84, 197, 200,
  202, 205

Dualismus 24, 34, 66, 171

Dritte, das 26, 88, 222
- dritte Kategorie 32
- dritter Weg 168, 203
- drittes Reich 26

Dynamik 82, 95, 131, 139, 141, 150, 151,
  155, 175, 177, 184, 186, 188, 189,
  197, 222

Eigenlogik 97, 192, 194

Eigentum 102, 145–157
- individuelles 152, 155–157
- öffentliches 156

Eigentumsfreiheit/Freiheit des
  Eigentums 146, 148, 153, 155

Eigentumsrecht/Eigentumstheorie 145–153,
  156

Einbildungskraft 154

Empfindung 30, 34, 84, 86
- qualitative 94

Endzweck 14, 126–129, 134, 135, 138, 139,
  141, 142, 162, 191, 196, 197, 207

Entfremdung 188, 192, 206, 207, 213, 222

Entsubstanzialisierung 93, 94, 191

Entwicklung 4, 8–10, 16, 22, 34, 35, 47, 58,
  70, 75, 82, 83, 88–95, 97, 99, 105–107,
  113, 119, 120, 126, 130, 131, 137, 138,
  141, 142, 149, 153, 162, 164, 169–172,
  183, 186–188, 192, 195, 196, 198, 200,
  202, 206, 209, 218, 225

Epistemologie/epistemologisch 209–211,
  214, 219, 224

Erfahrung 6, 20, 21, 26, 30, 34, 65, 66, 70,
  87, 104, 163, 191, 222
- ästhetische 29, 34

Erkennen 20, 24, 27, 59, 61, 64, 66, 71,
  74, 76

Erkenntnis 9, 10, 23, 24, 26, 27, 37, 57,
  59–64, 69–74, 76, 81, 83, 89, 90, 95,
  103, 104, 110, 117, 132, 146, 181, 186,
  210, 214, 215
- apriorische 6, 7

Erkenntnistheorie/erkenntnistheoretisch 6,
  20, 23, 24, 27, 57, 58, 60, 62, 63, 66,
  69, 71, 72, 74, 76, 78, 119, 120, 125, 214

Erleben, subjektives 7, 154

Erlebnis 23, 26, 48

Ethik/ethisch 10, 16, 129, 160, 162, 170–172

Evolution/Evolutionstheorie 59, 64, 68–70,
  73, 142, 195, 225

evolutionär/evolutionistisch 6, 7, 57, 66, 68,
  69, 71, 78, 125, 217

Existenz 2, 20–24, 26, 28–31, 36, 37, 75,
  109, 130, 175, 183, 191, 196

Fetisch/Fetischismus 168, 217, 221

Form 5, 8, 10, 13, 15, 24, 29–32, 34, 38, 42,
  43, 45, 47, 52, 54, 55, 59, 63–65, 69, 73,
  75, 78, 81, 83, 89, 95, 97, 100, 101,
  106–111, 117, 118, 120, 122, 127,
  129–131, 137, 139, 145, 151, 152, 156,
  163, 168, 170, 171, 175, 180–183,
  185–188, 191, 192, 194–196, 200,
  202–205, 215, 219
- imaginäre 145, 150, 151
- kulturelle 125, 142, 180
- leere 165, 217
- objektive 5
- soziale 131, 210, 215, 222
- symbolische 4, 39, 96, 97
- überindividuelle 8

Formgebung 13, 199

Formgleichheit/Isomorphie 193

Frankfurter Schule 176

Frau 160, 169, 187

Freiheit 14, 38, 94, 95, 135, 145–149,
  151–157, 164, 165, 169, 171, 191, 198,
  213, 219, 223
- des Eigentums 145, 146, 148, 153, 155
- individuelle 145, 148, 149, 152, 153, 156,
  157, 159, 164, 191, 223
- negative 147, 161, 165, 169

- politische 156
- positive 147, 161, 165, 169
Funktion 11, 12, 50, 58, 81–84, 87–91, 93–95, 96, 99–122, 126, 129, 134, 135, 140, 148, 160, 165, 176, 179, 180, 187, 188, 191, 192, 197, 201, 213, 223, 225
- symbolische 88, 90, 193, 195, 202, 205
Funktionalisierung 88, 95, 98
Funktionalismus 214
Funktionswert 87–94, 99, 100, 103, 106, 107, 112–114, 117, 119

Gebilde, objektive 7, 13–15
Gebrauchswert 91, 101–103, 115, 118
Gefühl 16, 19, 21, 23, 26–29, 30, 31, 35, 37, 48, 58, 67, 110, 117, 148, 149, 154, 163, 172, 175–178, 180, 183, 196, 197, 201, 202
- ästhetisches 154
- Existenzgefühl 30
- intentionales 30
- praktisches 30, 31
- theoretisches 30, 31
Geist 2, 5, 11, 12, 14, 15, 23–26, 38, 39, 59, 67, 70, 72, 74, 76, 81, 94–97, 117, 120–123, 140, 167, 168, 176, 177, 181–183, 185, 186, 196, 206, 212, 220
- absoluter 189
- individueller 20, 23, 24, 27–29, 168
- objektiver 5, 7, 9, 11–13, 15, 27, 38, 39, 182, 183, 186, 187, 189, 192, 198, 206
- öffentlicher 8
- subjektiver 27, 187, 189, 193, 196, 198, 206
Geiz/Geizige, der 125, 138–141, 220
Geldeigentum 145, 148–156
Geldfunktion 84, 85, 88–91, 96, 99, 100, 105–107, 113, 115–119
Geldgier 133, 136, 139, 141
Geldwirtschaft 15, 16, 75, 81, 82, 87, 89, 91, 92, 94–96, 98, 107, 109, 111, 112, 115, 116, 139–141, 145, 149–151, 153, 155, 156, 159, 161–166, 169, 171, 172, 176–181, 187, 191, 192, 200–202, 205, 221
Geldzeichen 99–105, 109, 112, 114–122
Geltung 4, 7, 8, 10, 20, 25–27, 32–36, 38
- objektive 20, 35, 36, 39, 125
- reine 35, 38

- subjektive 27, 32
- überindividuelle 20, 25, 27, 32, 36
Geltungsanspruch/-problem 4, 6, 7, 33
Gemeinschaft 153, 155–157, 171, 183, 193, 215, 216
Genealogie 57–60, 196
Genuss 48, 136, 138, 139
Geschichte 2, 10, 11, 35, 57–59, 61, 68, 73, 78, 82, 88, 91, 93, 94, 97, 99, 209–211, 213, 217–219, 221, 225
- Gattungsgeschichte 59, 60
- geschichtlich 3, 9–11, 16, 54, 71, 82, 117, 138, 181, 209
- Ideengeschichte 58, 196
Geschichtsphilosophie/geschichtsphilosophisch 5, 26, 27, 57, 72, 128, 162, 210, 211
Gesellschaft 8, 10, 12–16, 38, 41–43, 50, 53–55, 75, 83, 96, 97, 100, 106–108, 110–113, 131, 133, 145, 149–151, 155–157, 159–162, 164–168, 172, 175, 177, 180, 184–188, 205, 210, 212, 213, 216, 218, 219, 221–224
Gesetz 7–10, 22, 59, 62, 65, 68–70, 84, 89, 91, 116, 139, 142, 146, 149, 171, 176, 177, 182, 188, 204, 205, 216
Gewinn 21, 44–49, 52, 55, 61, 73, 94, 145, 151, 152, 154, 215
Gott 8, 92, 125, 131, 134, 162
Großstadt 140, 164, 177, 179, 195, 197, 218, 220
Güter 15, 84–86, 88, 89, 92, 96, 99, 135, 139, 146–153, 155, 156, 163, 216, 225

Handeln/*praxis* 2, 8, 13, 16, 20, 31, 53, 66–68, 89, 90, 108, 110, 126, 127, 129, 130, 132, 138, 154, 163, 165, 170, 177, 180, 196, 221, 222, 224
hegelianisch 189
- neuhegelianisch 16
Herstellen/*poiesis* 163
Heuristik/heuristisch 6, 71, 74–77, 199, 203, 204
Humanismus, aristokratischer 169–171
humanistisch 213
Hyperrationalismus 167

Ideal 16, 20, 23, 26, 27, 33, 73, 81, 83, 89, 90, 94, 95, 97, 99, 100, 104–106, 108, 119, 120, 123, 153, 169–172, 181, 182, 186, 216, 219
Idealismus 10, 16, 23, 117–120, 122, 168, 205
– der Geldfunktion 99, 104–106, 115, 118
– erkenntnistheoretischer 24
– moderater 23
– praktischer 118, 120
– subjektiver 23
– theoretischer 118, 119
– transzendentaler 24, 71
Idealist 63
idealistisch 20, 113, 119, 121, 122
Idealität/-en 26, 98, 105, 204, 205, 123
ideell/Ideelles 16, 20, 26, 27, 33, 34, 39, 81, 95, 118, 176, 179, 200, 204, 205
Identität 45, 187, 222
Indifferenz 24, 155, 160, 161, 200, 204
Individualisierung 145, 149, 151–156, 170, 180, 198
Individualismus 14, 170, 171, 175, 210, 211
– moderner 179
– normativer 171
– quantitativer/abstrakter 170, 171
– qualitativer/konkreter 170, 171
– wirtschaftlicher 179
individualistisch 218
Individuum 8, 12, 15, 16, 20, 33, 35, 133, 141, 170, 171, 180, 187, 188, 194, 197–201, 210, 218, 221–223
individuell 4–8, 13–16, 19, 20, 23–25, 27–29, 31–36, 54, 83, 85, 87, 93, 95, 108, 116, 141, 145, 148, 149, 152, 153, 155–157, 159–165, 168, 170, 171, 179, 180, 182, 184–186, 188, 193, 198–201, 213
Individuell-Allgemeines 13
Institution 3, 8, 12, 13, 15, 58, 83, 92, 97, 131, 150, 153, 156
Intellekt/Intellektualität 75, 90, 94, 95, 119, 137, 175–181, 184, 185, 206, 221
Interaktionismus 53, 222
Intersubjektivität 53
intra-subjektiv 4

kantianisch/kantisch 24, 39
– neukantianisch 6, 16, 37, 224
– Postkantianer 167
Kapitalismus 149, 151, 167, 217, 225
Kausalität/kausal 6, 7, 21, 41, 44, 55, 60, 62, 67, 126–128, 176–178
Kausalzusammenhang 129, 130
Kommunismus 166
Konsum/Konsumtion 16, 92, 133, 135, 137, 139, 164, 184, 201
Konsumgesellschaft 15, 184
Kopernikanische Wende/Revolution 24, 59, 70
Kraft 15, 45, 46, 65, 67, 73, 82, 86, 95, 107, 108, 123, 127, 131–134, 148, 154, 156, 160, 163, 178–180, 183, 186, 198, 199, 207
Kristallisation/kristallisieren 82, 107–109, 149
Kritik 16, 39, 66, 70, 84, 87, 111, 118, 119, 122, 132, 136, 138, 141, 152, 153, 171, 178, 181, 203, 210, 215, 218
Kultiviertheit/kultiviert 14, 34
Kultivierung/Kultivierungsprozess 35, 141, 182, 187
Kultur 4, 5, 7, 14, 16, 27, 33, 35, 37–39, 70, 81, 82, 88, 93, 94, 97, 127, 129, 130, 140, 141, 168, 175, 181–184, 194, 197–200, 206, 210–213
– europäische 171
– moderne 13, 15, 133, 134, 137, 191–194, 197, 201–207, 213, 218, 223, 224
– objektive 5, 14, 141, 142, 175, 181–189, 192–194, 196
– subjektive 5, 14, 141, 142, 175, 182–189, 192, 193
Kulturentwicklung/Kulturprozess 4, 8, 9, 97, 130, 142, 182
Kulturgeschichte 11, 59, 73
Kulturgüter 15
Kulturkritik/kulturkritisch 141, 142, 177, 178, 218
Kulturobjekte 88, 182
Kulturphilosophie/kulturphilosophisch 5–7, 9, 82, 83, 97, 101, 106, 122, 123, 163, 209–213, 216, 224

Kultursoziologie 183, 220, 222
Kulturwissenschaft 37, 225
Kunst 50, 51, 90, 96, 97, 117, 163, 180, 183, 210
Kunstgeschichte 2
Kunstwerk 38, 50, 51, 65, 154
Künstler 169, 171, 172

Leben 1, 3–5, 8, 10–17, 25, 30, 34, 42–45, 54, 55, 66–69, 75, 81, 82, 86, 87, 89, 90, 94, 95, 98, 104, 107, 110, 113, 115, 116, 122, 131, 133, 134, 136, 137, 139, 142, 150, 162, 163, 165, 166, 168, 170–172, 175, 177–184, 187–189, 193–197, 199–202, 205–207, 209–212, 215, 217–220, 222, 223
– geistiges 117
Lebensfluss 5
Lebensform 11, 15, 16, 41, 81–83, 139, 150, 195, 197, 198, 222
Lebensgefühl 16, 175, 178, 197
Lebensphilosophie/lebensphilosophisch 5, 6, 13, 81, 178, 182, 219
Lebensstil/Stil des Lebens 14, 94, 126, 164, 175, 176, 179, 181, 183, 187–189, 192, 194, 197, 199, 200, 205, 213, 220
Lebensstilsoziologie 175
Lebenstempo/Tempo des Lebens 192, 200–203
Letztbegründung 62, 72
Logik 5–7, 9–11, 41, 44–45, 81, 83, 97–99, 138, 155, 178–181, 192, 194, 221
logisch 6, 9, 10, 15, 16, 22, 23, 61, 69, 84, 85, 87–88, 91, 95, 100–102, 126, 152, 176, 177, 180, 184, 186, 187, 191, 197
– logisches Kalkül 176

Markt 51, 52, 55, 93, 105, 140, 150, 225
Marxismus/marxistisch 43, 95, 166, 167, 213, 216, 218
Maschine 182, 185
Materialismus 168
– historischer 16, 81, 168
– praktischer 167
– ontologischer 167

Materialität/materiell 15, 81, 90, 92, 93, 95–98, 101, 102, 120, 121, 150, 153, 159, 166, 212
Mechanismus/mechanistisch 21, 25, 35, 43, 47, 68, 127, 178, 185
Mehrwert 47, 55, 100
Metaphysik/metaphysisch 3, 4, 9, 11, 23, 28, 33–35, 57, 71, 72, 77, 81, 125, 136, 163, 168, 200, 203, 210–212, 214, 217
Metempsychose des Endzwecks 133, 135, 142
Mittel 8, 13, 14, 16, 103, 110, 130–134, 136, 139–141, 149, 162, 177, 179, 196, 197, 213, 223
– indifferentes 132, 135, 163
– reines/bloßes 131, 161, 177
– und Zweck 196, 197, 125–129, 131–134, 137–139, 141, 142, 150, 161, 162, 176, 177
Mittelberechnung 176, 177, 181
Mode 9, 14, 176, 186, 209
Moderne 87, 96, 106, 123, 126, 127, 134, 145, 149, 151, 152, 154, 155, 162, 165, 166, 177, 179, 181, 187–189, 191, 192, 194, 196, 201, 221, 222
Möglichkeit 2, 6, 14, 28, 30, 33, 36, 43–46, 55, 60, 61, 63, 76, 82, 84, 85, 87, 88, 94, 101, 102, 121, 127, 130, 135, 136, 141, 147, 150, 151, 153–155, 170, 180, 187, 189, 192, 203, 204, 217, 219
monetär 88, 94, 149, 150, 159, 195, 225
Monetarisierung 160, 162–165, 168, 169, 171
Moral 3, 7, 9, 52, 54, 58, 126, 128, 129, 138, 146, 152, 153, 161, 162, 167, 169, 171, 180, 210, 211
Moralgesetz 171
Moralphilosophie/moralphilosophisch 128, 172, 211
Mythos 97, 226

Nachfrage 38, 39, 51, 52, 85, 225
Nähe 12, 29, 36, 38, 39, 49, 73, 88, 96, 187, 195, 196, 207
Nationalökonomie/nationalökonomisch 3, 87, 166, 213, 217, 226
Natur/natürlich 5, 10, 16, 19–21, 24–29, 31, 32, 36–39, 53, 58, 65, 73, 88, 91, 95–97, 109, 111, 117, 126, 127, 129, 130, 150,

152, 153, 177, 178, 181–182, 198, 200,
  215–217, 224
Naturgesetz 21, 24, 25, 27, 31, 65, 177,
  204, 219
Naturordnung 20, 26
Naturwissenschaft/
  naturwissenschaftlich 16, 21, 25, 32,
  36–38, 59, 95, 96, 203
Neukantianismus 2, 5, 211
– Neukantianer 57
– neukantianisch 6, 16, 37, 224
– Südwestdeutsche Schule des
  Neukantianismus 5, 211
Neuzeit/neuzeitlich 83, 94–96, 162, 176, 181
Norm 7, 10, 27, 62, 64, 69, 118, 149, 182,
  183, 223
– absolute 61
– epistemische 62, 63
– formale 180
– Denknorm 69
normativ 7, 13, 20, 27, 31, 32, 35, 36, 69, 70,
  110–112, 146, 152, 162, 168–171, 221
– normative Objektivität 33
– normativer Zwang 20, 31, 32, 69
Normativität 20, 27, 31, 32, 36, 168, 169
Notwendigkeit 10, 21, 49, 65, 66, 89, 94,
  139, 180, 198
Nutzen/nützlich/Nützlichkeit 35, 50, 68, 69,
  115–117, 121, 133, 135, 139, 167, 216, 225

Objektivität 4, 5, 20, 27, 33–36, 52–53, 72,
  73, 175–177, 179, 182, 185
Ökonomie/ökonomisch 3, 15, 16, 33, 34, 42,
  44, 47, 50, 57, 75, 82, 84–91, 95, 96,
  99–111, 113–115, 118–121, 123, 126, 129,
  134–136, 138, 139, 141, 148, 150, 151,
  164, 166, 168, 177, 179, 180, 197, 201,
  202, 212–215, 217, 218, 220, 222,
  225, 226
Ökonomisierung 95
Österreichische Schule 216, 225
Ontologie/ontologisch 23, 24, 26, 73,
  81, 167
Opfer/Aufopferung 42–47, 49, 102
– Opferlogik 44–48, 50–55
Optimismus/Optimist 169, 216

Ordnung 3, 5, 8, 9, 19–21, 26, 30–31, 34,
  37, 54, 62, 88, 110, 119, 128, 131,
  135, 146, 156, 167, 178, 180, 186,
  198–200
– der Werte/Wertordnung 20, 21, 26, 37
– der Wirklichkeit/Wirklichkeitsordnung 20,
  21, 26, 31

Paradoxie/paradox/paradoxal 2, 3, 5, 48,
  135, 137, 148, 182
Person 1, 13, 14, 25, 27, 32, 108, 110, 111,
  148, 152, 154, 160, 170, 179, 180,
  185, 195
Persönlichkeit 14, 102, 130, 148, 168–172,
  181, 184, 185, 195, 196
Persönlichkeitsbildung 15, 187
Pessimismus/Pessimist 3, 169, 221
Phänomen 7, 9, 13, 17, 23, 29, 58, 108, 123,
  126, 132, 134, 136, 138, 141, 160,
  166–169, 178, 180, 186, 192, 195, 206,
  213, 217, 219, 221, 222, 224
Phänomenologie/Phänomenologen 38, 57,
  201, 224
Platonismus 26, 117–120, 122
Pleonexie 139
Politik/politisch 58, 90, 112, 136, 155, 156,
  167, 180, 182, 206, 211, 212, 215, 218,
  219, 222, 223
Positivismus 11, 219
Potentialität 126, 136, 137, 151
Prädikat 21, 22
Prägnanz/-begriff 98, 220
– symbolische 98
Pragmatismus 5
Praxis 16, 21, 30, 34, 50, 62, 69, 81, 88, 94,
  103–105, 114, 115, 119, 120, 122, 127,
  128, 163
Preis 11, 51–55, 85, 86, 89, 104, 105, 121,
  140, 225
Prinzip 4, 61, 64, 66, 71–73, 76, 82, 104,
  128, 133, 166, 169, 179, 214, 219
Produktion 15, 34, 47, 87, 92, 133, 163, 164,
  166, 184, 196, 216, 218
– handwerkliche 164
– Massenproduktion 163
Prostitution 160, 161

Psychologie/psychologisch/
  psychologistisch 3, 6–12, 16, 19,
  24–26, 29, 31, 32, 34, 36, 58–60,
  69–71, 89, 91, 93, 94, 102–104, 107,
  110, 117, 125–129, 132–134, 137, 138,
  140–142, 154, 168, 186, 201, 210, 213,
  215, 216, 218, 220
Psychophysik 84, 86

Qualität 28, 65, 87, 91, 125, 132, 137, 141,
  149, 161, 169, 213
Quantenmechanik 95
Quantität 85, 95, 125, 126, 137, 141

Rationalisierung 16, 94, 150, 151, 224
Rationalismus 175
Rationalität 175–177, 179, 180, 185, 199, 224
– ökonomische 179, 180
Raum 6, 24, 54, 68, 69, 198, 199, 201
raumzeitlich 25, 38, 39
Realismus 16, 205
– empirischer 24, 71
Recht 14, 62, 73, 81, 107, 110, 146, 147, 152,
  156, 180, 183, 199, 204
Rechtfertigung 57, 60–65, 69, 72, 74, 76,
  77, 180
Regress/*regressus* 23, 41, 57, 60, 61, 74, 76
– infiniter 41, 62, 63, 74, 76
regulativ 71, 99, 118–120, 128, 134
Relation/relational 8, 12, 13, 22, 42–44, 46,
  49, 51–55, 65, 84, 88–89, 91, 95, 96,
  103, 104, 139, 176, 194, 199, 200, 206,
  222, 223
Relationismus 78, 79, 83
Relationsbegriff 83, 88
Relativismus 4, 9–11, 13, 15, 41, 49, 53,
  57–63, 65, 69–78, 191, 202, 203,
  205–206, 211, 212, 214, 216, 219
– Wertrelativismus/Relativismus der
  Werte 33, 37
relativistisch 8, 43, 57, 59, 60, 65, 66,
  68–70, 72, 73, 75, 78, 79, 83, 126, 192,
  203, 205, 206
Relativität der Werte 46, 51, 99
Relativitätstheorie 95
Religion 58, 81, 96, 97, 162, 170, 180, 183,
  200, 210, 212

religiöse Erfahrung 163
Rhythmisierung/Rhythmus 14, 192, 194,
  197–202, 207
Romantik 170, 171, 180
Ruhe 165, 197

Sachgehalte 196
Sachlichkeit 32, 161, 177, 179, 195
Seele/seelisch 11, 15, 24, 25, 58, 72, 125,
  167, 169, 172, 178, 182–186, 191, 193,
  194, 206
Seelenleben 25, 31, 32, 129, 168, 185,
  186, 193
Sein 10, 21–23, 29, 65, 83, 176, 202, 203,
  206, 219
Selbstbestimmung 147–151, 153, 154
Selbstbezug/-bezüglichkeit 74–77
Selbstverantwortung 183
Selbstverhältnis 97, 193
Seltenheit (und Brauchbarkeit) 50–52,
  55, 105
Sinn 11, 13, 26, 82, 83, 98, 109, 122, 123,
  125, 146, 162, 163, 199, 200, 205
Sinn des Lebens 162, 196, 197, 207
Sinnverlust 162, 163
Skepsis/Skeptiker 9, 15, 60–62, 74
skeptisch 4, 9, 11, 60, 62, 63, 78
Skeptizismus 61, 74, 76, 78
Spencerismus 5
sozial 3, 4, 6, 8, 12–16, 32, 33, 39, 43, 45,
  52, 54, 65, 75, 82, 83, 92, 95, 96, 100,
  102, 103, 106–113, 122, 125, 126, 131,
  136, 150, 155, 156, 160, 165, 167, 180,
  185, 186, 191, 197, 202, 210, 212,
  214–216, 220–223
Sozialdarwinismus 5
Sozialismus 167, 170
Sozialität 13
Soziologie 2, 4, 12, 17, 171, 185, 209–212,
  214, 215, 218–222, 224, 225
– des Alltags 209
soziologisch 3, 4, 6, 9, 41, 82, 106, 107, 111,
  112, 201, 206, 209–212, 216, 218,
  220, 222
Sparsamkeit 139
Sprache 8, 9, 14, 52, 81, 97, 131, 188, 224
Stil 33, 39, 168, 186, 192, 197

– des Lebens/Lebensstil 14, 94, 126, 164, 175, 176, 179, 183, 187–189, 192, 194, 197, 199, 200, 205, 213, 220
– Vielheit der Stile 176, 187, 192
Straßburger Schule 222
Strukturalismus/strukturalistisch 213
Sublimierung/sublimieren 34, 51, 131
substantialistisch/substantiell/substanziell 15, 84–87, 89, 94, 95, 106, 120–121, 132, 134, 201, 216, 222
Substanz/Substantialität 8, 14, 58, 59, 77, 82, 88, 90, 95–98, 101, 102, 105–109, 115, 118, 120, 121, 131, 134, 136, 140, 162, 165, 194, 203, 204, 213
– Substanz und Akzidenz 58
– Substanzwert 83, 84, 87–93, 99–106, 112, 114–116, 119
Superadditum des Reichtums 136
Symbol 4, 9, 39, 62, 72, 75, 81–83, 88–107, 110–114, 116, 118, 119, 121–123, 134, 137, 150, 151, 153, 161, 188, 193–195, 202, 205, 216, 223
Symbolische Prägnanz 98
symbolisieren 45, 88
Symmetrie 192, 194, 198–200, 202, 207

Tätigkeit 8, 45, 46, 108, 159, 162, 163, 167, 187
– geistige 167
– körperliche 167
– seelische 167
– zweckorientierte 163
– Zwecktätigkeit 129
Tatsachen 19, 29, 36, 64, 83
– Naturtatsachen 19, 25
– normative 20, 36
– psychologische 19, 24, 29, 31, 32
Tausch 41–55, 81, 82, 88, 91, 99, 102–104, 107–111, 116, 118, 121, 126, 131, 135, 195, 216, 217, 223
Tauschmittel 8, 91, 102, 103, 107, 110, 113, 114, 126, 132, 134, 135, 140, 149
Tauschwert 87, 91, 92, 225
Technik/technisch 7, 15, 89–91, 95, 97, 103, 104, 106, 131, 133, 142, 149, 183–185, 187, 233

Teil und Ganzes 82, 184, 193, 194, 199, 200
Teleologie/teleologisch 11, 14, 126–132, 138, 140–142, 177, 178, 191, 196
Tempo 14, 186, 201, 207
– des Lebens/Lebenstempo 175, 192, 200–203
Theorie 10–13, 15, 20–24, 27, 28, 30, 33, 35, 37–39, 58, 64, 65, 68, 69, 72, 74, 77, 125, 128, 156, 185, 191, 192, 217, 219–222, 224, 225
Theorie der (modernen) Kultur/Kulturtheorie 38, 82, 191–194, 206, 207, 225
Tod 163, 210
Tragödie der Kultur 39, 142, 168, 183, 184, 211
transnatural 38, 182
transzendental/transzendentalphilosophisch 24, 28, 30, 35, 37, 71, 215
Tugendethik 172

Überindividuelle, das/überindividuell 5, 7, 8, 13, 16, 20, 25, 32, 33, 35, 36, 83, 180, 188, 193, 198, 199
Über-Subjektivität 53, 83
Überzeugungssystem 64–66, 69–71, 77
Unendlichkeit 76, 77
Urphänomen 29, 217
Ursache 67, 81, 107, 112, 127, 128, 168, 188, 196, 201, 204
Utilitarismus 167, 216

Verdichtung 7, 10, 154, 185
Vergeistigung 94, 95, 120, 121, 183
Vergesellschaftung 100, 107, 111–113, 155, 216, 219, 221
Vernunft 11, 176, 182, 218, 219
Verselbständigung der Mittel/objektiver Gebilde 7, 133, 141, 151
Verstand 6, 137, 175–179
Vertiefung/Verlängerung/Verkehrung der Zweckreihen/Zweck-Mittel-Reihen 7, 126, 128–130, 139, 142, 163, 177, 162, 191, 196, 197
Versachlichung 14, 172, 195, 201

Verschwender/Verschwendung 125, 138–140, 220
virtuell 121
Völkerpsychologie/völkerpsychologisch 7–12, 60
Vornehmheit 171, 172
Vorstellen/Vorstellung 10, 20, 22–27, 31, 41, 58, 65, 66, 68, 104, 108, 118, 127, 128, 133, 138, 151, 154, 168, 169, 193, 194, 201, 202
Vorstellungsinhalt 24, 127, 201

Wahrheit 4, 5, 8, 25, 27, 64–71, 73
– Wahrheitsanspruch 5
– Wahrheitsbegriff 4, 67, 68
– Wahrheitstheorie 64, 71, 78
Ware 16, 85–89, 99, 103–111, 114–116, 135, 161, 163, 164, 168, 184, 185, 195, 201, 202, 217
Wechselwirkung/-beziehung 3–5, 8, 12–15, 43, 44, 54, 57, 63–66, 69–73, 77, 78, 95, 104, 106–108, 121, 129–131, 138, 169, 204
Welt 5, 8–14, 16, 23, 24, 26, 30, 43, 44, 51, 58, 59, 66, 67, 83, 87, 88, 90, 95–97, 118, 122, 129, 130, 141, 142, 147, 148, 150, 151, 153–155, 172, 176, 179, 181, 183, 191–194, 197, 203, 205, 223
Weltbild 19, 22, 60, 83, 117, 126, 192, 194, 202–207
Werkzeug 130–132, 135, 182, 214
Wert 4, 5, 7, 8, 13, 14, 17, 19–21, 24, 26–38, 41–55, 58, 73, 75, 83–94, 96, 98–107, 113–122, 126, 129, 132–136, 138–141, 148, 150, 151, 153, 159, 165, 166, 168, 170, 181, 182, 191, 195, 197, 201, 202, 205, 216, 217, 219, 220
– absoluter 33–35, 41, 52, 85, 132, 133, 138, 153, 162
– ökonomischer 84–86, 88, 102, 103, 118, 119, 121, 139, 141, 214
– pragmatischer 113–117, 122
– symbolischer 88, 91, 98, 100, 102, 103, 114, 150, 151, 161
– Umwertung der Werte 49
– wirtschaftlicher 41, 42, 44, 46–55
Wertaussagen 19, 20, 27–29, 31, 32, 36

Wertgefühl 20, 30, 31, 44, 139
Wertphilosophie 20, 37, 129, 215
Werttheorie 19, 20, 28, 30, 32, 36, 37, 42, 44, 45, 53, 84, 86, 125, 130, 132, 166, 216, 220, 225
Wertung 15, 19, 26, 27, 31, 43, 45, 46, 49, 50, 58, 81, 102, 117, 165, 168, 169
wertvoll 19, 28–31, 33, 35, 58, 84, 91, 94, 103, 115–119, 122, 132, 135, 165
Wertvorstellung 8, 24, 150
Wesen 53, 58, 71, 83, 89, 90, 94, 95, 99, 103, 121, 125, 127–131, 134–136, 140, 141, 149, 155, 160, 161, 171, 172, 176, 179, 180, 182, 194, 201, 213
Wille 19, 21, 30, 31, 67, 131, 132, 138, 139, 153, 176
Wirklichkeit 10, 11, 15, 20–29, 31, 32, 36–38, 43, 50, 65, 66, 83, 90, 94, 95, 99–101, 103–106, 108, 109, 113, 114, 118–120, 123, 126, 131, 147, 148, 154, 186, 191, 193, 194, 197, 199, 200, 202, 204–206, 214, 218
Wirkung 42, 54, 67, 68, 93, 104, 107, 112, 127, 128, 162, 164, 195, 197, 201, 204, 209–211, 213, 217, 219, 223–225
Wirkungszusammenhang 128, 129
Wirtschaft/wirtschaftlich 41–55, 81–83, 86, 89, 92, 97, 104, 105, 109, 111–115, 119, 120, 122, 133, 136, 150, 151, 159, 161, 164, 168, 179, 180, 185, 205, 213, 215, 216, 223–225
Wissen 10, 16, 63, 71, 73, 74, 94, 110, 128, 182, 222
Wissenschaft 3, 7–11, 15, 16, 42, 51, 58, 59, 71–73, 96, 97, 126, 128, 137, 162, 183, 184, 197, 210, 215, 218, 219, 225
Wollen 19, 28, 108, 128, 130, 176

Zeit 6, 24, 44, 54, 55, 75, 164, 183, 199, 201, 202, 204
Zweck 14, 125–142, 147, 150, 161–163, 176 179, 196, 197, 205
– absoluter 132
– definitiver 162
Zweckbewusstsein 7, 8, 126, 134, 138
Zweckmäßigkeit 104, 114, 187

Zweck-Mittel-Reihen 126, 128–130, 139, 142, 163, 197
– Mittelreihen 176–179
– Zweckreihen 130, 132, 162, 191
Zweckrationalität 176

Zwecksystem 86, 200, 204
Zirkel 57, 59, 62, 63
Zirkularität 77
Zirkulation 92, 116, 120, 202, 216, 217
Zyniker, der/Zynismus 138, 140, 141, 220

www.ingramcontent.com/pod-product-compliance
Lightning Source LLC
Chambersburg PA
CBHW071816230426
43670CB00013B/2472